高等学校行政管理专业系列教材

总主编　王骚

U0621931

行 政 法 学

杜睿哲　齐建辉　张　芸　主编

南开大学出版社

天　津

图书在版编目(CIP)数据

行政法学 / 杜睿哲，齐建辉，张芸主编. —天津：南开
大学出版社，2008.8
　(高等学校行政管理专业系列教材)
　ISBN 978-7-310-02965-5

Ⅰ.行… Ⅱ.①杜…②齐…③张… Ⅲ.行政法学－中国－
高等学校－教材 Ⅳ.D922.101

中国版本图书馆 CIP 数据核字(2008)第 111750 号

版权所有　侵权必究

南开大学出版社出版发行
出版人：肖占鹏
地址：天津市南开区卫津路 94 号　　邮政编码：300071
营销部电话：(022)23508339　23500755
营销部传真：(022)23508542　　邮购部电话：(022)23502200

＊

河北省迁安万隆印刷有限责任公司印刷
全国各地新华书店经销

＊

2008 年 8 月第 1 版　　2008 年 8 月第 1 次印刷
787×960 毫米　16 开本　27.125 印张　2 插页　482 千字
定价：44.00 元

如遇图书印装质量问题，请与本社营销部联系调换，电话：(022)23507125

编委会成员名单

主　任　朱立言

委　员　(按姓氏笔画排列)

　　　　王　骚　　南开大学周恩来政府管理学院　教授

　　　　王达梅　　广东外语外贸大学政治与公共管理学院　博士

　　　　朱立言　　中国人民大学公共管理学院　教授　博士生导师

　　　　朱光磊　　南开大学周恩来政府管理学院　教授　博士生导师

　　　　孙　健　　西北师范大学政法学院　副教授

　　　　张　铭　　山东大学威海分校法学院　教授　博士生导师

　　　　张文礼　　西北师范大学政法学院　教授

　　　　杨　龙　　南开大学周恩来政府管理学院　教授　博士生导师

　　　　沈亚平　　南开大学周恩来政府管理学院　教授　博士生导师

　　　　吴春华　　天津师范大学政治与行政学院　教授　博士生导师

　　　　金东日　　南开大学周恩来政府管理学院　教授　博士生导师

　　　　赵　沛　　山东大学威海分校法学院　教授

　　　　高中启　　天津市人事局　副局长

　　　　常　健　　南开大学周恩来政府管理学院　教授　博士生导师

　　　　葛　荃　　山东大学威海分校法学院　教授　博士生导师

总　序

　　在现代社会中，行政管理学，或称公共行政（Public Administration），既是一个新兴的社会管理领域，也是一门发展速度非常快的学科。为什么？一个最主要的原因就是现代人类社会需要民主、高效的行政管理。一般说来，人类社会可以分成私人与公共两大领域。就公共领域而言，多元价值的集合使得其行政管理行为更为复杂。行政管理学，或称公共行政（Public Administration）正是探索这一领域客观规律的实践性学科。其目的就是保障社会公共领域的公平、秩序、效率和发展。不论是教师、学生或各级行政管理人员，在步入行政管理领域时首先应该明确地认识这一基本概念的含义。

一

　　从历史发展来看，公共行政学的产生可以追溯到 19 世纪末期。1887 年伍德罗·威尔逊发表《行政学研究》一文，由此揭开了西方国家行政管理研究的序幕。根据伍德罗·威尔逊观点，在现代人类社会发展过程中，政治的职能是如何保障在多元价值条件下公平地制定公共政策，而如何有效地执行公共政策和保障政策目标的实现则是行政的职能。因此，政治学应该以公共政策为研究中心，分析各种法律、政令的产生、发展和变化。但是，社会政治关系包含着复杂的价值认识，无法进行科学性的研究，而作为研究政策执行的公共行政学则可以不受价值判断的影响，根据科学的方法客观地决定如何高效率地执行公共政策。随着现代社会的发展，公共行政不断地得到新学者们的释义更新和补充，公共行政领域中所包含行政决策因素的这一特征越来越明显，这也就使得伍德罗·威尔逊所阐释的公共行政概念的内涵和外延不断产生一些变化。

　　从 19 世纪末至现在，行政管理学的发展大体可以划分为三个阶段。19 世纪末至 20 世纪 60 年代是行政管理学发展的早期阶段，即传统的行政管理学。这个阶段主要强调充分体现在自然科学中的理性和技术对于行政管理的作用。20 世纪 70 年代至 80 年代是行政管理学的发展时期。在这一时期，行政管理学获得了突破性发展。这个阶段的行政管理学研究被称为新公共行政学。乔治·弗雷德里克森 1971 年发表的《论新公共行政学》一文是新公共行政学的重要文献。这短短的 20 年之所以能够作为行政管理学的一个发展阶段，是因为学者们开始强调公平、正义等价值对于行政管理的作用，改变了过去只注重强调理性和技术而忽视社会价值的研究取向。20 世纪 80 年代末以来，在"小政府，大社会"，"有限政府"等观念的主导下，社会非政府组织越来越多地担负起公共事务管理的职责，由此也就兴起了所谓的新公共管理运动。随着西方国家新公共管理运动的兴起，行政管理学又从新公共行政学逐步发展到公共管理学（Public Management）。公共管理学既保留了新公共行政学强调理性和价值的特征，同时又在方法和内容上进行了大量扩展，采用经济学的理论和方法对行政管理问题进行研究，并且将研究对象由原来的政府部门（Governmental Sector）扩大到非政府组织或第三部门甚至是具有公共性的私人部门(Public Sector)。

　　传统行政管理学、新公共行政学、公共管理学分别体现出西方国家行政管理学的不同研究途径和范式。不同的研究范式是根据政治、经济、社会环境的变迁而产生的，它们体现了行政管理学研究的进步，同时也推动着西方国家行政管理实践的发展。

　　从中国历史发展的角度来看，在古代中国封建社会的皇权专制体制下，行政仍是政府管理的重要内容和手段，其中也不乏当今我们可以借鉴的政治文化精华。在中国古代社会的政府管理过程中，郡县行政区划分、税赋、兵役、刑罚、科举、教育、商贸、外交等诸多领域都体现着当时社会背景下的政府管理思想和管理体系，也为当今行政管理学的研究提供了广阔的天地。在 19 世纪末西方行政管理学诞生之初，我国学者也给予了密切关注。1896 年梁启超在《论译书》中就提出"我国公卿要学习行政学"的倡议，并开始翻译有关西方行政管理学的著作。1935 年张金鉴撰写出版了《行政学之理论与实际》一书，被认为是我国的第一部行政管理学专著。同时，各高等院校开设行政管理专业和课程，政府成立行政管理学会，并出版和发行一批行政管理学著作和刊物。然而，由于历史原因，20 世纪 40 年代至 70 年代我国的行政管理学研究基本上处于停滞阶段。

　　中共十一届三中全会的召开，改革开放和中心任务的转变，既为中国行政管理学的恢复和发展提供了良好的政治条件和社会条件，同时也迫切需要加强行政管理学研究来适应新的社会条件，推动我国政府体制改革和公共管理领域的发展。自改革开放以来，现代中国在经济获得世人瞩目高速发展的同时，也显现出诸多社会公共领域管理的落后与不适应。解决这一问题的首要一点就是规范、系统地研究探索，教育培养新型行政管理人才服务于现代社会。由此，20 世纪 80 年代以来，行政管理学在我国高校得以快速恢复。可以这样说，行政管理学在我国既是一门具有一定历史传统的学科，又是一门正处于蓬勃发展的新兴学科。但是，在现代中国的社会条件下，综合考虑中国古代行政管理传统和现代西方行政管理理念，一个重要问题摆在我们面前，就是如何构建适应中国实践情况的行政管理学体系才能适应社会需求。这也是编写这一套教材丛书的基本出发点。

二

从社会现实需求出发，行政管理学的突出特征是实践性和应用性，即行政管理学研究必须来源于行政管理实践，并为推动行政管理的实践发展服务。自改革开放以来，我国行政管理学的发展明显体现出实践性和应用性特征，这一特征体现为政府体制改革和职能转变与行政管理学发展是一个相互促进、相辅相成的过程。20 世纪 80 年代以来，针对计划经济体制下政府管理存在的问题，我国政府相继进行政府职能转变、行政管理体制、人事制度、公共政策决策、财政制度、行政管理民主化和法制化等诸多方面的改革。行政管理学者对这些问题进行了深入研究，并提出了一系列对策建议，为推动政府体制改革、职能转变和提高政府行政管理水平发挥了重要的作用。相应地，行政管理学本身也得到了快速的发展，行政管理学建制已日趋完善。从现实情况看来，行政管理学日益受到各级政府的支持与社会的普遍关注。国家和各省市都基本上建立了各个级别的行政管理学会；行政管理的有关著作和刊物日渐增多，行政管理学术活动也日趋活跃；设置行政管理专业的高等院校数目日益增多，本科生、研究生的招生规模快速扩大。同时，行政管理专业人才也日益得到社会认可，党政部门、事业单位、大型国有企业甚至是私人企业对行政管理专业人才有着相当大的需求，各级行政管理人员的专业进修教育与实践活动也正在蓬勃开展。2004 年国家人事部人才信息中心发布的人才需求信息显示，在第二季度北京市招聘数量排前十位的专业中行政管理列为第二位；在其他省市，行政管理的人才需求也基本在前十名之列。

行政管理实践在推动行政管理学发展的同时，也对行政管理学发展提出了更高的要求。社会主义市场经济体制的建立和完善要求进一步转变政府职能，加快行政管理体制改革的步伐。21 世纪以来，我国行政管理领域存在着以下亟待解决的重大问题：如何界定和转变政府职能、理顺政府与社会的关系；如何优化政府的内部结构、提高效能，形成权责一致、分工合理、决策科学、执行顺畅、监督有力的行政管理体制；如何健全政府职责，完善公共服务体系，广泛推行电子政务，强化社会管理和公共服务；如何推进政企分开、政资分开、政事分开、政府与市场中介组织分开，规范行政行为，加强行政执法部门建设，减少和规范行政审批，减少政府对微观经济运行的干预；如何加大机构整合力度，探索实行职能有机统一的大部门行政管理体制，健全政府部门间协调配合机制；如何推进事业单位的改革；如何科学准确地衡量政府及非政府公共部门的工作绩效等等。这些问题既需要行政管理研究者进行深入分析和探索，又对行政管理专业的人才培养提出了新要求。尽快地解决这些复杂的问题，是中国行政管理走上有序、高效，达到社会各界满意的关键环节。未来一段时间内行政管理专业人才培养目标应该重点考虑以下几点：培养能够从事多种实际行政管理工作的应用型人才，他们能胜任一般层次的行政管理实际工作，同时又具备胜任高层级行政管理工作的潜能潜力；他们不仅应能适应政府机关的行政管理工作需要，同时还能对党务机关、国家权力机关以及各种人民团体、社区、企业事业单位的行政管理性工作具有适应能力；他们既要具备良好的政治、道德素养和心理素质，又掌握行政管理的基本理论和专业技能，能够适应我国行政管理改革的变化和发展的需要。

随着行政管理专业的快速发展，行政管理专业教学也遇到诸多问题和困难，其中最突出的是专业教材建设问题。专业教材是专业发展中专业基本课程体系的反映和载体，专业教材的健全与否和质量高低对专业发展和专业人才培养具有非常重要的意义。现代中国高等教育体系中，自行政管理学恢复以来，行政管理教材建设已经取得了较大进展。1987 年深圳大学编写了全国第一套行政管理系列教材，1998 年、2002 年和 2003 年厦门大学、东北财经大学、南开大学等高校也都相继编写了行政管理专业教材。然而，行政管理教材建设中仍然存在着一定问题。首先，现有教材的系统性不够强，一些教材丛书多则 10 余本，少则 4 本，没有将行政管理及其相关内容广泛囊括进来，多数教材丛书主要涉及公共行政和公共政策等主题，对其他相关主题缺少关注。其次，目前的教材多数供研究生、MPA 学员使用，缺乏专门针对行政管理本科教学的基础性教材。再次，目前的教材丛书的内容和体例较为混乱，缺乏统一体例，难以适应高校本科基础性教育的需要。在现实中，行政管理专业基本教材建设欠完善，对行政管理专业的进一步发展和人才培养在一定程度上起到了制约的负面作用。现实中有一些行政管理本科生不断在提出这样一个问题：在大学行政管理专业我究竟学到了什么？我学成以后究竟去干什么？当然解答这一问题，对教师说来也是一个非常复杂的工作。这一问题中包含着对行政管理专业教育目的、社会实践领域和教育内容体系的询问。通过教材与教师的指导向学生阐释这一问题是一个重要的教育环节。这就要求教材一定要明确体现出本专业的教育目的、社会实践对象和教育内容体系。因此，组织专家、学者编写高水平的适用教材具有重要的实践意义和理论意义。

三

本套"高等学校行政管理专业系列教材"正是为了推动高校行政管理专业教材建设，为培养应用型的适应新时期行政管理改革与发展的行政管理人才而编写出版，是我们为中国高校行政管理专业教材建设贡献的一份微薄力量。

经过诸多专家学者的努力工作，本系列教材推出 23 本，可分为以下 4 类：

1．基础核心课程教材，包括：《行政管理学》、《公共政策》、《组织学》、《行政法学》、《政府经济学》、《行政伦理学》、《领导科学》、《当代中国地方政府》、《当代中国政府与过程》。这一类教材是行政管理专业知识的基础与核心。

2．方法论与实践方法课程教材，包括：《公共政策分析的理论与方法》、《社会调查与研究方法》、《公共组织绩效评估——模型与方法》、《统计学》、《应用文写作》。这一类教材是行政管理专业的学生掌握基础核心课程内容，将理论知识运用到实践领域的手段和桥梁。

3．思想与制度课程教材，包括：《中国行政管理思想史》、《西方行政管理思想史》、《中国古代行政制度》、《西方行政制度》。这一类教材从社会历史发展的角度，展示管理思想与行政制度方面的知识，启发学生智慧，使学生的知识结构更加完善，历史经验与他国经验更加丰富，为实践活动打下雄厚的基础。

4．实践性管理课程教材，包括：《工商行政管理》、《市政管理》、《中国公务员制度》、《公共部门人力资源管理》、《公共关系学》。这一类教材展示一部分不同的行政管理社会实践对象，为学生步入社会实践领域打好基础。当然这一部分内容只是冰山一角，远远没有展示出行政管理实践对象的全部。例如，公共财政、教育管理、公共消防、公共交通、公共卫生与医院管理、突发事件与危机管理、电子政务等等，诸多领域公共管理知识与技能的教育，为教师和研究人员留下了广阔的教学空间和研究命题。

概括说来，本系列教材体现出以下特点：

第一，教材的系统性进一步增强。现实中政府行政管理事务具有复杂性，涉及多个领域和多种学科，需要行政管理人员尽可能地掌握更多的行政管理知识和技能。因此，与其他专业的教材相比，行政管理教材的种类更多。同时，行政管理的理论知识和技能必须符合行政管理实践的发展才能具有实用性，这就要求教材建设必须与时俱进。因此，本系列教材除了包括《行政管理学》、《公共政策》、《组织学》等核心课程教材外，还根据行政管理实践发展的新要求编写了相应的教材。根据公共部门绩效评估的日益重要性，编写了《公共部门绩效评估》；根据当前行政管理人员公文写作能力不够强的现状，编写了《应用文写作》；根据政府公共关系的处理日趋受到重视，编写了《公共关系学》。

第二，教材形式比较丰富。因为学生对专业知识的理解处于启蒙阶段，因此，本科教学是一件十分艰难且不易取得明显效果的事情，要获得良好的教学效果，就必须要吸引学生的注意力，引起学生的兴趣。本系列教材不仅介绍行政管理的理论知识和技能，还引入了一定量的背景资料、案例。这不仅有助于扩充学生的知识面，而且还能够引起学生的兴趣，提高教学效果。

第三，教材创新性较强。行政管理的理论创新主要体现于学者发表的专著和文章中，但专著和文章不能等同于教材，因为专著和文章主要论述作者自己的观点，逻辑推理较强，且通常是一家之见，而教材则强调对基本和通用理论知识的介绍。然而，教材也不能够与专著和文章的观点脱节，它必须吸收专著和文章中的观点以体现行政管理的最新研究成果。本系列教材就是在广泛吸收国内外最新相关文献和观点的基础上写成的，体现出较强的前沿性和创新性。

第四，教材适合本科教学要求。为了满足本科教学的特点和要求，每本教材都有本章重点和课后练习题。本章重点引导学生从整体上把握本章的内容，课后练习题供学生思考之用，有助于加强对章节内容的理解和把握。

本系列教材主要适用于行政管理专业本科教学，也可适用于公共管理硕士（MPA）专业学位教育的教学，还可以作为相关专业社会办学和培训的教材与参考书，同时也可作为公务员扩充行政管理知识与技能的阅读书目。

本系列教材的编写以南开大学周恩来政府管理学院牵头，邀请了天津师范大学、广东外语外贸大学、山东大学威海分校、西北师范大学、南昌大学、中共天津市委党校等兄弟院校参加。南开大学周恩来政府管理学院参与编写的人员与书目有：王骚、蒋建荣，《应用文写作》；金东日，《组织学》；郭大水，《社会调查与研究方法》；李瑛，《公共组织绩效评估——模型与方法》与《统计学》；蔡声霞，《政府经济学》。天津师范大学政治与行政学院参与编写的人员与书目有：吴春华，《行政管理学》与《中国公务员制度》；赵冬，《公共政策》；仲崇盛，《公共部门人力资源管理》。广东外语外贸大学政治与公共管理学院参与编写的人员与书目有：王达梅，《公共政策分析的理论与方法》。山东大学威海分校法学院参与编写的人员与书目有：葛荃，《中国行政管理思想史》；张铭，《西方行政管理思想史》；赵沛，《中国古代行政制度》；古莉亚，《西方行政制度》；

马春霞，《工商行政管理》；范广垠，《市政管理》。西北师范大学政法学院参与
编写的人员与书目有：张文礼，《当代中国地方政府》；周红，《行政伦理学》；
孙健，《领导科学》；杜睿哲、齐建辉、张芸，《行政法学》。南昌大学公共管理
学院参与编写的人员与书目有：吴光芸，《公共关系学》。中共天津市委党校参
与编写的人员与书目有：沈莘，《当代中国政府与过程》。

　　编写教材是一件很累人的事情，对于各兄弟院校参编教师所付出的辛勤汗
水以及给予真诚合作，我们表示诚挚的敬意和感谢。任何事物都不可能至善至
美，教材编写也一样。对于不完善乃至错误之处，敬请专家学者和广大读者给
予批评指正。

高等学校行政管理专业系列教材编委会

执笔：王骚

2008 年 3 月

前 言

　　行政法作为法律体系的重要组成部分，属于一个国家的基本法律制度，是依法行政的基本准则。它不仅与行政主体的行政活动息息相关，而且对老百姓的日常生计、企业的生产经营、社会财富的增加、国际交往等产生重要的影响。行政法在约束和规范行政主体及其行政行为，保障相对人的合法权益，维护社会秩序，促进经济发展等方面，起着不可替代的作用。甚至在某种意义上讲，其他部门法规范的实施也离不开行政法的保障，如国际法中的行为规范、经济法中的行为规范、社会法及环境法中的行为规范都是以行政法为基础的。加入WTO以后对中国法治挑战最大的不是其他部门法，而最主要的是行政法。因此，要在中国逐步建立起社会主义的法治政府，提高行政执法能力，树立良好的行政形象，必须形成内容全面、制度先进、体系完整的行政法。

　　在社会主义法制建设的历程中，特别是在全国工作重心转移到经济建设上来后，中国的行政立法工作取得了丰硕的成果。到目前为至，我国已颁布了国务院组织法（1982 年）、行政诉讼法（1989 年）、国家赔偿法（1994 年）、行政处罚法（1996 年）、行政监察法（1997 年）、行政复议法（1999 年）、立法法（2000 年）、行政法规制定程序条例（2001 年）、行政规章制定程序条例（2001 年）、法规规章备案条例（2001 年）、政府采购法（2002 年）、行政许可法（2003 年）、突发公共卫生事件应急条例（2003 年）、地方各级人民代表大会和地方各级人民政府组织法（2004 年）、行政监察法实施条例（2004 年）、公务员法（2005 年）、治安管理处罚法（2005 年）、信访条例（2005 年）、义务教育法（2006 年）、地方各级人民政府机构设置和编制管理条例（2007 年）、国家自然科学基金条例（2007 年）、残疾人就业条例（2007 年）等行政法律法规，具有中国特色的社会主义行政法律体系已初步建立。然而，随着我国依法治国方略的确立和行政体制改革的进行，特别是我国加入 WTO 后对行政法制建设新要求的提出，以及在行政执法实践中新情况的不断出现，中国行政法律体系中的一些缺陷便日益显露，表现为其对社会发展的不适应性。尽管人们对"依法行政的关键在于依行政程序法行政——离开行政程序法无以言依法行政"已达成共识，但除了行政处罚、行政许可等方面有了统一的程序规范外，行政程序法制建设并无多大进展。落后的程序法制建设已不能满足行政执法的现实需要，影响了行政执法的形象。因此，在完善社会主义法律体系的征途中，完善行政法律体系这一任务显得更为紧迫。

本书在结构上分为四编。第一编：行政法导论——探讨行政法的概念、法律地位、行政法律关系、行政法的法源、行政法的基本原则以及行政法学体系等基本理论问题；第二编：行政法主体论——论述行政法主体的一般原理，分析行政主体、公务员、行政相对人等相关法律制度；第三编：行政行为法——研究行政活动的一般规律、介绍并分析了抽象行政行为、依申请的行政行为、依职权的行政行为、行政司法行为、其他行政行为及行政程序的基本法律制度和基本理论；第四编：行政救济论——分析违法行政行为、行政法律责任、行政复议、行政诉讼、行政赔偿的基本法律制度及基本理论问题。

本书在编写过程中主要以中国行政法治的理论和实践为素材，吸收和借鉴国内外行政法学和行政法治的有关实践与法律规定，结合行政管理的现实需要，以行政法的理论体系为主线，以中国现行的行政法律制度为主要内容，以培养科学的行政法治观念、提高法律实践能力为宗旨，体现了系统性、实务性、前沿性的特点。为便于读者学习和掌握行政法的内容和基本精神，本书并没有刻意突出和强调行政法基本原理问题的特殊地位，而是根据行政法的运作规律，将对行政法基本原理的阐述和对具体制度的介绍恰当地融和在一起，体现出教材整体结构的和谐性；力求以简单、通俗的语言来系统地介绍十分复杂的行政法的原则和理论，对一些深奥的行政法制度和理论，尽量从简单的行政事实出发来阐述，从而使比较晦涩的内容变得浅显易懂，使行政法与人们通常不清楚的行政权力与经济权力、社会权力的结构之间的复杂关系变得清晰。本书的另一个特点是穿插了大量的案例和相关背景材料，从而使得教材内容更加生动、丰富，增强了学习的实践性和趣味性。

本书可作为高等院校行政管理学、政治学、法学等专业的教学用书，也可供相关专业人员选用和公务员阅读参考。

作　者

2008 年 3 月 1 日于兰州

目　录

第一编　行政法导论

第二编　行政法主体论

第三编　行政行为论

第四编　行政救济论

第一编

行政法导论

第一章　行政法概述

本章重点

　　行政法和行政法学的基本概念是行政法律体系和行政法学体系的基础，本章主要任务是全面、系统地介绍行政法学的基本原理和行政法律体系的总体框架。本章的重点内容主要有：理解行政的含义及行政国和行政法治的社会意义；掌握行政法的概念和特征，行政法在法律体系中的地位；认识行政法的调整对象及行政法律关系的概念、特征；掌握行政法律关系的构成要件及其产生、变更和消灭的主客观条件；了解行政法学及其研究对象、研究方法和基本体系。

第一节　行政

　　行政法，简单地说就是关于行政的法。因此，要阐述和研究行政法，首先应把握行政的含义、特征、内容，回答什么是行政这一问题。在拥有不同社会制度、不同法律传统和法律形式的国家，以及在不同的历史时期，行政法对行政的内涵有着不同的规定，行政法学理论对行政也会有不同的解释。对行政的内涵与外延的掌握，关系到对整个行政法的定位，也关系到对行政法内容的准确把握和对行政法治意义的理解。

一、行政的涵义

　　行政既是一个生活中的常用词，又是一个多学科共同研究的专业术语。理解"行政"的关键在于对"政"的意义的把握。在不同的领域，不同的学科对它有不同的理解和阐释。

（一）行政的一般含义

　　从字面意义上理解，"政"的最初含义是"事务"，"行"的意思则是执行、管理。所以行政的原本含义或直接意思，就是管理、执行各种事务。中国古语讲的"在其位谋其政，不在其位不谋其政"便是这层含义。此外，"行政"在英语、俄语和拉丁语中都有管理、执行处理事务的意思①。但是，行政在一般意义上被理解为"执行"、"管理"和"处理"，其内容不是纯粹个人的事务，而主要是对组织和团体事务的管理和执行。行政与组织管理等同，比如我们习惯上将企业、社会组织、国家机关所从事的经济、社会和国家管理活动都统称为"行政"。行政是社会组织的一种职能，任何组织（包括企业、社会团体和国家机关）的生存与发展，都必须有相应的机构和人员行使执行和管理职能，都必须为保障实现组织所确立的目标，对组织活动进行有效的规划、指挥、组织、协调和控制。这是从最广泛意义上对行政所作的理解。

（二）私人行政和公共行政

社会是一个复杂的系统，各种社会组织的活动由不同的社会规则和法律规范调整，行政法不可能对所有的组织行为都进行调整，只能调整特定意义上的行政，即国家和公共行政。也就是说，行政法意义上的行政不同于一般社会组织或团体对其内部事务的组织和管理活动，它是主权国家对国家事务和关系社会公共利益的公共事务的组织和管理。从管理主体来看，公共行政除了国家行政之外，还包括一些具有公共管理职能的非政府组织从事的行政管理活动，例如公共社团（律师协会、会计师协会等）、公共事业单位（如公立学校等）在某些事项上行使与国家行政类似的公共管理职能。公共行政的内容包括国家事务和社会公共事务。

所谓私人行政，是指企业、社会组织、社会团体主要针对其内部事务的组织、协调、管理和执行活动。行政是组织的一种职能，每个组织都必须为其生存、发展而具备执行、管理职能，但是，除了国家及社会公共事务的管理外，一般社会组织的管理职能大部分是针对其内部事务，如人、财、物、产、供、销等，与国家和社会公共行政相比一般不产生公共管理的效应，故称其为私人行政。

将行政划分为公共行政和私人行政，其目的在于明确行政法的调整范围，明确公共行政争议和私人行政争议应当遵循的不同法律规则，在发生争议和冲突后，分别通过行政诉讼和民事诉讼两种不同途径得到救济。在我国现阶段，由于社会经济发展的市场化程度和法制化水平的限制，公共行政和私人行政的

---

① 陆谷孙主编，《英汉大辞典》，上海译文出版社，1993 年，第 1409 页；《俄华大辞典》，时代出版社，1956 年，第 11 页。

划分还不十分明确，非政府组织的哪些行政职能属于公共管理职能，要受行政法的规范，哪些属于私人行政范畴，受民法、商法、劳动法等的制约，还处于一个摸索的阶段。在实践中，为了使公民、法人和其他组织的正当权益得到有效的法律保护和司法救济，如果特定组织与当事人之间的关系很难定性为民法上的平等主体之间的关系，或者很难以契约理论、契约规则以及其他民法规则进行调整，法院可以通过行政诉讼以保证当事人的合法权利获得相应的救济。

（三）形式行政和实质行政

形式行政和实质行政，主要是针对国家行政进行的区分，是为了进一步说明当代社会国家行政的内容已经发生了重大的变化，已经不完全局限于对国家决策的执行，同时也表明了行政法与宪法属于不同作用领域和调整机制。从功能意义上讲，现代国家的功能往往被划分为立法、行政、司法三种。立法是国家通过代议机制或其他方法制定的适用于一般社会行为规则的活动，行政是国家机关或其他社会组织对立法机关制定的法律规范的执行，司法则是运用一般的法律规则对具体的社会纠纷或权利争执的裁决活动。从国家活动的实质内涵角度或国家活动的功能意义出发，行政则是任何国家机关或法律授权组织对国家法律规则的执行，故称之为实质行政或者功能意义上的行政。

现代国家宪法规定国家的立法、执法和司法功能或者职能分别由立法机关、执法机关、司法机关来行使。所以，宪政体制下的行政或我们一般提及国家机关的行政时，往往是指行政机关的执法活动。这是从国家机关的形式分类上对行政进行的定位，而不是从国家机关的职能或国家管理的功能目的意义上对行政的定位，所以称为形式行政或者机关意义上的行政。

随着人类生产生活社会化、组织化进程的加深，行政职能在国家管理中的地位、作用与日俱增，在整个国家权力结构中，与立法权、司法权相比，占据主导地位。由此，当代国家行政机关已经不再局限于执行规则的功能，其权力范围和行使方式还包括部分立法权、司法权。换言之，形式行政并不意味着它的范围只是实质行政或者功能意义上的执行规则，与之相应的法律制度建设也应当对行政进行全面准确地定位和把握。

综上所述，行政法意义上的行政是近现代以来，与国家活动紧密联系、是权力分立或分工意义上的行政，它是一种不同于立法机关和司法机关的特定国家机关的活动。具体而言，行政就是国家行政主体对国家事务和社会事务以决策、组织、管理、协调和控制等手段发生作用的特定活动。行政法上的行政应从以下几点来把握：

（1）行政活动的主体是特定的。行政活动的主体是国家行政机关和法律授权组织，不包括国家立法机关、司法机关和其他社会组织。

（2）行政活动的内容是特定的。行政是行政主体的部分活动，而不是所有的活动。行政是行政主体以特定手段和方式对国家事务或社会公共事务进行决策、组织、管理、协调和控制的活动，行政主体为自身利益从事的如借贷、租赁、买卖等民事性质的其他活动不属于行政。

（3）行政的目的是通过对国家事务和社会公共事务的组织和管理来实现对公共利益和社会秩序的维护。

（4）行政活动的方法和手段包括决策、组织、管理、协调和控制等，具有明显的综合性，不同于纯粹意义上的立法、司法和检察活动。

二、行政权与行政关系

（一）行政权

1．行政权的涵义

行政是国家行政机关和法律授权组织通过决策、组织、管理、协调和控制等手段来实现国家职能的一种活动，是国家主权或权力实现的一种方式，所以，行政权构成了行政法及其理论的核心概念。

行政权即执行法律的权力，它区别于制定法律以及对法律纠纷裁判的权力，是随着近现代法治国家理念而产生和发展起来的一种新型国家权力形式。早在古希腊亚里士多德的《政治学》一书中就谈起过国家的行政职能；国家主权学说之父布丹在《国家论》中也提出过"官吏行使的命令权"，但这种命令权是立法权的派生物；洛克在《政府论》中第一次明确地把国家权力分为三种：立法权、行政权和对外权，但在使用行政权时，把司法权与行政权混为一谈，把理应属于行政权的外交权排除在外。应该说，孟德斯鸠在《论法的精神》一书中才明确地从区别于立法权和司法权的意义上来研究行政权。

在社会实践中，行政权在相当长的一段历史时期里，还只是一种行政性质的权力，既不具备独立的存在形式，也无"行政权"这一独立的概念，而与其他国家权力交织在一起，以一种概括性权力的形式存在。近代社会以来，基于一定的国家职能分工和权力制约与监督体制的需要，行政权从整个国家权力体系中分离出来，成为一种相对独立的国家职权，与其他国家权力之间形成一种相互分离与协作、制约与监督的体制关系。当然，近代国家的行政权的作用范围是极其有限的，主要集中在诸如外交、军事、税收、警察、司法等方面，还只是一种在较小范围内发生作用的、消极性的、以羁束性方式为主的公共权力。

当社会发展进入20世纪后，行政权在各方面均发生了重大的变化。一方面，社会主义制度的建立，使行政权从根本上不再是一种消极性权力。公有制和为人民服务的宗旨，强调政府为人民利益去做一切该做的事情，使行政权的作用范围得到了最大限度的扩大，成为政府的一种积极性权力和职责。另一方面，随着科技、工业及经济的高速发展及伴随其产生诸如就业、社会保障与保险、知识产权等各种社会问题，资本主义国家的政府也不再是消极的、被动的"守夜警察"，而是积极地干预经济和其他社会事务，使行政权的作用范围也得到了一定的扩大。行政权不仅对国防、税收、警察等方面发挥作用，而且对经济、教育、交通、卫生、环境保护、公共服务等方面也全面发挥作用。

概括而言，近现代意义上的行政权是一个法律概念，它是由国家宪法和法律赋予国家行政机关或其他社会组织执行法律规范、实施行政管理活动的权力，或行政主体在其法定的职权范围内按照一定的方式、对一定的行政事务进行处理的权力，一般又称为行政职权。

首先，行政权是一种法定权力。行政权来源于国家宪法和法律的授予，没有宪法和法律的授权或设定，行政权就失去了存在和行使的合理基础。行政机关的设立，行政机关的组织结构、人员编制、管理范围、权限大小，及其行使权力的后果责任等，都需要国家通过制定宪法和法律的方式予以规定。当然，现代行政权不再是消极地"依法行政"，不再受"法律之外无行政"规则的约束，其主要表现不再是采用制裁、强制等手段去消极地维持社会秩序，而是更多地采用组织、引导、奖励、赋予或许可等手段，积极地行使权力，服务社会。行政权的内容有了较大的裁量余地，从法律上的羁束行政权走向越来越多的法律上的自由裁量权。

其次，行政权的主体是国家行政机关而不是国家。行政权的产生基础是权力分立和权力制衡，现代国家的权力一般划分为立法、执法和司法，国家设立相应的立法机关、执法机关和司法机关分别就各自所管辖的国家事务和社会事务行使立法权、执法权和司法权。行政权是国家权力的有机组成部分，但不是全部。从基本职能与权力的划分看，行政权与其他国家权力分离的状态依然存在，但行政权的内容与方式发生了很大变化，除了传统的法律执行权外，行政还拥有了在法律之下对行政事项的行政立法权和对一定范围内法律纠纷的行政裁决权。

再次，行政权是一种权力而不是权利。在法律意义上，权力不同于权利，权力是权力主体直接支配、控制被管理者，是被管理者必须服从的一种力量；而权利只是权利主体可以为一定行为或不为一定行为，请求他人为一定行为或不为一定行为的资格或能力。权力的基本特点是强制性和无条件服从性，权利的特点则是自愿性和协商性。从发生学意义上讲，一切国家权力都直接或间接来源于公民权利，权力是权利的一种特殊形式。行政权是国家权力的有机组成部分，亦源于公民权利，也是公民权利的特殊转化形式。但是，行政权一旦形成，便与公民权形成一种既相互依存，又相互对立的关系。基于公共利益和社会秩序的需要，法律赋予行政权超越具体公民权利的优益性和强制性。同时，行政权是权力与职责的结合与统一，一定的行政权力的行使是以一定行政职责为前提的，因行政权力的不行使、失职或不合法都要承担法律责任。

2. 行政权的特点

行政权的涵义是对行政权的内在本质和社会历史发展所做的整体的、动态的概括，为了更好地理解和认识行政权，还需要对行政权的外部特征进行比较分析。

从法律角度看，与公民、法人和其他组织的私权利相比，行政权表现出明显的公权力特征。

第一，法律性。行政权是法定的权力，其内容和行使方式一般都由法律所设定，而公民权利内容和行使方式一般则由当事人协商或自由决定。行政权是在宪法和法律的授权之下获得存在和行使的一种合法性权力，没有法律的授权就不能有行政权的行使，这便是现代行政权的从属法律性。可见，法治行政是行政权的法律性特征的内在要求。

第二，强制性。行政权的实施以国家强制力为保障，行政管理中的被管理方有服从的义务，其他组织和个人有协助的义务，而且在被管理者无正当理由拒不履行法定义务时，行政管理者可运用强制力迫使其履行义务。行政权的强制性一方面根源于权力本身的属性，另一方面也在于行政权的法定性。①

第三，优益性。国家除了赋予行政权直接的强制性来保证行政权的施行外，还对行政主体及其工作人员在实施行政权过程中设置了不同于一般民事平等权的优益权。优益权是国家为保障行政机关及其工作人员有效行使行政职权而赋予他们在职务上的优先权和物质上的受益权，如行政主体在行使职务时享有优先通过的权利、从事公务的工作人员的人身受到法律的特别保护等。②

---

① 当然，公民权利的最终实现也需要国家强制力的保障，但是这种强制力是一种间接的、救济性强制力，公民权利自身并不具有强迫义务人履行义务的特点。同时，需要指出的是，现代行政权的强制性特征出现了某些变化，在行政权行使中应更注意说服和交涉的过程，以及行政权的服务性功能的增强，说明行政权强制性特征有所消褪。但是，这只是说明行政权的强制性的作用机制发生了变化，并未从根本上否定行政权既有的强制性特征。

②《中华人民共和国国家安全法》第9条第1款规定："国家安全机关的工作人员在依法执行紧急任务的情况下，经出示相应证件，可以优先乘坐公共交通工具，遇交通阻碍时，优先通行。"《中华人民共和国人民警察法》第13条第2款规定："公安机关因侦查罪犯的需要，必要时，按照国家有关规定，可以优先使用机关、团体、企业事业组织和个人的交通工具、通讯工具、场地和建筑物，用后应当及时归还。"

　　第四，非处分性。一般民事权利的特征是自主性和处分性，即权利主体可以根据自己的意愿和利益判断，在法定的范围内自由行使甚至处分权利；而行政权则是一种伴随着责任的权力，权力主体不仅拥有行政权，而且负有正当行使该权力的义务，否则就要承担相应的法律责任。在这种意义上看，具有明显公权力特征的行政权是行政职权和行政责任的结合，它既是权利又是义务。行政主体不可自由转让和放弃行政权，除非符合法定条件并经过法律程序。

　　与其他国家权力相比，行政权具有明显的主动性、广泛性、自由裁量性等特征。

　　第一，执行性。行政权从根本上说，是执行法律和权力机关意志的权力，因此，行政权的运行必须对权力机关负责。行政权的这一特征既使它区别于立法权的决策性和抽象性，又使它不同于司法权的判断性。

　　第二，主动性。行政权的行使不同于司法权所奉行的"不告不理"，它是一种积极、能动的权力。在一般情况下，行政权都是行政主体根据客观事实和法律的规定自主启动和行使的。

　　第三，广泛性。与立法对社会整体关系的一般规划和司法行为的居中裁决相比，行政事务复杂多样，又瞬息万变，从宏观的经济调控，到微观的具体事务，都关系到社会公共利益和公共秩序，所以行政管理及行政权也是事无巨细，具有很强的广泛性特征。

　　第四，裁量性。行政权的裁量性，即自由裁量性，它是指由于法律没能对权力行使的具体条件做出明确的规定，而是笼统地授予行政主体管理某种国家事务和社会事务的权力，行政主体在具体行使行政权时，只能根据特定的主客观情况，相机行事，自由决断。行政权的裁量性是由社会事务的复杂性和变动性特点决定的，也是为了弥补立法行为的抽象性和滞后性。

　　3．行政权的内容

　　行政事务日益增多决定了行政权内容的多样性，目前国内学者大多采用列举的方式对行政权的内容进行概括和归纳，将行政权的内容归纳为以下几个方面：制定规范权、许可权、确认权、检查权、奖励权、物质帮助权、处罚权、强制权、合同权、裁决权、复议权、委托权、处分权与追偿权等。从现代行政的主要任务和活动方式以及现行的法律规范分析，行政权主要有以下三方面的内容：

　　（1）特定的立法权和非法律规范制定权

　　由于国家事务和社会事务综合性管理的需要，现代行政的内容已经超越对法律的简单执行，行政主体依法从事特定的立法权和非法律规范的制定权已经成为必要，所以世界大多数国家的宪法都明确规定行政机关拥有一定的法律和其他规范性文件的制定权。当然，行政立法是为了执行或实现特定法律、法规，其内容限于纯粹行政事务。同时，行政主体也可以根据单行法律和法规或授权决议所授予的立法权进行必要的立法，这种立法多为创制性或补充性立法。此外，行政主体还拥有在法定的职权范围内就其管辖区域中发布普遍性规则的权力，这种制定权所制定的文件往往被称为"规章以下的规范性文件"。

（2）法律、法规、规章和非法律规范的适用权

行政权的基本内容是将行政法律规范和行政规定适用于特定的行政相对人和行政事务。行政主体适用法律规范的活动主要是针对相对人的权利和义务，即赋予或剥夺相对人的权利，或者科以或免除相对人的义务。法律和规范的适用权主要表现为以下形式：行政检查权、行政奖励权、行政制裁权、行政许可权、行政强制权、行政监督权等。

（3）行政裁判权

依照严格的三权分立思想，一切社会纠纷的处理权统一由司法机关（法院）来行使，但是各国的法律实践并未完全遵循传统的分权理论。在我国，立法赋予行政机关对特定民事纠纷的调解、裁决权，以及对具体行政争议的复议权。但是，与法院的司法裁判相比，行政机关的行政调解、行政裁决和行政复议在程序上更加简洁，更加方便。当然，行政机关对民事纠纷和行政争议的处理从本质上讲也是在行使法律和行政规定的适用权，然而，在纠纷处理权的行使过程中，行政机关是站在第三方立场上，这与行政机关以当事人一方的身份适用法律和行政规定的单纯执法行为截然不同。所以一般把行政机关解决民事纠纷和行政纠纷的权力称为行政裁判权，这种权力在现实社会中的存在和适用越来越普遍。

（二）行政关系

行政主体的行政行为，即行政权的实施必然会引发一种新的社会关系，即行政关系。具体来说，行政关系是国家行政主体为了实现其行政管理职能，运用指示、命令及其他手段，同行政相对人之间发生的各种社会关系的总称。行政关系是行政法的主要调整对象，与一般的社会关系相比，主要有以下几方面的特征：

1. 行政关系双方当事人中必然有一方是行政主体。行政关系只能产生于行政主体和作为行政相对人的公民、法人或其他组织之间，没有行政主体的社会关系就不是行政关系。在双方当事人都是公民、法人或其他组织的情况下，一般只能产生民事关系或其他社会关系，不会产生行政关系。当然，并非所有行

政主体缔结的社会关系都是行政关系，如行政主体以民事主体身份参加的一般社会关系。

2．行政关系是行政主体在实施行政管理权的过程中与行政相对人发生的，其内容与国家行政权力直接或间接相关。与行政职权的行使无联系的社会关系，即使行政机关或法律授权组织是一方当事人，也不是行政关系。在现实社会中，作为行政主体的行政机关或法律授权组织的角色和身份在法律上是多元的，行政主体只有在行使行政职权的行为中与相对人之间形成的关系才是行政关系。

3．在行政关系中，行政主体处于主导地位，享有极大的优益权。行政关系中行政主体的主导地位表现在：行政关系的产生、变更或消灭，一般由行政主体的单方意思表示决定，无需和相对人协商一致；行政主体可以对相对人采取直接的强制措施，保证行政关系的实施；行政主体在行政关系的缔结和实施过程中，享有许多相对人所不具有的行政特权。可以说，行政关系是一种不平等的社会关系。

由此可见，行政关系是一种不平等的社会关系。在行政关系中，作为行政主体的行政机关或法律授权组织处在优越、支配者的地位，而且这种地位是依靠国家强制力得以保障的。行政关系的不平等性及国家行政主体对相对人的支配地位是由国家权力的强制性本质决定的。行政权是国家权力的一种表现形式，其目的是通过行政主体的管理活动，确立、维护和营造有利于国家利益和社会公共利益的社会秩序。在个人利益与整体利益的协调过程中，国家权力的强制性和公民个人的服从性都是必需的。在具体的行政关系中，行政主体代表国家，运用国家权力维护社会秩序，它们与行政相对人之间的关系必然是管理与服从的关系。

三、行政国家与法治国家

（一）行政国家

行政是社会组织，尤其是国家的基本职能，根据资产阶级传统有限政府的理念，行政权力作为国家立法权的实施，被严格地限定在国防、外交、税收、治安等有限的范围内。但是，当资本主义发展到一定阶段以后，由于科学技术的发展和社会经济的社会化程度不断加深，使得资本主义的基本矛盾不断激化，出现了一系列新的社会矛盾和社会问题。自发的市场机制的失灵和人为原因引发的垄断、环境、交通、失业、罢工等社会问题的频繁发生，在局部范围内导致市场绩效的降低，在整体上引发了宏观经济失调和周期性的经济危机。为了解决这些问题，资本主义国家不得不冲破三权分立和权力制衡的固有观念，大量增加行政机构的职能和行政人员的数量，对社会经济生活进行必要的干预。行政机关的职能从传统的国防、外交、治安、税收等领域，扩展至贸易、金融、交通运输、环境资源、劳资关系，以及工人的失业保险、养老保险、工作事故等领域；行政权力也从单纯的执法和社会秩序维护向立法和司法领域扩展。行政机关自己制定行政法规和行政规章的"准立法"权以及自行处理和裁判在行政管理过程发生的纠纷和争执的"准司法"权已经被各国的宪法和法律实践所确认或默认。西方学者将现代资本主义国家政府职能和行政权的扩大、膨胀的趋势和现象，与传统的"警察国家"相对，称之为"行政国家"。①

西方国家的行政从 19 世纪的范围狭小、职能有限，到 20 世纪初期、尤其是 30 年代以后的事务扩大、职能膨胀的重大转变，以致出现所谓的"行政国家"，其原因有二：其一，随着社会经济的发展，国家事务和社会事务的范围逐步扩大，国家行政的内容也逐步延伸至提供社会福利、社会保险和保护知识产权，保护资源，治理环境污染，改善生存环境，监控产品质量，保护消费者权益，维护宏观经济稳定等领域。其二，市场经济的高度发展，一方面创造了巨大的社会财富和人间奇迹，同时也使"市场缺陷"充分暴露，人们不得不借助政府的力量对经济进行全面干预，从而使经济得以摆脱危机并走上繁荣。同时，以前苏联、中国为代表的社会主义国家通过国家政府对社会经济的全面领导、计划、干预使得国家经济迅速恢复并高速发展。这些都使得人们对国家和政府的能力产生了虚幻的认识，从而默认了政府对社会经济乃至人们的私人生活进行全面干预的现实，并赋予其相应的职权。因此国家和政府则拥有了对人们"从摇篮到坟墓"的全面管理和干预，国家和政府也就从"有限政府"和"夜警政府"，逐步演变成了"行政国家"和"全能政府"。

行政国家的产生及其职权的扩张，如抑制垄断、促进公平竞争、调节贫富差距和两极分化、防止工人失业、治理环境污染、强制信息披露和扩大公共信息、校正信息不充分和不对称等，在一定程度上满足了人们对公共产品的需求，缓解了"市场失灵"造成的危害。但是，由于政府组成人员的私人属性和政府组织及其活动本身的缺陷，行政国家和全能政府对市场和社会经济发展的抑制作用也逐步暴露出来，出现了所谓的"政府失灵"。如公权力的扩张对民主、自

---

① 参见（德）哈特穆特·毛雷尔著，《行政法学总论》，高家伟译，法律出版社，2000 年，第 14～17 页；（英）威廉·韦德著，《行政法》，徐炳等译，中国大百科全书出版社，1997 年，第 1～3 页；（法）莫里斯·奥里乌著，《行政法与公法精要》，龚觅译，辽海出版社、春风出版社，1999 年，第 4～6 页；（美）罗伯特·诺齐克著，《无政府、国家与乌托邦》，何怀宏等译，中国社会科学出版社，1999 年，第 35 页；（美）E. 盖尔霍恩、罗纳德·M. 利文著，《行政法和行政程序概要》，黄列译，中国社会科学出版社，1996 年，第 1～2 页。

由和人权造成极大的威胁；政府权力的腐败和滥用造成社会关系紧张，市场活力减弱；僵化的行政体制下官僚主义盛行，办事效率低下；由于计划不周和信息不全导致自然资源和社会资源的大量浪费；行政管制下人们依赖性增强，自我生存能力和创造能力下降等[①]。行政国家的尴尬境地反映了国家和市场之间的一种极其微妙的关系，它要求社会必须创立一种新的机制，在确认行政权扩大的同时又对它进行有效的控制和制约，使行政权正当行使而不致被滥用，既能克服"市场失灵"，又不导致"政府失灵"。20世纪中期后，世界上大多数国家开始建立和完善行政法，确保转变和缩减政府职能，限制行政权；规范行政行为，控制行政权；加强社会自治，转化行政权。由此可见，行政法虽然以规范行政为目的，但是真正意义上的行政法却没有与行政相伴而生，作为独立的部门法意义上的行政法是随着"行政国家"的出现而逐步形成的。

（二）法治国家

行政国家的产生是行政法产生和发展的基础和原因，而行政法的发展和完善又是法治国家形成的关键和基本条件。

法治是一种源远流长的意识形态、治国方略和社会文化现象，古今中外不同时代的人们对其有不同的理解。早在两千多年前，古希腊亚里士多德对"法治"理念的精神和要义就已经做出了最为经典的表述，但是作为政治实践的"法治国家"则是近代以来随着"行政国家"的出现而逐步提上议事日程的。从"良法之治"的一般社会理想，到以"行政法治"为核心的现代法治国家的建设，其中体现了法治的一般精神和根本要求，即一切社会成员、组织团体，尤其是国家政府的行为都必须服从法律，行政权力的行使必须受到法律的严格规范和控制。

在古代社会，无论是亚里士多德的"良法之治"，还是中国古人所推崇的"以法治国"，法治都是与"人治"和"德治"相对立的一种社会治理方式和控制手段，其核心思想都是将法律看作是强者的意志，而不顾及法律本身的正义性，法律纯粹是一种统治的工具。自近代以来，法治在强调与人治对立的同时，更加注重它的民主政治基础。现代法治的基础是人民当家作主，是众人之治，法治的依据是人民大众的意志，法律高于个人意志。换句话说，人民选举自己的代表组成代表机关，人民代表机关集中人民的意志，形成法律，交由行政机关执行，并对行政机关的执法情况进行监督。政府不能脱离法律行使职权，否则就是以自己的意志行动而不是人民的意志行动，其政体就不是民主政治而是专

---

① 姜明安主编，《行政法与行政诉讼法》，北京大学出版社、高等教育出版社，2006年，第10页。

制，人民的权利和自由就不能得到充分的保障。民主是法治的内核，也需要法治的保障。

民主是法治的基础，法治是民主的保障，民主与法治相伴而生，它们的共同目的是规范行政，确保行政权力能够最大限度地运用于维护和促进社会经济的持续、协调发展。所以，在不同的社会历史阶段，由于民主的内容、要求不同，国家政府的角色不同，法治的重心和基本内容也就不同。早期的社会以市场自治为核心，民主的主要表现形式是市场主体对自我事务的自由选择和自主决策，国家和行政事务的范围十分有限，行政权力主要依靠宪法和国家机关组织法进行控制和制约。也就是说，早期的民主主要以自我事务的决策和管理为主，国家和社会公共事务的内容十分有限，主要是通过代议制实现的间接民主，法治的任务是通过事先的权力设置和事后的诉讼机制，对行政权力进行静态、外部的控制和消极救济。行政国家的产生一方面在客观上形成了对市场自治和私人民主的侵蚀，另一方面也对法治的内容和形式提出了新的要求。进入现代社会后，民主的内容开始从单纯的私人民主领域迅速向公共民主领域扩展，这使得传统的代议制民主和间接民主不能完全应对现实社会经济的发展；同时，国家权力对社会经济生活的全面渗透和积极干预，以及社会经济生活的纷繁复杂，仅靠宪法、组织法对行政权力进行制约已经不能完全奏效，这就要求建立一种能够结合间接的代议制和直接的参与式的现代民主，以及与之相配套的、静态的实体权力控制和动态的行为制约的、实体法和程序法相统一的新型民主法治模式。

首先，民主内容的扩展，使民主由单纯的代议制民主转化为代议制民主和参与制民主的结合。人民群众可以通过立法动议、立法草案的评议、论证、听证和公开表决等形式，直接参与立法，通过要求行政公开、政府信息公开、个案听证和其他各种行政程序等形式，直接或间接地参与行政管理和社会治理，通过信访督察、行政复议、行政诉讼和宪政诉讼等形式直接或间接地参与法律监督。其次，法治也由静态的宪法、组织法的平衡制约机制，向动态的整体协调规范机制转化。法治除了通过进一步加强和完善宪法和行政机关组织法，确认和规范行政权力的范围和内容，作为新型法律部门的行政法主要通过建立健全行政程序法、阳光法、情报自由法、行政复议法和行政诉讼法，为新型民主提供了新的运行规则，并使新型民主与传统的间接民主相连接。总之，现代社会经济的发展使国家政府的地位、作用发生了重大的变化，市场经济的非自足性以及国家政府能力的有限性，要求市场和政府之间的互动关系只有建立健全以现代民主为基础的法治才能得以协调，社会经济也才能持续稳定协调发展。这是现代行政法产生并成长为一门独立的法律部门的客观现实基础。

法国·国库与吉利先生案

1949 年 12 月的一个早晨，法国格利尼市"好客栈"旅馆出去钓鱼的房客回来吃饭时，发现店主夫妇在他们自己的房间里因照明用煤气泄漏窒息而死。房客们请来了拜赫耶医生，同时向警方报了案。拜赫耶医生证实店主已经死亡，并对其他两位受害者进行了治疗，他在出屋时遇到了吉利医生，吉利医生是被警长叫来填写窒息原因和伤亡报告的，他们又双双返回房间开始工作，就在这时发生了剧烈的爆炸，包括两位医生在内的三十多人严重受伤，现场也遭到破坏，煤气逸漏与爆炸的原因也因此不得而知。拜赫耶医生就其受到的伤害要求格利尼市予以赔偿，凡尔赛行政法庭满足了他的要求。实际上，最高行政法院的判决已经承认公务的临时合作者对在其执行职务时所遭受的损害有获得赔偿的权利。至于吉利医生，因为他是由警方召来参加刑事调查的，便投诉普通法院要求国家赔偿。塞纳省普通法院受理诉讼后认为，民法典条文，主要是民法典中关于委托和受托人责任的条文不符合诉讼人的情况，因为这些条文涉及的只是私人之间的关系，但法院可参照适用同时控制公法与私法的法的一般原则。根据法的一般原则中的公允规则，该法院判决"在公务利益中从事不可缺少的工作时，因通常原因所遭受的损害应由国家负担，而不应由受害者个人承担。"该普通法院适用的是最高行政法院对公务临时合作者的判例原则，认为国家应赔偿吉利医生的损害。

转引自《行政法学研究》第二辑，北京：中国政法大学出版社，1988年，第 57～58 页。

第二节　行政法

一、行政法的概念和特征

借鉴国内外专家学者对行政法的涵义所做的大量论述，综合各国行政法的现状，我们认为，对行政法的界定可以从如下两个路径进行：一是从行政法的外部构成和表现形式上进行描述。行政法是有关国家行政机关的组织、管理活动和接受监督等方面的法律规范的总称，它由行政组织法、行政行为法和行政法制监督法三部分组成。二是通过对行政法的调整对象进行概括和归纳。行政法是指调整国家行政主体自身在组织、进行社会管理和接受监督过程中产生的特殊社会关系的法律规范的总称，即行政法是调整与行政主体的活动相关的一系列社会关系的法律规范的总称。在此需要强调的是，许多学者对行政法的定义虽然大同小异，但是都有一个共同的缺点：对行政法的内涵的挖掘和外延的界定没有做到完全对应和统一。从行政法的内涵来看，行政法是有关行政的法，它的调整对象主要是行政关系，但不限于行政关系，还包括行政组织关系和行政法制监督关系；从行政法的外延来看，行政法的内容已经超越了行政行为法、行政组织法和行政法制监督法，既是传统法治控制行政权力的主要方式，也是现代法治中行政法的有机组成部分。总之，行政法对行政的规制不仅有静态的组织和职权限定，还有动态的行为和程序性规范；既有事先的权力限定，也有事中的过程控制，更有事后的责任救济。所以说，现代行政法是立体式、全过程、整体化、体系性的法律部门。

从行政的产生和发展到行政国的出现，我们可以看出，行政法是现代法治国家的核心和重要组成部分。作为一门新型的法律部门，行政法与刑法、民商法及诉讼法等其他传统法律部门相比较，其内容和形式方面都有明显的特点。

（一）行政法在内容上的特征

1．行政法内容的广泛性

行政法是规范国家行政的法，在现代社会中，国家的行政管理既涉及国家管理，又涉及社会管理，既调整政治、经济、科技、文化、民政活动的重大事项，又规范公安、外交、卫生等领域的具体事务。由于行政事务的扩展和国家职能的转变，传统的"警察国家"、"消极政府"已不复存在，行政国家对社会和个人的影响是整体化、全方位的，可以说是"从摇篮到坟墓"的全面管理。国家行政管理的广泛性决定了行政法内容的广泛性，行政法应当全面系统地对行政权力的设置、使用及其监督进行规范和约束，这样才能保证行政权力最大限度地运用于维护和促进社会发展。

2．行政法内容的易变性

法律的稳定性是法律确定性和可预测性的基本要求，但是行政法所规范的不仅是大量细微、繁杂的具体行政管理活动，而且这些行政事务所针对的又是日新月异、快速变化的社会经济生活，为了能够更好地调整社会经济关系，维护国家和社会管理秩序，行政法不得不根据现实社会生活的变化，在内容上做适时的调整，否则，其内在的滞后性就会更为明显，就会产生制约现实社会经济生活的消极后果。所以，与民商法、刑法等其他法律规范相比，行政法内容的变化性是比较明显的，但是，行政法内容的每一次变化都应当在法定的权限范围内进行，这是行政法治的基本要求。

3．调整对象的确定性

行政法的内容虽然广泛、复杂、易变，但作为一门独立的法律部门，它有确定的调整对象，即它始终以行政权力的设置、使用和接受监督过程中形成的特殊社会关系为调整对象。这种独特、确定的调整对象使行政法成为一门独立的部门法。行政法所调整的社会关系主要包括三类：第一类是行政组织关系，是行政主体在其组建、成立过程中形成的各种关系，它包括行政主体与其他国家机关之间的关系，以及行政主体之间、行政主体与其公务员之间的关系；第二类是行政关系，是行政主体在行使行政职权，对行政相对人或具体的行政事务进行管理中形成的关系，包括行政管理关系和行政服务关系；第三类是行政法制监督关系，是其他国家机关或社会团体、公民个人依法对行政主体行政职权的行为进行监督过程中形成的关系。上述三种行政关系中，行政管理关系是行政法的主要调整对象，其他两种关系都是由行政管理关系导致和引起的，所以行政法的重点调整对象也是以行政关系为中心而展开的，由此也就构成了行政法内容的权力设置、权力运用和权力监督的三大组成部分。

（二）行政法在形式上的特征

1．行政法没有统一的法典

在各国现行的主要法律部门中，行政法在形式上不同于民法和刑法等传统法律部门，其主要存在形式是各种各样的单行法律、行政法规和行政规章。从行政法的历史发展和现状来看，行政法难以法典化的原因有三：其一，行政法的调整对象广泛，内容纷繁复杂，各种不同的关系又存在较大的差异，难以用统一的规范进行调整；其二，各种行政事务具有很强的时空性，稳定性低、变动性大，在特定的社会历史条件下它们只能由暂时制定的、而且位阶较低的法规和规章来调整，而不可能制定统一法典进行规范；其三，行政法作为一门独立的法律部门，其历史发展比较短暂，一方面各种行政事务本身的稳定性和统一性不够，各种行政关系的内在构成和基本要求还不明确，另一方面行政法的理论探索和实践经验还不够充分完备。各国有关行政方面的法律传统和法治现状差异较大，而且还未完全成型，行政法法典化的实践和理论准备都不具备。行政法虽然不存在统一的法典，也难以制定统一的法典，但各具体领域的部分行政法典以及其他单行行政法的发展和系统化的进程是非常明显的，尤其是制定统一的单行的行政程序法典，这些都将为行政法整体的法典化积累丰厚的实践经验和理论成果。

2．行政法律规范的形式多样、数量繁多

在一国的法律体系中，行政法的形式和数量都居于各个部门法之首。行政法的形式渊源不仅包括成文法源，还包括不成文法源。以我国的法律现状为例，民法、刑法通常只能由最高权力机关制定，法律规范的形式单一，法律文件的数量有限。而行政法的立法主体却是多种、多级的，除了国家权力机关可以制定基本法和其他法律外，行政机关自己在法定的权限范围内也可以制定行政法规和行政规章；除了中央国家机关制定统一的行政法律和行政法规外，地方国家机关也可以根据各地区自身的特点和管理需要，在法定的权限范围内制定地方性法规和地方规章；此外，由于行政法制的现实和行政管理的需要，在行政实践中，行政主体还依据大量的其他规范性文件和行政惯例等不成文法源进行行政管理。

3．行政法律实体性规范与程序性规范的交融性

在对法律规范的分类中，一般认为民法与刑法是实体法，民事诉讼法与刑事诉讼法则是民法与刑法的程序法。在此，我们先不论这种理论本身是否准确，而在实体法规范中，行政法与传统的民法和刑法不同，其中有大量的程序性规范，而且程序性规范和实体性规范相互渗透，相互交融。程序法构成了行政权力获得、行使和接受监督的基本条件，程序合法是行政行为和行政权力合法的有效要件。行政法的实体性规范和程序性规范相互交融的特点说明，传统的民商法和刑法的调整对象是社会成员的个体行为，其主要的方法和运作机制是消极预防和事后救济，而行政法规制的是事关公共利益和社会秩序的整体行为，它的方法和运作机制包括事先的权力限制，事中的行为控制和事后的司法救济，是静态的权力约束和动态的程序规范相结合的立体式规制。所以，虽不能说行政程序法是行政法特有的一类行为规范，但在其他法律部门中，程序性规范的比重和地位远不及它在行政法中引人注目①。其次，行政法的程序性规范不仅存在于行政诉讼领域，也大量存在于行政管理领域。最后，行政程序法中包含了大量的实体性规范，如关于行政赔偿的实体规定等。

二、行政法的地位和作用

（一）行政法的地位

在现代社会，由于国家职能和行政权力的不断扩展，行政法也逐步渗透到

---

① 罗豪才主编，《行政法学》，北京大学出版社，1996年，第15页。

社会生活的各个领域和各个层面，其法律地位也日益提高。如何准确把握行政法的法律地位，不仅是一个法治理论的创新问题，也是行政法功能和作用有效发挥的实践问题。具体而言，行政法在一国法律体系中的地位可以从以下几个方面加以说明：

1. 行政法是一个独立的法律部门

无论是发达的现代民主法治国家，还是落后的古代国家，其法律规范虽然形式多样，内容繁多，但是它们都是基于同一经济基础，都有共同的文化传统和指导思想，担负着共同的历史使命和统治任务，所以在整体上相互联系，彼此协调，自成体系。不同国家的法律规范按照一定的结构和顺序，组成一个统一协调的法律有机体，就是通常所说的法律体系。在结构上，法律体系由不同的法律规范的集合体，即具有共同的调整对象和调整方法的法律部门组成，①在功能上，法律体系的各个集合体或法律部门之间相互协作，相互支撑，共同维护和促进一国正常的社会关系和经济秩序。与民商法、刑法等其他传统法律相比，虽然行政法产生的时间较晚，但是它的调整对象和调整方法却具有明显的独立意义。随着行政事务的不断扩大和行政国家的出现，民商法的平等民事关系和建立在个体意义上事后救济式的调整方式已经不能满足社会发展的需要，行政法对行政事务的整体规范和动态调整不是民商法的补充，而是作为一类特殊的法律规范产生和发展的。从各国的法律体系来看，行政法已经不是单个、零散的法律规范，而是与民法、刑法一样，是构成国家法律体系最高层次的独立的法律规范的集合体；而且，现实中的行政法也没有依附于其他法律部门、作为其他法律部门的组成部分，而是独立成体系的；同时，行政法有自己独立的调整对象和调整方法，与其他法律部门所调整的社会关系和调整方法不同，不能相互替代和混同。

2. 行政法是与宪法关系最为密切的普通部门法，是宪法最重要的实施法

在一国的法律体系中，宪法是最重要的法律部门，是国家的根本大法，它规定国家的性质、政治制度和经济制度、公民的基本权利和义务、国家机构等重大的社会问题和根本制度，而民法、刑法、行政法等其他法律部门都是实施宪法的法律部门。与其他法律部门相比，行政法从内容到具体的运行，都直接或间接地体现了宪法所确立的政治目标和经济秩序，它与宪法的关系最为密切，是宪法实施最重要的法律部门。如果说宪法是一个国家社会发展和经济建设的

---

① 对于法律部门的划分标准，虽然法学理论界存在争议，但是一般都认同法律规范的特定调整对象和相对独立的调整方法是划分部门法的基本标准。

根本目标和行动纲领，那么行政法则是对宪法目标和纲领的具体实现，因此，学者们把行政法称为是"小宪法"，或者说"活的宪法"。①一方面，规定国家与公民之间关系、国家机关之间关系的宪法规范主要是通过行政法得以具体实施的。宪法调整的社会关系是国家生活和社会生活中根本性、基础性的重要社会关系，所以宪法规范的实践性和可操作性较弱，行政法以行政机关的执法行为为主要规范对象，其根本任务是对宪法规范的具体实施，其他法律部门则主要调整公民之间的关系和国家机关之间关系的某一部分。另一方面，行政法的内容涉及国家生活和社会生活的各个领域和各个层面，几乎涉及宪法所调整的所有领域，比较全面系统地贯彻实施了宪法所确立的各项政策和制度，而其他法律部门则只是调整社会生活某个领域的社会关系。

3. 与其他普通部门法相比，行政法是现代社会最具社会影响力的部门法

在近代社会以前，由于生产力水平低下，人们的生产、生活的社会化程度较低，社会关系也限于简单的民事交往和商务活动中，加之市民社会与政治国家之间泾渭分明，社会生活的主要规则是对个人行为进行调整的民商法和对国家统治秩序进行强制维护的刑法。现代社会以来，随着生产的日益社会化和公共事务的大量增加，国家对社会生活的主动干预也开始扩大和加强。为了确认和规范不断扩大的行政职能和行政权力，行政法不仅在数量上大大增加，而且在社会生活中的地位和作用也越来越重要。尤其是 20 世纪以来，世界各国都逐步加强和完善行政法的建设，规范和强化国家政府在社会经济发展中的积极能动作用。在我国，随着改革开放和现代化建设事业的不断深入，行政法在促进经济发展，推动法治建设，构建和谐社会中的作用和影响也将越来越大，而且将成为最具社会影响力的法律部门。一方面，行政法已经逐步扩展至传统上被认为是民法或刑法调整的诸多社会关系和生活领域，如社会治安的维护和对违法行为的惩治已经从刑法调整转入行政法的调整，民事纠纷的解决和裁判也从单纯的民法调整融合、渗透了行政裁决制度；另一方面，近现代社会以来产生的大量的新型的社会关系，如国家对宏观经济调控和市场交易规制，以及国家基于社会公平而提供必要的社会保障中产生的社会关系，也主要由行政法加以规范和调整。可以说，由于国家对社会成员"从摇篮到坟墓"的全面关照，行政法对社会生活的影响也就成为全方位、立体式的。

---

① 龚祥瑞著，《比较宪法与行政法》，法律出版社，1985 年，第 58 页。

（二）行政法的作用

从价值层面上看，行政法在学术界被认为是管理法、平衡法、控权法等，[①]作为一门独立的法律部门，行政法在现实中的作用主要表现在两个方面。

一是行政法作为一国法律体系重要组成部分而发挥出来的法的一般作用，即法的规范作用和社会作用，包括法律规范在一般社会生活中的告示作用、指引作用、评价作用、预测作用、教育作用和强制作用，以及在维护阶级统治和执行社会公共事务的作用。[②]

二是行政法作为独立的法律部门，在规范和调整行政机关的权力运行和维护社会公共秩序中的特殊作用，具体表现在两个方面。

1．明确和规范行政职权，保障公民、法人和其他组织的合法权益

现代行政法是民主法治的重要组成部分和具体体现，其产生和运行的根本目的是依法确认行政权的范围、内容和具体实施，最大限度地保护公民、法人和其他组织的合法权益，促进社会经济的整体有效发展。这是资本主义国家行政法的基本任务，也是社会主义国家行政法的根本宗旨。在现实社会中，公民、法人和其他组织的合法权益非常广泛，包括国家宪法和法律所确认的各种政治、经济、文化、教育、人身、信仰等方面的权益，有个体的财产权和人身权，也有整体的政治民主权。在现实的行政法律制度中，行政法对公民、法人和其他组织的合法权益的保护作用主要是通过以下几个方面实现的：

（1）行政法通过明确规定行政主体及其工作人员职权的范围、取得依据、行使方式以及救济途径，确保行政权的运行最大限度地保护公民、法人和其他组织的合法权益。

（2）建立、健全行政权力产生和实施的各项程序制度，为公民、法人和其他组织通过各种途径和形式参与自我事务、国家事务和社会事务的管理活动，确保其行政参与权的实现。

（3）建立和完善公民、法人和其他组织对行政主体及其工作人员行使行政权的法律监督制度，如行政法确定的检举、揭发、控告、申诉和信访，以及行政复议和行政诉讼，监督行政主体的行政行为，保证国家法律准确实施，保障公民、法人和其他组织合法权益的实现。

---

① 熊文钊著，《行政法理论基础的中心点与基石——保障公益、授权与控权》，《中外法学》，1996 年，第 5 期；陈端洪主编，《中国行政法》，法律出版社，1998 年，第 59 页；罗豪才著，《现代行政法的平衡理论》，北京大学出版社，1997 年，第 5 页；王锡锌、陈端洪著，《行政法性质的反思与概念重构——访罗豪才教授》，《中外法学》，1995 年，第 3 期。

② 关于法的一般作用，参见张文显主编，《法理学》，高等教育出版社，2003 年，第 351～356 页。

（4）确立行政法律责任制度和救济程序，预防、制止和补救侵犯和损害公民、法人和其他组织合法权益的行为。这些制度包括行政监察、审计、听证、行政复议、行政诉讼、行政赔偿等，它们对行政职权合法有效行使，保护公民、法人和其他组织的合法权益不受非法侵犯，都具有积极的作用。

2．确认和规范行政职权，保障行政主体有效行使行政职权

行政权的产生和运行是为了保障国家政府对社会政治、经济、文化事务的适度干预和有效管理，所以行政法对行政权的确认和规范，是实现国家对社会公共事务进行有效管理的重要前提和依据。市场失灵的现实是国家干预的前提，而行政法对行政权力的确认则是行政权力有效运行的法律依据。行政法的作用不仅是确认国家对社会公共事务进行管理的必要性，同时也要规范国家权力的正确实施，确保国家干预的适当性，防止"政府失灵"。

首先，行政法根据现实社会经济发展的需要，赋予行政主体相应的职权，确认行政权的合法性和相对独立性。在古代社会，行政权与皇权相统一，仅仅是统治阶级进行阶级统治的工具和手段，在法律上没有任何限制；近代以来的行政权则是在法治国家理论指导下，人民民主政治的体现和实现方式，行政权的取得、行使都必须经过民主政治的授权并接受民众的监督。行政法对行政权的范围、取得和行使的明确规定，为行政主体的现实行政管理活动提供了法律依据和法治基础。

其次，行政法通过规范行政相对人与行政主体、行政主体与其公务员、被委托组织及个人之间的关系，明确了行政主体、行政相对人以及受委托的公民、法人和其他组织的法律地位，使他们相互之间的合作和监督作用能够充分发挥，保障行政职权的合法、有效和及时实施，以及公民、法人和其他组织合法权益的有效实现。

再次，行政法通过明确行政职权实施的手段和程序，规范行政行为，提高行政效率。在现代民主政治体制下，国家权力运行的两个重要指标是民主和效率。行政命令、制裁、救济、强制等手段和行政程序的法制化，既能使行政权力的行使受到民主法制的约束，确保公民权利不受非法侵犯，同时，法律对依据科学规律和管理实践而形成的管理方法、手段、时间、途径的确认和强化，对提高行政效率，防止行政资源和社会资源的浪费有很大的促进作用。

最后，行政法通过对违法行政行为及妨碍行政职权正常实施的违法行为的制裁和惩戒制度，及时排除了行政权力运行中的阻碍因素，保障行政职权的合法、有效实施和社会经济秩序的安全顺畅。

当然，在不同的社会历史时期，不同国家行政管理的重点、方法、手段不

同，行政法作用的侧重点也有所差异，因而也就出现了对行政法认识上的"管理法"和"限权法"之分。但是，在现代法治国家，尤其是在我国，行政法两个方面的作用密切联系，相互依存，其最终目标是保障行政管理的有效和社会经济运行的高效、有序和稳定。

第三节　行政法律关系

一、行政法律关系的概念和特征

在现实的社会经济生产、生活中，不同的社会主体之间由于各种行为而形成了各种各样的社会关系，这些社会关系经不同的法律规范调整后，便形成了不同的法律关系，行政法律关系便是其中的一种。广义的行政法律关系是指由行政法律规范调整的，行政主体在行政职权取得、行使和接受监督过程中形成的、具有权力义务内容的所有法律关系的总和。狭义的行政法律关系仅指受行政法调整和约束的，行政主体行使行政职权过程中形成的，行政主体之间、行政主体与其组成机构及公务员之间、行政主体与其管理或服务的行政相对人之间的权利义务关系。

行政法律关系除了和其他法律关系一样，具有思想意志性、普遍性和国家强制性的特征外，还有一些不同于其他法律关系的特点。

（一）行政法律关系的主体是特定的，其法律地位也是恒定的

行政法律关系是行政主体依法行使职权过程中形成的法律关系，所以，在行政法律关系的主体中，行使行政职权的行政主体是不可或缺的，或者说，没有行政主体的法律关系就不是行政法律关系。同时行政主体与相对人的法律地位也是恒定的，即它们之间是不能互换的，行政主体永远处于管理者和支配者的地位。当然，行政主体在行政法律关系中的地位和角色也并非是单一的，在不同的行政法律关系中，行政主体具有不同的法律身份，如行政立法主体、管理主体、服务主体、行政司法裁判主体、接受监督主体、赔偿主体等。

（二）行政法律关系各方主体的权利、义务是不对等的

在行政法律关系中，各方当事人都依法享有权利（力），并负有相应的义务，各个主体之间既行使权利（力），也履行义务，但是这种对应的权利（力）、义务并不是对等的。权利义务的对等是指法律关系各方当事人的权利和义务对应且平等，如在民事法律关系中，"通常情况下，一方取得权利必须以承担相应的

义务为前提，不允许只享有权利而不承担义务，或只承担义务而不享受权利，否则，即违反了民事法律关系主体地位平等的要求。"①行政法律关系各方主体权利义务的不对等并非是指行政法律关系的各方主体中，有一方只享有权利而不履行义务，另一方主体则只负有义务而不享受权利。在行政法律关系中，各方主体虽然都对应地相互享有权利和履行义务，但是各个主体的权利义务的质和量却不同。从质的方面来看，行政主体的行政职权往往居于主导地位，在行政法律关系中起着主动、积极和决定性的作用；而对方当事人常常处于受支配的地位，被动地适应或服从有关规定和命令。从量的方面来看，行政法律关系主体各方的权利义务也是不相等的，具有明显的无偿性和不等价性。由于各方主体的权利义务性质不同，也不等量，所以各方之间不能形成等价交换。总之，与民事法律关系的等价交换相对，行政法律关系是一种支配与被支配、命令与服从的关系。

（三）行政法律关系的法定性和单方意志性

从静态意义上讲，行政法律关系的诸要素常常是由有关法律、法规和规章事先规定的，而不是各方当事人根据自由意志和平等协商约定的，双方当事人都不能自由选择，而且，行政法律关系的内容具有法定性和不可自由处分性，行政纠纷的处理方式也是法定的。从动态意义上讲，行政法律关系的产生、变更与消灭常常以行政主体的单方意志表示为根据，这与民事法律关系中的双方合意原则显然不同。首先，行政法律关系的成立往往由行政主体依法单方确定，无须征得对方当事人同意。其次，行政主体还可以依法增设或限制，甚至剥夺对方当事人的权利，亦可以依法增设或减免甚至豁免对方当事人的义务。此外，许多行政法律关系的消灭也往往因行政主体单方面的行为确定，无需征得对方当事人的同意。

（四）行政法律关系的强制性

行政法律关系一旦形成，各方当事人必须依法完全履行作为或不作为的义务，当行政相对人不履行义务时，行政主体可以运用行政权力予以制裁或强制其履行，可以依法直接采取强制措施。应该说，所有的法律关系都具有强制性，这是法律关系不同于一般社会关系的本质特征，但是其他法律关系，如民事法律关系的强制性是间接的，当事人只能通过诉讼或其他方式申请国家机关采取强制措施或进行公力救济；行政法律关系的强制性则是指行政主体在一定范围内拥有自主强制权力，迫使对方当事人履行法定义务。

---

① 彭万林主编，《民法学》，中国政法大学出版社，1994年，第42～43页。

二、行政法律关系的构成要素

行政法律关系由主体、客体和内容三要素构成。

（一）行政法律关系的主体

行政法律关系的主体，又称行政法律关系的当事人，它是指以自己的名义参加或缔结行政法律关系，并享受权利、承担义务的公民个人或组织。狭义的行政法律关系的主体包括行政主体和行政相对人，广义的行政法律关系的主体则包括行政主体、行政相对人、监督主体和公务员。在此我们只介绍行政主体和行政相对人。

行政主体是能够以自己的名义依法行使行政权，进行行政管理，并对自己的行为后果承担法律责任的机关和组织。在行政法律关系中，行政主体是行使行政管理权，处于支配地位的机关和组织，主要包括行政机关和法律授权组织两大类。

行政相对人是在行政法律关系中与行政主体相对应，处于被管理和被支配地位的机关、组织和个人。根据我国现行的法律规定，在具体的行政法律关系中能够成为行政相对人的组织和个人主要有以下几类：（1）我国公民；（2）法人；（3）其他组织；（4）外国公民和组织。我国境内的外国公民和组织，包括外国的国家组织、经济组织、政治团体、文化团体等组织和外国公民及无国籍人，都必须遵守我国法律并受到我国法律的保护，所以，在我国境内的外国组织和个人也应当接受我国的行政管理，成为行政法律关系的相对人。

（二）行政法律关系的客体

法律关系的客体是指法律关系主体的权利和义务所指向的对象。法律关系的客体是连接法律关系主体及进行权利义务交换的桥梁和媒介，它必须是主体的某种物质利益或精神需要，即必须对主体具有有用性；它必须是能够为人类所控制或支配，唯此才可能成为主体权利义务作用的对象，才可能用法律加以调整；它必须是受到法律调整的事物，法律没有规定的不能成为法律关系的法定客体。

需要说明的是，行政法律关系的客体与行政管理的客体是两个不同的概念。行政管理的客体是指行政主体在行使职权时进行行政管理的对象，包括被管理的人和被管理的事。行政法律关系客体的对应概念是行政法律关系主体，是行政法律关系主体的权利义务所指向的对象。

对于行政法律关系的客体的具体认定，行政法学界的认识不尽相同。一般认为，行政法律关系的客体包括物、行为、智力成果和人身权利。

1．物

物，是指现实存在的人们能够控制和支配的物质实体。能够成为法律关系客体的物必须是有形物、价值物和可控制物。大多数行政法律关系都与物有着密切联系。有的直接以物为客体，如行政机关对公共设施及道路河流的管理；有的虽以行为为客体，但仍与物紧密相关，如海关对进出境人员进行监管，主要通过对其所携的货物、物品等的检查与放行来实现。因此，物在行政法关系中占有重要地位。

物的种类很多，从行政法律关系客体的角度来认识，有所有物和交易物，流通物、限制流通物和禁止流通物，动产和不动产，特定物和种类物，原物和孳息，有主物和无主物等。作为行政法律关系客体的物的具体种类主要有：（1）公益物，即行政主体为社会及相对人提供公益服务时所涉及的物，如道路桥梁、照明设备、公园等。（2）被确认物，即行政主体依法对行政相对人的法律地位或法律事实进行确定、认可或证明所涉及的物，如行政机关在颁发土地使用证或房屋产权证明，确认所有权所涉及的土地或房屋。（3）被裁决物，即行政主体依法对平等主体之间发生的，与行政管理密切相关的民事纠纷进行审查并做出裁决所涉及的物。（4）被保护物，即行政主体为保护社会及相对人的合法财产或公共财产、公共设施等所涉及的物。（5）被征收物，即行政主体依照法律、法规规定，以强制方式无偿或不等价取得行政相对人的财产所有权所涉及的物。（6）被征用物，即行政主体为了国家和社会的公共利益，依照法定的条件和程序以强制的方式有偿取得相对人财产或劳务所涉及的物。（7）奖励物，即行政主体依照法定的条件和程序，对为国家、社会和人民做出重大贡献的行政相对人给予一定的物质或精神奖励所涉及的物，如奖品、奖金、奖章等。（8）罚没物，即行政处罚中的罚没行为所涉及的物。（9）救助物，即行政主体依据法定职权和职责对特定对象实施救援和帮助所涉及的物，如一定数量的金钱或一定数量的生活或生产物资等。（10）被审批物，即依据法定条件和程序需由行政主体审批所涉及的物，如机器设备进口的审批等。

2．行为

行为是指人们在其主观意志支配下所实施的、能够发生法律效力、产生一定法律效果的行为。它包括合法行为与违法行为、意思表示行为与非意思表示行为（事实行为）、积极行为（作为）与消极行为（不作为）。①法律行为是各种法律关系最典型的客体。在不同的行政法律关系中，作为客体的法律行为的

---

① 张文显主编，《法理学》，高等教育出版社，2003年，第121页。

侧重也不同：作为行政管理关系客体的法律行为，主要是行政主体的管理行为和行政相对人的守法行为；作为行政服务关系客体的行为，主要是行政主体的服务行为；作为监督法律关系客体的行为，主要是法律监督主体的监督行为。

3．智力成果

随着人类社会的不断进步和发展，人们对自然和自我的控制能力也越来越强，所以法律关系客体的范围也从有形的财产和行为扩展至无形的智力成果。作为行政法律关系客体的智力成果也称为无形物，主要有著作、专利、注册商标等智力成果以及信息、政策、其他科技成果等。随着知识经济的发展，科学技术的进步，作为行政法律关系客体的智力成果将占有越来越重要的地位。

4．人身权

人身权是法律关系主体在人格关系、身份关系上体现的、与其自身不可分离并受法律保护的利益。[①]人身权作为法律关系的客体不仅是法律所调整、规范的对象，而且也是其所保护的对象。人身权是公民、法人的一项基本权利，必须由法律来调整和保护。人身权一般是作为主体自身权利的客体或他人义务的客体，如公民甲有人身自由权，其他义务人就有不得非法侵犯其人身自由权的义务。只有将人身权作为法律关系的客体在法律规范中加以明确规定，才能通过行政、刑事和民事等法律手段对任何非法侵犯公民人身权的行为进行法律制裁。这样既维护了公民的人身自由及人格尊严，实现了宪法、法律规定的公民基本权利，又有利于维护整个社会的安定，促进社会主义精神文明建设。

三、行政法律关系的内容

行政法律关系的内容即行政法律关系当事人之间的权利与义务。行政法律关系中的权利，主要是指根据行政法规范所规定的、由行政法律关系当事人所享有的，自主做出某种行为或要求对方当事人为一定行为或不为一定行为的可能性。行政法律关系中的义务，是根据行政法规范的规定，行政法律关系当事人承担或做出一定行为或抑制一定行为的必要性。每个行政法律关系的主体在具体的行政法律关系中都是权利的享有者和义务的承担者，由于行政法律关系的主体比较广泛，行政法律关系的种类众多，不同类型的行政法律关系的内容，即权利、义务也各有不同。

（一）行政主体之间及行政主体与其公务员之间的权利义务

1．行政主体之间的权利义务主要包括：（1）上下级行政机关之间的权利义

---

① 杨立新著，《人身权论》，中国检察出版社，1996 年，第 178 页。

务。上级机关对下级机关的行政职权、职责的划分、配置权、指控权、命令权和决定权、监督检查权、纠纷裁决权等，下级机关则有接受与服从的义务。下级机关对上级机关具有请求权、建议权、申诉权和监督权等，而上级机关负有听取建议或申诉的义务、接受监督的义务、纠正错误决定的义务等。（2）非上下级机关之间的权利义务。主要有相互之间要求配合协助与给予配合协助的权利义务、委托与接受委托的权利义务、建议与听取建议的权利义务以及监督与接受监督的权利义务等。

2. 行政主体与公务员之间的权利义务。公务员在与行政主体的法律关系中，享有代表行政主体执行公务的权利，以及身份保障权和工作待遇、工资福利的获得权，参加培训、学习的权利，建议、控告、申诉的权利等，同时负有服从命令和指控的义务、忠于职务的义务、保守国家秘密和工作秘密的义务等。行政主体则享有对公务员工作上的指控命令权、监督权、人事管理权及保证公务员依法享有的权利得以实现的义务。

（二）行政主体与行政相对人之间的权利义务

1. 行政主体的权力与行政相对人的义务。在行政活动过程中，行政主体拥有的实体权力有：制定一般行为规则的权力、对相对人的行政命令权、决定权、裁决权、确认权、强制权、处罚权、许可权、指控权、指导权及监督检查权等；程序性权力有：对行政相对人的调查取证、强制执行权等。行政相对人对行政主体的职权行为则负有不得妨碍、阻挠、积极配合、主动服从等义务。

2. 行政相对人的权利和行政主体的义务。在行政活动中，作为相对人的公民、法人和其他组织享有的实体权利有：参与行政管理的权利，合法权益受到保障的权利，受到公平对待的权利，要求并获得行政赔偿的权利等；程序权利有：对行政行为的了解权，对自己不利的行政处理的申辩权，对行政主体的申诉权、复议权和诉讼权等。行政主体对行政相对人的上述权利负有的义务有：保障相对人各种合法权利得以实现的义务、保护相对人合法权益不受他人非法侵犯的义务、服务并增进相对人利益的义务、对相对人人身和财产损失进行补偿和赔偿的义务，以及在行政程序上负有对相对人公开身份、说明理由、听取申辩、告知诉权等义务。

（三）监督主体与行政主体的权利义务

行政监督法律关系是行政法律关系的重要组成部分，它是依法享有监督权的国家机关和其他社会组织、公民个人对行政主体行使职权的行为进行监督过程中形成的法律关系的总称。由于监督主体的性质和法律地位不同，行政法制监督又分为权力性监督和权利性监督，在不同的监督过程中，各个监督主体及行政主体的权利（力）义务是不同的。

1. 权力性监督主体与行政主体之间的权力义务。权力性监督是国家权力机关、司法机关和行政机关对行政主体的职权行为的监督。其中，权力机关对行政主体的监督权力有：对行政权的撤销权或改变权，对违法行政权力行使及其结果的撤销权或变更权，对行政行为的检查权、调查权、质询权以及对行政领导人的罢免权等；行政机关对自身的监督权有：对下级机关行政权力的撤销权或改变权，对违法行政行为的撤销权或变更权，对违法、违纪公务员的行政处分权以及专门的行政监察和审计权等；国家司法机关对行政主体的监督权有：对具体行政行为的审查、裁判权，对作为具体行政行为依据的行政规章及其他规范性文件的判断权及其适用的否定权，对行政主体申请的强制执行的审查、否定权，对行政主体的司法建议权，对行政裁决的否决权等。行政主体对上述国家机关的监督行为则负有不得妨碍和干扰的义务、主动配合并接受监督的义务、服从并执行监督结果的义务等。

2. 权利性监督主体与行政主体的权利义务。权利性监督是作为非国家机关的公民个人和社会组织、团体、机构对行政主体职权行为的监督。在权利性监督中，监督主体的监督权有：对行政行为提出批评、建议的权利，申诉、控告、揭发和信访的权利，对具体行政行为提起行政复议和行政诉讼的权利，对违法行政行为造成的人身和财产损失要求行政赔偿的权利等。行政主体对这些监督权利负有及时受理、认真听取情况并及时给予答复和复查自己工作的义务，以及依法参加行政复议和行政诉讼、积极配合解决行政纠纷的义务等。

总之，行政法律关系中的权利与义务都将受到国家强制力的保障，如果当事人的合法权益受到某种非法侵害时，权利人可以请求有关国家机关予以保护，有关机关应当依法处理所出现的纠纷；如果权利人是行政主体，可以依法直接采取行政措施，如果当事人不履行义务时，有关行政主体可以在权利人的请求下采取必要的强制措施，以保障法定义务得以切实履行。

四、行政法律关系的产生、变更与消灭

现实生活中的行政法律关系并非是与生俱来的，也不是一成不变的，它随着社会生活的发展变化而产生、变更和消灭。

（一）行政法律关系产生、变更和消灭的原因

当行政法律规范规定的假定条件或特定情况出现时，行政法律规范才被适用，从而产生、变更或消灭行政法律关系。这些能够引起行政法律关系产生、变更、消灭的条件和情况，在行政法学中称之为"行政法律事实"。行政法律事

实通常分为"行政法律事件"和"行政法律行为"两类。行政法律事件是指不以当事人的主观意志为转移而又能导致行政法律后果的客观事件。如人的出生、死亡、自然事件、战争、时间因素等。行政法律行为是指当在事人主观意识支配下做出的、能产生行政法律效果的活动。如行政机关针对特定的行政相对人所做的行政处罚、行政许可等。

（二）行政法律关系的产生

行政法律关系的产生是指因行政法律事实出现后，行政法律关系主体之间按法定的模式形成的权利义务关系。行政法律关系的产生，大多由行政主体单方面的行政行为而引起，如行政主体发布命令，要求公民遵守交通规则，要求某些单位或个人缴纳税款等。此外，也有一些行政法律关系的产生是由行政主体和行政相对人双方行为引起的，如专利发明人、申请人与专利管理机关之间的专利行政法律关系、行政许可申请人与许可实施机关之间的许可行政法律关系、行政复议申请人与复议机关之间的复议关系的产生等，都是由行政相对人的申请、申诉、检举、控告等行为和行政主体的受理、批准、认可等行为而引起。另外，行政法律事件也能引起行政法律关系的产生。

（三）行政法律关系的变更

行政法律关系的变更是指行政法律关系产生后，因为一定的原因而发生了局部的变化。行政法律关系的变更包括：

1．主体的变更。主体的变更是指行政法律关系产生后，主体发生了不影响原权利义务的某种变化。主体的变更通常有两种形式：一是主体在数量上的变化。如行政主体的合并、分立和作为行政相对人的企事业单位的合并或分立等。二是主体接替上的变化。如行政主体被撤销、行政区划调整而变更隶属关系，行政职权的"下放"或"上收"等，以及行政相对人主体资格的转移。

2．客体的变更。客体的变更是指在行政法律关系的主体不变的情况下，客体发生了不影响原权利义务的某种变化，通常是具有可替代性的变化。

3．内容的变更。内容的变更是指行政法律关系主体的权利义务发生的变化。主要表现为行政主体的职责权限的变化和行政相对人权利义务的增加或减少。

（四）行政法律关系的消灭

行政法律关系的消灭是指行政法律关系主体双方现实权利义务关系的效力终止和消灭。行政法律关系中主体、客体、内容三要素中任何要素的消灭，都可能导致行政法律关系的消灭。

1．主体的消灭。主体的消灭即行政法律关系当事人一方或双方丧失主体资格。行政法律关系主体要素的消灭，并不必然导致行政法律关系的消灭。如果主体消灭后，有新的主体承接原主体的权利义务，行政法律关系只是发生变更而不是消灭。如果主体消灭后，没有新的主体承接原主体的权利义务，则权利义务及法律关系也要随之消灭。

2. 客体的消灭。行政法律关系客体的消灭可以导致行政法律关系的变更和消灭两种情况。如原客体消灭后，能以另一种客体代替原客体，则原权利义务仍然有效，行政法律关系只是发生了变更；如原客体消灭后，其他物不能取代原客体，则权利义务无法实现而只能归于消灭。

3. 内容的消灭。内容的消灭即行政法律关系的双方当事人权利义务得以完全实现或因法律规定的特殊情况，使当事人之间的权利义务关系消灭或解除。权利义务的消灭，通常由于所适用的行政法规范被废除、权利义务已行使或履行完毕以及行政相对人放弃自己的权利，或者行政义务的履行或禁令的解除、标的物的毁损、时效的丧失等。

"120" 急救电话开通案

湖南省溆浦县中医院根据上级文件的规定和主管部门批准，向县邮电局申请开通 "120" 急救电话，县邮电局拒绝开通，致使县医院购置的急救车辆和其他设施至今不能正常运转，而遭受损失。县医院遂以县邮电局为被告向县法院提起诉讼，请求判令县邮电局立即履行开通 "120" 急救电话的职责，并赔偿县医院的经济损失。县邮电局辩称："120" 急救电话属于全社会，不属于县医院。根据文件的规定，县邮电局确对本县开通 "120" 急救电话承担义务，但是不承担对某一医院开通 "120" 急救电话的义务。原告申办 "120" 急救电话，不符合文件的规定，请求法院驳回县医院诉讼请求。县人民法院经审理查明，医疗机构申请开通 "120" 急救电话的程序是：经当地卫生行政部门指定并提交书面报告，由地、市卫生行政部门审核批准后，到当地邮电部门办理 "120" 急救电话开通手续。原告县医院是一所功能较全、急诊科已达标的二级甲等综合医院，具备设置急救中心的条件。县卫生局曾指定县医院开办急救中心，开通 "120" 急救电话。县医院向被告县邮电局提交了开通 "120" 急救专用电话的报告，县邮电局也为县医院安装了 "120" 急救电话，但是该电话一直未开通。县医院曾数次书面请求县邮电局开通 "120" 急救电话，县邮电局仍拒不开通。溆浦县法院认为被告邮电局属于企业单位，不具有通讯管理的职能，也没有开通 "120" 急救电话的法定义务，所以县中医院的诉讼请求不能成立。县中医院不服一审判决，向怀化市中级人民法院提起上诉。怀化市中院经审理后，撤销了县法院的判决，支持了县中医院的诉讼请求。

案情详见《溆浦县中医院诉溆浦县邮电局不履行法定职责案》，《最高人民法院公报》，2000年，第1期。

第四节　行政法学

一、行政法学及其研究对象

行政法学是法学的一门分支学科，它研究法现象中的一种特定现象——行政法现象。行政法学与行政法一样，虽然产生较晚，但是作为一门独立的学科，有其特定的研究对象。行政法学主要研究行政法的产生和发展规律、行政法的内容和本质、行政权力运用过程中出现的一系列法律问题，进而探索行政主体之间、行政主体与行政相对人之间、行政权力与公民权利之间应有的正常关系，阐明行政法运行的基本原理、规则和制度。

（一）行政法的产生、发展及其规律

行政法不是自古就有的社会现象，它的产生、发展有特殊的社会历史条件和经济基础，有自身独特的内容和逻辑规律。从历史的角度考查，行政法并非自古有之。在奴隶制和封建专制下，由于君权神授和皇权至上，几乎没有行政法；在法西斯制度下，行政法要么被废除，要么形同虚设；在计划经济体制下，行政法因为与当时社会的价值观念和社会目标相左而被冷落或被遗忘。只有在现代较为发达和完善的市场经济条件和民主政治制度下，伴随着行政国家的出现和民主法治要求的普及，真正意义上的行政法或作为独立法律部门的行政法才得以发展、昌盛。行政法从零星出现，到一度被冷落，直至备受关注的历史发展过程有着内在的规律。行政法学的首要任务是考查、研究、认识和寻找行政法产生、发展的社会经济、政治、文化基础和条件，从而为行政法的科学合理建构创立坚实的理论根据。

（二）行政法的价值和功能

行政法的产生、发展和成熟经历了一个历史演化过程，有着深刻的客观经济基础，但是，与其他法律制度一样，行政法是一种社会现象，包含了人们的主观意愿和心理追求。也就是说，行政法的产生不是偶然的，人们创造行政法

的目的和动机是明显的，人们创建行政法是为了解决特定的社会问题或者营造一定的社会秩序和社会环境。行政法本身所具有的功能，人们对行政法的主观欲求，以及它们之间的对应关系是行政法学应当认真考查、研究和认识的。行政法学对不同社会历史时期，不同国家的行政法的价值进行研究和考查，并对不同时期、不同国家、不同民族的法律价值观进行比较鉴别，以探求适合特定国家的行政法律制度。

（三）行政法的内容和形式

所有的理论研究都是为了实践应用，行政法学研究的最终目的就是为了建构高效运行的行政法律制度。行政法具体由哪些内容组成，这些内容又有什么样的表现形式，这些都需要行政法学的全面考查和科学论证。应该说，行政法的内容即行政法律规范和制度涉及行政权力产生、实施和救济的全部内容，包括行政主体组织建设和权力配置的法律规范和制度，行政权力实施即行政行为的法律规范和制度，行政法制监督方面如行政责任、行政救济和行政赔偿等法律规范和制度。行政法的表现形式主要有法律、行政法规、行政规章、判例、学说理论等。

（四）行政法律关系

行政法是调整国家行政职权产生、运行和救济过程中形成的特定社会关系的法律规范，其目的是为了确认、保护和规范特定的行政法律关系。行政法律关系是行政法运行的出发点和归宿。所以，行政法学的中心任务之一就是对比分析不同时期、不同国家行政法律关系的范围、行政法律关系的主体、客体和内容，考查行政法律关系的产生、变更和消灭的法律事实，进一步探索行政法有效运行的内在机理和外部条件。

（五）行政法的理论基础

从本质上讲，行政法学不同于法理学和法哲学，是注重实践的应用法学，其最终的目标是建立科学有效的行政法律制度和规范体系，但是行政法的科学性和实践性也仰仗于行政法学理论的科学性和实证性。行政法学研究的行政法的理论基础包括法理学、法史学等法学理论基础研究，也包括行政法制度构建的行政学、管理学、政治学、社会学、经济学等理论基础，以及行政法各具体制度的理论基础。

总之，借用日本"京都学派"宪法学家关于"宪法现象的逻辑构造"的理论认识[1]，可以将行政法学的研究对象，即行政法现象概括为四大要素：第一，

---

[1]　林来梵著，《从规范宪法到宪法规范——规范宪法学的一种》（前言），法律出版社，2001年，第1页。

行政法规范，主要包括行政法律、法规、规章乃至法院的行政判决等；第二，行政法意识，其中包括行政法学说、行政法思想以及人们对行政法的感觉等；第三，行政法制度，根据行政法规范并为了将行政法规范付诸实现而被组织起来的公权力机关等机关装置的有关制度；第四，行政法律关系，围绕规范、意识和制度三要素所展开的特定社会关系。在上述四大要素中，行政法规范显然处于轴心的地位，而其他三大要素则基本上围绕着这一轴心而展开。

二、行政法学的研究方法

（一）辩证唯物主义和历史唯物主义的方法

辩证唯物主义和历史唯物主义的方法是我国各个学科共同运用的方法论基础，也是行政法学最基本的研究方法。行政法学运用辩证唯物主义和历史唯物主义的研究方法研究行政法现象，主要探讨下述问题：作为上层建筑的行政法与经济基础的关系，行政法与经济基础之间的相互作用机制，行政法与社会、政治、经济、文化等其他社会现象的相互关系，作为独立法律部门的现代行政法与传统行政法律规范的区别和联系，社会主义国家行政法与西方国家行政法的关系以及相互借鉴等。

（二）规范分析的方法

行政法学的规范分析方法，就是从逻辑和形式上分析实在的行政法律的概念和规范，运用以逻辑分析和语义分析为基础的法律分析方法，通过概念的分析建构行政法的基本原则和具体规则，通过一般的逻辑系统性，论证行政法超越具体问题的形式合理性。规范分析方法是行政法学之所以称之为法学的基本特征。尽可能地将纷繁复杂的社会现实概括成一个严谨的法律概念系统，是法学家和立法者的天职，也是法治的基本要求。德国著名法学家萨维尼指出，由一门严格的科学的方法所保障的确定性才能根除任意专断。以分析法学为主要方法的法律学作为一门科学的出现是法治的内在要求，其社会功能在于对专制权力的制衡。[1]规范分析方法是行政法学的本体研究方法，它使行政法学在知识上成为作为独立学科的法律学的分支成为可能。对行政法基本概念，基本规范的逻辑、形式分析的分析法学方法，不仅可以使中国的行政法学研究、行政法实践和民法学一样获得反思能力，超越无批判地接受他国法学理论的被动局面，为中国的法学研究提供"一个关于法律分析的一般方法论基础"[2]，同时

① 王涌著，《私权的分析与建构——民法的分析法学基础》，中国政法大学出版社，1999年，第235页。
② 王涌著，《私权的分析与建构——民法的分析法学基础》，中国政法大学出版社，1999年，第一章。

可以为中国的行政法学理论大厦奠定坚实的理论基础，为行政法理论及实践中的基本概念和基本规范提供精致的分析框架。

（三）价值分析的方法

传统法学的规范分析方法注重法的形式、逻辑意义，它的价值分析方法则关注法的内在价值或实质价值，它将法学视为一种正义与善的艺术，认为法学的功能不仅在于揭示实在法的共同原则，而且应当具有来自于自然法思想所蕴含的价值标准的批判性。行政法学的价值分析方法主要是运用形而上学的思考方式和追本溯源式的研究方法，探求行政法的终极价值，从"应然"的哲理出发以探求行政法的基本的、普通的价值规律。当然，现代法学的价值分析方法不再主张固有价值观念的不可质疑，而在于寻求法律准则如何能够证实和具体化的问题。①如美国学者德沃金提出的"阐释性伦理学的法律观"认为，法律制度是与道德具有一致性的巨大的智识和实践结构，②主张法律并非是描述性的科学，而是要用解释性的方法探究道德和法律难题存在的唯一正确答案。德国著名的法学家卡尔·拉伦茨的价值法学则主张运用法律诠释学的方法，探究"不能用科学实验的方法加以证明"的价值判断的客观化。③现代价值分析方法在行政法学研究中的运用将为其提供一个新的知识增长点。

（四）社会实证分析的方法

行政法学的社会实证分析方法是将行政法置于宏观的社会视野中，考查行政法现象的社会意义，将行政法现象放进社会领域系统地加以研究。社会实证分析的方法实际上是诸多社会学科、人文学科如经济学、社会学、历史学研究方法的统称。行政法学社会实证分析方法标志着其他学科对法学的全面渗透，是法学与其他学科之间的多种交叉学科，如法经济学、法社会学、历史法学等在行政法学领域的具体运用。正是这些交叉学科的存在，为法学的发展提供了新的发展动力，更加深刻地揭示了法的社会本质。正是在这个意义上，马克思指出："法的关系……不能从它们本身来理解，也不能从所谓人类精神的一般发展来理解，……它们根源于物质的生活关系，这种物质的生活关系的总和"。④社会实证的方法在行政法学研究中的运用，是行政法学面向社会生活关系的表

---

① （英）麦考密克、（奥）魏因贝格尔著，《制度法论》，周叶谦译，中国政法大学出版社，1994 年，第 134 页。

② （英）韦恩·莫里森著，《法理学——从古希腊到后现代》，李桂林等译，武汉大学出版社，2003 年，第 415 页。

③ （德）卡尔·拉伦茨著，《法学方法论》，陈爱娥译，商务印书馆，2003 年，第一章。

④ （德）马克思著，《政治经济学》（序言、导言），中共中央马克思、恩格斯、列宁、斯大林著作编译局译，人民出版社，1971 年，第 2 页。

现。目前国内行政法学界关于政府管制的研究就具有浓厚的社会实证色彩，但这一研究尚处于对国外资料、研究方法的介绍和翻译阶段，用各种实证的方法调查、获取中国的管制资料，真正分析和解决中国社会中的管制问题，仍需学者们的不懈努力。

（五）系统论的方法

系统论的方法是把行政法作为一个整体进行研究，而不是片面地、零散地对个别具体制度和法律规范进行静止地研究。只有将行政法作为一个整体和系统进行研究，才能准确把握行政法的各个制度和法律规范之间的相互联系，才能很好地把握行政法与现实社会生活之间的互动关系，才能整体上把握行政法的静态表现和动态运行机制，进而得出客观的结论和科学的理论，用以指导和促进行政法的实践。

三、行政法学体系

由于行政法学和行政法一样，都处于逐步发展过程之中，所以其内容和体系在世界各国还很不统一。在欧洲大陆法系国家，行政法学的内容主要包括行政组织、行政行为和行政救济三部分，其学科体系除了导论或绪论外，通常由行政组织、行政行为和行政救济三部分构成。[①]而英美普通法国家的行政法学则主要研究行政职权和行政程序，行政法学的内容主要包括行政机关的权力控制及各种行政行为的程序。[②]在我国，受行政法实践的制约，行政法学的体系仍在探讨之中，但是总结已有学者和教材的观点，我们认为行政法学体系应当包括以下内容。

第一，行政法基本理论问题。主要阐释行政法的基本概念、范畴和基本原理，包括行政法概述、行政法的渊源和行政法的基本原则。

第二，行政法的主要内容。行政法的主要内容由三部分组成，即行政组织、行政行为和行政救济。其中行政组织法部分主要论述与行政主体及其职权有关的问题，包括行政主体的内涵和外延、国家公务员的基本制度、行政相对人的构成及其法律地位等。行政行为法部分主要总结和概括行政行为的本质、分类、

---

①（德）平特纳著，《德国普通行政法》，朱林译，中国政法大学出版社，1999 年；（法）莫里斯·奥里乌著，《行政法与公法精要》，龚觅等译，辽海出版社、春风出版社，1999 年；（德）哈特穆特·毛雷尔著，《行政法学总论》，高家伟译，法律出版社，2000 年。

②（美）伯纳德·施瓦茨著，《行政法》，徐炳译，群众出版社，1986 年；（英）威廉·韦德著，《行政法》，徐炳等译，中国大百科全书出版社，1997 年；（美）恩斯特·盖尔霍恩、罗纳德·莱文著，《行政法与行政程序》（影印本），法律出版社，2001 年。

内容、形式及法律效力。行政救济部分主要研究对行政行为产生的消极后果进行补救的条件、程序和具体方法，包括对行政违法和行政责任的界定、提起行政复议和行政诉讼的条件、途径、程序以及最终的救济和赔偿责任等。

行政法学的理论体系

　　一个成熟的学科应当具有一种成熟的理论体系。中国行政法学界在研究过程中，不断构建和完善自己的学科体系。从不同的角度来界分，行政法学的学科体系可以有许多范畴，比如宪法学体系、行政学体系和行政法学体系，行政法学总论体系和分论体系，制度行政法学体系和原理行政法学体系，静态行政法学体系和动态行政法学体系，宏观行政法学体系、微观行政法学体系与中观行政法学体系，行政法学的双线体系与单线体系，内部行政法学体系与外部行政法学体系，但这些范畴应当还没有穷尽。

　　详细内容参见胡建淼，《中国行政法学理论体系的模式及评判》，《中国法学》，1997 年，第 1 期。

思考题

1．名词解释

（1）行政　（2）行政关系　（3）行政法　（4）行政权　（5）行政法律关系　（6）行政法学

2．任意项选择题

（1）行政法上的行政是指（　　　）。

A．一般社会管理活动　　　　　　B．私人行政

C．国家的所有管理活动　　　　　D．行政主体的管理活动

（2）行政权与一般社会成员的私权利相比有（　　　）的特点。

A．法律性　　　B．强制性　　　C．优益性　　　D．非处分性

（3）行政权与其他国家权力相比有（　　　）的特点。

A．执行性　　　B．广泛性　　　C．裁量性　　　D．主动性

（4）行政法律关系的客体包括（　　　）。

A．物　　　　　B．行为　　　　C．智力成果　　　D．人身权

3．判断辨析题

（1）行政法律关系是指行政主体在行使行政职权，从事行政管理活动过程

中与行政相对人之间形成的各种法律关系的总称。

（2）行政法学的研究对象是行政法律规范。

4．简答题

（1）简述行政法的基本特征。

（2）简述行政法律关系产生、变更、消灭的原因。

5．论述题

（1）试论述现代行政法产生的社会背景和理论基础。

（2）试述法学及行政法学的基本方法。

6．案例分析题

张某向县国税局实名举报某企业严重偷税。后经县、市两级税务局查证，某企业的偷税情况属实，并对该企业做出了补缴税款和罚款的处理决定。举报人张某认为自己的举报事实已经得到查处，遂向市、县税务局要求按《中华人民共和国税收征收管理法》的规定给付应得的举报奖金，但市、县税务局相互推诿，未予解决。张某便向县人民法院提起行政诉讼。请问税务局向张某兑现奖金的行为是行政行为还是其他行为，为什么？

第二章　行政法的渊源和形式

本章重点

　　行政法是行政法律规范的总称，在一国法律体系中，具体的行政法律规范又有各自不同的来源、产生方式和表现形式。全面系统地理解行政法的渊源和形式对准确把握行政法律规范的内容和效力都具有重要的意义。本章的重点内容是，全面理解行政法渊源的含义，分清行政法渊源的范围，区分行政法渊源与行政法形式之间的联系与区别，掌握世界各国尤其是我国行政法的渊源，明确行政法的形式和我国现行行政法的主要形式和分类。

第一节　行政法的渊源

　　行政法的渊源是一个具有广泛含义的学理概念，它主要涉及行政法的来源和产生方式，以及不同方式产生的行政法的法律效力问题，这对理解行政法的内容和形式具有非常重要的理论和现实意义。

一、行政法渊源的概念

　　法的渊源是一个外来词，在罗马法中称为 Fontes iuris，在德文中写作 Rechtsquellen，在法文里表述为 Sourcess driot，在意大利文中则是 Fonti del diritto，英文中的意思是 Sources of law。法的渊源又称为法源，其含义在学术界有多种解释，①但最基本的含义是指法的来源或栖身之所，主要是指法产生的原因或途径。行政法的渊源则是指行政法律规范的来源和出处。它表明一国

---

　　① 参见管欧主编，《中国行政法总论》（自刊），1981 年，第 39～40 页；王名扬著，《法国行政法》，中国政法大学出版社，1989 年，第 14～16 页；杨建顺著，《日本行政法通论》，中国法制出版社，1998 年，第 150～158 页；张文显主编，《法理学》，高等教育出版社，2003 年，第 66 页。

的行政法律规范可以通过或可能通过哪些途径产生，行政法的渊源是行政法律规范的预备库或半成品。

对行政法的渊源考查有十分重要的理论意义和实践价值。首先，通过对行政法渊源的理论和知识的掌握与运用，人们可以从行政法的渊源中提取有关的规则，上升为行政法律规范，提高立法的效率，降低立法成本；其次，在行政法的遵守和适用过程中，有关的国家机关和公民、组织可以运用法的渊源的理论和知识，在现有的行政法律规范不能满足实践需要时，从行政法的渊源中提取有关的原则和规则，用于解决具体的行政法律事务，从而弥补法律规范的不足；再次，对行政法渊源的深层次理解和认识，有助于人们系统整体地掌握和运用一国的行政法律规范和法律制度，有助于行政法在现实社会中的有效运行和发挥应有的作用；最后，对行政法渊源的全方位理解和认识，可以从各个方面汲取经验教训，有效促进一国法治化的进程。

二、行政法渊源的范围

理论界关于法的渊源的范围可以说是众说纷纭，庞德认为法的渊源包括：惯例、宗教信仰、道德和哲学观念、司法判决、科学探讨、立法；①博登海默认为法的渊源包括：立法、委托立法或自主立法、条约和其他经双方同意的协议、先例、正义标准、理性事物的性质、个别衡平、公共政策、道德信念和社会倾向、习惯法；②梁启超认为中国封建时代法的渊源包括：习惯、君主的诏敕、先例、学说、外国法，③如此等等，不一而论。

由于各国行政活动的范围、行政法的内容以及法律传统的不同，行政法渊源也就不同。但是，概括而言，现代国家行政法的渊源主要包括：1、立法；2、国家机关的决策、决定或阐释；3、司法机关的判例和法律解释；4、国家机关和有关社会组织的政策；5、习惯；6、道德规范、正义观念、宗教规则；7、理论学说，特别是法学学说；8、乡规民约、社团规章以及其他民意合约性规则；9、外国法；10、国际法。④需要说明的是，法的渊源不同于法的表现形式，前者是法的来源，后者是法的表现形式。如立法是法的渊源，而所立之法则是法

---

① Roscoe Pound, Jurisprudence, Volume III, West Publishing Co., 1959, pp. 384～415.

② （美）E.博登海默著，《法理学：法哲学与法律方法》，邓正来译，中国政法大学出版社，1999 年，第 413～483 页。

③ 梁启超著，《饮冰室文集》（第 2 卷），中华书局，1989 年，第 45～48 页。

④ 张文显主编，《法理学》，高等教育出版社，2003 年，第 67～68 页。

的形式，习惯是法的渊源，而习惯法则是法的渊源的形式。①

三、行政法的正式渊源和非正式渊源

为了更好地认识行政法的渊源，有必要对行政法的渊源进行分类。根据学术界对法的渊源的分类，行政法渊源也有各种分类。由于一切理论的出发点和最终归宿都是实践，所以在众多的理论认识中，我们比较认同根据法的渊源的权威和法律效力，将行政法的渊源分为正式渊源和非正式渊源。

在通常情况下，行政法的正式渊源主要是指国家机关根据宪法和法律的授权，创制作为国家行政机关、公民个人和社会组织行政法律活动的法律依据的各种活动，如国家机关的立法活动、行政机关的决策和行政举措、司法机关的司法判例和法律解释，国家或国际组织之间的缔约活动等；行政法的非正式渊源是指对行政主体的行政行为和公民、组织的社会活动虽然不具有强制性作用，但是具有一定的指导意义和法律意义，或者经法律程序的转化可以上升为法律规范的材料、观念和准则，如有关公平正义的观念、道德规范和宗教规范、习惯、乡规民约、社团章程、理论学说和外国法等。将行政法的渊源分为正式渊源和非正式渊源，理论上有利于分清法律渊源的轻重缓急，把握一国行政法律规范的主要来源，避免被各种纷繁复杂的法律渊源所困扰。在实践中，则有利于人们在构建行政法律体系、完善行政法律制度和行政法治建设方面，分清主次，抓住重点。

四、当代中国行政法的渊源

当代中国行政法的渊源也可以分为正式法渊源和非正式法渊源，但是根据中国宪法精神和行政法治状况，中国行政法的渊源又表现出不同于其他国家的特点。

（一）当代中国行政法的正式渊源

1. 立法

立法是各个国家最主要的法的渊源，也是行政法的直接渊源。这里的立法是指国家机关依法创制法律规范的活动，包括权力机关立法、行政机关接受委托立法或自主立法、中央和地方立法，以及各个国家机关的法律解释活动。在当代中国，根据宪法和立法法的规定，全国人民代表大会及其常务委员会有权

---

① 就目前我国通用的法学教材来看，大多学者将法的渊源定义为法的表现形式，因而将法的来源与其结果相混淆。这样不仅使法学研究与法律研究相混同，同时也使法学研究禁锢于制定法的范围之内，发展乏力，更谈不到对法律实践的指导。

制定法律，国务院有权制定行政法规，省、自治区、直辖市和较大的市人大及其常委会有权制定地方性法规，国务院各部委和地方有关政府有权制定行政规章，民族自治地方的自治机关有权制定自治条例和单行条例，国务院和经济特区有权根据全国人大的授权进行立法，特别行政区有权根据宪法和特别行政区基本法进行立法。这些立法活动，都是当代中国行政法的直接渊源和正式渊源。

2．最高司法机关的法律解释

在当代中国，最高司法机关的法律解释是指最高人民检察院和最高人民法院在司法实践中针对一些特定的行政法律的适用问题进行的解释和批复。如最高人民法院 1999 年发布的《关于执行〈中华人民共和国行政诉讼法若干问题的解释〉》等。最高司法机关的法律解释是各级司法机关进行司法审判活动的直接依据，所以也是行政法的直接渊源和正式渊源。

3．国际法

国际法作为我国行政法的正式渊源，主要是指我国缔结或者参加的国际条约和其他国际规范性文件和行政惯例等。随着中国社会改革开放进程的不断深入，我国的国际交往也越来越广泛，这方面的行政管理也必须纳入法治的轨道，以世界贸易组织法为代表的国际法自然就成为我国行政管理活动的直接法律依据，所以国际法也就成为中国行政法的一种重要的法律渊源。

（二）当代中国行政法的非正式渊源

1．国家机关的政策、决策和决定

在我国，行政机关在依法行政过程中，除了严格遵照法律、法规和规章外，还要遵守有关国家机关发布的政策、决策和决定，尤其是上级行政机关的行政命令、行政措施、重要文告等。这些国家机关的政策、决策和决定不仅对行政主体的行政行为有直接或间接的指导和规范作用，而且其丰富的内容和有关规则经过实践检验后，可以通过立法程序转化为行政法律规范。

2．国家和有关组织的政策

由于中国的国情和国家性质，以及中国共产党在国家和社会生活中的领导地位，中国共产党的政策，特别是转化为国家政治、经济、文化基本政策的党的政策，不仅决定和指导着国家和社会生活的基本方向，影响着行政行为的具体实施，而且大多数都经过法定的程序被提升为行政法律、法规和规章，成为行政法的主要内容。比如中国现行的经济法律、法规和有关对外交往方面的法律、法规都是从中共十一届三中全会所确立的改革开放政策和相关规则中提升出来的。当然，党和国家的政策本身不是法律和行政法，它不具有直接的强制作用，只有将党和国家的有关政策经过法定程序上升为法律时，才能直接约束行政主体及相关当事人的行政法律行为。

3．习惯

习惯是各种法律文化背景下的一种重要的法律渊源，因为人们的社会行为及其规则大多数都是相沿成习的，国家行政管理也是如此。尤其是一些关系到民族事务方面的法律规范，只有从民族传统和民族习惯中去寻找它的渊源和根基，才能增强它的生命力。我国的行政法律中的自治条例和单行条例的实质内容都是对民族习惯和传统的肯定和确认。当然"在现代国家，随着经济和科学技术的进步，全球一体化的要素愈加增多，习惯作为法的渊源的组成部分，在许多国家所占的比重愈加紧缩。"①

4．社团规章和民间合约

社团规章和民间合约是社会民间组织、自治组织为了进行内部管理和自我管理而制定和实行的明晰各个成员之间、内部机构之间关系，规范内外活动的自治性规则。在现实社会生活中，它们以商品经济和市民社会为基础，根基深厚，形式多样。社团规章和民间合约所折射的是人们集体行为和社会活动的组织和协调，所以它们的内容也被行政法有关组织活动和管理的法律规范所吸收和借鉴。如公司法、政府采购法中的许多内容都是对社团规章和民间合约的合理化吸纳。

5．道德规范和正义观念

应该说，行政管理活动是早于行政法而出现的，早期的行政管理活动中，行政主体主要依据的是一些普遍的道德规范和正义观念。当今中国社会，虽然成文法成为形式意义和唯一的法律规范，但是各种国家行为，主要是行政行为从来没有割断与现实社会中普遍的道德规范和正义观念的内在关联，而且不断地从中吸收和借鉴有效成分，及时上升为法律。

6．外国法

根据国家主权原则，外国法在法律效力上不能用于调整我国的社会关系和社会行为，但是外国法的一些合理成分和先进规定可以成为我国行政法治建设的重要参照，特别是那些政治、经济、文化发达国家在行政管理的行政法治方面的成功经验。

7．学说和判例

中国是成文法国家，所以在法律实践中不承认学说和判例的法律效力，但是有关的学说和判例，尤其是占主流的法律学说和高级人民法院的司法判例，

---

① 周旺生著，《中国历代成文法论述》，《立法研究》，法律出版社，2002年，第98页。

无形之中对司法工作者和下级法院的审判工作起着潜移默化的指导和规范作用。学说和判例虽然不能直接应用于法律实践，但它是行政法律行为合理化和有效性的有力佐证，也是行政法律规范和制度体系不断改进，乃至科学性和实效性的力量源泉。

大学生学位争议案

　　1999 年 6 月，武汉理工大学学生王某被学校认定为考试作弊，被留校察看一年。依据原《武汉工业大学学分制学籍管理暂行条例》第 45 条，"在校期间受过留校察看处分者不能授予学士学位"的规定，王某毕业时，未被授予学士学位证书。双方纠纷未果诉至法院。洪山区法院一审判决：撤销留校察看一年的处分，并在判决生效之日起 60 日内，武汉理工大学对王某进行资格审核，作出是否颁发学士学位的决定。武汉理工大不服提出上诉。武汉市中级法院二审裁定依法驳回上诉，维持原判。二审法院认为，原《武汉工业大学学分制学籍管理暂行条例》第 45 条，"在校期间受过留校察看处分者不能授予学士学位"的规定与教育部制定的《普通高等学校学生管理规定》第 35 条，"具有学籍的学生，德、体合格，学完或提前学完教学计划规定的全部课程，考核及格或修满规定的学分，准予毕业，发给毕业证书。本科生按照《中华人民共和国学位条例》规定的条件授予学士学位"的规定相抵触，该处分决定显属不当。此案的焦点在于学校内部规定的法律效力。

　　转引自 http://www.flzsw.com/anli/xingzhengfa/200609/4463.html。

第二节　行政法的形式和分类

一、行政法的形式

　　行政法的形式是指行政法主要由何种国家机关制定或认可的，具有不同法律效力的法律规范的外在表现形式。行政法的形式，表明了行政法的产生和存在方式，它是一个国家行政法律规范的既成品，是以某种形式存在的现实中的法律。行政法是一种社会现象，必然有自己的内容和形式。行政法的内容是国家基于某种需要，对社会活动和国家活动进行积极调整和干预而形成的特殊的社会关系，即行政法所规定的社会内容，行政法的形式是其内容的外在表现。考察行政法的形式，首先可以区分行政法与其他非法律性的社会规范，提高行政法产生和实施的合法性；其次能够分清不同形式的行政法由不同的立法主体制定和认可，并表现为不同效力级别的法律规范，从而减少它们之间的冲突和摩擦，提高行政法的适用效率；其三，在行政法实践中，辨别不同形式的行政法调整不同的社会领域和社会关系以及适用不同的立法技术，有助于采用适当的立法技术和法律形式调整特定的社会关系，提高行政法的实效。

行政法的形式与其他法的形式一样，是随着时间和国情的不断演化而发展的，在不同的国家和不同的时代有不同的表现形式。西方学者对法的形式的认识也是各有所异。克拉克和庞德认为，法的形式包括制定法、判例法和教科书法三类。[①]沃克认为法的形式有五种，即习惯法、司法判决、制定法、协议法和教科书法。[②]我国学者通常将法的形式区分为成文法、不成文法和一定范围的法律学说等，其中成文法是主要形式。[③]总而言之，行政法的形式虽然在理论认识上有所差异，但是它所表明的是行政法的实际存在方式和表现形态，它不同于行政法的内容，也不同于行政法的渊源，它们之间是对象、方式和结果的关系。

二、当代中国行政法的主要形式

中国社会的法律传统和当今中国的法制特点要求，当代中国行政法的形式主要是制定法和成文法，其主要的法律规范形式包括：宪法、法律、行政法规、地方性法规、自治法规、行政规章、特别行政区法、国际条约。

（一）宪法

宪法是由最高国家权力机关以特殊程序制定的，规定国家、社会和公民生活中根本性的问题，具有最高法律效力的根本法。宪法调整行政关系和行政行为的规范主要体现在以下几个方面：关于行政活动基本原则的规范；关于中央和地方各级人民政府的组织机构和职责权限的规范；关于公民在行政管理领域的基本权利和义务的规范等。宪法规范是行政法的基本法律形式，具有最高的法律效力。

---

① Roscoe Pound, Jurisprudence, Volume III, West Publishing Co., 1959, pp. 415～436.

②（英）沃克主编，《牛津法律大辞典》，北京社会与科技发展研究所翻译，光明日报出版社，1988年，第346页。

③ 张文显主编，《法理学》，高等教育出版社，2003年，第72页。

（二）法律

法律是由全国人民代表大会及其常务委员会制定和认可的规范性法律文件，其效力仅次于宪法规范，它是我国行政法的重要形式。作为行政法表现形式的法律又分为基本法和一般法。基本法由全国人民代表大会制定和认可；一般法由全国人大常委会制定和认可。

（三）行政法规

行政法规是国务院根据宪法和法律制定和颁布的规范性法律文件的总称。行政法规是行政法中涉及内容最广、数量最多的法律形式。如国务院制定和发布的《全民所有制工业企业转换经营机制条例》、《中华人民共和国金银管理条例》等。行政法规的内容涉及政治、经济、科技、教育、文体、民政、外事等方面，其形式根据国务院 2001 年《行政法规制定程序条例》的规定，有条例、规定、办法三种。

（四）地方性法规

地方性法规是省、自治区、直辖市的人民代表大会及其常务委员会制定的与宪法、法律、行政法规不相抵触的，在本行政区域内施行的规范性文件的总称。根据《中华人民共和国立法法》和地方组织法规定，省、自治区的人民政府所在地的市和国务院批准的较大的市的人民代表大会及其常务委员会，可以拟订本市需要的地方性法规草案，提请省、自治区人民代表大会常务委员会审议制定。地方性法规中绝大部分是调整行政关系的，它是行政法规范的重要表现形式。如北京市人大常委会批准的《北京市道路交通管理暂行规则》等。

（五）自治法规

根据宪法规定，民族自治地方（包括自治区、自治州、自治县）的人民代表大会有权依照当地民族的政治、经济、文化的特点制定自治条例和单行条例，这些自治条例和单行条例报上一级人大常委会批准后生效。自治条例和许多单行条例调整有关民族区域自治权的行政关系，是行政法规范的一种表现形式。如《西藏自治区各级人民代表大会选举条例》属于单行条例，《延边朝鲜族自治州自治条例》、《新晃侗族自治县自治条例》等则属于自治条例。

（六）行政规章

行政规章分为部门规章和地方规章。部门规章是国务院各部、委员会以及国务院直属机构根据法律和行政法规在本行政部门的权限内发布的规范性法律文件，其效力等级次于行政法规和地方性法规。如财政部制定的《财务通则》、《会计准则》等。地方规章是省、自治区、直辖市以及省、自治区的人民政府所在的市和经国务院批准的较大的市的人民政府，根据法律和国务院的行政法规制定的本行政区域的规范性法律文件的总称。地方规章也是行政法规范的重要表现形式。如四川省人民政府发布的《关于进一步控制物价、整顿物价的通知》等。

（七）有权法律解释

有权法律解释是依法享有法律解释权的国家机关对有关的法律文件进行有法律效力的解释。法律解释有正式解释和非正式解释之分，只有正式解释才具有法律效力。根据 1981 年五届人大十九次会议通过的《关于加强法律解释工作的决议》，我国正式有效的法律解释有：立法解释、司法解释、行政解释和地方解释四种，这些解释中涉及行政主体的职权及其行使内容的都是行政法的形式。

（八）国际条约和协定

国际条约和协定是两个或两个以上的国家和政府之间在相互交往中所订立的，规定其相互之间在政治、经济、贸易、法律、文化和军事等方面的权利、义务的各项协议的总称。根据国际法原则和我国法律的规定，凡是我国国家和政府缔结或者参加的国际条约和协定，其内容对我国的国家机关、社会组织和公民个人具有法律拘束力。国际条约和协定中涉及行政管理方面的法律规范，是行政法的重要形式。如边界条约、领事条约、通商和交通协定、环境保护协定等。

（九）其他

由于中国政治体制的特殊原因，政党和团体有时与行政机关联合颁布各种规范性文件，它们当中绝大部分是关于行政管理活动的规定，因而也成为我国行政法一种形式。如中共中央、国务院《关于加强职工教育工作的决定》、教育部、公安部、共青团中央《关于办好工读学校的试行方案》、卫生部、劳动人事部、全国总工会、全国妇联发布的《女职工保健工作暂行规定（试行草案）》等等。

三、行政法的分类

行政法是有关行政管理活动的一系列法律规范的总称，其内容丰富，形式多样。为了更好地认识和理清行政法的内部结构和外在表现，有必要对行政法进行适当的分类。由于行政法的适用领域、调整对象、作用机制各有差异，行政法在实践中有不同的分类。

（一）一般行政法与特别行政法

根据行政法调整对象的范围大小，将行政法分为一般行政法和特别行政法。一般行政法是调整行政职权的产生、行使和监督的一般或普遍关系的法律规范，它通行于行政活动的各个领域。一般行政法主要规定行政活动的基本原则、行政活动主体的性质、地位、职权及管理体制、行政活动的形式、方法和程序、行政活动主体的法律责任及监督途径等。特别行政法是调整特定领域的行政关系或行政行为的法律规范，它只适用于特定的社会生活领域。特别行政法涉及诸多的领域，包括政治生活领域、经济生活领域、文化生活领域、社会生活领域、军事生活领域等。一般行政法和特别行政法在许多情况下是相互对应的，比如在我国，适用全国范围和各种行政活动的《各级人民代表大会和地方各级人民政府组织法》、《行政处罚法》、《国家警察法》是一般行政法，而《内蒙古自治区人民代表大会和各级人民委员会组织条例》、《治安管理处罚法》、《人民警察警容风纪管理和纠察办法》只适用特定的地区和领域，是特别行政法。在本书中我们只对一般行政法的理论和相关制度进行介绍。

（二）行政实体法与行政程序法

根据行政法的性质和作用，将行政法分为行政实体法和行政程序法。

行政实体法是规定行政法律关系当事人在行政法律关系中的资格、地位、权利（力）、义务和责任的具体内容的行政法，它规定行政主体的组织原则和组织体系，规定行政行为的内容、效果和法律责任等实体性问题，即规定行政关系的各个当事人拥有哪些权利（力），负有哪些义务，及违反法定义务后应当承担什么样的法律责任。行政程序法则是规定行政主体和行政相对人如何实现实体法规定的各项权利义务的行政法，它主要规定行政主体组织建构、实施行政管理、承担法律责任，以及行政相对人获得行政保护，实现其合法权益的具体步骤、方式和方法等。因为行政管理关涉社会公共利益，加之行政权行使主体与归属主体的分离①，行政法不仅要通过事先的静态权力控制来约束和规范行政行为，更需要通过过程性的程序立法，确认和规范行政权力，提高行政效率，保护公民、法人和其他组织的合法权益，实现行政管理的法治化和现代化。所以，行政程序法在行政法律体系中具有举足轻重的地位和作用。如我国新近颁布的《行政处罚法》、《行政许可法》及《政府采购法》等行政法律的内容主要是对行政程序的规范。

（三）行政组织法、行政行为法和监督行政法

根据行政法的作用和主要调整对象，将行政法分为行政组织法、行政行为法和监督行政法。

---

① 根据人民主权原则，作为国家权力组成部分的行政权同样归属于人民，人民是行政权的实际所有者，行政主体只是行政权的行使者。参见关保英著，《行政法的价值定位》，中国政法大学出版社，1999 年，第10～11 页。

　　行政组织法是调整行政主体组织建构中形成的法律关系的法律规范，它主要涉及两个方面的内容：一是规定行政机关及其他行政主体的设置、职权、职责、人员和经费编制、活动程序和活动方法的行政主体法，其重心是对行政职权的范围和内容的限定；二是规定国家行政机关与其公务员之间在录用、培训、考核、晋升、交流、解除、奖惩中的权利（职权）、义务（职责）关系的国家公务员法。

　　行政行为法又称行政活动法，是调整行政主体行使行政职权，进行行政管理活动中形成的法律关系的法律规范。现代社会的行政管理活动的内容丰富繁多、形式多样，有通过制定和发布行政法规、行政规章及其他规范性文件等抽象行为进行的规范管理，也有将法律规范运用于具体的人和事的一般执法活动，还有以中立者的身份对民事争议和行政争议进行裁决的准司法活动。对上述行为及其社会关系行政法都要进行规范，从而也就形成了行政行为法的三个重要组成部分，即行政立法法、行政执法法和行政司法法。

　　监督行政法是规范行政主体接受国家机关和社会民众监督的法律规范，其中国家机关对行政主体进行监督的法律规范主要体现在宪法和国家机关组织法中，社会民众对行政主体的监督法主要是以行政诉讼法为中心的一系列法律规范，如信访、检举、揭发、控告、申诉等方面的法律法规。

　　除了上述行政法的基本分类外，还有根据行政法的适用领域和主管部门将行政法分为经济行政法、军事行政法、民政行政法、公安行政法、司法行政法等；根据行政法的历史类型分为古代行政法、近代行政法和现代行政法；根据行政法的适用时间分为平时行政法和战时行政法；根据行政法的效力范围分为中央行政法和地方行政法等。

"110" 延迟出警案

　　2001 年 9 月，武汉市某区一名中学生被违章小客车撞伤，送医院抢救无效死亡。于是，死者的父母以该区公安分局出警太慢、导致其女得不到及时抢救为由向区法院提起行政诉讼，并请求国家赔偿。区法院经审理认为：依据《人民警察法》有关"立即救助"之规定和武汉市公安局《110接出警工作规范》中"城区出警民警必须 5 分钟赶到现场、郊区 10 分钟内赶到现场"的规定，区公安分局延迟出警的行政行为违法。公安局不服一审判决，向武汉市中级人民法院上诉。市中院审理本案后认为：武汉市公安局《110接出警工作规范》所规定的出警时间是公安机关内部对干警工作要求的规范，没有证据证实该规范对外公布，所以不具有法律效力。基于这样的认识，武汉市中院撤销原判，驳回了一审原告的诉讼请求。

转引自崔卓兰、于立深著，《行政规章研究》，吉林人民出版社，2002年，第126页。

思考题

1. 名词解释
（1）行政法渊源 （2）行政法的形式
2. 任意项选择题
（1）中国当代行政法的正式渊源包括（ ）。

A. 立法 B. 最高司法机关的司法解释
C. 国际法 D. 国家的经济政策

（2）中国当代行政法的主要表现形式为（ ）。

A. 宪法 B. 法律
C. 行政法规 D. 地方性法规
E. 行政规章

3. 简答题
（1）简述中国当代行政法的正式渊源和非正式渊源。
（2）试比较行政法的渊源与行政法的表现形式之间的关系。

4. 案例分析题

某县综合执法大队在执法检查中发现某企业未经批准，擅自在城郊打井开采地下水。经调查取证后，县执法大队以该企业开采地下水的行为违反该县政府的《关于加强水资源管理的决定》为由，以县执法大队的名义对该企业处以5000元的罚款。该企业不服，向人民法院提起行政诉讼。请问县执法大队的行为有何不妥？

第三章　行政法基本原则

本章重点

　　行政法基本原则是贯穿于行政法律体系和行政法运行始末的根本行为准则和指导思想，对行政法基本原则的理解、掌握和灵活运用对依法行政和建设社会主义法治国家具有重要的意义。本章的重点内容是：理解行政法基本原则的基本含义，认识行政法基本原则的法治基础、行政法基本原则的重要作用，掌握行政法的实体性原则、程序性原则的主要内容和基本要求，领会行政法基本原则在中国行政法治中的具体体现、理论意义和实践价值。

第一节　行政法基本原则概述

　　任何法律制度都是人们思想意识的产物，都体现和反映人们的主观欲求和精神信仰。行政法基本原则是在行政法充分发展的基础上进行的理论归纳和概括，它反映一个国家行政法治发展的水平，指引着一国行政法治发展的方向，构成行政法的中心问题。

一、行政法基本原则的含义

　　行政法的基本原则是由行政法的本质决定的，贯穿于行政法的整个运行过程中，反映和体现行政法律人在设计和构建行政法律制度时最原始、最根本的理念、信仰和追求，对行政法的创制、实施和救济起着普遍指导作用的行为准则和思想信念。行政法基本原则是行政法律规范中处于最高境界和精神层面的理念和信仰，是行政法的灵魂，它统摄着行政法的具体制度和规范，体现了行政法在精神理念和现实制度层面和谐统一的要求。

　　1. 行政法律基本原则的精神性。行政法基本原则是人们从事行政法律行为时稳定的心理状态和精神导向，是法律人在设计行政法律制度时所倾注的主观价值追求，体现了行政法律制度或法律文件的立法目的和立法宗旨，在具体的法律适用中具有至高无上的权威性和绝对的服从性。因此，行政法基本原则是一种精神性的规范。

2．行政法基本原则的抽象性和普遍性。行政法基本原则不同于它的具体规则，它是从纷繁复杂的社会关系和法律规范中归纳演绎出来的、一般的、抽象性的、可以普遍适用的规则，它是只作一般调整，不作个别调整的特殊行为规范。正如美国著名法学家弗里德曼所言："原则是超级规则，是制造其他规则的规则，换言之，是规则模式或模型。""原则起标准作用，即是人用来衡量比它次要规则的价值或效力的规则。原则是指归纳出的抽象东西。从这个意义上说，原则是总结许多更小的具体的规则的广泛的和一般的规则。"①

3．行政法基本原则的规范性。尽管法律基本原则具有很强的精神性和抽象性，但是它之所以能够被人们所遵从，是因为也具备一般法律规范的特征，它对行政法的立法、执法、司法和守法都具有高度的统摄作用，对法律的产生和实现起着根本性的指导和规范作用。

4．行政法基本原则的统率性。行政法基本原则是具体法律制度和法律规范的渊源和基础，其内涵是从行政法律制度及其调整的社会关系中抽象出来的，其内涵和外延足以包含该部门法所涉的一切社会行为。具体而言，行政法基本原则的内涵要能够涵盖行政法的基本立法态度、行政主体及其职权行为的范围界定、法律规制的方法和手段、争执解决的基本原则和标准等，其外延纵向贯穿立法、执法、司法和守法各个环节，横向涉及行政法所调整的所有社会关系和社会行为。

二、行政法基本原则的宪政基础

现代意义上的行政法虽然是以"行政国家"的出现为背景的，其内容依然是资产阶级反对封建君主的行政专横统治、保护人权、追求民主理想的延续发展，是近代以来人类社会民主法治建设的重要内容。行政法是民主宪政制度的具体体现，行政法随着宪政制度的发展而发展，所以以民主法治为目标的宪法一般原则是行政法基本原则赖以建立的根据和基础。

1．人民主权原则和法治原则是行政法基本原则的政治基础

人民主权原则，即国家的主权属于人民，归人民所有。人民主权学说由卢

① （美）弗里德曼著，《法律制度》，李琼英、林欣译，中国政法大学出版社，1994年，第46页。

梭创立，他认为社会契约赋予国家以绝对权力，形成国家主权。主权是至高无上、不可分割、不能转让的，属于全体人民，全体人民是主权的主体。主权受全体人民"共同意志"的支配，"共同意志"的具体化就是法律，每一个人应当服从法律，也就是服从自己的意志。立法权属于人民，人民的议员是人民的公仆。在行政权方面，人民可以而且应当有代表，因为行政权要根据法律来办事，行政机关受主权者的委托行使权力，它是人民的雇员。受人民主权学说的影响，18世纪以来的法国宪法及许多国家的宪法都作了相应的规定，人民主权就成为资产阶级宪法的一个基本原则。我国现行《宪法》明文规定："中华人民共和国的一切权力属于人民。""人民行使国家权力的机关是全国人民代表大会和地方各级人民代表大会。""人民依照法律规定，通过各种途径和形式，管理国家事务，管理经济和文化事业，管理社会事务。"按照民主集中制原则，各级人民代表大会依法产生各级人民政府，即各级行政机关。

2．分权原则是行政法基本原则的法律制度基础

近代分权学说是由英国洛克首先倡导，由法国孟德斯鸠所完成的。其理论基础是同社会契约论相结合的近代自然法理论；其事实根据是英国历史上出现的适合于新兴资产阶级同封建主阶级实行阶级分权的君主立宪制度。法国《人权宣言》所宣布的凡分权未确立的地方就没有宪法，就是孟德斯鸠分权学说的政治宣言。后来，在资本主义国家中分权原则成为一项普遍的宪法原则。当然，分权制衡理论作为一种政治法律文化观念应该属于人类共有的文化遗产，它可以用来为资产阶级统治服务，也可以用来为巩固人民民主政权服务。我国宪法虽不采用"三权分立"作为宪法原则，但并不排斥国家权力各部门之间的分工，也不排斥平衡与制约的有效机制。我国宪法确立的是在国家权力的统一和人民代表机关居于主导地位的前提下的平衡与制约。

3．所有制结构是行政法基本原则的经济基础

宪法关于所有制结构及经济制度的规定是行政法基本原则赖以建立的经济基础。近代宪法所确立的各项经济原则和制度如权利平等、契约自由等奠定了近代民主制度的基础。这些制度和原则集中代表了政治统治由专制到民主，由愚昧到文明的进化，是符合人类进步的历史规律的，而且，随着这些原则和制度被普遍接受，社会上掌握政权的阶级随心所欲地统治几乎不可能了，他们受到宪法规则的严格约束。任何宪法的首要任务应该都是保护社会和个人的财产安全和人身自由，使其不受非法侵害，尤其是政府本身的侵害。为此，就要通过宪法对私人所有权进行确认和保护，迫使政府尊重大众的意志。只有如此，才能实现一种理想的社会秩序，在这种秩序下，公民服从公职人员，公职人员

服从人民，而人民服从正义。

三、行政法基本原则的作用

（一）维护和促进行政法治的稳定、协调和统一

国家和社会公共事务的复杂性和行政行为的广泛性、多样性，决定了行政法律规范的广泛性、多样性和复杂性，同时，行政法律规范的内容也由于行政事务的变动性而处于时常变化之中。但是，由于这些复杂多样的行政法律规范调整相同性质的社会关系，它们同属于一个法律部门，必须彼此协调，体现统一的法律精神，才能实现共同的法律目标和任务。为了能够保证这些复杂多样、又时常处于变动和修正中的行政法律规范保持其内部的协调和统一，使行政法及其调整的社会关系和维持的社会秩序具有相对稳定的标准和规则，就需要建立一种超越一般法律规范的抽象规则或精神信仰。行政法基本原则正体现了行政法的基本精神，能够统一、协调不同的行政法律规范，保证行政法律体系稳定与协调的标准与准则。行政法基本原则的这种功能主要是通过统率和指导行政法律规范的制定、修改和废止，以及按照行政法价值目标的具体实施，保证不同层次的行政法律规范之间的协调和统一来实现的。

（二）确立行政法的价值取向，保证行政法实施的协调与统一

由于行政法律规范和行政法律关系主体的复杂性和广泛性，行政法在具体的实施过程中可能会出现混乱和无序，而行政法基本原则确立的基本价值取向，可以对现实中诸多的行政主体及其公务员实施行政法律规范的行为提供统一的行为准则和指导思想，保证行政法实施的协调和统一。

首先，行政法基本原则能够规范行政法律关系主体的行为，保证行政法律规范能够按照统一的标准和要求得到适用和遵守，实现行政法的调整目标。其次，行政法基本原则还能为准确地理解、适用和遵守行政法律规范提供统一、准确的依据。因为行政法基本原则贯穿于行政法律体系的整体，是行政法产生和实施的最根本的指导思想和行为准则，它能够帮助人们正确认识行政法的本质、目标和意义，理解行政法律规范的内容，保证适用和遵守行政法律规范的准确和统一。同时，认真贯彻行政法基本原则，还有助于及时发现并纠正行政法律体系中背离行政法治的总体目标，破坏行政法治统一的不协调现象，保证行政法的实施与其总体目标的协调一致。

（三）提供行政法的基本规范，弥补行政法律规范的不足与疏漏

由于信息、时间及立法资源的有限性，任何国家行政法律规范都不可能完全涵盖所有的具体行政事务，与现实的行政事务相比，行政法律体系的疏漏和

不足是在所难免的。在新的法律规范没有或不能及时制定出来的情况下，为了保证行政法对现实生活的有效调整，维护社会关系的稳定和有序，行政法律关系的主体可以根据行政法基本原则的精神和要求，因地制宜和因时制宜地处理具体行政事务，既发挥了行政法律关系主体的主观能动性，又能保证行政事务的连贯性和规范性。在此，行政法基本原则就起到了弥补行政法规范的疏漏和不足，维护行政法治统一与协调的积极作用。

四、我国行政法基本原则的确立

由于不同时期、不同国家的社会政治制度和法律传统决定了法律体系中行政法的地位和作用不同，因而人们对行政法及行政法基本原则的认识也就不尽相同。在西方资本主义国家，行政法基本原则一般以三权分立和法治的宪政原则为主要依据而衍化并确立起来。如英国行政法基本原则主要有：法治原则、议会主权原则、政府服从法律原则和越权无效原则四项[①]；美国行政法基本原则的内容则包括实体法上的公正性、准确性、效率和可接受性四项[②]，以及程序上的正当程序原则[③]；德国行政法的基本原则是依法行政原则[④]，具体包含法律优先原则和法律保留原则两项内容；日本行政法的基本原则是法治行政[⑤]，它包含三个方面的具体内容：法律保留原则、法律优先原则和司法救济原则。

当代中国对行政法基本原则的认识和研究，大约是在 1978 年以后，特别是1982 年宪法颁布以后才逐步开始并不断深入的。迄今为止，中国行政法基本原则的争论大体经历了行政法是否存在独立的基本原则，即将宪法原则、行政管理原则与行政法基本原则混为一谈阶段；探索独立的行政法基本原则，即将行政法基本原则与宪法原则、行政学原则区别开来的阶段；分层次研究行政法基本原则，即进一步区分行政法基本原则与行政法具体原则、行政法实体性原则与程序性原则的阶段。从当代中国行政法治发展的现状出发，根据行政法的主要作用和基本任务及其运行机制，我们认为行政法基本原则应该从静态的实体标准和动态的程序要求两个方面进行概括和总结，包括实体性原则和程序性原则两大类。

---

① H. W. R. Wade, Administrative Law, Oxford: Clarendon Press, 1989, pp. 23～50.

②（美）恩斯特·盖尔霍恩、罗纳德·莱文著，《行政法与行政程序》（影印本），法律出版社，2001 年，第 5～6 页。

③ 王名扬著，《美国行政法》，中国法制出版社，1995 年，第 117 页。

④（德）哈特穆特·毛雷尔著，《行政法学总论》，高家伟译，法律出版社，2000 年，第 103 页。

⑤（日）盐野宏著，《行政法》，杨建顺译，法律出版社，1999 年，第 50 页。

治安管理处罚显失公正案

　　1990 年 7 月 15 日晨 8 时许,骆淑芬将自家门前的雨水向院内地漏清扫,董焕芝见状便将骆淑芬扫向地漏的雨水往回扫,范志华也帮其母往回扫雨水,为此双方发生争执。此时,董焕芝的丈夫范恩财用污秽下流语言辱骂骆淑芬。范志华继续当众用专指妇女生理特征的极其污秽下流的语言和手势对骆进行侮辱。骆淑芬在此情况下,打了范志华一记耳光。范志华、董焕芝便共同对骆进行厮打,范志华踢伤骆的腹部,致其当场昏迷。经医院诊断:骆淑芬"脑外伤综合症","双手挫伤,左中、下腹部挫伤",住院治疗 15 天。董焕芝"左手软组织挫伤、右前臂表皮挫伤"。对此,天津市公安局河北分局分别以"殴打他人"为理由,给予董焕芝拘留 15 日处罚;给予范恩财拘留 10 日处罚;以"公然侮辱妇女"为理由给予范志华拘留 15 日处罚。董焕芝、范恩财、范志华不服上述处罚决定,向天津市公安局提出复议。天津市公安局经复议认为:董、骆两家此次纠纷,双方互有责任。以"殴打他人"为理由,对董焕芝改裁罚款 200 元;对范恩财改裁罚款 100 元;以"侮辱他人"为理由,对范志华改裁罚款 200 元。骆淑芬对复议裁决不服,向天津市河北区人民法院提起诉讼。天津市河北区人民法院审理认为,根据第三人董焕芝、范志华的违法事实,被告天津市公安局予以罚款处罚,显失公正。依法进行变更被告天津市公安局的治安管理处罚复议裁决,对第三人范志华处行政拘留 15 日;对第三人董焕芝处行政拘留 15 日;维持被告天津市公安局对第三人范恩财罚款 100 元的治安处罚申诉裁决。一审判决后,被告天津市公安局、第三人董焕芝、范志华、范恩财均不服,向天津市中级人民法院提起上诉。天津市中级人民法院依法组成合议庭,审理了本案。经审理认为原审法院认定事实清楚,证据充分,程序合法,确认上诉人天津市公安局对上诉人范志华、董焕芝的罚款处罚显失公正,并无不当。于 1991 年 11 月 29 日作出判决:驳回上诉,维持原判。

　　本案涉及的法律问题是:行政法基本原则有何作用?

　　转引自 http://www.flzsw.com/anli/xingzhengfa/200609/4459.html.

第二节　行政法的实体性基本原则

一、依法行政原则

（一）依法行政原则的含义

依法行政是法治国家和法治政府的基本要求，依法行政原则是指从事任何行政活动包括行政职权的取得、行使和接受监督都必须严格地依照宪法、法律和有关法规的规定进行，不允许超越法定权限范围，也不允许有任何法外特权，任何违反法律和超越法律的行为都是无效的，要承担相应的法律责任。法治的关键是依法行政，法治的实质是人民高于政府，政府服务于人民。具体来说，依法行政原则包含以下几层意思：行政活动是执行法律的活动，一切与宪法、法律相抵触的行政活动，必须予以撤销；行政活动必须要有法律授权，一切行政权都来源于法律的授予；行政活动是受法律限制的活动，任何行政主体都只能在法定权限范围内活动，按照法定的程序行使，一切超越权限范围的活动当属无效，而且要承担相应的法律责任。

依法行政原则是宪法一般原则在行政法领域中的体现。首先它是依法治国原则的具体体现。一方面要求所有的行政机关及其工作人员在处理任何国家行政事务时，都必须严格按法定职责权限和法律程序办事，不得超越权限，滥用权力；另一方面要求全体公民以及在中国境内居住和活动的外国人都必须遵守我国宪法、法律和有关行政法规范，不得随心所欲，为所欲为。同时，依法行政原则注重行政主体、公务员及行政相对人之间明确的职责权限范围，体现了职权分工的宪法原则。依法行政原则具体包括法律授权、法律优位、法律保留和法律责任四项基本内容。

（二）依法行政原则的要求

由于行政法产生的历史背景所形成的基本理念、适用范围等不同，各国依法行政原则的基本内容有较大的差异。[①]在我国，根据行政法的根本宗旨和基本任务，依法行政原则主要包括以下几方面的要求：

1. 行政主体的设立以及职权取得应当合法。行政主体是能够以自己的名义依法拥有和行使行政职权，并能够以自己的名义独立承担该行为法律后果的国

---

① 参见姜明安主编，《行政法与行政诉讼法》，高等教育出版社，2003 年，第 64 页，注释①。

家机关或其他社会组织。行政主体的成立及其行为并不是一个社会自发的产物，也不是一般民事主体的简单转化，它的成立必须要有相应的法律机构依照法定的职权和程序进行。行政主体设立的合法性是行政主体职权拥有和行使有效性的前提依据。没有法定的职权和依据，以及按照法定的程序，任何国家机关、社会组织和公民个人都不能设立任何形式的行政主体。行政主体不合法，其"行政行为"也就不会具有法律效力。同时根据人民主权原则，作为人民意志的执行主体的行政行为必须以法定的职权依据为基础，拥有法定的职权是行政主体进行行政管理的先决条件。依法行政原则要求，行政主体必须而且只有基于法律的规定才能拥有职权，这是法治国家的基本要求，也是法治政府的基础。在我国，行政主体设立及其职权取得的法律依据主要有《宪法》、《国务院组织法》、《地方各级人民代表大会和地方各级人民政府组织法》等。

2. 行政主体职权的行使应当合法。行政职权的行使是行政主体依照法律的规定，针对具体的行政事务做出处理决定的一种行为，既涉及到国家公共利益和公共秩序的维护，也关系到公民个人和社会组织合法权利的保护。依法行政原则要求行政主体所实施的各种行政行为的各个要素都必须合法。首先，行政行为必须要有充分的证据。行政职权的行使必须是基于一定的事实，如行政处罚要有违法行为的存在，行政许可要有相对人的申请存在。行政法律事实的存在还必须要有充分的证据证明，没有证据的事实不是法律事实。行政行为只有符合法律规定的事实和证据要件时才是合法有效的。其次，行政职权行为还必须在法定的权限范围内行使。行政职权的范围表现在多个方面，既有时间上的限制，也有空间上的限制；既有权力运用程序上的限制，也有行使权力的方式、手段上的限制。行政职权必须在法定的权限范围内行使，否则就是违法或无效行为。再次，行政职权的行使还必须符合法定的程序。行政职权的行使不仅要在实体法上合法，还应当符合法定的程序，只有这样才能保证行政职权的有效行使。

3. 违法行使行政职权要承担相应的法律责任。依法行政原则要求行政主体必须合法行使职权，做出行政行为。任何行政主体或具体实施行政行为的其他组织和工作人员，如果没有按照法定的要求和职权行使行政职权，或者违法行使行政职权，侵犯了公民、法人和其他组织的合法权益，都要承担相应的法律责任，公民、法人和其他组织有权依法取得救济。法律责任是对公民、法人和其他组织合法权益的保障，也是对行政职权行为的有力监督。随着行政法治的不断深入和完善，行政法律制度中的责任制度也越发突出和重要，可以说，责任制度的完善和具体实施是行政法以及行政法治完善的一个重要标志。

二、尊重和保障人权原则

（一）尊重和保障人权原则的含义

尊重和保障人权原则是宪法的基本原则，也是法治政府的基本要求，因为法治的核心内容就是确保个人的基本权利不受非法侵害，尤其是不受政府的非法侵犯。人权是人之为人的基本权利，是人作为社会主体的本质所在。人权并非是来自政府的恩惠，它先于政府而存在，政府的存在和终极目的就是为了保护这些先在的权利。人权不受任何机关、组织和政治权威的侵犯，不受政府及其官员的侵犯，也不受他人的侵犯，即使是出于公共福利的善良愿望。保护基本人权是法治国家的基本任务，是其他宪法原则如公民尊严原则、民主原则和社会国家原则的基础。①公民的基本权利以人的尊严为中心，主要包括自由权和平等权。

（二）尊重和保障基本人权的要求

依照人权的基本内容和宪法的基本原则，在行政法领域，尊重和保障基本人权原则主要有以下要求：

1. 行政职权的行使必须充分尊重相对人的人格。一切行政及其行为都是为了建立和维护有利于人类生产生活的正常社会秩序和社会关系，行政职权的行使应当充分尊重和保障行政相对人的人格和尊严。它要求行政主体及其工作人员不仅要严格遵守法律的明文规定，不得实施非法行为，不得对相对人的身体和人格进行折磨和侮辱，如游街示众、罚跪、辱骂、暴露隐私等，还要文明礼貌地对待相对人，坚决杜绝那种门难进、脸难看、话难听、事难办的现象。

2. 行政主体的职权行为要切实保障宪法规定的公民的各项基本权利。宪法规定的公民的基本权利和自由在行政法领域应当得到全面的保障，这些权利和自由非因国家和公共利益的特别需要不能被限制和剥夺，即使因国家和社会公共利益的特别需要，也必须要符合法定的依据和程序。

3. 行政主体的职权行为不得侵犯公民的各项政治权利。公民的政治权利包括选举权、被选举权、担任公职权、参与国家管理权以及对国家机关和它的工作人员的监督权、控告权、检举权等，政治权利是人民主权原则的基本实现途径，所以行政主体及其工作人员在实施行政行为时，必须要予以全面保护，不得非法侵犯，在公民政治权利受到其他非法侵犯时还要采取必要的措施，予以排除。

4. 行政主体及其工作人员要切实保护公民的各项财产权利。行政主体对公

---

① （德）哈特穆特·毛雷尔著，《行政法学总论》，高家伟译，法律出版社，2000年，第105～107页。

民基本人权的保护除了尊重其人格权和精神利益之外，还要切实保护公民、法人和其他组织的财产权利。这些保护主要包括：行政主体及其工作人员要积极采取措施，防止相对人的财产权利受到非法侵犯；行政主体在行使行政职权时，不得非法侵犯相对人的财产权；因为行政行为造成行政相对人的财产权利遭受损失时，应当依法承担补偿或者赔偿责任。

三、适当行政原则①

（一）适当行政原则的含义

适当行政原则是指行政活动不仅要合法，而且应该按照公平、合理的要求进行，其内容也要客观、适度，符合公平、正义等法律标准。适当行政原则是依法行政原则得以全面准确实施的根本保证，也是行政法治原则的具体要求。首先，适当行政原则以合理性为基础，体现了按照客观规律实施行政的科学精神，体现了合理性原则在行政法上的实质要求。社会经济环境、组织结构、具体事件总是处于不断变化之中，国家行政事务也呈现出无限的多样性和复杂性，行政法制度必须不断适应这些变化。适当行政原则为正确审查、选择和判断当事人的行为是否合乎情理提供了依据。其次，适当行政原则以客观公正为标准，它是正确行使法定自由裁量权的重要依据。显失公平的行政行为属于不当行政行为，行政不当行为同样会给国家造成损失，给集体和个人的合法权益带来损害。行政职权中的自由裁量权不仅应该限制在法定幅度内，而且应公平、适度地行使。适当行政原则通过具体的评价标准，使裁量行为受到法律的严格约束，从而使裁量行为的合理性问题转化为合法性问题。另外，适当行政原则以正义性为目标，体现了行政公正的基本精神，也体现了国家政府全心全意为人民服务的崇高宗旨。

（二）适当行政原则的基本内容

适当行政原则的内容十分广泛，概括起来包括以下几个方面：

1. 行政行为必须符合法律的目的。任何法律包括行政法的制定和实施都是基于一定的社会目的，无论是法律授予行政主体某种权力，或者规定行政行为的具体内容，都必须围绕着这一立法目的。在具体的行政行为中，无论有无明确的法律规定，行政权力的运用都必须首先考虑法律的目的，尤其是在行政主体行使自由裁量权时，更应该以立法目的为依据，准确把握自由裁量的幅度。

---

① 适当行政原则在我国大多数行政法学教课书中一般被称为"合理行政原则"，但是由于"合理性"一词所对应的意思实际上是"适当性"或"正当性"，而不仅是"理性"，所以此处用"适当行政"还是比较准确全面的。

2.行政行为必须具有合理的动机。行政行为的动机必须是合法而且善良的，即最大限度地保护公民、法人和其他组织的合法权益。行政主体在行政行为中不能以自己的主观意志，甚至将个人的偏见、歧视乃至恶意强加给公民和社会组织，以行为主体个人的喜好代替公众利益。同时，行政主体还应当全面权衡有关的公共利益和个人利益，采取对公民权益造成限制或者损害最小的行政行为，并且使行政行为造成的损害与所追求的行政目标相适应。自由裁量权的行使应当客观公正，不当行政行为应当依法予以撤销或改正。

3.行政行为应当考虑相关的因素。具体的行政行为涉及诸多的主客观因素，适当的行政行为应当依法公正进行，不偏私；平等对待相对人，不歧视；合理考虑相关因素，不专断。

4.行政行为必须是客观公正的。公正是一个既抽象又现实的社会正义标准，也是人们对行政行为最普遍的主观要求。在现实的行政行为中，公正要求虽然是主观的，但是也有客观标准。公正的客观标准可以概括为以下几点：（1）公正的一般标准是相同的情况相同对待，即行政行为无论是赋予权利，还是科以义务，都应当一视同仁，同等对待；（2）不同的情况不同对待，行政主体的行政决定与相对人应受的对待应当成比例；（3）行政行为应当遵循先例，行政行为在没有足够的证据和充分的理由时，应当根据先例或惯例做出。因为先例或惯例在实践中经过大多数人的经验检验，且符合一般人的理性，具有很强的可接受性。

行政处罚违法被撤销案

1996年9月27日，原告建阳市第二建筑工程公司（简称二建公司）与该市某银行订立装修合同，并取得市建委的建筑施工许可证，于10月5日开始施工。随后，建阳市第二轻工业局发现二建公司违法施工，即进行制止并两次发出书面通知要求二建公司办理有关手续，二建公司未予理睬，继续施工。12月3日，被告以二建公司的施工活动违反了国务院的国办通（1992）31号文件和中国轻工总会的轻总室（1996）4号文件的规定，依据南平市（地区）人民政府制定的《南平市室内装饰行业管理规定》第14条规定，对二建公司处以5000元罚款。二建公司不服处罚，向建阳市人民法院提起行政诉讼。建阳市人民法院审理认定，二建公司的对银行大楼的内外部装修活动，已经超出了国通办（1992）31号文件界定的建筑装修范围，被告虽然对室内装饰活动依法拥有监督管理权，但其依据《南平市室内装饰行业管理规定》

进行处罚，适用法律错误，遂判决撤销被告的行政处罚决定。一审判决后，原被告均未提出上诉。

案情详见最高人民法院中国应用法学研究所编，《人民法院案例选（行政卷）》（下），中国法制出版社，2000年，第831页。

第三节　行政法的程序性基本原则

一、行政程序公正原则

（一）行政程序公正原则的意义

行政公正原则既是行政法的实体性原则，也是程序性原则。它的基本精神是要求行政主体及其工作人员在行使行政职权时，要秉公办事，不徇私情，平等对待，不偏狭，不反复无常。行政行为的目的是维护有利于人民利益的社会秩序和社会关系，行政权力运用的核心是为人民服务，而不是为行政主体及其工作人员牟取私利。从程序意义上看，公正原则主要表现为：自己不做自己的法官；不单方接触；不在未通知和听取相对人意见的情况下做出对相对人不利的行政行为等。

任何国家权力都是公有物，而不是私有物，行政职权的行使应该是确保公正无私和正当合理。程序公正原则是实体合理、适当的保证和动态要求，它包括过程的公开、公正、正当和可接受性等方面的内容。①在行政法律体系中，程序公正原则有着重要的实践和法律意义。

1. 程序公正可以树立行政行为的权威性和合理性。行政行为的正当性和合理性来自于广大民众的普遍认同与服从。自古以来，对国家权力的认同和服从分为强制型和自愿型，前者是国家通过其暴力机器和镇压工具，压迫社会民众所达到的社会秩序，公民只能在无奈中表现出对国家权力的消极认可和被动式服从；后者则是国家通过公正的程序，吸收广大民众的基本要求、保护他们的基本权利，合理地行使各种权力，从而形成一种良性互动的社会发展秩序。

2. 公正的法律程序可以促进行政关系和谐融洽与持续稳定发展。稳定是社

---

① 在行政法领域，对实体合理与程序公正的区别和联系的理论研究十分普遍。参见杨解君著，《秩序·权力与法律控制》（增补本），四川大学出版社，1999年，第204页；章剑生著，《行政程序法基本理论》，法律出版社，2003年，第63页。

会政治、经济、文化发展的基本前提，也是一个国家所有政策的核心。在行政领域，法律的基本职能是通过对各种利益关系的协调和规范，降低社会交易成本和社会资源的非正常损耗，提高社会整体效益。行政程序公正原则首先可以有效防止行政权力的滥用，维护正常的行政关系和行政秩序，同时还可以有效调停和校正行政活动的内在冲突，减少对社会秩序的负面影响，另外它还可以教育社会成员自觉遵守法律制度和社会公德，促进社会经济的有序发展。

3. 通过公正程序实施的行政职权可以培养公民的法律信仰。法律信仰是法律保护和推行的社会经济政策措施有效实施的内在道德基础，法律内容的合理性、正当性与法律实施过程的合法公正性，对公民法律信仰的形成起着决定性的作用，因为"归根到底，并非赤裸裸的武力，而是说服力才能确保最大限度上对法律的遵守。"[①]

（二）程序公正原则的主要内容和要求

行政法的行政程序公正原则主要有以下内容和制度要求：

1. 自己不做自己的法官。程序公正的第一要求是，程序的操纵者和程序的结果之间应当没有任何利害关系，否则程序的操纵者可能会利用自己的优势地位，促使程序的结果向有利于操纵者的方向发展。[②]所以，行政主体及其公务员在行使职权过程中，如其组织整体或个人与所处理的法律事务有利害关系，为保证具体处理结果与处理程序进展的公正性，依法应终止该国家机关或公务员的职权而由其他机关或个人来替代行使。

2. 裁执分离。行政程序公正原则中的裁执分离是法治国家理论的分权思想在行政法律制度中的具体体现，其目的是为了防止行政权力的滥用。在具体的行政案件中，如果调查人员同时又是将要做出裁决的人，那么调查人员必然会以他所搜集审查的证据作为基础，这种先入为主的认识会妨碍他全面听取相对人和其他社会意见，不利于案件的公正准确处理，所以在制度上将二者分离是必要的。裁执分离制度有内部分离与完全分离两种，完全分离类似于三权分离制度，内部分离只是要求行政机关内部人员的职务分离，各国法律一般都倾向于内部分离，而不主张完全分离。

3. 说明理由。说明理由制度是指行政主体及其工作人员实施行政行为时，如果对相对人和社会民众的合法权益产生不利影响，除法律有特别规定的之外，应当向相对人和社会说明其做出该行为的事实因素、法律依据以及进行自由裁

---

① （英）P. S. 阿蒂亚著，《法律与现代社会》，范悦等译，辽宁教育出版社、牛津大学出版社，1998年，第88页。

② 章剑生著，《行政程序法基本理论》，法律出版社，2003年，第78页。

量时所考虑的政策、公益等因素，否则该行为不产生相应的法律效力。说明理由的内容主要包括三个方面：一是行使职权的事实理由。行政职权的行使必须以通过法定程序收集的客观真实的、用于证明其权力启动的相关事实证据为前提条件，否则该行为便不具有法律效力，对相对人也不产生任何法律后果。二是职权依据，包括国家法律明文规定的对事的管辖权和具体的行为权，也包括主管机关自己制定的各种规范性文件。三是裁决理由。行政主体在进行特定案件的处理时，还必须对已经和将要做出的具体裁决决定所依据的各种因素进行说明和解释，尤其是基于自由裁量权而做出的经济裁决。

4. 禁止单方面接触。它是指行政主体及其工作人员在主持听证程序，对特定案件进行裁决时，不能在一方当事人不在场的情况下与其中的一方当事人讨论案件及相关问题，以免影响听证主持人的公正决定。禁止单方面接触制度的原型来源于诉讼制度，它也体现了行政管理活动的一般特征和要求。行政决定的主持人必须以经过各方利益主体充分论证、质证、认可的、并在案卷中已经记录的材料为依据，对待定案件进行客观裁断，不允许掺杂其他任何案外材料和个人情绪。

5. 法律救济。任何实体法的规定只是从抽象意义上对社会主体的权利义务关系所做的静态划分，而社会关系是发展变化的，个人之间以及个人与集体之间的权利冲突和利益纷争是在所难免的。所以，现实公正的法律必须能够向所有的人，尤其是弱者提供法定的救济和帮助，以使其权利成为真正的现实利益。在行政职权行为中，私人权利潜在地受到侵犯和威胁，但私力无法对抗，只有相应的国家公力救济制度的配套设置，才能保证实质公正的真正实现。行政法律程序公正原则的制度保障主要有复议制度、行政诉讼制度或司法审查制度、国家赔偿制度等。

违反行政程序的行政处罚被撤销案

1998 年 6 月，章某向所在地某市人民政府文化局申请经营电子游戏机的文化经营许可证。6 月 12 日，该区文化局准许了章某经营 2 台电子游戏机的申请，并颁发经营许可证，有效期至 1999 年 12 月 30 日。此间，章某扩大经营了 5 台游戏机，但未交管理费。1999 年 12 月 25 日，章某书面申请办理经营 5 台游戏机的文化经营许可证，但未获准。2000 年 3 月 17 日，该区天桥街道办事处会同天桥派出所、天桥工商所等单位联合对文化市场进行执法检查。天桥街道办事处要求章某交付经营 5 台游戏机的管理费 3250

元，章某当即交付 500 元，并开具尚欠 2750 元的欠单一张。后来，街道办事处向区文化局请示后，以区文化局的名义做出处理决定，责令章某停止营业，交清所欠费用及补办经营手续后方可继续经营。章某对此不服，向该区人民法院提起行政诉讼。区人民法院经审查核实，天桥街道办事处查处本案的负责人王某的妻子在该区经营另一家电子游戏厅，两个电子游戏厅之间存在着较为密切的竞争关系。王某在查处此案过程中应当主动申请回避，以示公正。最后，法院以王某应当回避而没有回避，违反法定程序为由撤销该行政处罚。

转引自胡锦光、刘飞宇主编，《行政法与行政诉讼法》，中国人民大学出版社，2005 年，第 138 页。

二、行政公开原则

（一）行政公开原则的含义

行政公开原则，也即行政职权及其行为的公开原则，是指国家政府的一切职权行为，除涉及国家秘密、个人隐私和商业秘密外，其职权依据、实施环节和具体内容以及其他有关的事项都必须向社会公众公开，允许行政相对人依法查阅、复制，有关行政会议的决议、决定以及行政主体的活动情况应当允许新闻媒体依法采访、报道和评论。在现代市场经济条件下，"国家权力是公有物，国家的治理是所有公民的共同事业"。①包括行政职权在内的所有国家权力的目的、对象和内容都具有明显的公共性，所以其行为过程、行为内容和行为结果应当，也必须向社会公众公开，以保证社会公众能够有效地参与到国家管理行为的过程中去。

行政职权行为的公开原则是现代民主政治理论在行政领域的具体体现，也是基本人权理论在公共选择活动中的基本要求，是国家政府进行社会管理和经济调控时的法定职责，也是社会民众对私人利益保护和从事社会公众事务的基本权利。作为行政法律程序的基本指导思想和规范，行政公开原则有重要的法律意义。

1. 行政职权公开可以满足广大社会成员参政议政的意愿，实现他们的民主自决权。在现代市场经济条件和民主社会制度下，社会公共事务已经不再是所谓的"统治阶级意志"的体现，也不是国家通过暴力的外部输入，而是市场主体的自决权在社会公共事务中的体现。行政公开原则的确立，为公民参与行政

---

① 刘军宁著，《共和·民主·宪政》，上海三联书店，1998 年，第 104 页。

职权的行使过程，表达自己的意愿提供了一个正当理由和法定的渠道。公民个人或社会组织在个人利益或集体利益的支配下，积极介入国家经济职权的行使过程，从而满足参政议政的主观意愿和实现其民主自决权。

2. 公开原则可以有效防止行政职权的滥用，确保行政行为的公正、准确。与传统法治下的政府管理模式不同，"现代管理型法律更为典型的是，官员们行使很大的自由裁量权，也就是在定义宽泛的和总的规则范围内行使权力。"[①]由此，现代法治所面临的一道难题就是，如何在授予政府自由裁量权的同时，又使该自由裁量权能够公正、合理地运用于克服市场失灵和谋取公共福利，而不被滥用于谋取官员们的私人利益。行政法的公开原则一方面可以通过信息制度、说明理由制度等使行政主体的职权行为接受民众的监督和评判[②]，防止权力滥用，同时还可以通过民众的参与，使行政主体的决策和裁判行为能够集思广益，最大限度地收集相关的信息资料，以便做出科学、公正的裁决。

3. 行政公开原则还可以增强行政职权行为的可接受性，提高行政行为的社会实效。从实践意义上看，国家强制力虽然能够使行政行为在客观上得以推行，但它并不能消除人们因为被隔离于行政行为的形成之外和对其内容的无知、陌生而产生的消极待命和主观情绪上的对抗意识，这些都是行政法实施的潜在阻力。相对而言，通过公开正当的法律程序所形成和实施的行政行为，由于满足了人们的自主决策的需要，确保了人们对相关政策、法规的主动学习和理性说服，从而也增强了它的可接受性，降低了运行中的道德成本或间接成本，提高了实效。

（二）行政公开原则的基本要求和主要内容

根据行政法律程序的目的、功能和价值目标，行政公开原则的基本要求和内容主要有以下三个方面：

1. 事先公开行政职权的法律依据和事实根据

行政职权的公开原则要求，行政主体在具体的行政职权即将或做出最终裁决之前，必须向行政相对人和社会公众公开其职权行为的法律依据和事实依据，使他们能够获悉有关权力行使的条件和将要做出的裁决内容，以便采取积极措施，参与到行政职权的行使过程中，确保自己的合法权益不受非法侵犯，监督

---

① （美）劳伦斯·M.弗里德曼，《法治、现代化和司法制度》，宋冰主编，《程序、正义与现代化——外国法学家在华演讲录》，中国政法大学出版社，1998年，第109页。

② 公开作为防止权力滥用的最有效手段已经被国内外的有关法律实践所认可和证明。一般认为，在公法领域，"公开原则是制止自由裁量权专横行使最有效的武器。"参见王名扬，《美国行政法》，中国法制出版社，1995年，109页。

行政职权的有效行使。行政职权主要有管辖权和行为方式选择权，对其内容的公布有助于社会民众对国家职权行为的主观认识和心理预测，并对自我行为采取相应的调整和补救。国家职权公开是构成国家职权生效和具体运行的前提条件。行政职权的事先公开有三层含义：（1）行政职权必须是在其现实行使并产生法律效力或者对相对人和社会公众的现实利益产生实际的法律影响之前公开，否则便导致行政决策或具体裁决行为的无效；（2）公开的方式必须符合法律的规定或便于相对人或社会公众了解；（3）公开的内容包括职权的主体、内容以及职权得以行使的客观条件，其中的法律依据必须具有明确性，尽量避免理解上的偏差。

2．事中公开行政决定和裁判行为的过程

事中公开行政决定和裁判的过程，是指行政主体在具体的行政决定和裁判过程中，应当将与决定和裁判过程相关的事项，包括法律依据、事实根据、论证过程等对相对人或社会民众公开。行政决定和裁判过程是行政主体依照法定的权力和特定的事实，将抽象的法律规定变成对现实法律关系的调整，并最终做出裁决的过程，它将实际地影响利害关系人的既得权利、预期权利乃至社会经济的发展。行政决定和裁判过程的公开主要有两个方面的具体要求：一是决定和裁判听证；二是资讯公开。资讯公开是对行政主体行政决定内容、具体依据和最终结论的全面审查和监督，使经济决策和裁判更科学、更合理的重要制度要求。

3．事后公开具体的决定结论

事后公开行政决定的结论，是指行政主体在做出影响直接利害关系人和社会大众利益的政策决定和具体裁判后，应当及时将决定内容以法定的方式向利害关系人和社会公开。行政决定结论的公开既是其产生法律效力，并依靠国家强制力得以推行的必要条件，也是利害关系人和社会大众获知决定和裁判内容的基本方式，同时也是直接利害关系人采取补救措施的前提。

（三）行政公开原则的主要制度保障

行政公开原则虽然对规范国家经济职权行为、防止权力滥用、保护相对人的合法权益、提高国家干预市场的实效等具有重要的实践意义，但是它又具有抽象性、模糊性和可操作性差等特点，要真正发挥法律程序在行政法实践中的积极作用，还必须依靠具体的制度性规则来保障和促进。

在行政程序法上，支持和体现公开原则的主要制度有：行政主体一般行政职权法律依据的公布制度、个别行政裁判和决定的送达制度、行政职权行为的告知制度、行政资讯的获取制度、行政决策决定和裁判的听证制度等。

三、参与行政原则

（一）参与行政原则的含义

参与行政原则是指行政法应保障相对人参与行政活动，使行政法律关系的双方当事人相互配合，以建立健全行政法秩序。行政法主要是通过对行政人的"授权"与"控权"方式来调整行政关系，但行政关系中不能没有行政相对人参与，否则行政法律关系就无法真正确立。参与行政原则作为行政法的基本原则具有很强的宪政意义。

1．参与行政原则体现了人民主权的宪法原则。我国《宪法》第 2 条规定："人民依照法律规定，通过各种途径和形式，管理国家事务，管理经济和文化事业，管理社会事务。"依法行政原则是体现人民意志、保障人民民主的重要方面，人民不仅要通过权力机关对国家重大问题做出决定和制定法律，而且还要通过国家行政机关去执行，以真正实现人民的意志。列宁说，社会主义民主制度要求人民"不仅自己来参加投票和选举，而且自己来参加日常管理"。在我国，人民群众参加国家管理的途径和方式是多种多样的，其中对行政机关及其工作人员的监督是最经常、最普遍的。我国《宪法》第 41 条规定："中华人民共和国公民对于任何国家机关和国家工作人员，有提出批评和建议的权利；对于任何国家机关和国家工作人员的违法失职行为，有向有关国家机关提出申诉、控告或检举的权利。"参与行政原则强调了相对人对行政机关及其工作人员的监督，体现了人民当家作主的宪法原则。

2．参与行政原则体现了宪法的平等原则。参与行政原则赋予每个公民平等地参加国家行政管理，平等地享有法定的行政权利，禁止一切歧视行为，体现了宪法的平等原则。首先，参与行政原则保障各民族平等地参加国家行政管理，促进各民族经济文化的共同繁荣和发展。如自治机关的行政首长由实行区域自治的民族公民担任，国家预算和地方财政的安排、基本建设项目的分布、资源的开发、文化教育事业的发展、民族语言文字的使用等方面，都十分注重民族平等原则的贯彻落实。其次，参与行政原则保障男女公民平等地参加国家行政管理。如同工同酬、任用妇女担任国家行政职务和充任行政工作人员等。最后，参与行政原则坚持在行政管理领域贯彻法律面前人人平等原则，任何组织和个人都必须平等地遵守有关行政法规范，如有违反则平等地对其违法行为追究行政法责任，任何组织和个人都不得例外。

（二）参与行政原则的基本内容

1．参与行政原则注重保障行政相对人的行政参与权，即保障行政相对人通过各种途径参与国家行政管理活动的权利。具体包括：（1）直接参与管理权；（2）了解权，指行政相对人可以在法律许可的范围内了解行政主体进行行政管理活动的依据、程序、内容、方法等；（3）听证权，指具有利害关系的行政相对人参与行政程序，就相关问题发表意见、提供证据的权利，而行政主体负有听取意见、采纳证据的义务；（4）行政监督权，指行政相对人有权对行政主体及其公务员的活动提出批评、建议、控告和检举；（5）行政协助权，即在法定条件下，行政相对人可以协助行政主体从事某些管理活动。

2. 参与行政原则注重保障行政相对人的基本权利，是基本权利保护原则在行政法中的体现。基本权利保护原则是指未经法律明确授权并且符合法定条件，行政机关不得以任何形式限制、变更或者剥夺宪法所确认的公民权利。基本权利由宪法赋予，公民根据宪法和法律规定行使。公民依法行使基本权利，安排生产、生活，一旦形成法律关系或者依法取得法律地位，即对其产生信任和依靠，而这也是公民安排未来的生产和生活的基础。

3. 参与行政原则体现了信赖保护原则的实质内容

信赖保护原则是指行政相对人有权要求行政机关应当确保行政管理的明确性、稳定性和连贯性，从而树立和保护行政相对人对行政主体及其管理活动真诚信赖的原则。信赖保护必须具备三个条件：一是信赖保护存在的基础，即有效成立的行政行为；二是存在信赖表现，主要是指行政相对人因信赖而采取的处分行为；三是信赖值得保护，其判断标准是行政相对人行为无过错。通过参与行政管理活动，增强公民或其他组织作为行政相对人对法律制度和法律规范的稳定性、可预测性的了解和信任，增进对行政机关及其工作人员品行及业务能力的了解和信任，增进对行政执法水平、既得权益的保护及法律保障的持续性的了解和信任。信赖保护的方式也是多种多样的，主要有：立法保护，保证法律规范的明确、稳定和连续；存续保护，维持行政执法的效力和既得权益；财产保护，在变更现有法律状态时，给予公民、法人或其他组织以适当的财产补偿。

"禁摩令"与信赖保护案

2003 年 3 月 1 日，长沙市人民政府《关于加强摩托车辆行使管理的通告》开始实施，市民俗称这份政府文件为"禁摩令"。禁摩一方面有利于交通管制，另一方面禁止证照俱全"身份合法"的摩托车在一些街道上通行，增加了摩托车主的使用成本。2004 年 7 月 12 日，长沙市民刘铁山驾驶一辆有合法牌照的摩托车，经过长沙湘江一桥时，被一名交警以违法闯禁区为由，对其开具了《公安交通管理简易程序决定书》，罚款 200 元。刘铁山认为"禁摩令"的颁布违反了行政许可法和交通安全法，并对之提起了行政复议。7 月 29 日，长沙市公安局交警支队做出维持具体行政行为的复议决定。随后，刘铁山向法院提起了行政诉讼。长沙市岳麓区人民法院于 2004 年 12 月 14 日做出了一审判决，判决认定，根据《中华人民共和国道路交通安全法》的规定，被告长沙市公安局交警支队岳麓大队在长沙湘江一桥路段设立禁摩标志，是合法行政行为，法院予以支持。随后，原告不服一审判决，向长沙市中级人民法院提起上诉。长沙市中级人民法院经审理认定，原审判决认定事实清楚，适用法律正确，于 2005 年 3 月 10 日做出了驳回上诉，维持原判的终审判决。该案的焦点之一就是政府的"禁摩令"是否违反了信赖保护原则。

　　转引自胡锦光主编，《新版以案说法·行政法篇》，中国人民大学出版社，2006 年，第 15 页。

思考题

　1．名词解释
　（1）行政法基本原则　　（2）行政合法原则　　（3）行政合理原则
（4）行政公正原则
　2．判断辨析题
　（1）行政法基本原则是一种特殊的法律规范。
　（2）行政法基本原则要靠具体的行政法律规范来实施和体现。
　3．简答题
　（1）简述行政法基本原则的特点。
　（2）简述行政法基本原则的作用。
　4．论述题
　（1）试述行政法实体性原则的内容和具体要求。
　（2）试述行政法程序性原则的内容和基本要求。
　5．案例分析题
　李某与刘某系邻居。某日，刘某认为李某家中十分吵闹，影响其休息，于是上门理论。双方在争执中相互殴打，并各自受伤。后来，市公安局区公安分局以刘某殴打他人为由，对其做出了拘留 15 天的行政处罚。对李某处以 50 元罚款。刘某不服，向区人民法院提起行政诉讼。请根据行政法基本原则的有关原理，对法院的判决进行预测。

第二编

行政法主体论

第四章　行政法主体概论

本章重点

　　法律规则的本质是法律主体的行为规则，所以行政法主体是行政法及行政法学调整和研究的重要内容。本章的重点内容是，界定行政法主体的含义，揭示行政法主体的内涵和外延，比较行政主体与其他行政法律关系主体的联系与区别，掌握行政主体法的含义、作用和任务，了解行政主体法，主要是行政机关组织法、行政编制法和国家公务员法的基本内容和主要任务。

第一节　行政法主体的概念

　　行政法主体是行政法律关系的重要构成要素，正确理解和把握行政法主体的概念及其构成，区别行政法主体与行政主体、行政机关等概念，是建立有效行政法律制度，维护正常的行政秩序乃至建立"法治国家"的重要内容。

一、行政法主体的概念

　　行政法主体即行政法律关系的主体，是指参加受行政法调整的各种社会关系，并实际承担其权利义务的国家机关、社会组织和公民个人。行政法主体是行政法律体系及行政法律关系的首要要素。作为行政主体的行政机关和法律授权组织及其工作人员是行政法主体的基本成员，此外，行政法主体还包括作为行政相对人的公民、法人和其他组织，以及作为行政法制监督主体的其他国家机关和其他公权力组织，如行业协会、社会团体、基层群众性自治组织等。

　　首先，行政法主体必须是行政法调整的社会关系的参加者。无论是公民个人、社会组织还是国家机关，只有实际地参加到行政法调整的社会关系中时，才能具有成为行政法主体的资格。当然，公民个人、社会组织、国家机关参加

"行政关系"的方式和原因是多种多样的，可能是主动参加的，如行政处罚中的处罚机关，也可能是被动参加的，如行政处罚中的被处罚人；可能是基于自我利益的保护而参加，如专利商标法中的申请人，也可能是为了保护社会公共利益而参加，如行政法制监督中的控告人、申诉人等。同时，公民、组织和国家机关所参加的社会关系必须是被行政法调整的，否则也不能成为行政法主体。也就是说，行政组织关系、行政关系、监督行政关系的主体一定是行政法或行政法律关系的主体。这说明法律对社会生活和社会关系的调整是有限度的。

其次，行政法主体在理论上又分为抽象主体和现实主体。行政法的抽象主体即行政法的潜在主体，是指行政法就特定领域和特定事项进行规范时，对特定的社会组织、国家机关和公民个人赋予其相应的权利（力），科以其特定的义务（职责），那么作为行政法一般规范对象的公民、组织和国家机关就是行政法的抽象主体或潜在主体。而当某一具体的公民个人、社会组织和国家机关依照行政法的规定，进行特定的社会行为或缔结具体的社会关系时，它们就现实地享有行政法的权利（力），承担行政法上的义务（职责），这时的行政法律关系的参加者就是行政法的现实主体或具体主体。

其三，行政法主体必须是行政法律关系中权利、义务的实际承担者。在现实的行政活动中，其具体的参与者不一定是实际的行政法主体，只有实际承担相应法律关系后果的公民个人、社会组织和国家机关才是行政法的主体。如在行政组织关系中，公务员是行政组织关系的参加者，他与行政主体之间的法律后果由他自己来承担，所以公务员是行政组织关系的行政法主体。但是，在行政管理活动中，公务员代表行政机关或法律授权组织行使行政职权，是行政关系的参加者，但是该管理行为的法律后果由公务员所属的行政主体承担，不由公务员个人承担，所以行政管理关系的法律主体是公务员所代表的行政主体，而不是公务员个人。又如代理公民个人、社会组织和国家机关的代理人、受委托人都是有关法律关系的参与人，但却不是相应的行政法主体，真正的行政法主体是他们所代理或接受委托的公民个人、社会组织和国家机关。

二、行政法主体的基本构成

行政法主体是参加行政法律关系，并实际承担法律后果的个人和组织的总称。从现实社会中行政法调整的社会关系的种类来看，行政法主体主要有以下几种：

（一）行政主体

行政主体是行政法主体的基本主体，也是各种行政法律关系中必不可少的行政法主体。一般认为，行政主体是依法享有行政职权，从事行政管理活动的行政机关或法律授权组织。行政主体被简称为行政权的主体，其实，行政主体在不同的行政法律关系中，主体地位是各不相同的。在行政组织关系中，行政主体的主体地位主要有两种情形，即与其他国家机关或行政机关之间的组织关系，以及与其下属机构和公务员之间的内部行政关系中的行政法主体。行政组织关系中行政主体的法律地位主要体现在宪法、行政机关组织法和国家公务员法中。在行政关系中，行政主体的行政法主体身份是与行政相对人相对应的，它们是处于管理者和支配者的地位。在行政法制监督关系中，行政主体是被监督的对象，其主体地位是与其他法律监督主体相对应的。作为行政法主体的行政主体主要有行政机关和法律授权组织两大类。①

（二）行政相对人

行政相对人是在行政法律关系中与行政主体相对应，处于被管理和被支配地位的机关、组织和个人。根据我国现行的法律规定，在具体的行政法律关系中能够成为行政相对人的组织和个人主要有以下几类：（1）中国公民；（2）法人；（3）其他组织；（4）外国公民和组织。

（三）行政法制监督主体

行政法制监督主体是指依法对行政主体及其工作人员的行政行为进行监督的国家机关、社会组织和公民个人。由于行政法制监督活动涉及宪法、行政法和诉讼法等多个领域，各个监督主体的法律地位和权利（力）都各有不同。一般来说，只有国家机关的监督和与国家监督相结合的其他社会监督才具有法律效力。法制监督主体主要有国家机关，如立法机关、执法机关、司法机关，社会组织和公民个人。

（四）国家公务员

公务员是依法代表行政机关行使行政职权，从事行政管理活动的公民。公务员在行政法律关系中的主体地位也是多重的。在行政组织关系中，他们是与行政主体相对应的行政法主体；在行政管理关系中，他们只是行政主体的代理人或者代表，并不实际承担直接的法律后果，不是行政法的主体；在行政法制监督关系中，公务员与行政主体都是被监督的对象，是重要的行政法主体。

---

① 有人认为行政机关和法律授权组织只是代表国家行使行政职权，其本身并不是行政主体，国家才是行政主体。因为作为主体，应该有独立意志、可以独立行动并独立承担责任。参见应松年、薛刚凌著，《行政组织法研究》，法律出版社，2002年，第106～131页。

公安局办公大楼被查封案

　　某市公安局决定在某地建设一处办公大楼。在办完土地、规划手续后即开始动工。该市人民防空办公室通过有关部门查知公安局建设 7 层办公大楼且基础埋置深度小于 3 米的情况后，向其送达了关于办理审批手续通知书。告知根据《中华人民共和国防空法》和某省实施防空法的办法规定："你单位兴建的民用建设工程项目，应修建防空地下室或缴纳防空地下室易地建设费，请你单位接到此通知后携带批准基建计划和施工图纸在 7 日内到我办办理手续。"公安局收到通知后，逾期没有履行。后来，人民防空办公室做出处理决定，限某市公安局自收到决定书之日起 15 日内向人防办缴纳防空地下室易地建设费 89600 元。某市公安局不服处理决定，认为建设办公大楼是财政拨款，不应交纳这种费用，遂向法院提起行政诉讼。本案的焦点在于公安局在诉讼中的主体地位。

　　转引自孙萍、赵凯、孟繁元著，《行政法案例》，武汉出版社、科学出版社，2004 年，第 9 页。

第二节　行政法主体与行政组织法

一、行政法主体与行政组织法

　　虽然说行政法主体是行政法律关系乃至行政法律体系的第一要素，但是就法律部门的划分与重点内容来看，行政法主体中的行政相对人和行政法制监督主体主要由宪法、民法及诉讼法等其他法律部门来规定，行政法的重心和基本功能是确认和规范行政职权及其行使，所以行政法主体制度中最为核心的问题是有关行政主体的性质、地位、组织、人员组成、职权范围等方面的法律规范。在行政法学理论中，把有关行政主体的构成要素、构成规则以及管理控制的法律规范称为行政组织法。

　　首先，从管理意义上讲，行政组织法是规范和管理管理者的法，它是作为管理者的行政主体管理社会公共事务的前提和基础。加强行政主体的法制建设是推进行政法治，改良行政执法传统乃至社会风气的重要环节，因为法治的任务是确保人民当家作主，反对专制和个人独裁。同时，从目前我国行政法治的现状看，行政主体"机构臃肿、职能重叠、人浮于事、效率低下"，严重抵毁了行政主体的社会形象和积极功能。因此，有必要加强行政组织法的建设和完善，从源头上提升和加强行政主体的规范性，促进行政行为的社会效能。

其次，从行政组织法的内容来看，大致包括三部分：一是有关行政组织的设立及其职权职责方面的法律规范，即行政机关组织法；二是有关行政组织的规模大小、人员和经费配备的行政机关编制法；三是有关行政组织组成人员的基本条件、法律地位及其录用、使用和管理方面的法律规范，即国家公务员法。

第三，行政组织法是有关行政组织产生、构成及管理的众多法律规范的总称，其表现形式是多样化、分层次的。在我国，行政组织法的表现形式主要有：宪法中有关国务院和地方各级人民政府组织建设的规定；单行的人民政府组织条例、通则；经权力机关批准的行政机关机构改革方案；部门行政法中有关行政组织及其职权设置的规定；我国缔结或者参加的国际条约。从效力级别来看，有宪法、法律、行政法规、地方性法规、行政规章之分。

最后，从法律运行来看，行政组织法也是由立法、执法、司法与监督四个环节构成，每一个环节又有实体法和程序法两个方面。因此，行政组织法是调整行政组织关系的法律规范的总称。

二、行政机关组织法

（一）行政机关组织法的概念和性质

行政机关组织法是指有关行政机关的任务、性质、机构设置、职权职责、上下左右关系、正副职设置及其工作期限、基本工作制度、监督及法律责任的法律规范的总称。简而言之，行政机关组织法是调整行政机关在组建过程中形成的各种社会关系的法律规范的总称。行政机关是行政法主体乃至行政主体中最主要的主体，它是依照宪法和行政机关组织法组织起来的，依法对一定范围内的社会事务进行组织管理的一类国家机构，是国家公权力实施的重要机关。行政机关的中心任务是积极地组织和指导各种社会主体，以便社会资源能够高效、有序地配置，其典型的活动方式是积极干预和单方面处理。从宪政角度来看，行政机关的基本职能是"执行"法律，不同于司法机关的"审判"和"监督"，以及立法机关的法律创制。

行政组织法的目的在于保证行政机关的组织结构能够满足其职能的有效实现，并确保行政机关及其活动的合法性、合意性与责任性。一般认为，行政机关组织法的主要内容是行政机关的自我建设问题，并不直接涉及公民、法人和其他组织的合法权益，所以属于内部行政法。

其实，行政机关组织法的内容既有内部行政法的成分，也有外部行政法的成分。因为行政机关在组建过程中，其机构的设置中涉及的人员构成、经费使用，以及权力范围等内容，从静态意义上看，它们不直接涉及公民、法人和其他组织的合法权益，但是从动态意义上看，这些内容的核心是要确立行政机关自身的法律地位，以及它与周边的社会主体之间的关系，其实施必然与其他社会主体之间发生千丝万缕的关联，具有很强的外部性。同时，行政机关组织法的有效运行也必然依靠其他社会主体基于自我利益的保护和对社会公共利益的维护而进行的法律监督，必然要与公民、法人和其他组织之间产生直接的碰撞，这些关系也是行政机关组织法的基本内容。

（二）行政机关组织法的主要内容

在现实社会中，行政机关组织法的表现形式，有中央行政机关组织法和地方行政机关组织法，有正式行政机关组织法和临时行政机关组织法，有行政机关组织实体法和行政机关组织程序法，而且由宪法、专门的行政机关组织法律、法规、条例、通则、有关行政机构改革的临时性规范文件，以及部门行政法律法规加以规定。根据行政机关组织法的调整对象和调整范围，其内容主要涉及以下几个方面的事项：

1. 行政机关的性质与地位。行政机关的性质与地位是指行政机关在整个国家机构或行政组织体系中最基本的组织性质和职权职责。如我国《宪法》第85条规定："中华人民共和国国务院，即中央人民政府，是最高国家权力机关的执行机关，是最高国家行政机关。"这一条就表明了国务院是最高国家权力机关的执行机关和最高国家行政机关的性质和地位。

2. 行政机关的任务与职权。行政机关的任务是设立某一行政机关的目的和宗旨，即行政机关活动的基本目标。任务一方面体现了行政机关的性质，同时也表明了行政机关的职责。如公安机关的基本任务是维护社会秩序和公共安全，既显示了公安机关作为治安机关的性质，又表明了公安机关的职权职责。

行政机关的职权是指行政机关依法享有的对特定范围内的社会公共事务进行组织、管理、协调和监督的权力，是行政权的具体化。行政职权的界定主要包括两个层面的内容：一是行政职权的范围，二是行政职权的行使方式。前者又称行政事务管辖权，后者又称行为方式选择权。行政机关的管辖权的界定要从四个层次进行：第一，行政机关与其他国家机关职权的划分。这种划分涉及宪政体制，各国的法律规定各有不同。第二，中央行政机关与地方行政机关的职权划分，其中的重点是财政权和人事权，它与国家的结构形式、政权组织形式以及历史传统密切联系。这些问题一般都由宪法来规定。第三，不同性质的行政机关之间的权限划分。由于行政事务复杂多样，又富于变化，一个具体的行政事务可能涉及多个行政机关，从而出现权力交叉、重叠的现象。第四，同一性质的行政机关上下级之间的权限划分，这取决于行政事务的重大程度和繁简程度。我国目前尚未建立区别行政事务轻重、缓急、繁简的标准。第三和第四层次的权力划分应当由专门的行政机关组织法和部门行政法结合规定，其中心任务是确定某一行政机关对哪些具体的行政事务具有管理权。行政机关行为方式选择权主要是行政机关对其管辖的事项有权采取何种方法、手段进行管理，如计划、检查、许可、奖励、处罚、合同、指导、裁决、征收、征用等。行为方式选择权因具体的行政事务复杂多变，行政机关组织法只能作一般的、概括性规定，具体界限应当由部门行政法界定。

3．行政机关的工作机构设置。行政机关下设多少和什么样的业务机构，应当根据行政机关职权范围内行政事务的多少、性质、种类来决定。按照行政法治的要求，行政机关下设的工作机构必须依照行政机关组织法律、法规和规章的规定进行。由于法治水平和法律传统不同，各国对行政机关下设工作机构采取不同的法律规定，有的采用列举式，有的采用概括方法，或者列举和概括相结合的方法。如日本的《国家行政组织法》第 3 条第 1 款规定："国家行政机关依法设定。"第 4 款则列举出所有行政机关的名称，是典型的列举式规定。我国 1954 年通过的《国务院组织法》第 2 条列举了国务院下设的各部、委、行、署的全部名称，第 11 条规定："国务院可以根据工作需要和精简原则，设立基于直属机构主管各项专门业务，设立基于办事机构协助总理办理专门事项。每个机构设负责人二至五人。"则是列举式和概括式相结合的方法。

4．行政机关之间的关系。根据行政机关之间有无隶属关系或隶属的紧密程度，可将行政机关之间的关系分为三种类型：领导与被领导关系、指导与被指导关系和公务协助关系。

（1）领导与被领导关系。领导与被领导关系简称为"领导关系"，它是在有直接隶属关系的行政机关之间形成的一种职务关系。其中，作为领导或上级的行政机关享有对被领导或下级行政机关的命令、指挥和监督权，可以直接改变或撤销被领导或下级行政机关的行政行为。反之，被领导或下级行政机必须服从领导或上级行政机关的命令、指挥和监督，否则就要承担违法失职的法律责任。在我国，各级人民政府之间，有些上下级人民政府所对应的职能部门之间都是领导关系。根据有关的组织法和行政实践，我国的行政机关的领导关系又可分为单一领导关系和双重领导关系。单一领导关系主要是上下级人民政府之间和有些政府职能部门如国税、工商、海关部门等之间的领导关系，双重领导关系主要是各级人民政府职能部门之间及它们与所属人民政府之间的关系，如公安、卫生等部门既受本级人民政府的领导，又接受上级公安、卫生部门的领导。

（2）指导与被指导关系。指导与被指导关系又称"指导关系"，它是在虽然有上下级划分，存在间接隶属关系，但权力色彩淡化的行政机关之间形成的一种关系。其中，作为指导方或上级行政机关对被指导方或下级行政机关享有指导权，但没有命令、指挥权，它无权直接改变或撤销被指导的行政机关的行政行为。指导方行政机关只能借助间接手段和措施，如建议、劝告、权威影响等方法，鼓励或迫使被指导的行政机关接受自己的指导。反之，被指导的行政机关应当尽可能地接受指导方或上级行政机关的指导，但若被指导方或下级行政机关因故拒绝指导方或上级行政机关的指导，也不会直接引起法律责任。在我国，一些服务性强、权力色彩淡的上下级人民政府的职能部门之间就是指导关系。如各级国家体育局、国家科学技术委员会之间的关系。

（3）公务协助关系。公务协助关系是在彼此没有隶属关系的行政机关之间形成的关系。两个没有隶属关系的行政机关，无论是否处在同一行政级别，只要它们之间因管理社会事务，行使行政职权而发生职务上的联系，这种关系就是公务协助关系。如我国《水法》第9条规定："国务院水行政主管部门负责全国水资源的统一管理工作，国务院其他有关部门按照国务院规定的职责分工，协同国务院水行政主管部门，负责有关的水资源管理工作。"有些行政机关之间虽然互不隶属，但它们都是国家行政组织体系的有机组成部分，有共同的目标和任务，因此，当一个行政机关行使行政职权时，需要另一个行政机关的协助，这种公务协助也就构成了公务委托存在和发展的法律基础。

此外，行政机关之间还有一种监督制约关系。这主要是国家审计部门、监察部门和财政部门与其他行政机关之间的监督和制约关系。

5. 基本工作制度。基本工作制度是指行政机关办理业务、开展活动的主要方式和方法，其中以程序性的规定和内容居多。基本工作制度与行政机关的结构形式、层次关系，乃至国家性质都有密切关系。在我国，行政机关的基本工作制度主要有三种形式：（1）民主集中制。民主集中制是我国国家机关总的活动原则，也是行政机关开展内部活动的总的指导原则，这是由我国的国家性质决定的。（2）首长负责制。《宪法》第86条第2款规定，我国行政机关均实行首长负责制，这是权力集中和行政效率的贯彻措施。首长负责制主要体现在正职领导人领导副职领导人和正职领导人领导整个行政机关两个方面。（3）会议制。根据我国中央和地方各级人民政府组织法的规定，县级以上各级人民政府设有常务和全体会议两种会议制度，用以讨论决定重大的施政问题。

6. 正副职设置。我国各级人民政府的正职领导人均由同级人民代表大会选举产生，其中国务院总理由国家主席提名，地方政府首长则由地方同级人民代表大会直接选举产生，提名实行习惯作法，不是法定程序。人民政府下属的职能部门的首长则由同级政府首长提名，由同级人民代表大会选举或决定。人民政府的副职领导人由正职提名，经同级人民代表大会选举或决定产生，政府各职能部门的副职领导人的产生办法，法律尚无明确规定。

7. 法律责任。法律责任是指行政机关在组建和内外活动中，如果违反行政机关组织法的规定，有关的机关和人员应当承担的法律后果。由于法治发展现状的限制，目前，我国各种类型的行政机关组织法中对此还没有具体的规定，在法律上不能不说是一个缺憾。

8. 行政机关组织管理程序。它是指有关行政机构、机关设置、撤销、变更和批准以及监督管理的程序。这主要规定在各级政府组织法和编制法中。

9. 附则。附则是行政机关组织法中除了实质性内容以外的，规定其他一些附属事项的内容，主要包括制定法律的依据、该法的效力范围、该法的细则制定和法律解释、修改情况等。

三、行政机关编制法

（一）行政机关编制法的概念和意义

行政机关编制法是有关行政机关内部机构、规模、级别、人员数量结构、经费分配、监督和法律责任以及相应的管理程序的法律规范的总称。或者说，行政机关编制法是调整行政机关编制管理关系的法律规范的总称。行政机关编制法以宪法和组织法中有关行政编制管理的原则规定为基础，表现为专门规范行政机关编制事务的法律、法规和规章。在我国，行政机关编制法主要有《国务院组织法》、《预算法》、《国务院行政机构设置和编制管理条例》、《地方各级人民政府机构设置和编制管理条例》。

编制是一个组织机构本身及其内部机构的规模和级别、工作人员的数量和质量结构，以及与之相适应的经费分配问题的总称。如果说，组织的合法性和职权职责是它的软件的话，编制就是它的硬件。行政机关编制法主要是从人员和经费两个方面来限制和规范行政机关的物质条件，所以它是现代社会组织管理及其行为控制中成本效益分析的重要考查因素。行政机关编制法的主要任务是确定行政编制的范围，其重点在于明确编制主体的职权职责，其关键是对行政机关进行人员和经费数量的科学预测和有效控制，其目的是实现行政机关的精简和效能。《国务院行政机构设置和编制管理条例》、《地方各级人民政府机构设置和编制管理条例》国务院行政机构的设置以职能的科学配置为基础，做到职能明确、分工合理、机构精简，有利于提高行政效能。地方各级人民政府机构设置和编制管理工作，应当按照经济社会全面协调可持续发展的要求，适应全面履行职能的需要，遵循精简、统一、效能的原则。

（二）行政机关编制法的内容

根据行政机关编制法的主要任务、行政法治的要求以及相关的法律规定，行政机关编制法的内容主要包括以下几个方面：

1. 行政编制主管机关及其职权职责。行政编制是一项权威性、技术性、经济性和法律性都极强的工作，所以必须设立专门的机关，配备受过专门训练的工作人员，才能完成编制管理任务。就我国目前的行政编制现状而言，行政编制主管机关及其职权职责的法律制度建设应当着重解决好三个方面的问题。一是明确编制主管机关的隶属关系，即应当在各级人民政府内部专门设立负责编制的行政机关或编制委员会，负责本级政府和本地区的行政机关的编制工作。二是明确编制机关的职权职责及编制程序。编制机关的职权职责应当包括：调查测算权、审查批准权、检查监督权、制定编制细则等规范性文件、追究法律责任的权力等。三是要加强编制管理机关的法律地位和法律权威。由于受整个国家体制和传统文化的影响，我国各个国家机关的权力划分不十分明确，行政编制也是如此。为了保证行政编制机关的法律地位和法律权威，就必须在制度上首先保证编制机关的独立性，同时还要建立健全对非法干涉正常编制工作行为的法律责任及其相应的追究制度。

在我国，各级行政编制机关根据国务院组织法和国务院和地方人民政府机构设置和编制管理条例的规定，国务院组成部门的调整和设置，由全国人民代表大会审议批准。国务院其他机构的调整和设置，将由新组成的国务院审查批准。国务院根据宪法和国务院组织法的规定，行使国务院行政机构设置和编制管理职权。国务院机构编制管理机关在国务院领导下，负责国务院行政机构设置和编制管理的具体工作。国务院议事协调机构的设立、撤销或者合并及其设立后，需要对职能进行调整的，国务院行政机构的司级内设机构的增设、撤销或者合并，由国务院机构编制管理机关提出方案，报国务院决定。国务院行政机构的处级内设机构的设立、撤销或者合并，由国务院行政机构根据国家有关规定决定，按年度报国务院机构编制管理机关备案。

地方各级人民政府的行政编制总额，由省、自治区、直辖市人民政府提出，经国务院机构编制管理机关审核后，报国务院批准。方各级人民政府行政机构的设立、撤销、合并或者变更规格、名称，由本级人民政府提出方案，经上一级人民政府机构编制管理机关审核后，报上一级人民政府批准；其中，县级以上地方各级人民政府行政机构的设立、撤销或者合并，还应当依法报本级人民代表大会常务委员会备案。县级以上地方各级人民政府行政机构的内设机构的设立、撤销、合并或者变更规格、名称，由该行政机构报本级人民政府机构编制管理机关审批。地方各级人民政府根据调整职责的需要，可以在行政编制总额内调整本级人民政府有关部门的行政编制。但是，在同一个行政区域不同层级之间调配使用行政编制的，应当由省、自治区、直辖市人民政府机构编制管理机关报国务院机构编制管理机关审批。地方各级人民政府行政机构的设立、撤销、合并或者变更规格、名称，由本级人民政府提出方案，经上一级人民政府机构编制管理机关审核后，报上一级人民政府批准；其中，县级以上地方各级人民政府行政机构的设立、撤销或者合并，还应当依法报本级人民代表大会常务委员会备案。

2. 行政机关内部机构的规模和级别。行政机关的职权职责通过具体的工作机构得以最终实施，所以为了提高行政效率，有效保护有关当事人的合法权益，法律对行政机关工作机构的职权分工也应当予以明确。在我国中央行政机关的基本构成是，国务院行政机构根据职能分为国务院办公厅、国务院组成部门、国务院直属机构、国务院办事机构、国务院组成部门管理的国家行政机构和国务院议事协调机构。国务院办公厅、国务院组成部门、国务院直属机构、国务院办事机构在职能分解的基础上设立司、处两级内设机构；国务院组成部门管理的国家行政机构根据工作需要可以设立司、处两级内设机构，也可以只设立处级内设机构。行政机关编制法主要是对内部工作机构的设立与批准程序、规模大小和级别高低等问题进行规范。行政编制的审批程序在现实中有行业领导、地方领导及二者相结合的模式，审批的事项主要有：设立行政机构的必要性、行政机构的规模和级别与应有的规模和级别是否一致等。编制审批的测算主要考查环境因素、职能因素、管辖范围、财政因素四个方面的因素。

3. 公务员的数量和结构。公务员的数量又称行政机关的人员定额。根据我国《公务员法》的有关规定，公务员的录用、晋升必须在核定的编制限额内进行。行政机关的人员定额取决于它的职能和管理事项的多少。公务员的结构包括正副职设置及其工作期限、制度、监督及法律责任、职位结构和职级结构，其中正副职设置的基础原理是领导控制幅度。职位结构是指因工作性质不同而分成的职务种类和比例。职级结构是指相同的职位因工作的难易、繁简程度不同及资历不同而形成的职位高低结构。

4. 行政经费的核定分配和使用。行政经费与财政、审计和人事管理密切相关，其中编制管理机关负责行政经费的初步核算，确定行政经费的数额和分配方案；财政部门负责将已经核定的行政经费编入预算，并根据权力机关的审批方案发放经费；审计部门监督行政经费使用的合法性和效益；人事部门负责工资级别的确定和发放。行政编制管理机关的经费管理活动是综合性的管理，是财政、审计和人事管理的基础和依据。

5. 编制管理的监督和法律责任。行政编制管理是对其他行政机关的监督，但编制管理本身也需要监督。对编制管理的监督和法律责任是对监督者的监督，它是行政法制监督的有机组成部分。从各国目前的法制监督体系来看，编制管理的法律监督主要包括权力监督、司法监督、财政监督、审计监督、人事监督、监察监督和所属人民政府监督，以及上级编制管理机关的监督等。编制管理的法律责任是指编制法律关系的主体违反编制法律规范而应当承担的否定性法律后果。编制法律责任是行政法律责任的重要组成部分，它体现着一个国家行政法治的水平的严格程度。从各国的行政法制实践来看，编制监督管理的责任主要有政治责任和法律责任两种。政治责任是依据宪法、组织法和党纪，由权力机关和政党团体依照各自的程序进行追究和制裁的一种社会性责任。法律责任则是严格依照法律的规定，由法定的机关按照法定的程序进行追究，它产生法律效果，具有明显的强制性。政治责任和法律责任之间可以随着形势的发展而相互转化，但其基本趋势是政治责任日趋法律化，这也是法治国家和法治政府的基本要求。

根据国务院编制条例，国务院行政机构违反法律规定，有下列行为之一的，由国务院机构编制管理机关责令限期纠正；逾期不纠正的，由国务院机构编制管理机关建议国务院或者国务院有关部门对负有直接责任的主管人员和其他直接责任人员依法给予行政处分：（一）擅自设立司级内设机构的；（二）擅自扩大职能的；（三）擅自变更机构名称的；（四）擅自超过核定的编制使用工作人员的；（五）有违反机构设置和编制管理法律、行政法规的其他行为的。

6. 行政机关编制管理程序。行政机关编制法的主要任务是控制行政的规模，合理化其内部结构和工作效能，其自身的运行规则主要是程序性规范。也就是说，行政机构规模、级别的审批、人员数量和结构的核定、行政经费的核算和分配，监督及法律责任的追究，都必须依照法定的程序进行。行政编制管理程序主要有两个方面：一是编制管理程序，一是监督编制程序，分别应当由不同的法律文件来规定。

四、国家公务员法

国家公务员法是有关国家公务员的范围、录用、使用、晋升、辞退等管理活动的法律规范的总称。

关于公务员法的基本内容我们在第六章进行介绍。

村主任被镇政府撤销职务案

秦守华是 1999 年 3 月经合法程序，被山东省枣庄市台儿庄区泥沟镇小官庄村民选举为村主任。2001 年 9 月 9 日，泥沟镇党委、政府通知他去镇政府开会。会上镇党委、政府以未完成"三提五统"、农业结构调整不力为由，暂停了他的村委会主任职务，而且村委会公章也当场被镇党委、政府收回。很快，镇党委、政府指定了新的村委会负责人，并通过高音喇叭向小官庄村村民宣布。秦守华被停职后，多次去找镇领导为自己申辩，也先后 9 次去台儿庄区人民法院状告镇政府，但都没有任何结果，为此他向枣庄市中级人民法院提起行政诉讼。市中院指定枣庄市峄城区人民法院审理此案。秦守华认为，根据村民委员会组织法，他是村民经合法程序选举出来的，镇上任何组织和部门都无权撤他的职，被告未经任何法定程序撤免原告的村主任职务，是一种违法行为，请法院依法判决被告撤免原告村主任的行为违法，恢复原告的村主任职务。而被告泥沟镇政府的律师只是强调说，原村委会主任职务被停职是镇党委做出的决定，因而原告起诉镇政府没有法律依据。对于泥沟镇当初的决定，台儿庄区委、区政府的态度十分明确，即镇政府应该承认错误、赔礼道歉、弥补损失、杜绝再犯。区镇两级政府随即专门召开会议，反思镇政府为什么被告上法庭、究竟错在哪里、在哪些方面违法等。最后，山东省枣庄市台儿庄区泥沟镇新上任的镇长张怀珠，向秦守华赔礼道歉，宣布恢复他行使村主任职务的权利。秦守华也向法院做出了撤诉申请，枣庄市峄城区人民法院主审法官依法宣布民选村主任秦守华状告镇政府一案撤诉有效。此案涉及村委会主任是否是国家公务员，以及镇政府是否有权解除其职务等行政法问题。

转引自 http://www.flzsw.com/anli/xingzhengfa/200609/4459.html。

思考题

1．名词解释

（1）行政法主体　（2）行政组织　（3）行政机关　（4）行政编制法

2．判断对错题

（1）行政法主体就是指行政主体。（　　　）

（2）行政法主体包括行政主体和行政相对人两大类。（　　　）

3．任意项选择题

（1）行政法主体主要包括（　　　）。

A．行政机关   B．法律授权组织

C．行政相对人   D．国家公务员

E．行政法制监督主体

（2）国家公务员在下列哪些行政关系中是行政法主体？（　　　）

A．行政组织关系   B．行政管理关系

C．内部行政关系   D．行政法制监督关系

4．简答题

（1）简述行政主体法的基本组成和主要内容。

（2）简述行政机关组织法的主要内容。

（3）简述行政机关编制法的意义。

5．案例分析题

针对所管小区内居民在楼道内乱堆杂物的情况，某物业公司发布公告，要求居民在三日内自行清理杂物，否则将予以罚款。居民王某没有按要求在规定期限内清理杂物，物业公司遂对其罚款 50 元。王某在与物业公司协商未果的情况下，向法院提起行政诉讼，请求法院撤销物业公司的处罚。请问王某向法院提起行政诉讼是否正确，法院应当如何处理？

第五章　行政主体

本章重点

　　行政主体是行政法主体中最重要的主体，对行政主体的全面理解和准确把握是学习行政法的关键。本章的重点内容是，理解行政主体的内涵和外延，分清行政主体与行政组织、行政机关、行政法主体及公务员等其他法律关系主体的联系与区别，掌握行政主体分类的依据和内容，明确行政主体包括职权性行政主体和授权性行政主体资格构成的组织要件和法律要件，明确授权行政、委托行政等行政行为中的行政主体资格及其法律地位。

第一节　行政主体概述

　　行政主体是行政职权的拥有者和行政行为的实施者，是行政法律关系中必不可少的构成要素，也是行政法和行政法学的重要概念。行政主体是一个关系范畴，它不同于行政机关和行政组织。正确认识和理解行政主体的内涵和外延，有助于建设科学的行政主体法律制度，保障行政权的正确实施和有效救济。

一、行政主体的概念和特征

　　行政主体是指依法享有行政职权，能够以自己的名义进行行政管理活动，做出影响行政相对人权利义务的行为，并独立承担由此产生的法律后果的行政组织和其他社会组织。行政主体是一个法律概念，也是一个关系范畴，它有以下特征：

　　（一）行政主体是组织而不是公务员个人。组织是由两个以上的个人组成的联合体。虽然行政行为大多是由公务员个人实施，但他们都是以组织的名义，而不是以个人的名义进行。之所以行政法中的行政主体只能是组织，而不是个人，有如下理由：

1．行政活动连续性的客观要求。公务员个人是自然人，其生命是有限的，同时还可能因死亡、退休、培训、交流、开除等原因，暂时或永久地退出所担任的职务。如果以公务员个人作为行政主体，那么行政管理活动就会因上述原因而中断，行政行为也会半途而废，在情况多变时就会造成管理秩序的混乱和无序。只有确定公务员所属的组织为行政主体，才能克服上述弊端，保证行政管理的稳定性和连续性。

2．行政职权形式与内容相统一的要求。现行的行政法都将行政职权授予行政组织或其他社会组织，而没有授予某一个公务员个人。在具体的行政行为中，行政职权虽然由公务员实施，但是公务员是以其所属的行政组织的名义而不是经个人名义行使职权。只有认定组织是行政主体才能保证行政职权的内容和形式的一致。

3．行政行为法律后果归属统一的需要。行政行为做出后，必然引起一定的法律后果，如果以公务员个人为行政主体，那么在同一组织中的多个公务员所实施的职权行为，就会有多个行政主体，这势必会造成行政法律关系的复杂，进而导致行政职权和行政管理秩序的混乱。

4．保护公民、法人和其他组织的合法权益的需要。如果以公务员个人为行政主体，在现实中由于违法行政行为对公民、法人和其他组织的合法权益造成损害而需要进行赔偿时，其赔偿主体就是公务员个人，而不是行政组织所代表的国家。由于公务员个人赔偿能力是有限性的，受害人的合法权益将得不到真正的保护。同时，重大的责任负担也不利于公务员全身心地投入行政管理活动。

（二）行政主体是依法获得行政职权的组织。行政职权是行政主体享有的，对特定社会事务进行管理的权力，是行政权的具体化。行政职权包括管辖权和行为方式选择权。行政管辖权是行政主体对特定行政事务能否管理的权限，行为方式选择权则是行政主体可以采用何种方法和手段对具体事务进行管理的权力。某一组织只有获得了相应的行政职权才能依法进行管理活动，才能与被管理者之间形成一种特殊的社会关系，也才能承担法定的权利义务。行政职权的获得必须是合法有效的，但是行政职权的违法行使并不影响行政主体对其行为后果的承担，这种后果是否定性的。

（三）行政主体是能够以自己的名义行使行政职权的组织。行政职权依法授予某一行政组织或其他社会组织后，其具体的实施可能是由该组织的内部机构或者工作人员完成的，行政主体不是其内部机构，也不是工作人员，而是依法获得行政职权，并在对外行为中署名且承担法律后果的组织。行政主体往往下设许多工作机构，具体负责某一方面的行政事务，这些机构在处理特定行政事务时，有一定的独立性。但是它们所从事的行政行为都是以其所属的行政主体的名义进行的，行政处理文书上的署名也只能是行政主体，而不是工作机构，行政主体工作人员的职权行为也是如此。

（四）行政主体必须是行使职权进行管理活动的组织。依法享有行政职权，并能够以自己的名义行使职权，只是该组织具有成为现实行政主体的前提条件和可能性。如果该组织不实际地行使行政职权，不进行行政管理活动，就不可能形成特定的行政管理关系，也就不能成为具体管理关系中的权利义务的承担者和行政主体。行政职权的拥有只是具备了行政主体的资格，具备了成为某种行政法律关系主体的可能性，它还不是现实的行政主体。行政组织要成为行政主体，就必须进行具体的行政管理活动，反之，成为行政主体的行政组织必然是进行了行政管理活动的。

（五）行政主体必须是能够独立承担行政行为法律后果的组织。行政行为必然引起法律后果，行政主体必须是行政行为法律后果的直接承担者。行政行为的法律后果有合法和违法之分，合法后果是法律支持和肯定的，违法后果是法律否定和应当撤销的。行政主体不仅要能够以自己的名义落实和承受合法行为的后果，更重要的是要能够承担违法行为的法律后果，如成为行政复议的被申请人和行政诉讼的被告，以及行政赔偿的赔偿义务人。

二、行政主体与相关概念的区别

为进一步明确行政主体的含义，有必要将其与相关概念作一区别。

（一）行政主体与行政组织。行政组织是依法设立并行使行政职权，对特定范围内的社会事务进行组织管理的公务组织。行政组织是与其他国家组织、社会组织及公务员个人相对的一个概念，它具备组织的共有特征，是两个以上的自然人为了一个共同的目标，遵循一定的行为规则，按照一定的结构形式，形成的一个上下左右有序，各个组成部分相互联系和作用的有机体。行政组织主要有行政机关和行政机构两种形式，其中行政机关是行政主体的主要承担者。行政主体则强调行政职权的独立拥有和法律后果的归属，它包括行政组织中的行政机关和法律授权的其他社会组织。

（二）行政主体与行政法主体。行政法主体是行政法律关系中享有行政法上的权利、负担行政法上义务的公民个人和社会组织。行政法主体包括行政主体、行政相对人和行政法制监督主体。在行政活动中，行政主体是行政职权的享有者和行使者，也是最主要的主体，但不是唯一的主体。

（三）行政主体与行政机关。行政主体与行政机关的区别首先是性质不同，前者是法学概念，后者是法律概念。其次二者的外延也不同，行政机关一经成立即成为当然的行政主体，但是行政主体除包含行政机关外，还包括得到法律、法规或规章授权能以自己名义行使行政权的其他组织。此外，行政机关并非在任何情况下都是行政主体，行政机关在参与民事活动时也有可能成为民事法律关系的主体。在这种情况下，其与对方当事人之间是平等关系，并不享有任何法律上的特权。

（四）行政主体与公务员。公务员是指依法享有以行政主体的名义行使行政权的自然人。从行政职权的行使来看，行政主体与公务员不可分割，但是公务员却不是行政主体。行政主体与公务员虽然都具有行使行政权的资格，但两者界限仍十分明确。公务员虽然具体实施行政活动，行使行政职权，但是公务员只是以行政机关或法律授权组织的名义执行职务，与其所属的组织之间是一种委托关系，并不承担由此产生的法律后果。但是行政主体又离不开公务员个人，它是由公务员组成的集合体，是一个法律上的集体人格体，是行政职权和行政行为的载体。

三、行政主体的种类

根据不同的标准，可以对行政主体进行不同的分类。

（一）根据行政主体与相对人的关系，将其分为内部行政主体与外部行政主体。内部行政主体是指依法只能对与自己有隶属关系的行政组织及公务员进行管理的行政主体，如监察机关。外部行政主体是指依法定职权对与自己无隶属关系的一般公民、法人和其他组织进行管理的行政主体，如工商局、税务局、物价局等。在行政主体中，凡是外部行政主体都享有内部行政主体资格，但内部行政主体却未必享有外部行政主体资格。

（二）根据行政主体的职权大小，将其分为一般行政主体和专业行政主体。一般行政主体是依法享有综合事务管理权的行政主体，又称为综合性行政主体，如各级人民政府。专业行政主体是依法享有某一方面行政职权的行政主体，它主要是指各级政府的职能部门和行业主管机关。

（三）根据行政主体依法存在的时间长短，将其分为临时性行政主体和常设性行政主体。临时性行政主体是为了处理特殊时期的某一任务而组建，任务完成后即告解散的行政主体，如财政物价检查办公室。常设性行政主体是依法设立后长久存在的行政主体，如各级人民政府等。

（四）根据行政主体职权的地域范围，将其分为地域性行政主体和公务性行政主体。地域性行政主体的职权是以地域为标准进行划分的，如地方各级人民政府。公务性行政主体则是以事务的性质为权限划分标准的，如专利局、商标局等。

（五）根据行政主体的职权的强制性色彩，将其分为权力性行政主体和服务性行政主体。权力性行政主体是职权的权力性或强制性色彩较浓的行政主体，又叫管制性行政主体，如公安机关、工商机关、税务机关等。服务性行政主体是行政主体职权的服务性色彩较浓，而权力性色彩较淡的行政主体，又称为福利性行政主体，如体育局、信息产业局等。

（六）根据行政主体职权的法律依据等，将其分为职权性行政主体和授权性行政主体。职权性行政主体是以宪法和行政机关组织法为依据成立并获得职权的行政主体，它主要是各级行政机关。授权性行政主体是以宪法和组织法以外的其他法律为依据成立并获得职权的行政主体，它主要是指行政机关以外的组织所担当的行政主体，如行政机关内设或派出的行政机构、企事业单位、社会团体等。职权性行政主体和授权性行政主体是行政法理论和实践中对行政主体的最重要的分类，行政法有关行政主体的制度安排也是以此为依据而展开的。

四、行政主体的资格及其确认

（一）行政主体的资格

行政主体的资格是指作为行政主体的行政组织和其他社会组织应当具备的主客观条件。行政主体是拥有法定职权，从事行政管理活动的组织，但不是所有的组织都可以成为行政主体，组织只有取得法定的主体资格才能成为行政主体。根据行政主体行使职权及承担法律后果的要求，行政主体应当具备组织要件和法律要件。

1．组织要件。组织条件是作为行政主体的组织自身应当具备的条件。其中行政机关的组织要件比较复杂，包括：（1）行政机关设立的法律依据；（2）行政机关的成立经有权的机关批准；（3）行政机关的成立已经正式对外公告；（4）行政机关已有法定的编制和人员；（5）行政机关有独立的经费预算；（6）行政机关具备必要的办公条件。

作为授权性行政主体的其他社会组织成为行政主体的条件有：（1）法律依据条件。该组织必须是依法登记成立的法人单位或行政机构；（2）物质装备条件。被授权组织应当具备从事公务活动所需的经费条件和技术装备；（3）人员条件。被授权组织中应当配备执行公务的工作人员。

2．法律要件。法律要件是作为行政主体的组织在法律上应当具备的条件，即该组织享有执行公务的行政职权。行政主体的行政职权是经法律的授权而获得，其中职权性行政主体的行政职权是由宪法和行政组织法授予，授权性行政主体的行政职权是由宪法和行政组织法以外的其他法律、法规授予。没有法律的明确授权，任何组织和个人都无权对外行使行政职权，也不能成为行政主体。

（二）行政主体资格的确认

行政主体资格的确认是确认行政法律关系主体、行为效力以及相应的法律责任承担的重要依据。行政主体资格的确认主要是考查特定行政主体是否具备法定的组织条件和法律授权条件，由于我国行政组织法还不成熟，对行政主体的组织条件规定不十分明确，在实践中主要是从法律条件方面进行认证。一般情况下，行政机关作为行政主体的资格比较容易确认，但在下列情况下行政主体的资格还需认真分析，区别对待：

1. 授权性行政主体的法律条件。在实践中，其他社会组织作为行政主体的授权有法律、法规，也有规章。但是根据行政主体理论和严格控制行政权的要求，行政机关以外的组织只有经法律、法规的授权才能成为行政主体，行政规章的授权不能作为授权性行政主体职权取得的依据。

2. 委托行政中的行政主体。行政委托是指某一行政主体因工作需要等其他原因，依法将本属于自己的行政职权委托其他组织和个人行使，其法律后果归属于委托的行政主体的法律制度。在委托行政中，行政职权的主体是委托的行政主体，受委托的组织和个人只是行政主体的代理人，他们不直接承担职权行为的法律后果，不是行政主体。

3. 行政派出关系中的行政主体。为了适应特定的行政管理需要，我国的行政体制中设有两种派出组织，派出机关和派出机构。其中派出机关是独立的法人组织，拥有法定的行政职权，是当然的行政主体。而派出机构则一般不享有独立的行政职权，只是派出机关的职能组织，不是行政主体，但是当法律、法规直接授权派出机构行使特定行政职权时，派出机构即获得行政主体资格。

4. 非常设机构的主体资格。非常设性机构又称临时机构，在《国务院部门行政机构编制条例》中称为议事机构，是行政机关为完成特定任务或协调各部门的工作而临时设置的组织。原则上，非常设性机构只是代表其行政机关行使职权，不具有行政主体资格，但是当法律、法规明确授权时，该机构则成为行政主体。

农村住房建设用地申批案

　　王某与庞某领取结婚证后向户口管理机关办理了农户登记。一年后，生育一女，一家三口与其祖父母、父母、兄弟九人同住一处建筑面积为163平方米的房屋。因为房屋狭窄，王某以本人已经结婚，符合法定划拨宅基地条件为由向村委会递交了建房用地申请书，申请建房，请求批准。村委会没有同意王某的建房用地申请。同年，王某以同样的理由向乡政府和该市土地管理分局递交了建房用地申请书。乡政府答复，按法定程序办理用地申请，王某应当先向村委会申请。王某将该意见转交村委会，村委会以王某未向国家交纳各种税费和未出义务工为由，签署了不予批准划拨宅基地的意见。王某不服，向法院提起行政诉讼，要求村委会依法履行职责。村委会则辩称自己不是行政机关，所以不能成为行政诉讼的被告。该案涉及村委会的身份及法律地位。

　　转引自孙萍、赵凯、孟繁元主编，《行政法案例》，武汉出版社、科学出版社，2004年。

第二节　行政机关

一、行政机关的概念

　　行政机关又称国家行政管理机关，是指国家为了实现对政治、经济、社会、文化等领域的有效管理，按照宪法和行政组织法的规定设立的，依法享有并行使行政职权，负责对国家各项行政事务进行组织、管理、监督和指挥的国家机关。行政机关是国家行政职权的主要承担者和实施者，是典型的职权性行政主体。行政机关作为行政主体有如下含义：

　　首先，行政机关是国家机关，是由国家设置，代表国家行使管理职能的国家机关。行政机关不同于政党组织、社会团体及其他社会组织。政党，尤其是执政党，虽然对国家的社会、经济、文化生活有重大的影响，甚至是决定性的作用，但是它们不是国家机关系列，不能直接对一国的国家事务和社会公共事务发号施令。其他社会组织和群众团体在特定条件下经法律、法规的授权，可以行使一定的行政职权，但是它们不是国家专门设置代表国家行使行政职权的组织，所以不属于行政机关。

其次，行政机关是行使国家行政职能的国家机关。现代国家的职能主要有三项：立法、执法、司法。为了有效实现国家对社会公共事务的管理和协调，防止权力滥用、保护相对人的合法权益，国家的三项职能分别由立法机关、执法机关和司法机关分别来行使。行政机关是专门行使国家行政职能，即执行法律、管理国家内政、外交事务职能的国家机关。当然，随着现代"行政国"的出现，行政机关的职能已不限于纯粹的执法领域，也开始向立法和司法领域扩展，但是其主要职能还是执行国家的法律和政策。

最后，行政机关是依法设置并行使国家行政职能的国家机关。行政机关所享有和行使的行政职能不是与生俱来的，而是由宪法和行政组织法授予的。根据人民主权原则，任何国家机关的权力都是由人民委托而产生，行政机关的行政权也是如此。当然，行政机关的权力是由宪法和行政组织法授予的，它不同于其他行政主体依据其他法律、法规而获得和行使行政职权。

二、行政机关的特征

行政机关是依法享有行政职权，从事行政管理活动的国家机关，与其他国家机关及社会组织相比，有其自身的特点。

（一）行政机关依法行使行政职权，具有高度的政治性和权威性。行政机关是国家政治、经济、文化统治的重要手段和工具，负有巩固和稳定国家政权、推动社会有序发展的政治使命。如果说立法具有明显的政策性，司法具有鲜明的救济性，那么行政机关所担负和执行的则是更加具体和现实的国家政治任务。同时，国家行政机关依照法定的权力，对国家的政治、经济、文化和社会的各个领域实行最广泛的干预和管理，其权力覆盖所有的社会成员，其职权行为在管辖范围内必须得到遵守和执行。

（二）行政机关的职能具有执行性和法律从属性。一般意义上讲，行政机关是国家权力机关的执行机关，其职能及具体的管理活动的内容、目的，都是为了执行国家政策和法律，其效力也是从属于国家权力机关或法律。无论是制定普遍性的行政法规、规章，还是采取具体的行政措施，行政机关的一切行为都表现出强烈的执行性，都不得违背权力机关的意志，不得违反宪法和法律的规定。

（三）行政机关在组织体系上实行领导——从属制。为了满足行政管理的统一性和效率要求，在行政职权明确的前提下，行政机关在组织体系上要加强行政命令及行政决定的传达与执行，所以一般都实行领导——从属制。在行政组织内部，上级行政机关领导下级行政机关，下级行政机关服从上级行政机关，向上级行政机关负责和报告工作。组织体系上的领导——从属制是行政机关特有的组织体系，其他国家机关如立法机关和司法机关的上级机关对下级机关都不能直接发号施令，而只有依照法定的程序对下级机关的行为予以纠正和撤销。

（四）行政机关在决策机制上实行首长负责制。在现代民主国家，国家权力机关和司法机关都实行以民主为基础的会议制或合议制，因为立法问题和司法问题都涉及不同社会利益的比较与取舍，需要集体讨论才能做出决定。而行政机关的决策行为主要涉及对现行的法律规范按照特定的客观情况予以适用的问题，它的时间性和个体性比较强，需要及时做出裁决，一般不允许集体讨论或集体讨论将导致决策行为过分迟延，一般采取行政首长个人负责和决定的形式。当然，如果行政事务涉及重大的社会利益的评价和权衡比较时，采取集体讨论也是必要的。

（五）行政机关职能的广泛性和行使的主动性、经常性和连续性。行政机关的职能是有关国家社会、经济、文化生活的组织和管理，其目的是维护社会、经济、文化秩序的持续、稳定和协调，行政机关必须主动地，而且是连续而不间断的行使其职权。这就不同于立法机关阶段性地行使立法权，也不同于司法机关消极被动地行使司法救济权。

三、我国行政机关的结构体系

我国是人民民主专政的国家，实行的是单一制国家体制，所以我国的行政机关体系主要有中央国家行政机关和地方国家行政机关两个层次。

（一）中央国家行政机关

中央国家行政机关是所辖的区域和行政事务涉及全国的行政机关，它是领导全国和各个地方行政工作的最高行政机关，它是一国行政体制的中心。在我国，中央国家行政机关主要由下列机构和部门组成。①

1. 国务院。国务院即中央人民政府，是最高国家权力机关的执行机关，是最高国家行政机关。作为最高国家行政机关，国务院的组织原则和活动准则由宪法和行政组织法规定。国务院由每届全国人大第一次会议选举产生，由总理、副总理若干人、国务委员若干人、各部部长、各委员会主任、审计长和秘书长组成。国务院实行总理负责制，国务院工作中的重大问题必须经国务院常务会

---

① 2008 年召开的十一届全国人大一次会议通过了新的国务院机构改革方案。由于目前各种配套改革方案还没有完全落实，我们在此只以现有的机构进行说明。

议或全体会议讨论决定，国务院常务会议和全体会议由总理召集和主持。根据宪法规定，国务院共享有 18 项行政管理权。

2．国务院组成部门。包括各部、各委员会、中国人民银行和审计署等，是负责国家行政管理某一方面事务或某些职能的工作机构，又叫国务院的职能部门。国务院的行政职能主要由各职能部门承担，其中各部管理比较专门的行政事务，各委员会负责较综合的行政事务，中国人民银行负责全国的金融管理，审计署则负责全国的财政和财务审计事务。根据第十届全国人大一次会议《关于国务院机构改革方案》的决定，国务院除办公厅外设 28 个部、委、行、署。

3．国务院的直属机构。国务院直属机构是指国务院设立的主办各项专门业务的行政管理部门，主管国务院的某项专门事项，具有独立的行政管理职能。国务院直属机构的级别低于国务院各部委，其行政首长不是国务院的组成人员，但又直属于国务院领导。根据第十届全国人大一次会议《关于国务院机构改革方案》的决定，国务院共设直属特设机构 1 个，即国务院国有资产管理委员会，以及包括国家海关总署、国家税务总局等 18 个一般直属机构。

4．国务院各部委管理的国家局。依照宪法和有关组织法的规定，国务院可以根据国家行政事务的需要，设立若干行政主管职能部门。这些行政主管部门的职能与一些部委的职能有关，它们由相应的部、委管理。如归属于国家经贸委管理的国家烟草局，由国家科学技术委员会管理的国家专利局等，共有 10 个。这些国家局拥有独立的法律地位，依法享有对某项专门事务的管理权、裁决权。

5．国务院的办公和办事机构。国务院设有办公厅和若干办事机构，协助总理办理专门事项，所以它们不是独立的行政机关。办公厅由秘书长领导，并设副秘书长若干人，协助秘书长工作。

（二）地方国家行政机关

地方各级人民政府是地方各级人民代表大会的执行机关，同时又在国务院的统一领导下，管理本辖区内的各项行政事务。我国地方各级人民政府，根据其性质、地位和作用可以划分为：一般地方人民政府、民族区域自治地方人民政府、特别行政区地方人民政府、地方各级人民政府的派出机关和地方各级人民政府的职能部门五类。

1．一般地方人民政府。一般地方人民政府是指各省、直辖市、市、县、乡、镇等地方各级人民政府。我国根据地域和层级关系共划分为四级人民政府：第一级是省人民政府，包括省级人民政府和中央直辖市人民政府；第二级是设区的市级人民政府，包括省辖市人民政府、各直辖市的区人民政府；第三级是县级人民政府，包括不设区的市人民政府、县人民政府、省辖市的区人民政府；第四级是乡级人民政府，包括县、市下属的乡、镇人民政府。地方各级人民政府是地方各级人民代表大会的执行机关，也是地方各级国家行政机关。根据我国《地方人民代表大会和地方政府组织法》的规定，地方人民政府实行双重从属制，既从属于本级人民代表大会，又从属于上级国家行政机关，同时向它们负责和报告工作，并且接受国务院的统一领导和服从国务院。地方人民政府实行首长负责制，县级以上各级人民政府由正副首长和各部门负责人组成，并设有常务和全体会议两种会议；全体会议由政府全体成员组成，常务会议由正副首长组成，其中省、市级政府及其常务会议还包括秘书长。政府全体会议和常务会议由政府首长主持，政府工作中的重大问题，必须经常务会议或全体会议讨论决定。地方人民政府可以根据管理工作的需要，报请上一级人民政府批准，决定设立政府工作部门。地方政府工作部门受本级政府和上一级政府主管部门的双重领导或业务指导。

2．民族区域自治地方人民政府。根据我国宪法、地方组织法及民族区域自治法的规定，民族区域自治地方人民政府是我国境内各少数民族自治区、自治州（盟）、自治县（旗）、自治乡的人民政府，是民族区域自治机关的组成部分，是民族区域自治地方人民代表大会的执行机关。县级以上民族区域自治地方人民政府的正职行政首长必须由实行民族区域自治的民族公民担任。民族区域自治地方人民政府依法享有不同于一般地方人民政府职权的民族区域自治权，根据本地的实际情况贯彻执行国家的法律政策。

3．特别行政区人民政府。根据《宪法》和《香港特别行政区法》、《澳门特别行政区法》，我国政府已分别于1997年7月1日、1999年12月20日分别设立香港特别行政区和澳门特别行政区。特别行政区人民政府直辖于中华人民共和国中央人民政府，并享有高度自治权，除外交和国防事务属于中央政府管辖外，特别行政区享有行政管理权、立法权、独立的司法权及终审权。

4．地方各级人民政府的派出机关。派出机关是地方各级人民政府在必要时，经有权的上级政府批准设立的行政机关。目前我国地方各级人民政府的派出机关有三类：省、自治区人民政府的派出机关，即行政公署；县、自治县人民政府的派出机关，即区公所；市辖区、不设区的市人民政府的派出机关，即街道办事处。地方各级人民政府的派出机关不是一级人民政府，但却在实践中行使着对一定区域内行政事务的组织和管理权，以自己的名义对外从事行政行为。

5．地方各级人民政府的职能部门。宪法和有关法律规定，地方各级人民政府可以根据工作需要，在报上一级人民政府批准的情况下，设立若干工作部门。

这些工作部门在省级通常称厅、局、委员会，在市、县通常称局。上述工作部门在性质上属于各级政府组成部分，但法律、法规却明确授权他们就专门事项以自己的名义进行管理的权力，所以，它们具有当然的行政主体资格。

街道办事处行政处罚案

　　1999 年 5 月 30 日，为了创建全国卫生城市，某市委、市政府联合下发了成立创建全国卫生城市指挥部（简称"指挥部"）的决定。2002 年 7 月 13 日，该"指挥部"和某街道办事处给辖区内的居民张某送达了落款为"某市旧城改造拆迁工作领导小组"，加盖"指挥部"印章的 79 号拆迁通知书，限张某在 2002 年 7 月 21 日前自行将自家的门楼及部分影响村中道路修建的院墙拆除；逾期不拆，将按照城市建设的有关规定，组织有关部门强行拆除。2002 年 7 月 26 日下午，在张某家中无人的情况下，指挥部组织街道办事处有关人员，对张某影响村中道路修建的建筑物强行拆除。张某对此不服，向法院提起行政诉讼。法院收到起诉书后，经审查认为，起诉书中的被告——创建全国卫生城市指挥部是市委、市政府设立的行政机构，不具备法律意义上的行政执法主体资格，指挥部以自己的名义做出的第 79 号拆迁通知书程序违法，依法应当予以撤销。同时，某街道办事处组织人员强制拆除张某部分住宅的行为属于滥用职权的违法行为，判令某街道办事处向张某赔偿因拆除而造成的经济损失 6227 元。判决后，街道办事处不服提起上诉。2003 年 5 月 19 日某市中级人民法院经开庭审理，做出了维持原判的判决。

　　转引自胡锦光主编，《新版以案说法·行政法篇》，中国人民大学出版社，2006 年，第 29 页。

第三节　授权性行政主体

一、授权性行政主体的概念

　　授权性行政主体是依据法律、法规的特别授权而取得行政主体资格，行使特定行政职权的非国家行政机关组织。法律法规授权组织是除行政机关外的另一类行政主体，与行政机关相比比较复杂。法律、法规授权组织有以下特点：

（一）授权性行政主体是非国家行政机关组织。从组织的原始性质来看，授权性行政主体不属于国家行政机关系列，是行政机关以外的其他社会组织，它们成立之初并不具有行政职权，不是行政主体，而是经法律法规授权独立从事特定的行政管理活动时，才具有行政主体资格。授权性行政主体包括行政机关下设或内设的行政机构和企事业单位、社会团体等社会组织。

（二）授权性行政主体是经宪法和组织法以外的法律授权而成为的行政主体。从组织成立的法律依据看，行政机关是根据宪法和组织法，而且从成立之日起就拥有法定的行政职权，具有行政主体资格；授权性行政主体的组织则不同，它们是依据宪法和组织法以外的法律或法规的特别授权而设立，其中的行政机构是根据行政编制法设立，企业组织是根据企业或公司法而设立，其他社会团体是根据社团法成立，而且这些组织的行政职权是在其组织成立以后，经法律和法规的授予而获得的，所以授权性行政主体的行政主体资格不是与生俱来的。也就是说，授权性行政主体与行政机关获得行政主体资格的法律依据和时间是不同的。

（三）授权性行政主体的行政职权一般比较单一。在行政主体中，行政机关是职权性行政主体，它们负责社会事务和国家事务的某一方面，一般担负着比较综合、全面的行政职权；而授权性行政主体是国家为了实现特定的行政管理事项，依法授予特定的社会组织专一的行政职权，一般只涉及某一专业性和技术性的行政事务，如食品检疫所只享有食品卫生监督检查权和处罚权。

二、授权性行政主体的范围

作为授权性行政主体的社会组织范围比较广泛，而且不是固定不变的。随着行政事务的不断变化及行政法治的要求，授权性行政主体的种类的范围会越来越大，而且在不断地发生变化。就目前我国的行政管理现状而言，可以作为授权性行政主体的组织和机构主要有以下几类：

（一）行政机构

行政机构是行政机关的组成部分，它是作为行政机关的内部机构或派出机构而存在的，一般不具有独立的法律主体资格，也不能以自己的名义对外从事行政行为和独立承担由此产生的法律后果。最高人民法院《关于执行〈中华人民共和国行政诉讼法〉若干问题的解释》第20条第2、3款规定："行政机关的内设机构或者派出机构在没有法律、法规或者规章授权的情况下，以自己的名义做出具体行政行为，当事人不服提起诉讼的，应当以该行政机关为被告。法律、法规或者规章授权的行使行政职权的行政机关内设机构、派出机构或者其他组织，超出法定授权范围实施行政行为，当事人不服提起诉讼的，应当以实施该行为的机构或者组织为被告。"也就是说，从一般组织法的角度和行政法意义上，行政机构不是当然的行政法主体，但是行政机构可以经法律和法规的特别授权，独立行使特定行政职权，成为授权性行政主体。

根据我国现行的法律和行政管理实践，能够成为授权性行政主体的行政机构有两类：一是地方政府职能部门的派出机构。地方政府职能部门根据工作需要可以依法设立派出机构，负责特定辖区的行政事务，如公安派出所、工商派出所、税务所等。二是行政机关的内部机构。行政机关的内部机构不同于地方政府职能部门的派出机构，它是行政机关不可分割的组成部分，也不同于派出机构之间的行政事务的地域划分。

（二）社会团体

社会团体虽然不是行政机关，不具有行政职能，但是在法律法规授权的情况下可以行使某些行政职权，成为授权性行政主体。在当代社会，作为法律授权的社会团体主要是一些行业协会和自治组织，如律师协会、医师协会等，它们可以经法律授权在本行业内行使一定的行政管理权。如《中华人民共和国注册会计师法》规定，注册会计师协会有权制定和组织注册会计师的统一考试办法；受理和办理注册会计师的注册；撤销注册，收回注册会计师证等。《中华人民共和国律师法》对律师协会也有同样的授权，如此等等。

（三）企业单位

企业单位主要是指行政性公司，即以公司形式成立或由原来的行政机关改组成为企业单位，从事特定的经营活动，同时又依法承担某一方面行政管理职能的企业组织。在我国社会主义市场经济的初级阶段，这类集企业与行政职能于一体的组织还比较普遍，如烟草公司、煤炭公司、电力公司等。它们都是依照法律法规的授权而成为授权性行政主体的。

（四）事业单位

作为授权性行政主体的事业单位主要是指一些具有专门知识和专门技能的单位。如《中华人民共和国学位条例》第8条第1款规定："学士学位，由国务院授权的高等学校授予；硕士学位、博士学位由国务院授权的高等学校和科学研究机构授予。"这就赋予了高等学校和有关的科研机构等事业单位特定的行政职权，使之成为授权性行政主体。

（五）基层群众性自治组织

基层群众性自治组织是指在城市和农村按居民居住的地区设立的居民委员会和村民委员会。由于基层群众性自治组织与国家基层政权有着密切的联系，同时又是基层群众处理自治事务的组织，在有关法律法规授权的情况下可以成为行政主体，从事特定的行政管理行为。①

三、授权性行政主体的法律地位

授权性行政主体的本质是非国家行政机关组织，它在法律、法规的授权下，在特定的时间和地域范围内行使行政职权，从事行政管理，它的法律地位与行政机关和一般社会组织都有所差异，在现实生活中它具有双重身份。

（一）被授权组织在行使法律法规授权的行政职权时，是行政主体，与行政机关具有相同的法律地位。被授权组织在行使法律法规授权的行政职权时，与行政机关一样同属于行政主体。它可以依法发布命令，采取行政措施，实施行政行为，对相对人采取行政强制或者处以行政处罚，并独立承担由此产生的法律后果。同时被授权组织的工作人员在行使行政职权进行行政管理活动时，享有与国家公务员一样的权利义务和法律待遇。

（二）被授权组织是以自己的名义行使职权，并承担相应的法律责任。被授权组织在法律法规授权的范围内是独立的行政主体，它是以自己的名义对外行使职权，与相对人形成行政法律关系，并承担其职权行为产生的一切法律后果和法律责任，如在行政诉讼中成为被告和在行政赔偿中成为赔偿义务人。

大学生被开除学籍案

1999 年 10 月 22 日，天津轻工业学院化工系学生刘兵发现学校宿舍楼下有大量的废弃自行车，随即收集了一些废旧零部件，想组装成整车使用，学校保卫人员发现后，以盗窃罪名将其送到派出所。12 月 31 日，学校又对刘兵做出了勒令退学的处分。刘兵多次向学校领导申诉，均无结果，随即向法院提起诉讼。刘兵认为，自己组装的自行车都是无人认领的报废自行车，自己的组装行为不是盗窃。被告天津轻工业学院答称，据不完全统计，仅1998 年 10 月份，到学校保卫处登记丢失自行车的记录就高达 30 辆。而且刘兵"组装"的自行车为七八成新，且在十几天内连续"组装"两辆。依据《全日制高等学校学生违纪处分条例》，"偷窃、诈骗国家、集体或私人财务一次或多次作案价值达 100 元以上者，给予勒令退学或开除学籍处分"，所以学校的处理无不正当之处。同时，学校作为事业单位，其处分决定属于内

① 详见《中华人民共和国村民委员会组织法》第 2~6 条；《中华人民共和国城市居民委员会组织法》第3、4 条。

部管理行为，不同于行政机关的行政决定，故学校不是行政诉讼的主体。天津市河西区人民法院认为，学校与学生之间的关系不是简单的民事关系，高等学校虽不是行政机关，但是在对学生的学籍管理中，它是国家法律授权行使一定行政职权的组织，遂受理了该案件。天津市河西区人民法院于2000年4月10日开庭审理了此案。

案情详见《中国青年报》，2000年10月12日。

第四节　行政委托

一、行政委托概述

行政委托是指为了节约行政职权实施的成本，提高行政效率，在特定情况下，行政机关委托行政机关以外的其他社会组织以行政机关的名义行使某种行政职权，办理某种行政事务，其法律后果由行政机关自己承担的一种行政职权实施方式。在新的社会历史条件下，出现了一些专业性、技术性、经济性很强的新的社会事务，行政机关受编制、经费、人员技术等条件的限制，没有必要或者不可能对所有上述问题都一一设置相应的职权机关进行管理。为了弥补行政管理和行政机关职能的缺陷，更好地实现行政管理目标，节约行政管理的成本，提高行政管理效率，法律规定行政机关在特定情况下，将一些临时性、专业性、技术性、经济性很强的行政职权，委托给其他具有相应技能和从业人员的行政机关、社会组织或个人实施。

行政委托不同于法律、法规授权，授权组织行使行政职权是以自己的名义进行，而且独立承担相应的法律责任，被授权的组织是独立的行政主体；而行政委托中的受委托组织和个人却是以委托行政机关的名义行使行政职权，其行为后果也由委托的行政机关承担，受委托组织和个人不是行政主体，行政主体是委托的行政机关。

二、行政受委托人

行政委托中的受委托人是受行政机关委托行使一定行政职权的行政机关、社会组织和公民个人。有学者认为行政机关相互之间，包括上下级之间、地区之间、行业之间委托行使某种行政职权不属于行政委托，企业组织和个人也不能成为行政委托中的受委托人。①其实，行政委托中的受委托人在法律上并没有严格的限定，在不同的行政委托事项中，行政机关、企事业单位和公民个人都可以成为行政委托的受委托人。如《中华人民共和国行政许可法》中规定的委托实施许可，受委托人只能是行政机关，又如银行存款的利息税和公民个人收入所得税就是由银行和用人单位代扣代缴的，这些代扣代缴单位所行使的就是税务机关委托的税收征管权。

（一）受委托人是行政职权机关以外的行政机关、社会组织和公民个人。行政委托中的委托人是拥有特定行政职权的行政主体，他们依法进行国家管理或执行国家的法律政策，而受委托人则是不拥有委托机关的行政职能或对特定的行政事务没有法定管辖权的其他行政组织和其他社会组织、公民个人。

（二）受委托人只能行使行政机关委托的特定的行政职权。受委托行使的行政职权是有严格限定的。首先，从形式上来看，只有经过行政机关的明确授权才能行使；从内容上看，行政机关也只能对一般的行政职权进行委托，而一些专属性质的行政职权是不能委托的。比如行政立法权、对行政相对人实施的涉及人身自由的行政处罚权或行政强制权、有关营业执照及其他重要的许可证照的颁发权等。

（三）受委托人行使行政职权不同于法律法规授权组织行使的行政职权。受委托组织行使的行政职权是基于行政机关的委托，而不是法律法规的授权，同时，受委托人是以委托机关的名义行使行政职权，而不是以自己的名义行使行政职权，其法律后果不由自己承担，而由委托的行政机关承担。

三、行政受委托人的条件和范围

行政委托受委托人的条件一般由行政机关委托行为所依据的法律法规具体规定，除了一些专属性的行政职权外，现行法律对受委托人的条件没有明确的规定。如行政处罚法规定，行政机关依照法律、法规或规章的规定，可以在法定的权限范围内委托其他组织实施行政处罚。但是根据行政职权行使的需要和行政法治的要求，受委托人应当具备下列条件：

（一）属于依法成立的管理公共事务的事业组织、企业单位或者个人；

（二）具有熟悉有关法律、法规、规章和有关行政业务的工作人员；

（三）对违法行为要进行技术检查或者技术鉴定的，应当具有进行相关技

---

① 姜明安主编，《行政法与行政诉讼法》，高等教育出版社，2005 年，第 146 页；张树义主编，《行政法与行政诉讼法》，高等教育出版社，2002 年，第 44 页。

术检查或者技术鉴定的设备和装置。

　　接受行政机关的委托行使行政职权的组织和个人的范围是十分广泛的，在行政法实践中，凡是能够成为法律法规授权组织的社会组织都可以成为受委托的组织。也就是说，受委托组织的范围与法律法规授权组织的范围大体上一致。此外，一些群众治安保卫组织和公民个人也可以成为行政机关的受委托人，如在全国范围内普遍设立的治安保卫委员会和主要设在一些大中城市的联防队，通常被委托行使某些行政管理职权；国务院发布的《家禽家畜防疫条例》规定：农牧部门及其畜禽防疫机构可以委托有条件的饲养户（或检疫单位）检疫，家禽出售者可持有被授权检疫的饲养户（或检疫单位）的检疫证明进入市场。

四、行政受委托人的法律地位

　　行政委托人无论是组织还是个人都不是行政主体，它们以委托行政机关的名义行使行政职权，其行为后果也由委托的行政机关承担。但是在委托行使行政职权过程中，受委托人与委托行政机关之间的委托关系中，受委托人依法享有特定的权利和义务。

　　受委托人的主要权利有：（1）取得履行职权所应有的权力、管理手段和工作条件；（2）依法行使被委托的行政职权和行政事项；（3）依法获得履行职权所需的经费和报酬；（4）请求行政机关协助排除履行职责过程中遇到的妨碍；（5）向委托机关提出变更委托事项和改进相应领域行政管理的建议。

　　受委托人负有下列法定义务：（1）在行政机关委托的范围内行使行政职权，不得超越委托权限；（2）依法办事，不可以权谋私；（3）接受委托行政机关的监督、指导，向委托行政机关请示、汇报和报告工作；（4）认真履行被委托的职责，热情为行政相对人服务，听取相对人的意见，接受相对人的监督。

计划生育超生罚款案

　　某县计划生育委员会为了有效控制超生，将自治区《计划生育条例》规定的本部门的处罚职权委托给各村委会行使。1999年2月25日，某村村委会以自己的名义对超生二胎的村民刘某做出罚款1000元的行政处罚决定。刘某不服，以自己并未超生，是在政策允许的范围内生育为由，以该村村委会为被告，向县人民法院提起行政诉讼，要求撤销村委会的罚款处罚决定。县人民法院经审理认为，某村村委会是农村自治组织，不是行政机关，村委会对违反《计划生育条例》的刘某的行政处罚行为是受托行为。依据《行政诉讼法》的规定，由行政机关委托的组织所作的具体行政行为，委托的机关是被告。因此本案的被告应当是某县计划生育管理委员会。

转引自胡锦光、刘飞宇主编，《行政法与行政诉讼法》，中国人民大学出版社，2005年，第24页。

思考题

1. 名词解释

（1）行政主体　（2）行政机关　（3）行政组织　（4）授权性行政主体（5）行政委托

2. 任意项选择题

（1）根据行政主体与相对人是否有行政隶属关系，将行政主体分为（　　）。

A. 内部行政主体和外部行政主体

B. 中央行政主体和地方行政主体

C. 一般行政主体和业务行政主体

D. 地域性行政主体和公务性行政主体

（2）根据行政主体职权的权力色彩，将行政主体分为（　　）。

A. 职权性行政主体和授权性行政主体

B. 权力性行政主体和服务性行政主体

C. 临时性行政主体和常设性行政主体

D. 一般行政主体和专业性行政主体

（3）下列机构和组织中哪些是我国地方政府的派出机关？（　　）。

A. 行政公署　　　　　　　　　B. 区公所

C. 街道办事处　　　　　　　　D. 城市居民委员会

（4）行政委托实施的受托人可以是（　　）。

A. 行政机关　　　　　　　　　B. 企业单位

C. 事业组织　　　　　　　　　D. 公民个人

3. 判断分析题

（1）行政主体主要有行政机关、法律法规授权组织、受委托的组织和公务员个人。（　　）

（2）居民委员会和村委会是基层群众自治组织，不能成为行政主体。（　　）

4. 简答题

（1）简述行政主体的构成要件。

（2）简述委托关系中受委托人的法律地位。

（3）简述行政机关作为行政主体的法律特征。

5．案例分析题

某市水利局下属的水政监察支队是一事业单位。依照《中华人民共和国水法》和《水行政处罚实施办法》的规定，该水政监察支队受本级水利局的委托，享有一定的行政处罚权。在一次执法检查中，该水政监察支队发现某县交通局的违法施工行为，依法以市水利局的名义做出了停止施工、补办有关审批手续，并罚款5万元的行政处理决定。县交通局以水政监察支队不是行政主体为由，向市人民政府申请复议。请问，该水政监察支队的行为是否正确，为什么？

第六章　国家公务员

本章重点

国家公务员制度是行政主体法乃至整个行政法学体系的重要组成部分，公务员制度的建立与完善标志着一个国家行政法治水平的提高。本章的重点内容是，理解国家公务员的概念、范围和分类，准确认识我国公务员的内涵和外延，了解国家公务员在社会活动中的双重角色和不同的法律地位，以及公务员的基本权利和义务，重点掌握我国《公务员法》中对国家公务员管理的基本制度，包括国家公务员的职位分类、国家公务员的录用和聘任、国家公务员的考核晋升、国家公务员的奖惩和辞退等条件和具体要求。

第一节　国家公务员的概念和范围

国家公务员是国家管理乃至行政管理中最积极、最活跃的因素。国家公务员制度的建立和完善也体现和反映了一个国家行政管理科学化、民主化和法治化的进程。国家公务员制度由来已久，最早可以追溯到我国隋唐时期创立的科举制度，在现代西方国家主要表现为文官制度。本章结合我国现行公务员法，对国家公务员制度的相关内容进行介绍。

一、国家公务员的概念和范围

国家公务员有广义和狭义之分。狭义的国家公务员是指各级各类国家行政机关中除工勤人员以外的工作人员，即代表国家行使行政职权、执行行政公务、从事社会公共事务管理的工作人员。狭义的国家公务员主要是在传统的三权分立理论基础上专门针对与立法、执法和司法相对应的行政机关的工作人员。广义的国家公务员则是指在所有的国家机关中从事公职，纳入国家行政编制，由国家财政负担其工资福利的国家工作人员。我国《公务员法》第2条对公务员的定义，就是从广义上界定的，即"本法所称的公务员，是指依法履行公职、纳入国家行政编制、由国家财政负担工资福利的工作人员"。广义上的国家公务员是基于现代社会经济发展的要求、国家职能交叉性和行政管理综合性的趋势，对国家公务员进行的更加广泛和全面的界定。广义上的国家公务员必须具备三个条件，即依法履行公职、纳入国家行政编制、由国家财政负担工资福利。

1. 依法履行公职。这是从职能上对公务员规定的条件，也是公务员的本质特征。按照这个条件，公务员必须是依照法律、法规的规定从事公务活动的人员，他们承担国家和社会事务管理等职能，通过履行法律法规赋予的职责，为国家、社会和全体公民服务，通常也称之为"人民公仆"。这一条件，使得公务员与社会其他人员区别开来。

2. 纳入国家行政编制。按照现行编制管理制度、人员编制与工资等诸多管理制度联系在一起，是干部人事管理的重要依据。根据组织机构的性质和组织机构的功能以及与国家的经济关系，我国人员编制大体可分为行政编制、事业编制、企业编制、军事编制等几种类型。其中，行政编制是指其经费由行政开支的人员编制，行政编制的使用与国家的政治活动密切相关，与国家行政预算有直接关系。公务员作为依法履行国家和社会事务管理等职能的人员，纳入国家行政编制。

3. 由国家财政负担工资福利。通俗地讲，就是"吃皇粮"，由国家财政供养。公务员履行职责的一切行为，都是为了国家的利益，国家相应地以财政负担工资福利的形式，来保障他们的生活，包括退休后的生活。

根据公务员法草案说明、全国人大法律委员关于公务员法草案审议结果的报告，按照公务员定义的三个条件，广义上的国家公务员不限于各级各类行政机关中的工作人员，其范围应当包括下列七类机关的工作人员：

1. 中国共产党机关的工作人员。中国共产党的机关中的下列人员是公务员：（1）中央和地方各级党委、纪检委的领导人员；（2）中央和地方各级党委工作部门的工作人员；（3）中央和地方各级纪检机关内设机构的工作人员；（4）街道、乡、镇党委机关的工作人员。

企业、学校、科研所、社会团体、社会中介组织、人民解放军连队以及农村党的基层组织的工作人员，不列入公务员范围。

2. 人大机关的工作人员。人大机关中的下列人员是公务员：（1）各级人大常委会的领导人员；（2）各级人大常委会工作机构（如办公厅、室，法制工作委员会等）的工作人员；（3）各级人大专门委员会的办事机构的工作人员。

3．行政机关的工作人员。行政机关的下列人员是公务员：（1）各级人民政府的组成人员；（2）县级以上各级人民政府工作部门和派出机构的工作人员；（3）乡镇人民政府机关的工作人员。

4．政协机关的工作人员。政协机关中的下列人员是公务员：（1）政协各级委员会的领导人员；（2）政协各级委员会工作机构（如办公厅、室等）的工作人员；（3）政协专门委员会的办事机构的工作人员。

5．审判机关的工作人员。审判机关中的下列人员是公务员：最高人民法院、地方各级人民法院的法官、审判辅助人员和行政管理人员。

6．检察机关的工作人员。检察机关中的下列人员是公务员：最高人民检察院、地方各级人民检察院的检察官、检察辅助人员和行政管理人员。

7．民主党派的工作人员。民主党派机关中的下列人员是公务员：（1）中央和地方各级委员会的领导人员；（2）中央和地方各级委员会职能部门和办事机构的工作人员。

企业和事业单位的工作人员，不具备这三个条件，因而不列入公务员范围。

国家主席、副主席属于公务员。我们在列举公务员分布时，是以机关类型对其工作人员是否是公务员进行界定的。国家主席在宪法中属于一类国家机构，但在现行体制下，其工作机构没有单独作为一类机关，且涉及人数很少，故不需要作为一个机关类型单独列举出来。

需要注意的是，对上述七类机关中的一些人员，要作具体分析，有的不列入公务员，有的要根据其所在部门和单位的性质确定是否为公务员。

（1）上述所列的各级人大常委会、政协各级委员会、民主党派各级委员会的领导人员，如果不驻会，并不使用行政编制，则不列入公务员范围。

（2）各级代表大会代表、委员会委员，整体上不列入公务员范围，按其所在部门和单位的人事制度管理。比如中国共产党各级代表大会代表、委员会委员、纪律检查委员会委员；各级人大代表、常委会组成人员、专门委员会成员；政协各级委员会常委、委员和专门委员会成员等，若所在部门和单位属于机关，使用行政编制，则可确定为该机关公务员；否则不列入公务员。

（3）各类机关中的工勤人员，不执行行政职务，其工作属后勤服务性质，公务员管理办法对他们不适用，而且随着改革的深入发展，机关后勤工作将逐步社会化，工勤人员逐步从机关剥离出去，也不列入公务员范围。

以上是根据我国公务员法和有关立法文件的理解对公务员范围的学理解释。公务员法实施中对公务员范围的界定，应以有关配套法规和文件为准。

二、国家公务员的种类

（一）西方国家公务员的分类

在西方国家，国家公务员根据职权职责、管理模式的不同，一般分为政务类公务员和业务类公务员两大类。政务类公务员通常是指通过议会选举或任命产生，与相应的执政党共进退的政府组成人员，以及其他政治性较强的职位的行政人员。业务类公务员通常是指通过竞争考试而获得职位，政治上保持中立，无重大过错即可在政府中长期任职，并受一般公务员法调整的公职人员。

（二）我国国家公务员的分类

我国不实行多党制，国家公务员也没有分为政务类和业务类。根据《公务员法》第14条规定，按照公务员职位的性质、特点和管理需要，将公务员分为专业技术类、行政执法类和综合管理类三种。

1. 专业技术类职位。专业技术类职位是指在机关中从事专业技术工作，履行专业技术职责，为实施公共管理提供专业技术支持和技术手段保障的职位。与其他类别职位相比，专业技术类公务员有三个特征：一是具有只对专业技术本身负责的纯技术性；二是与其他职位相比具有不可替代性；三是技术权威性。这种权威性体现在技术层面上为行政领导的决策提供参考和支持，最终的行政决策权仍属于行政领导。根据上述特征，专业技术类职位首先体现为行业的特有的技术岗位，如公安部门的法医鉴定、痕迹检验、理化检验、影像技术、声纹检验，国家安全部门的特种技术、特种翻译等职位。其次，还包括一些社会通用性专业的技术岗位，如专门从事工程技术、化验技术工作的职位。

2. 行政执法类职位。行政执法类职位是指政府部门中直接履行监管、处罚、强制、稽查等现场执法职责的职位。其特点有：一是纯粹的执行性，只有对法律法规的执行权而无解释权，不具有研究、制定和解释法律、法规、政策的职责；二是现场强制性，依照法律法规现场直接对具体的管理对象进行监管处罚和稽查。行政执法类职位主要集中在公安、海关、税务、工商、质检、药监、环保等政府部门，且只存在于这些政府部门中的基层单位。

3. 综合管理类职位。综合管理类职位是指机关中除行政执法类职位、专业技术类职位以外的履行综合管理以及机关内部管理等职责的职位。这类职位数量最大，是公务员职位的主体。综合管理类职位具体从事规划、咨询、决策、组织、指挥、协调、监督及机关内部管理工作。

此外，根据我国《公务员法》第16条、第17条规定，我国的国家公务员还分为领导职务公务员和非领导职务公务员。领导职务层次分为：国家级正职、国家级副职、省部级正职、省部级副职、厅局级正职、厅局级副职、县处级正职、县处级副职、乡科级正职、乡科级副职。非领导职务层次在厅局级以下设置。综合管理类的非领导职务分为：巡视员、副巡视员、调研员、副调研员、主任科员、副主任科员、科员、办事员。

建立具有中国特色的公务员分类制度，坚持既要满足分类管理需要，又要简便宜行，易于操作的原则。公务员的类别不宜过多，分类标准宜粗不宜细。坚持动态原则，随着职能调整、工作内容的变化而变化，也随着各类别配套管理措施的完善，实行动态管理，成熟一类、规范一类、推广一类。为了适应分类管理发展的需要，《公务员法》第14条第2款规定，"国务院根据本法，对于具有职位特殊性，需要单独管理的，可以增设其他职位类别。"但要严格控制，按程序审批。

第二节　国家公务员的法律地位

一、国家公务员身份的识别

（一）国家公务员身份识别的意义

公务员既是公民个人（自然人），又具有国家工作人员的身份。基于自然人身份的行为是个人行为，其法律效果归属于公务员本人，基于国家工作人员身份的行为，是职务行为，其法律效果归属于公务员所在的国家机关。公务员的双重身份在实践中难免会发生冲突，从而给法律适用和相应法律责任的承担造成一定的困难。所以，法律要求公务员要有执行公务的标志，即公务员为了向行政相对人表明自己的身份，使相对人易于识别，而在从事职权行为时需要设计的一种外形标记。如警察穿戴制服，治安人员佩戴印有"执勤"字样的袖章，以及工商、税务、卫生等执法人员的其他执法标志等。

在行政法治实践中，公务员执行公务的标志有多方面的意义和价值。首先，公务员执行公务的标志有利于公务员向相对人表明自己的身份，便于对相对人进行有效管理；其次，公务员执行公务的标志有利于相对人迅速识别公务员的身份，便于要求公务员为其提供服务；其三，公务员执行公务的标志有利于区分公务员的职务行为和非职务行为，以便确定其行为的法律效力和责任归属；最后，公务员执行公务的标志有利于社会大众对公务员执行公务的行为实施有效监督，及时防止和校正公务员的违法或不当职权行为。

（二）公务员执行公务行为的识别标准

由于公务员的双重身份及其行为的不同法律效果，在行政法理论和实践上对公务员的公务行为和非公务行为加以区分和明确界定就显得十分必要，也非常重要。根据公务员公务行为和私人行为的不同特点和要求，区别二者主要综合考虑以下四个方面的因素：

1．时间因素。公务员在上班时间实施的行为一般是公务行为，在下班以后所实施的行为则被认为是个人行为；

2．岗位因素。公务员在其工作岗位上所从事的行为通常是公务行为，而在离开工作岗位或工作场所后实施的行为则一般是个人行为；

3．职责权限因素。公务员在上班时间和工作岗位上所实施的与其职权有关的行为是公务行为，而即便是在上班时间和工作岗位上所实施的与其职责权限无关的行为，则是个人行为；

4．命令因素。公务员依法接受行政首长的命令、指示或委托所实施的行为通常是公务行为，反之，如果他的行为既无行政首长的命令、指示和委托，又不能证明与其职责权限有关，无论是否在上班时间和工作场所，都不是公务行为，而是个人行为。

此外，公务员的行为性质有时候还要从具体行政的目的、名义以及法律适用和公共利益多个角度综合考虑。

二、国家公务员的义务和权利

（一）国家公务员义务和权利的含义

公务员的义务是指法律对公务员必须做出一定行为或者不得做出一定行为的约束和强制，是公务员对国家必须履行的某种责任。公务员义务的含义包括以下几方面：一是公务员的义务以公务员的身份为前提；二是公务员必须做出一定的行为或不得做出一定的行为，即具有作为和不作为的义务；三是这种义务是对公务员的约束；四是公务员义务具有强制性。

公务员的权利是指法律对公务员履行职责、行使职权、执行国家公务的过程中，可以做出某种行为，要求他人做出某种行为或者抑止某种行为的许可和保障。公务员义务与权利的确定，体现了公务员与国家之间最基本的法律关系，明确了公务员的法律地位，使之成为公务员行使国家权力和政府对公务员进行管理和监督的基本法律依据。

首先，公务员权利的确认，是公务员行使权力、执行公务的有效保障。公务员履行职责，执行公务，必须取得两方面基本的法定权利。一方面是公务员的身份权，另一方面是公务员执行公务所必需的权利，比如履行职责的权力和工作条件等。只有具备了这些权利，并且得到法律保障，才能消除执行公务可能遇到的不必要的阻碍，更好地保证国家公务员正常有效地执行公务。

其次，公务员义务的设定，是公务员行使国家权力、执行国家公务的前提和必要约束。义务和权利构成法律关系不可分离的两个方面，既有联系又有区别。没有无义务的权利，也没有无权利的义务，法律义务与法律权利是相互对应的，享有权利必须履行义务。因此必须对公务员行使权力的范围做出明确规定，对必须履行的义务做出严格要求，使他们的行为符合法律规定的要求，促使他们正确行使权力。

其三，公务员义务与权利的规定，有利于提高公务员的权利意识和责任意识，使他们充分享有权利，自觉履行义务。

其四，公务员义务与权利的规定，有利于建设高素质的公务员队伍。

其五，公务员义务与权利的规定，有利于国家、人民对公务员的管理和监督。

（二）国家公务员义务的基本内容

在不同的国家，国家公务员负有不同的义务，按照我国《公务员法》的规定，我国公务员应当履行下列义务：

1. 模范遵守宪法和法律。宪法是国家的根本大法，是全国各族人民根本意志和最高利益的集中体现，是国家政治、经济、文化等社会生活有序运行的基础和保证。作为行使公权力的公务员，应当树立宪法至上、法律至上的思想，维护宪法与法律的权威，自觉在宪法和法律的范围内活动，成为守法的模范。

2. 认真履行职责，努力提高工作效率。公务员应当按照规定的权限履行职责，包含两层含义：第一，该权限是明文规定的权限，公务员行使权力履行公职应遵循依法行政的原则，这是建设法治国家的基本要求，公务员只能在法律明文规定的范围内行使权力，不得超出法律的规定行为，否则就是滥用职权。第二，该权限属于实体法上的权限，实体法是以确认权利义务关系以及职权和责任为主要内容的法律，公务员履行职责所依照的权限是实体法上的权限，如《食品卫生法》第 27 条规定："食品生产经营企业和食品摊贩，必须先取得卫生行政部门的卫生许可证方可向工商行政管理部门申请登记"。

公务员应当努力提高工作效率。《宪法》第 27 条第 1 款规定："一切国家机关实行精简的原则，实行工作责任制，实行工作人员的培训和考核制度，不断提高工作质量和工作效率，反对官僚主义。"规定明确指出了公务员有努力提高工作效率的义务，这样有利于公务员高效地为公众提供质量更高的服务，有利于防止效率低下和官僚主义作风等问题。

3．全心全意为人民服务，接受人民监督。《宪法》第27条第2款规定："一切国家机关和国家工作人员必须依靠人民的支持，经常保持同人民的密切联系，倾听人民的意见和建议，接受人民的监督，努力为人民服务。"人民群众是国家的主人，社会主义现代化建设事业必须依靠人民。国家机构及其工作人员的任务就是反映人民的愿望和要求，全心全意为人民服务。

4．维护国家的安全、荣誉和利益。公务员应当积极维护国家的安全、荣誉和利益，这首先是基于公民的基本义务而产生的。《宪法》第54条规定："中华人民共和国公民有维护国家的安全、荣誉和利益的义务，不得有危害祖国的安全、荣誉和利益的行为。"可见，维护国家的安全、荣誉和利益是每个公民的义务，公务员对此负有更大的责任和义务。

5．忠于职守，勤勉尽责，服从和执行上级依法做出的决定和命令。《宪法》第27条规定：一切国家机关"实行工作责任制"。公务员的所有职位都是在国家机关定职能、定机构、定编制的基础上，根据工作的需要设置，每个职位都有明确的任务和职责，因此在每个职位上的公务员都应忠于职守，勤勉尽责，用自己的全部精力，兢兢业业、专心致志地工作，严格履行工作职责，承担起本职位的责任。只有这样才能够提高工作效率，保证国家机关的正常运行。

6．保守国家秘密和工作秘密。国家秘密是关系国家的安全和利益，依照法定程序确定，在一定时间内只限一定的人员知悉的事项，包括尚未公布的或不准公布的政治、经济、军事、外交和科学技术等方面的重大事项。《宪法》第53条规定：中华人民共和国公民必须"保守国家秘密"；《保守国家秘密法》第3条规定："一切国家机关、武装力量、政党、社会团体、企业事业单位和公民都有保守国家秘密的义务。"

7．遵守纪律，恪守职业道德，模范遵守社会公德。公务员遵守纪律、恪守职业道德就是要严格遵守公务员从事公务活动应当遵守的纪律要求与道德准则。《公务员法》第53条对公务员纪律做了全面的规定。

8．清正廉洁，公道正派。清正廉洁、公道正派，是要求公务员办事公正无私，廉洁自律，以个人利益服从国家利益，努力为人民服务。实现公务员的清正廉洁是党和国家的一贯要求，公务员是代表国家执行公务，其权力是人民授予的，其所在职位，不是属于个人的。公务员必须建立正确的权力观，正确运用手中的权力，为公共利益而工作，而不能利用职权搞不正之风，牟取私利。

9．法律规定的其他义务。《公务员法》规定的公务员的义务，有的是宪法规定的国家机关工作人员义务的具体化，有的是由公务员职业本身特点衍生的义务。规定公务员必须履行"法律规定的其他义务"，其目的和意义在于能够弥补因职业不同，公务员法无法详细列举的公务员的其他义务，使得公务员义务的内容更加全面完整、更能够反映时代特征与时代精神。

（三）我国公务员权利的基本内容

1. 获得履行职责应当具有的工作条件。公务员有权获得工作条件的保障，工作条件主要包括办公地点、办公用品、办公设备、通讯工具、交通工具以及医疗卫生条件，等等。公务员工作条件的保障应与公务员的职责相适应。例如，从事海上缉私的公务员，其所必需的工作条件是拥有一定马力的缉私艇、可以保卫自身与打击罪犯的武器、与陆地联系的通讯器材等。

2. 非因法定事由、非经法定程序，不被免职、降职、辞退或者处分。这是公务员的身份保障权，其内容包括：公务员非因法定事由，不被免职、降职、辞退或者处分。

3. 获得工资报酬，享受福利、保险待遇。获得工资报酬权与享受福利、保险待遇权是公务员的基本权利，也是公务员的经济权利，是公务员工作和生活的经济保障。

4. 参加培训。公务员享有参加培训的权利。《宪法》第 46 条规定："中华人民共和国公民有受教育的权利和义务"。公务员的学习权利，是公民受教育的权利在公务员身上的具体化。公务员的培训情况、学习成绩是公务员考核的内容和任职、晋升的依据之一。参加培训也是公务员职务晋升的需要。

5. 对机关工作和领导人员提出批评和建议。《宪法》第 41 条规定，"中华人民共和国公民对于任何国家机关和国家工作人员，有提出批评和建议的权利"。宪法第 41 条规定是设定公务员这项权利的直接依据。它有利于各级机关克服官僚主义，提高工作效率，改善工作质量，任何机关的领导人都不能压制公务员的批评和建议。

6. 提出申诉和控告。公务员的申诉权利，是指公务员如对涉及本人的人事处理不服时，可以向原处理机关申请复核，同时有权向同级公务员主管部门或者做出该人事处理机关的上一级机关提出申诉，其中对处分决定不服的，也可以向监察机关提出申诉。公务员的控告权利，是指公务员对于机关及其领导人员侵犯其合法权益的行为，有权向上级机关或者监察机关等专门机关提出控告。

7. 申请辞职。公务员由于主观或客观原因不愿意继续担任公职时，国家允许公务员辞去公职。规定公务员可以辞职，就赋予了公务员一定的选择职业的权利。按照我国《公务员法》的规定，公务员辞去公职，应当向任免机关提出书面申请。任免机关应当自接到申请之日起 30 日内予以审批，其中对领导成员辞去公职申请，应当自接到申请之日起 90 日内予以审批。担任领导职务的公务员，还可以申请辞去所任领导职务。

　　8. 法律规定的其他权利。公务员除享有《公务员法》规定的权利外，还享有法律规定的其他权利。主要包括两部分内容：一部分是法律规定的一般公民的权利，一部分是法律所特别规定的机关工作人员应享有的权利。规定公务员可以享受法律规定的其他权利，体现了公务员权利的全面性。

公务员执法伤害赔偿案

　　2003 年 8 月，董某骑着三轮车到某县农贸市场去卖菜。到农贸市场之后，董某急于出售青菜，把三轮车放到存车处后便开始叫卖，而没有将菜运到指定的摊位进行销售。此时，在农贸市场执勤的县工商管理员朱某以董某没有在指定的摊位出售青菜，扰乱市场管理秩序为由，将董某的秤砣和秤杆收走。随后，董某便赶到县工商局市场办公室索要秤杆和秤砣，朱某不给。董某抓起朱某办公桌上的电话说："你不给我秤，我就把电话砸了。"朱某急忙去抢电话，双方拉拉扯扯，厮打在一起。其他市场管理人员也赶过来帮朱某一起厮打。在厮打过程中，董某全身多处受伤，后住院治疗，共花去医药费近两千元。董某出院后，要求县工商局赔偿其医疗费 2000 元，误工费 2500 元，精神损失和其他费用 4000 元，总计人民币 8500 元。该县工商局经审查后认为，本案的当事人朱某和其他几位肇事者的伤害行为与工商局无关，属于个人行为，故工商局对董某的赔偿请求不予受理。董某不服，于是向该县人民法院提起行政诉讼，请求县工商局给予行政赔偿。该县人民法院受理案件后，对案件的性质产生了不同的认识。一种观点认为朱某及其他执法人员对董某的伤害属于个人行为，是民事赔偿案件，工商局对此不应承担行政赔偿责任。另一种观点认为，朱某的行为属于公务行为，行政机关应当负责，而不应该由朱某个人负赔偿责任。该县人民法院最后认定该案属于行政赔偿案件，判决工商局向董某赔偿医疗费 2000 元、误工补贴费 2500 元，同时驳回董某的精神损害赔偿请求。

　　转引自胡锦光主编，《新版以案说法·行政法篇》，中国人民大学出版社，2006 年，第 39 页。

第三节　国家公务员的管理制度

国家公务员法是对有关国家公务员管理活动的法律规范的总称。国家对公务员的管理活动主要包括基础管理、"进口"管理、"使用"管理、和"出口"管理四项内容。

一、国家公务员的基础管理

国家公务员的基础管理主要是指公务员的职位分类、主管机关的职权职责、公务员权利义务的保障和范围界定等。这里主要介绍公务员的职位分类。

（一）职位分类的涵义

职位是由上级组织确定的应由一个工作人员所担负的职务和责任。职位分类是以职位为对象的人事分类制度，它是指按照职位工作性质、责任轻重、难易程度、所需资格条件等基本因素，把职位划分为不同的类别和等级，科学合理地设置职位，规范职位内容，为录用、交流、考核、培训等人事管理提供依据的一种人事分类方法。

职位分类以事为中心，强调因事设位、以位择人、人位相适、同工同酬；职位分类是依据职位的工作性质、责任轻重、难易程度和所需资格条件四个基本要素。职位分类采用因素评价的方法，对职位的职责任务进行客观的分析评价，确定职位在分类体系中的位置，实现分类管理的目的。

（二）职位分类的意义

职位分类制度是现代人事行政制度的重要组成部分，是对传统人事分类制度的重大改革，是国家公务员制度区别于我国传统干部人事制度的一个重要标志，在公务员管理中具有重要的地位和作用。职位分类能为公务员的任用提供科学标准；职位分类能为公务员考核提供依据；职位分类能使公务员培训具有针对性；职位分类能保证合理确定公务员的工资待遇。职位分类构成了公务员管理的起点和基础，为建立机关工作责任制、调动公务员的积极性和提高工作效率提供了制度保障，为建设高素质专业化公务员队伍提供有利条件。

（三）职位分类的主要内容

职位分类的主要内容分为职能分解、职位调查、职位评价、职位设置、拟定职位说明书、人员选配、确定职务和级别七个环节。

1. 职能分解。职能分解是职位分类的首要环节，也是机构改革和职位分类的联结点，它是将机构的所有职能按其工作性质划分为若干工作类别，再进行归类合并，最后落实到每一个具体职位的进程。

2. 职位调查。职位调查是通过一定的程序和方法，对现有的职位状况进行调查，了解、收集职位信息资料，为职位分类提供事实依据。

3. 职位评价。职位评价是对职位设置的必要性、科学性、合理性、可行性做出分析判断。

4. 职位设置。职位设置是在职位评价的基础上，依据国家有关规定，确定职位的职责、工作任务、权限、名称、数量、层次和所需资格条件的过程，具体包括领导职务和非领导职务设置两方面。

5. 拟定职位说明书。职位说明书主要包括职位名称、职位代码、工作项目、工作概述、所需知识能力、工作标准、转任升迁七个方面。

6. 选配人员。是根据职位要求，通过一定方法和程序，对空缺职位进行人员录用调配的过程。选配人员包括机构改革和推行公务员制度后的人员过渡、考试录用人员与调任人员三种方式。

7. 确定职务的级别。按照有关规定，根据职位和人员情况任命职务、确定级别和工资档次。公务员职务包括领导职务和非领导职务两个序列。确定职务的主要依据包括：（1）编制人事部门所审定的职务限额；（2）拟任职务的任职资格和条件；（3）拟任人员的德才表现、工作实绩及工作经历；（4）群众意愿。

二、国家公务员的"进口"管理

国家公务员的"进口"管理主要是指国家机关对公务员的录用和回避，即公务员法律关系的产生。

（一）国家公务员的录用条件

1. 国家公务员录用的基本条件。根据《公务员法》第 11 条规定，我国公务员应具备以下基本条件：（1）具有中华人民共和国国籍；（2）年满 18 周岁；（3）拥护中华人民共和国宪法；（4）具有良好的品行；（5）具有正常履行职责的身体条件；（6）具有符合职位要求的文化程度和工作能力；（7）法律规定的其他条件。这是为适应一些特殊职位的要求，其他法律规定的其他资格条件。比如，《法官法》规定法官职务的最低任职年龄是 23 周岁。

2. 国家公务员录用的消极条件。根据《公务员法》第 24 条规定，下列人员不得录用为公务员：（1）犯罪受过刑事处罚的；（2）被开除公职的；（3）有法律规定不得录用为公务员的其他情形的。

3. 国家公务员职位要求的资格条件。包括年龄条件、学历条件、专业条件、政治条件等。职位要求的资格条件不可能在公务员法里一一列举，所以，法律授权由省级公务员主管部门依照公务员法及有关法律做出规定。需要指出的是，对招录机关和录用主管部门来说，凡是符合基本条件和报考职位要求的资格条件的人员，在担任公务员方面有平等的法律地位和权利。在报考条件中，不得规定性别、家庭出身等歧视条件。

（二）公务员录用的基本办法

1．公务员录用的基本方法是考试。《公务员法》第21条第1款规定："录用担任主任科员以下及其他相当职务层次的非领导职务公务员，采取公开考试、严格考察、平等竞争、择优录取的办法。"考试录用是录用主任科员以下非领导职务人员的基本制度，也就是"凡进必考"。同时，第2款规定："民族自治地方依照前款规定录用公务员时，依照法律和有关规定对少数民族报考者予以适当照顾。"在实践中这种特殊性主要体现在两个方面：一是用一定比例的职位面向少数民族考生招考；二是降低录用合格分数线。根据这一规定，今后各级党政机关录用人员，一律实行考试录用的办法，而且有一套严格的程序，任何机关不得违法进人。

2．考试录用的适用范围。考试录用的具体适用对象是，主任科员以下非领导职务，包括办事员、科员、副主任科员和主任科员四个职务层次。"其他相当职务层次的非领导职务"，是适应职位分类制度而确定的，包括担任专业技术类、行政执法类等职务序列中相当于主任科员以下非领导职务的公务员。目前一些县、乡机关中存在"股长"、"副股长"，不属于《公务员法》中规定的领导职务，因而，县、乡机关补充担任"股长"、"副股长"的人员，不能直接从机关外调任，一般应从公务员队伍内部选拔，如确需从外部补充，应当适用考试录用。

3．公务员录用的管理机构和管理权限

《公务员法》第22条规定，公务员录用工作分别由中央和省级公务员主管部门负责组织。即由中央和省级组织部门、人事部门负责组织，必要时省级公务员主管部门可以授权设区的市级公务员主管部门组织。需要指出，录用主管部门和公务员主管部门不尽相同。录用主管部门包括中央公务员主管部门、省级公务员主管部门和经省级公务员主管部门授权的市级公务员主管部门，县级以下公务员主管部门不能组织录用考试，无权审批录用人员名单。

4．考试内容和录用程序。随着职位分类制度的不断深化，职位类别的科学划分，今后在考试内容的设置中会加大体现职位特点的比重。综合《公务员法》第26～32条的规定，进行公务员招考录用要经过八个方面的主要程序：发布招考公告、对报考申请进行审查、进行公开考试、进行报考资格的复审、考查和体检、提出拟录用人员名单进行公示、批准并办理录用手续、对新录用公务员进行一年的试用考察。上述程序充分体现了《公务员法》强调落实公务员招考录用的原则和公务员职位的公共性，突出了在公务员的管理过程中要严把"进口"关，必须加大"凡进必考"的透明度。

5. 公务员特殊职位的录用。

《公务员法》第 31 条规定："录用特殊职位的公务员，经省级以上公务员主管部门批准，可以简化程序或者采用其他测评办法。"比如说，安全部门的一些涉及国家秘密的职位，招考时可以不面向社会公告，拟录用公务员也不进行公示；再如，招考高级翻译职位人员时，还要对报考人员的外语口语、听力等方面的能力进行专门的测评。

（三）公务员职位的聘任

1. 公务员职位聘任的意义。公务员职位的聘任是指用人机关通过与将要录用为公务员的公民之间签订聘任合同的方式任用公务员。在我国最早实行合同用人办法的是"三资"企业，接着国有企业引入合同制，尔后，逐步推广到事业单位、乡镇党政机关以及其他机关。《公务员法》第 95 条规定："机关根据工作需要，经省级以上公务员主管部门批准，可以对专业性较强的职位和辅助性职位实行聘任制。前款所列职位涉及国家秘密的，不实行聘任制。" 所谓专业性较强的职位和辅助性职位，从职务类别上讲，既包括非领导职位也包括领导职位；从人才特点上讲，主要是指专业技术知识要求高，社会通用性、专业性强，机关急需紧缺的人才（如金融、财会、法律、信息技术等），也包括部分机关中处于辅助事务性强的人才。适用聘任制除了职位的特殊要求外，还必须是工作确实需要，并需报经省级以上公务员综合管理部门的批准。实行聘任制，不仅可以满足机关的特殊用人需求，还可以降低机关用人成本，同时可以健全用人机制，增强公务员制度活力。

2. 聘任制的适用范围。《公务员法》第 95 条第 1 款规定："机关根据工作需要，经省级以上公务员主管部门批准，可以对专业性较强的职位和辅助性职位实行聘任制。"专业性较强的职位，一是对专业技术知识要求较高，二是机关急需紧缺的专业人才。《党政领导干部选拔任用工作条例》规定："党政机关部分专业性较强的领导职务实行聘任制。"因此，实行聘任制的职位既包括非领导职位，也包括领导职位。辅助性职位，主要指事务性强，在机关工作中处于辅助、从属地位的职位，如书记员、资料管理、文件收发、数据录入等方面的职位。对以上职位实行聘任制，要进行严格的审批，并且聘任合同应报同级公务员主管部门备案。第 95 条第 2 款还规定："前款所列职位涉及国家秘密的，不实行聘任制。"所谓涉及国家秘密的职位，要根据党和国家有关规定和机关的具体情况来确定。

3．聘任方式。《公务员法》第96条第1款规定："机关聘任公务员可以参照公务员考试录用的程序进行公开招聘，也可以从符合条件的人员中直接选聘。"同时，本条第2款又规定："机关聘任公务员应当在规定的编制限额和工资经费限额内进行。"这就是说，实行聘任制需要在编制部门核定的编制限额内进行；同时，必须使用机关财政负担的工资经费。

4．聘任制公务员的管理。《公务员法》第97条第1款规定："机关聘任公务员，应当按照平等自愿、协商一致的原则，签订书面的聘任合同，确定机关与所聘公务员双方的权利、义务。聘任合同经双方协商一致可以变更或者解除。"这就是说，聘任制公务员的管理主要是根据合同管理，这与委任制公务员有所不同。第98条第1款规定，"聘任合同应当具备合同期限，职位及其职责要求，工资、福利、保险待遇，违约责任等条款。"该条第2款还规定了聘任合同期限为1年至5年，试用期为1个月至6个月。聘任制公务员按照国家规定实行协议工资制。还规定了解除、终止聘任的条件等。从规定看，聘任公务员的程序一般灵活、简便，只要双方达成一致意见，就可签订聘任合同。聘任制公务员不适用"降级"、"撤职"、"开除"等处分，如有问题，比如严重违反工作纪律或用人机关规章制度的；或者严重失职、营私舞弊，对用人单位利益和名誉造成重大损害的；或者被依法追究刑事责任的，予以解除合同。聘任制公务员在聘任期间没有职务晋升的问题，但可以按照聘任合同的约定，定期增长工资和其他福利待遇。此外，公务员管理的一般原则和制度精神仍适用于聘任制公务员的管理。如坚持干部队伍"四化"方针，坚持党管干部的原则，坚持德才兼备的原则，坚持公开、平等、竞争、择优；要在国家核定的行政编制和职数限额内任用；执行公务员奖励规定；履行公务员义务，遵守公务员纪律等等。

（四）其他公务员的录用方法

1．选任。选任是国家通过选举（包括公民直接选举和通过人民代表大会间接选举）的方式产生国家公务员。选任是一种传统的公职任用方式，其历史可以追溯到原始社会氏族部落首领的选举，在近现代社会具有广泛的适用性，也反映了高度的民主性。公职选举任用方式是对封建专制制度君主恩赐官职的批判，是人类社会管理方式和手段进步的标志。在西方资产阶级民主国家建立之初，公职的产生在很大程度上采用选任制，但是由于资产阶级政党政治的影响，选任制后来逐步演化为"政党"之间对国家利益和公共利益的争夺，同时，公职人员的业务素质也大为下降，政府机关腐败滋生，国家机器运转失灵。所以这种普遍的选任制产生公职的方式到后期不得不进行改革，即对公职系统的大部分人员实行考任制，选举只适用于部分公务员，即国家和各级政府机关中的决策人员。由于我国的公务员制度是从旧的人事制度和《国家公务员暂行条例》的基础上逐步演化和完善而来的，从《公务员法》所适用的范围来看，涉及众多的机关、行业和职位，除了考试录用和聘用的方法之外，《公务员法》对党和国家其他机关领导职务的公务员的录用方式进行了明确的规定。《公务员法》第39条规定，"选任制公务员在选举结果生效时即任当选职务；任期届满不再连任，或者任期内辞职、被罢免、被撤职的，其所任职务即终止。"这些机关中的公务员的产生方式主要是选举。

2. 调任。是指国有企业事业单位、人民团体和群众团体中从事公务的人员调入机关担任领导职务或者副调研员以上及其他相当层次的非领导职务。它是公务员队伍的一个"入口"。《国家公务员暂行条例》中的"调任"，明确规定包含"调入"和"调出"两个方面，《公务员法》中的"调任"特指从机关外的其他从事公务的人员中调进合适人员到机关担任公务员职务的交流形式。调任必须符合严格的调任程序，用人机关应当进行严格考察，并按照人事管理权限审批，必要时进行业务知识和能力的考试。因为符合调任条件的人较多，增加考试的程序，有利于实现公开、公平、竞争、择优的原则，更有利于将优秀的人才选进公务员队伍。

三、国家公务员的"使用"管理

国家公务员的"使用"管理是指对公务员的考核、奖惩、晋升、降职和交流等的管理。

（一）公务员的考核

公务员的考核是机关对公务员的品行、才能和实际表现进行考查、审核，以确定其是否胜任现职和决定对其任用和待遇等。根据《公务员法》的规定，我国对公务员的考核制度包括以下内容：

1. 考核原则。《公务员法》确立了分类考核的原则，考核对象不同，考核的标准和方法也有所不同。对非领导成员公务员的考核，由主管领导提出考核等次建议，由机关负责人或者由其授权的考核委员会确定。对领导成员公务员的考核，按照干部管理权限，由党委及其组织部门负责。对非领导成员公务员的定期考核采取年度考核的方式进行，对领导成员公务员的定期考核采取届中届末考核的方式进行。在实际工作中，对专业技术类、行政执法类公务员的考核，应采取与考核综合管理类公务员有所不同的考核标准和考核方法。譬如，对专业技术类公务员进行考核时，应充分考虑其与基层直接联系的特点，征求执法相对人的意见，以检验其服务效果，评价其工作业绩。

2．考核内容。《公务员法》在总结我国实行公务员考核制度经验，吸收党政领导干部考察成功做法的基础上，明确规定："对公务员的考核，按照管理权限，全面考核公务员的德、能、勤、绩、廉，重点考核工作实绩"，使公务员的考核内容依法得到规范和完善。

3．考核方式。公务员的考核分为平时考核和定期考核。定期考核以平时考核为基础。对非领导成员公务员的定期考核采取年度考核的方式，先由个人按照职位职责和有关要求进行总结，主管领导在听取群众意见后，提出考核等次建议，由本机关负责人或者授权的考核委员会确定考核等次。对领导成员的定期考核，由主管机关按照有关规定办理。

4．考核结果。定期考核的结果分为优秀、称职、基本称职和不称职四个等次。定期考核的结果应当以书面形式通知公务员本人。定期考核的结果作为调整公务员职务、级别、工资以及公务员奖励、培训、辞退的依据。

（二）公务员的奖励

1．公务员奖励的含义。奖励是机关对表现突出、有显著成绩和贡献或其他突出事迹的公务员予以物质和精神奖励的制度。它有以下几层含义：奖励的主体是公务员所在的各类机关；奖励的对象是公务员或者公务员集体；奖励的条件是工作表现突出，有显著成绩和贡献，或者有其他突出事迹；奖励是依法进行的，即奖励的条件、种类、程序都是法定的，都要严格按照法律规定办理。

2．奖励制度的基本原则。根据《公务员法》第48条的规定和公务员奖励的实践，我国公务员奖励制度的基本原则主要有：物质奖励与精神奖励相结合，以精神奖励为主的原则；公平、公正、公开的原则；奖励个人与奖励集体并重的原则；定期奖励和及时奖励相结合的原则；有错必纠的原则。

3．公务员奖励的条件。我国《公务员法》第49条规定，公务员或者公务员集体有下列情形之一的，给予奖励：（1）忠于职守，积极工作，成绩显著的；（2）遵守纪律，廉洁奉公，作风正派，办事公道，模范作用突出的；（3）在工作中有发明创造或者提出合理化建议，取得显著经济效益或者社会效益的；（4）为增进民族团结、维护社会稳定做出突出贡献的；（5）爱护公共财产，节约国家资财有突出成绩的；（6）防止或者消除事故有功，使国家和人民群众利益免受或者减少损失的；（7）在抢险、救灾等特定环境中奋不顾身，做出贡献的；（8）同违法违纪行为作斗争有功绩的；（9）在对外交往中为国家争得荣誉和利益的；（10）有其他突出功绩的。

4．公务员奖励的种类和奖励权限。《公务员法》第 50 条规定，公务员奖励分为精神奖励和物质奖励。精神奖励分为：嘉奖、记三等功、记二等功、记一等功、授予荣誉称号五类。物质奖励主要是对受奖励的公务员或者公务员集体予以表彰，并给予一次性奖金或者其他待遇。

《公务员法》第 51 条规定，给予公务员或者公务员集体奖励，按照规定的权限和程序决定或者审批。1995 年人事部发布的仅适用于国家行政机关公务员的《国家公务员奖励暂行规定》明确规定，行政机关公务员奖励的权限是：（1）嘉奖、记三等功由县级以上人民政府或者市（地）级以上人民政府工作部门批准；（2）记二等功，由市（地）级以上人民政府或者省级以上人民政府工作部门批准；（3）记一等功，由省、自治区、直辖市以上人民政府或者国务院工作部门批准；（4）国务院授予荣誉称号，经国务院人事部门审核后，由国务院批准；（5）省、自治区、直辖市人民政府授予荣誉称号，经本级政府人事部门审核后，由省、自治区、直辖市人民政府批准；（6）国务院工作部门授予荣誉称号，经国务院人事部门审核同意后，由国务院工作部门批准；（7）地方各级人民政府按照奖励权限的规定，给予本级人民代表大会选举或者人民代表大会常务委员会决定任命的人民政府领导人员奖励，应当报上一级人民政府批准；对政府工作部门领导人员的奖励，由本级人民政府批准；（8）审批机关在给予国家公务员奖励时，应当按国家公务员管理权限，征得主管机关的同意。

（三）公务员的晋升和降职

1．公务员晋升的含义和特点。晋升是指机关依照一定的原则、条件和程序，对公务员职务进行提升的制度。与旧的人事制度和《公务员暂行条例》相比，《公务员法》规定的我国公务员晋升制度主要有以下特点：

（1）吸收了近年来干部人事制度改革的成果，进一步完善了公务员职务晋升的方式，将公开选拔、竞争上岗确立为晋升公务员职务的方式之一，并对其基本程序作了规范；

（2）针对不同职务的特点，体现分类管理的理念，设计了领导职务和领导职务以外的其他职务的晋升程序；

（3）对法官、检察官的任职人选做出了特殊规定，这是由于法官、检察官的任用有从事法律工作年限的特别要求，都是副科级以上的层次，任命机关是人大常委会而不是政府机关，也没有试用期的规定。所以，《公务员法》对此作了特殊规定，既保证法官、检察官的素质，又方便报考者，不让他们参加两次考试。

（4）本着推进干部能上能下的精神，进一步明确了公务员降职的情形，增强了降职制度的可操作性。

2．公务员晋升的原则。《公务员法》第 43 条第 2 款规定："公务员晋升职务，应当逐级晋升。特别优秀的或者工作特殊需要的，可以按照规定破格或者越一级晋升职务。"

3．公务员职务晋升的依据。《公务员法》第 43 条第 1 款规定："公务员晋升职务，应当具备拟任职务所要求的思想政治素质、工作能力、文化程度和任职经历等方面的条件和资格。"

4．公务员职务晋升的方式。公务员职务晋升的方式有三种：

（1）逐级晋升，是指按照规定的公务员职务序列顺序由下至上提任职务。各国公务员制度皆将公务员职务分为若干层次，公务员的职务晋升，必须按照职务层次，由低向高，一级一级地晋升。这是因为一个人工作能力的提高与工作经验的积累，需要经过一定时间和一定的过程。在下一层次一个或几个岗位上经过一定年限的实践锻炼，有利于较好地胜任上一层次职务的要求。这也是保证公务员管理有序进行的需要。

（2）破格晋升，是指在晋升时适当放宽资格方面的要求，如放宽工龄、基层工作经历、文化程度、任职年限等方面的资格要求。

（3）越级晋升，是指按照规定的公务员职务序列顺序跨越一个职务层次晋升职务。如由副科级职务直接晋升副处级职务。对特别优秀的公务员，或者在工作特殊需要的情况下，应当允许破格晋升或者越级晋升。破格晋升和越级晋升应当按管理权限和一定的程序报经公务员主管部门同意，以维护法律的严肃性，防止主观随意性。"特别优秀"、"工作特殊需要"是原则性规定，实际工作中，情况比较复杂，要具体情况具体分析。

5．公务员职务晋升的程序。根据《公务员法》第 44 条的规定，我国公务员晋升领导职务，按照下列程序办理：（1）民主推荐，确定考察对象；（2）组织考察，研究提出任职建议方案，并根据需要在一定范围内进行酝酿；（3）按照管理权限讨论决定；（4）按照规定履行任职手续。公务员晋升非领导职务，参照前款规定的程序办理。

6．公务员的降职。公务员的降职是指机关根据法定的条件、原则和程序，将公务员从高级职位调入低级职位的一种公务员职位任用制度。我国公务员制度所规定的降职，不是一种惩戒性的行政处分，而是一种公务员任用行为，是一种人才资源调配手段。

公务员的降职必须依据法定的条件和程序，《公务员法》第 47 条规定，公务员在定期考核中被确定为不称职的，按照规定程序降低一个职务层次任职。公务员降职的程序要求是：首先，由所在单位提出降职安排意见，明确降职的理由和降职后的安排去向。第二，征求本人意见。第三，任免机关审批。

（四）公务员的惩戒

惩戒是机关对违反政纪的公务员给予行政处分以示警戒的制度。我国公务员惩戒制度主要包括下述内容：

1．惩戒适用的条件。对公务员进行惩戒的条件是公务员违反了相关纪律。公务员在执行公务时应当遵守的纪律主要包括四个方面：（1）政治纪律。政治纪律是公务员在政治方面应当遵守的行为准则。违反政治纪律的主要表现有散布有损国家声誉的言论；组织或者参加旨在反对国家的集会、游行、示威等活动；组织或者参加非法组织，组织或者参加罢工。（2）工作纪律。工作纪律是指公务员在履行职责时应当遵守的纪律。违反工作纪律的行为主要有以下几个方面：玩忽职守，延误工作；拒绝执行上级依法做出的决定和命令；压制批评，打击报复；弄虚作假，误导、欺骗领导和公众；滥用职权，侵害公民、法人或者其他组织的合法权益；泄露国家秘密或者工作秘密；在对外交往中损害国家荣誉和利益；旷工或者因公外出、请假期满无正当理由逾期不归。（3）廉政纪律。违反廉政纪律的行为主要有以下几个方面：贪污、行贿、受贿，利用职务之便为自己或者他人谋取私利；违反财经纪律，浪费国家资财；从事或者参与营利性活动，在企业或者其他营利性组织中兼任职务。（4）道德纪律。道德纪律是指公务员作为公职人员，必须遵守公务人员的职业道德，并遵守社会主义公共道德。《公务员法》规定的公务员违反道德纪律的行为主要有：参与或者支持色情、吸毒、赌博、迷信等活动；违反职业道德、社会公德。

同时，公务员执行公务时，认为上级的决定或者命令有错误的，可以向上级提出改正或者撤销该决定或者命令的意见；上级不改变该决定或者命令，或者要求立即执行的，公务员应当执行该决定或者命令，执行的后果由上级负责，公务员不承担责任；但是，公务员执行明显违法的决定或者命令的，应当依法承担相应的责任。

2．惩戒处分的种类和期限。惩戒处分分为：警告、记过、记大过、降级、撤职、开除。受处分的期间为：警告，6个月；记过，12个月；记大过，18个月；降级、撤职，24个月。受撤职处分的，按照规定降低级别。

3．惩戒处分的适用及其效力。根据《公务员法》第57～59条之规定，对公务员的处分，应当事实清楚、证据确凿、定性准确、处理恰当、程序合法、手续完备。公务员违纪的，应当由处分决定机关决定对公务员违纪的情况进行调查，并将调查认定的事实及拟给予处分的依据告知公务员本人。公务员有权进行陈述和申辩。处分决定机关认为对公务员应当给予处分的，应当在规定的期限内，按照管理权限和规定的程序做出处分决定。处分决定应当以书面形式通知公务员本人。公务员在受处分期间不得晋升职务和级别，其中受记过、记大过、降级、撤职处分的，不得晋升工资档次。公务员受开除以外的处分，在受处分期间有悔改表现，并且没有再发生违纪行为的，处分期满后，由处分决定机关解除处分并以书面形式通知本人。解除处分后，晋升工资档次、级别和职务不再受原处分的影响。但是，解除降级、撤职处分的，不得恢复原级别、原职务。

四、国家公务员的"出口"管理

国家公务员的"出口"管理主要是指对公务员的解聘、辞退、退休退职等。

（一）公务员的辞职

公务员的辞职是公务员向机关提出申请，辞去公职，不再担任公务员职务的制度。

1. 辞职制度的意义。首先是进一步严格了公务员队伍的管理，把竞争激励机制和优胜劣汰机制注入了机关，有利于增强机关活力，树立高素质公务员新形象。其次是为遏制形式主义和官僚主义，实现干部能"上"能"下"，增强领导干部的责任意识和爱岗敬业精神开拓了重要途径。其三是进一步为机关各类人才的流动拓宽了渠道，有利于促进公务员人才结构的调整。其四是将联动性地推进公务员制度的改革，有利于促进公务员制度和公务员管理形成良性循环和整体效益的提高。

2. 辞职的种类。公务员辞去领导职务分为因公辞职、自愿辞职、引咎辞职、责令辞职四种情况。《公务员法》第82条规定，担任领导职务的公务员，因工作变动依照法律规定需要辞去现任职务的，应当履行辞职手续；担任领导职务的公务员，因个人或者其他原因，可以自愿提出辞去领导职务；领导成员因工作严重失误、失职造成重大损失或者恶劣社会影响的，或者对重大事故负有领导责任的，应当引咎辞去领导职务；领导成员应当引咎辞职或者因其他原因不再适合担任现任领导职务，本人不提出辞职的，应当责令其辞去领导职务。因公辞职和自愿辞职适用于所有担任领导职务的公务员，引咎辞职和责令辞职仅仅适用于公务员中的领导成员。

3. 公务员辞职的条件和程序。《公务员法》对公务员辞职的积极条件没有做明确的规定，只是规定有下列情形之一的不得辞职：（1）未满国家规定的最低服务年限的；（2）在涉及国家秘密等特殊职位任职或者离开上述职位不满国家规定的脱密期限的；（3）重要公务尚未处理完毕，且须由本人继续处理的；

（4）正在接受审计、纪律审查，或者涉嫌犯罪，司法程序尚未终结的；（5）法律、行政法规规定的其他不得辞去公职的情形。

公务员辞去公职，应当向任免机关提出书面申请。任免机关应当自接到申请之日起 30 日内予以审批，其中对领导成员辞去公职的申请，应当自接到申请之日起 90 日内予以审批。

（二）公务员的辞退

辞退是指当国家公务员具有某种法定情形时，机关可以将其辞退，单方终止其国家公职身份的法律制度。

1. 辞退的法定条件。《公务员法》第 83 条规定，公务员有下列情形之一的，予以辞退：（1）在年度考核中，连续两年被确定为不称职的；（2）不胜任现职工作，又不接受其他安排的；（3）因所在机关调整、撤销、合并或者缩减编制需要调整工作，本人拒绝合理安排的；（4）不履行公务员义务，不遵守公务员纪律，经教育仍无转变，不适合继续在机关工作，又不宜给予开除处分的；（5）旷工或者因公外出、请假期满无正当理由逾期不归连续超过 15 天，或者一年内累计超过 30 天的。第 84 条规定，对有下列情形之一的公务员，不得辞退：（1）因公致残，被确认丧失或者部分丧失工作能力的；（2）患病或者负伤，在规定的医疗期内的；（3）女性公务员在孕期、产假、哺乳期内的；（4）法律、行政法规规定的其他不得辞退的情形。

2. 公务员辞退的程序。辞退公务员，按照管理权限决定。辞退决定应当以书面形式通知被辞退的公务员。被辞退的公务员，可以领取辞退费或者根据国家有关规定享受失业保险。公务员辞职或者被辞退，离职前应当办理公务交接手续，必要时按照规定接受审计。

（三）公务员退休退职

公务员退休是指公务员达到法定年龄或法律规定的其他条件，如完全丧失工作能力的，依法退出公职，不再担任国家公务员的制度。公务员的退休有正常退休和提前退休两种。

《公务员法》第 88 条规定，公务员符合下列条件之一的，本人自愿提出申请，经任免机关批准，可以提前退休：（1）工作年限满 30 年的；（2）距国家规定的退休年龄不足 5 年，且工作年限满 20 年的；（3）符合国家规定的可以提前退休的其他情形的。

公务员退休后，享受国家规定的退休金和其他待遇，国家为其生活和健康提供必要的服务和帮助，鼓励发挥个人专长，参与社会发展。另外，公务员辞去公职或者退休的，原系领导成员的公务员在离职 3 年内，其他公务员在离职

2 年内，不得到与原工作业务直接相关的企业或者其他营利性组织任职，不得从事与原工作业务直接相关的营利性活动。

越级晋升的地方性规定

四川省川人法 [2001] 70 号规定，对工作实绩特别突出，德才优秀，群众公认德才优秀的公务员，可越级或放宽条件晋升处级及其以下职务。具体讲，就是可越级晋升的条件是：1、获得国务院、人事部或人事部和国务院部委联合表彰、省级政府授予的荣誉称号或记一等功奖励和在近三年年度考核中被确定为优秀等次的；2、在工作中能创造性地开展工作，提出政策、意见、建议，为我省取得显著经济效益和社会效益的；3、提出了有重大改革、创新价值的理论、观点、措施，对我省经济建设和社会发展起到了重要作用的；4、在处理重大事件、重大灾情、重大疫情中做出了突出贡献的。可放宽资格条件晋升领导职务或非领导职务的条件是：获得省人事厅和政府部门联合表彰或记二等功以上奖励的和在近两年年度考核中被确定为优秀等次的。

司法统一考试报名行政案

2002 年 1 月，中央党校函授学院 98 届政法专业本科毕业生、某单位教师向甘肃省玉门市司法局报名参加本年度全国司法统一考试，玉门市司法局以该教师所持毕业证系中央党校文凭为由多次拒绝为其报名。该教师以司法局未履行法定职责为由将司法局告上法庭，而司法局以党校文凭未被国家教委认可为由坚持认为自己的行为合法。玉门市法院审理后认为，司法局严格按照国家司法部门、国家教委的文件要求作出的不给原告报名的行为属于合法行政行为，当庭判决驳回了原告的诉讼请求。

转引自 http://www.flzsw.com/anli/xingzhengfa/200609/4457.html。

思考题

1. 名词解释
（1）国家公务员　　（2）公务员职位分类
2. 任意项选择题

（1）我国的国家公务员包括（   ）。

A. 执政党机关的工作人员　　　　　B. 各类国家机关的工作人员

C. 政协机关的工作人员　　　　　　D. 民主党派的工作人员

（2）我国的国家公务员主要有（   ）。

A. 专业技术类　　　　　　　　　　B. 行政执法类

C. 综合管理类　　　　　　　　　　D. 政治类

（3）国家公务员的管理制度主要包括（   ）。

A. 基础管理　　　　　　　　　　　B. "进口"管理

C. "使用"管理　　　　　　　　　　D. "出口"管理

（4）对公务员放宽条件由下一级职位晋升到上一级职务的晋升是（   ）。

A. 逐级晋升　　　　　　　　　　　B. 越级晋升

C. 破格晋升　　　　　　　　　　　D. 随意晋升

（5）公务员辞去领导职务的情况有（   ）。

A. 因公辞职　　　　　　　　　　　B. 自愿辞职

C. 引咎辞职　　　　　　　　　　　D. 责令辞职

（6）国家公务员录用的方式有（   ）。

A. 考任　　　　　　　　　　　　　B. 调任

C. 选任　　　　　　　　　　　　　D. 聘任

3. 简答题

（1）简述我国国家公务员的条件和范围。

（2）简述公务员的基本权利和义务。

（3）简述担任国家公务员职位的基本条件和消极条件。

4. 论述题

试述国家公务员身份识别的意义和方法。

5. 案例分析题

某市公安局强制戒毒所根据群众举报，以梁某吸毒为由，将其抓到戒毒所强制戒毒。当晚，戒毒所聘用的保安张某、李某认为梁某"难讲话，不讲理"，将其从一号戒毒室拉出，用木棍、铁柄进行殴打，持续了20多分钟后带回。第二天梁某死于室中，经法医鉴定系钝器击打所致。后张某、李某被人民法院以故意伤害罪分别判处死刑和有期徒刑12年。同时受害人梁某的家属向市公安局提出申请，要求对梁某的死亡进行行政赔偿。公安局以张某、李某的行为系个人行为而拒绝赔偿，梁某的家属遂向法院提起行政诉讼。请问，公安局是否应当对梁某的死亡负赔偿责任，为什么？

第七章　行政相对人

本章要点

行政相对人是在行政法律关系中与行政主体相对的一方当事人，在行政法中，行政相对人不是消极的义务主体和被管理者，而是一个重要的具有法定权利和义务的主体。行政相对人及其相关的法律制度是现代行政法的重要组成部分，有关行政相对人的法律权利和义务除了宪法和民法中的一般规定外，在行政法中也有明确具体的规定。本章的重点内容是，在理论上明确行政相对人的含义和基本特征，分析现实社会中行政相对人的范围、种类和具体的形式，掌握行政相对人的法律地位，主要是行政相对人的权利能力和行为能力以及在不同的行政法律关系中所享有的权利和承担的义务。

第一节　行政相对人概述

在行政法律关系的主体当中，除了行政主体之外，行政相对人是不可或缺的。行政相对人是行政管理的主要对象，但是行政相对人又不同于一般的民事主体，他们在行政法律关系中享有和承担着特殊的权利和义务，所以有必要对行政相对人的含义、法律地位和基本构成进行理解和认识。

一、行政相对人的概念

行政相对人这一术语并非是一个法律概念，但它却是法学界表达行政法律关系主体的一个重要学术用语，相对人法律制度是国家行政法制的重要内容。关于行政相对人的理解，在理论界还没有形成统一的见解，根据行政法律关系主体的定义和构成，行政相对人是指相对于国家行政活动中拥有公共管理权的行政主体而言的，是不拥有公共权力的个人或组织。也就是说，行政相对人是指在具体的行政法律关系中与行政主体（行政人）相对应的另一方当事人，即在行政关系中处于被管理地位的组织和个人。

首先，行政相对人是行政法律关系中的组织和个人。行政相对人是一个关系范畴，任何个人和组织如果没有参加行政法律关系，而是参加其他法律关系，就不可能具有行政相对人的地位，也不能被称为"行政相对人"。行政法律关系包括内部行政法律关系和外部行政法律关系，也包括一般行政法律关系和具体行政法律关系，只有实际地参加行政法律关系，成为行政法律关系的当事人，才能成为行政相对人。

其次，行政相对人是指行政法律关系中与行政主体相对应，处于被管理和被支配地位的另一方当事人。行政法律关系不同于民事法律关系，在民事法律关系中，双方当事人的地位是平等的，而且是可以互换的。而在行政法律关系中，行政主体和行政相对人的法律地位是不平等的。行政主体拥有国家行政权，处于管理者和支配者的地位；而作为另一方当事人的公民和社会组织是处于被管理和被支配的地位，负有服从行政主体职权行为的义务。行政相对人只能是行政法律关系中被管理的一方当事人，而且行政相对人不包括在行政法制监督关系中对行政主体的行政执法行为进行监督的国家机关、社会组织和公民个人。在行政法制监督关系中，监督主体虽然也是与行政主体相对应的一方当事人，但是监督主体是行使国家监督权的一方，而不是被管理的一方。当然，行政相对人不限于一般公民、法人和其他组织，也包括在特定条件下处于被管理地位的国家机关和公务员个人。

其三，行政相对人是在行政法律关系中其权利义务受到行政行为影响的组织和个人。行政相对人不是一般意义上的公民、法人和其他组织，而是直接或间接地参加行政法律关系，其权利义务受到行政主体行政行为影响的公民、法人和其他组织。易言之，行政相对人的身份和法律地位是基于参加行政法律关系而形成的。作为行政相对人的公民、法人和其他组织是与行政主体之间有特定权利义务关系的，这种权利义务关系是基于行政法的规定，是在特定的时间和环境条件下产生的，而不是在任何时间和环境条件下都能产生。

二、行政相对人的分类

对行政相对人的分类研究，有助于把握各种类型行政相对人的特征及其行政法地位。从不同的角度，可以对行政相对人作不同的分类。

（一）个人相对人和组织相对人

以存在的形态为标准，行政相对人可以分为公民个人和组织两大类。个人相对人是以自然人为存在形态，而不是以组织体的形式存在的行政相对人，是行政法中最主要的行政相对人。个人相对人不一定是单个的个人，也可能是多个个人，只要这些个人不是组织体，相互之间没有组织上的联系，即使数量再多，也不影响他们作为个人的相对人。在行政管理的大多数领域，与行政主体发生法律关系的当事人都可能是公民个人，如行政许可、行政征收、行政处罚、行政强制等，公民个人都可能成为这些行政行为的直接或间接对象，从而成为行政法律关系中的行政相对人。

作为行政相对人的组织主要是指，具有法人资格的企业组织、事业单位、社会团体以及特定情况下的国家机关组织，也包括在我国取得法人资格的外国企业、事业单位。随着社会生产和生活的社会化程度不断加深，社会、经济、文化事业的组织化程度也越来越高，各种法人组织和非法人组织就成了行政管理的主要对象。非法人组织是经法定机关批准，准许其从事某种业务活动但不具备法人条件，没有取得法人资格的社会团体或经济组织。

（二）直接相对人和间接相对人

以与行政主体行政行为是否有直接关系为标准，行政相对人可以分为直接相对人和间接相对人。直接相对人是行政行为的直接对象，其权利和义务受到行政行为的直接影响，如行政许可、行政救助的申请人，行政处罚的被处罚人等等；间接相对人是行政行为的间接对象，其权益受行政行为的间接影响，如行政处罚中被处罚人违法行为的受害人，行政许可中其合法权益可能受到许可行为影响的利害关系人等等。直接相对人和间接相对人的合法权益受到行政行为影响后，二者的救济途径、方式和方法有所不同。

（三）受益相对人和损益相对人

以行政行为对相对人的利益影响的性质为标准，行政相对人可以分为受益相对人与损益相对人。受益相对人是指行政行为对其权益产生有利影响，即在行政法律关系中，行政相对人可以通过行政行为获得某种利益，行政主体则对之负有某种义务。如行政救助、行政奖励中的相对人。损益性相对人是指行政行为对其产生不利影响，即在行政法律关系中，损益性行政相对人通常要承担某种义务，并由行政主体对其行使权力，或其因行政行为将丧失某种利益。如行政处罚中的被处罚人，行政强制中的被强制人都是损益性行政相对人。

（四）内部相对人和外部相对人

根据行政相对人与行政主体之间有无行政隶属关系，可以将行政相对人分为内部相对人与外部相对人。内部相对人是与行政主体之间具有行政隶属关系或同属于行政组织序列的行政相对人，如在行政组织关系中的公务员，行政审计和行政监察关系中的被审计和被监察的国家机关、企事业单位及公务员个人。外部相对人是与行政主体之间没有行政隶属关系的行政相对人。在一般的行政管理关系中，与行政主体相对的一方当事人都是外部相对人。内部相对人与外部相对人区分的目的是区分它们在法律关系中不同的地位和法律救济途径，从目前我国行政法律的相关规定来看，内部行政关系还没有纳入行政复议和行政诉讼的范围，只能采取内部救济的方式。

三、行政相对人的范围

相对人的范围，在行政法理论界尚未明确界定，一般说来，相对人的范围相当广泛，包括国家组织、社会团体、企事业单位和公民个人等。

（一）国家组织

国家组织是国家机关和国家机构的合称。国家组织是国家机器的组成部分，一般情况下，它们依法行使国家职权，是行政主体或其他公权力主体，但在一定条件下接受行政主体的管理，就成为行政相对人。

1. 行政组织。行政组织包括行政机关和行政机构，它们成为相对人有两种情况：一种是行政组织在接受有关主管部门的监督管理时就成为内部相对人。如各级各类行政机关和行政机构在接受国家审计部门的审计和监察部门的行政监察时就成为被审计、监察的对象，自然也就成为行政相对人。另一种是行政组织作为一般社会成员接受管理时成为外部相对人。如处在非职权行为或非行使职权的场合、领域，行政组织不是以行政主体的身份从事社会活动，而是以一般社会成员的身份进行民事活动或其他社会活动，这时它们处于与一般法人或非法人组织同样的地位，也就成为特定行政主体行政管理活动的对象，从而成为行政相对人。如行政组织在卫生、交通、治安、环境、规划、文化、体育等领域是被管理的对象，也能成为外部相对人。

2. 其他国家组织。除行政组织以外，还有不少国家组织，如国家权力、审判、检察、军事指挥机关，这些国家组织各有自己的职能，在行使职权时不能也不可能成为行政相对人。但是，当它们以"机关法人"的身份参与民事活动或进行非职权性活动而这些活动又属于行政主体的管辖内容时，就成为行政相对人。其他国家组织与国家行政组织不同的是，它只能作为外部相对人，而不能成为内部相对人。

（二）社会组织

社会组织是国家组织以外的个人的结合体，它包括企业、事业单位和社会团体等。

　　1．企业单位。企业单位是指直接从事工农业生产、交通运输和商品流通等活动，实行独立经济核算的经济组织。企业单位作为相对人的法律地位，是通过它与行政机关之间的法律关系体现出来的，而这种关系是由宪法和有关企业法确认的。

　　2．事业单位。事业单位是指为国家创造和改善生产条件、促进社会福利、满足人民文化、卫生等需要，其经费实行预算拨款制而设置的机构。事业单位作为相对人的法律地位，体现在它们与人民政府之间的法律关系中。

　　3．社会团体。社会团体是指社会成员本着自愿的原则，依法组成的、有明确团体章程的集合体。它们也是重要的行政相对人。

　　社会组织除了上述企业、事业单位和社会团体之外，还有其他非法人组织，如个体工商户、农村承包经营户等。

　　（三）中国公民

　　公民就是指具有本国国籍，并依本国法律享有权利和承担义务的人。公民的概念在不同国家、不同社会，涵义是不同的。"公民"一词来源于古希腊、罗马奴隶制国家，当时是指在法律上享有特权的一部分自由民。在封建专制社会中没有公民的概念。到17、18世纪，以洛克、卢梭等人为代表的资产阶级思想家提出"天赋人权"、"主权在民"的思想，强调国家属于公民全体，公民在法律面前人人平等。其后在美国《独立宣言》和法国《人权宣言》以及各国宪法中相继使用了这一概念。我国自1954年《宪法》开始一直使用公民这一概念。我国关于"公民"的涵义，是特指具有中华人民共和国国籍的人，国籍是认定公民资格的唯一标准。

　　（四）外国组织和外国人

　　根据国家主权原则，外国组织和外国人不能成为中国行政法关系的行政主体，但它们可以成为中国行政法关系的行政相对人。

　　外国组织包括外国政治组织、经济组织和文化组织等。按性质划分主要有两大类：一类是国家组织，如外交机构；另一类是社会组织（包括经济组织），如外资企业。外国人包括外国公民和无国籍人。外国组织和外国人处在中国境内时，必须服从中国的法律，接受中国的行政管理，从而成为行政法律关系中的行政相对人。

　　作为相对人的外国人和作为相对人的我国公民虽然在行政法的地位上是对等的，但在具体内容上有所区别。首先，外国人不享有我国公民所享受的所有权利，有些权利为我国公民所专有，如选举和被选举权。其次，外国人也无需承担我国公民必须承担的某些义务，如服兵役的义务。再次，外国人必须履行附加的义务。有些义务是法律专为外国人设定的，中国公民不必履行，正如某些权利专属于中国公民一样，某些义务也专属于外国公民。最后，对外国人可适用某些特别的行政处罚措施，而对中国公民不适用，如限期离境。

幼儿园拒收适龄儿童入学案

　　1997 年，原告刘宇宸要求进入山东师范大学附属小学接受义务教育，遭到该小学的拒绝。理由是根据济南市历下区教委制定的中小学招生方案的规定，附属小学的新生入学年龄是六周岁零十个月，而刘宇宸在 1997 年 8 月 30 日新生入学时只有六周岁零十天。刘宇宸的父亲认为，他的儿子已经达到了《义务教育法》第 5 条规定的应当入学的六周岁的法定年龄，附属小学拒收其子的行为，违反了《义务教育法》。在与该附属小学交涉没有结果后，刘父继而向区教育局请求处理此事，区教育局没有处理。刘父即以区教育局为被告向济南市天桥区人民法院提起行政诉讼。一审法院判决被告败诉后，被告不服，向济南市中级人民法院提起上诉。济南市中级人民法院审理认定，受教育权是公民的社会文化权利，但该项法律没有规定当事人可以以此提起行政诉讼，故裁定撤销一审判决，驳回了刘宇宸的诉讼请求。

　　详细内容见《判例与研究》，1999 年第 1 期，第 19 页。

第二节　行政相对人的法律地位

一、行政相对人的权利能力和行为能力

　　行政相对人的权利能力是指作为相对人的公民、法人和其他组织依照行政法享有权利、承担义务的资格。行政相对人的行为能力是指作为行政相对人的公民、法人和其他组织以自己的行为行使行政法律权利，承担行政法律义务，从而使行政法律关系产生、变更和消灭的资格。由于作为行政相对人的公民、法人和其他社会组织的形态不同，所以它们在行政法上的权利能力和行为能力也有所不同。

（一）公民相对人的权利能力和行为能力

　　1. 公民相对人的权利能力。与民事权利能力不同，在行政法上，公民相对

人的权利能力分为一般能力和特殊能力。一般权利能力是指公民参加所有行政法律关系所要求的法律资格，它始于出生，终于死亡，而且平等地赋予所有的公民，不因个人的出身、年龄、性别、民族、种族、职业、信仰、文化程度及财产状况的不同而有所不同。特殊权利能力则是指公民个人参与特殊行政法律关系所要求的法律资格，它与相对人的法定身份密切相关，法律对不同身份的相对人其权利能力的要求也就不同。如被剥夺政治权利的公民就不具有担任国家公务员职务的资格，不能成为公务员管理关系中的相对人。

2．公民相对人的行为能力。根据行政法的公法性质及相关的法律规定，公民相对人的行为能力也分为一般行为能力和特殊行为能力两种。一般行为能力适用于一般的社会管理活动，其基本要求是年龄条件和智力发育状况。在我国，凡年满 18 周岁，精神正常的公民，是完全行为能力人；年满 10 周岁，不满 18 周岁的公民或不能完全辨认和控制自己行为后果的公民，是限制行为能力人；不满 10 周岁的未成年人或完全不能辨认自己行为性质和后果的公民，不具有行为能力；年满 16 周岁不满 18 周岁的未成年人，能够以自己的劳动收入为主要生活来源的，视为完全行为能力人。特殊行为能力是指在不同的行政法律关系中对公民年龄和智力的特殊要求。如我国《法官法》规定的担任法官职务的最低年龄是 23 周岁，《行政处罚法》中的被处罚人必须是年满 14 周岁，精神正常的公民。

（二）法人相对人的权利能力和行为能力

1．法人相对人的权利能力。国家机关、企事业单位、社会团体在依法取得法人资格后，就拥有了从事特定社会行为的资格，承担法定的义务，享有法定的权利，即具有权利能力。法人的权利能力不同于公民的权利能力，它因登记注册或法定的职权范围、经营范围、活动宗旨不同而不同，同时它从法人成立时产生，自消灭时终止。

2．法人相对人的行为能力。法人的行为能力和它的权利能力是一致的。首先，它们的存续时间相同。与公民的权力能力和行为能力不同，法人的行为能力与它的权利能力同时产生，同时消灭。其次，法人的行为能力与它的权利能力的范围也是相同的。不同的法人拥有不同的权力能力和行为能力，它们各自的权力能力和行为能力都是受其职权范围、经营范围或活动宗旨的限制。另外，法人的行为能力一般是由它的权力机关或法定代表人来实现，其权力机关或代表人的行为后果归属于法人，由法人承担其法律后果。

其他组织主要是非法人组织，它们的权利能力和行为能力在法律上基本上等同于法人的权利能力和行为能力。

二、行政相对人的权利和义务

（一）行政相对人权利义务的概念和特征

行政相对人的权利义务是指由行政法规定或确认的，由行政法律关系中行政相对人享有和承担的，与行政主体的权利义务相对应的权利义务。行政相对人的权利义务不是作为行政相对人的公民、法人和其他组织依法所享有和承担的各种法律权利和义务，而是它们在参加行政法律关系时，作为与行政主体相对的一方当事人，依照行政法所应当享有和承担的权利义务，它体现和反映行政法的部门法特点。

1. 行政相对人的权利义务是行政法所规定或确认的。行政相对人的权利义务是它们在行政法律关系中享有和承担的权利义务，其具体内容是由行政法确认和规定的。在现实中，行政法对行政相对人权利义务的规定分为两种情况：一种是相对人的权利义务只有在行政法中进行规定，其他法律没有做出规定，如公民参与行政管理的权利、依法纳税的义务等；另一种是其他法律部门和行政法都做了规定，如作为市场经营主体的财产权、自主经营权等既在民法中做了规定，同时行政法又在规定行政主体对企业和经营者不得乱摊派的义务时进行了强化规定。也就是说，企业经营者的有些权利在作为平等的市场主体进行交易和接受行政主体的行政管理时都是需要的，所以在民法和行政法中都做了规定。另外，作为行政相对人的有些权利义务只是在民法等其他部门法中进行了规定，行政法只是对它们的实现规定了行政主体的保护性权利义务或救济性权利义务。如经营者的注册商标权本身是一个民事权利，但是注册商标权的取得却需要商标管理部门的协助，即注册商标权是一个民事权利，而商标注册权却是一个与行政主体相对的行政相对人的权利。

2. 行政相对人的权利义务是在行政法律关系中所享有和承担的。行政相对人的权利义务是公民、法人和其他社会组织参加和缔结行政法律关系过程中所享有和承担的权利义务，这种权利义务是以行政活动或行政行为为界限的。在现实生活中，公民、法人和其他组织的社会活动是多种多样的，其身份和角色也是多元的，但只有在行政活动范围内享有和承担的权利义务，才是作为行政相对人身份的权利义务。如公民因违法行为给他人造成人身和财产损失时，既要向受害一方当事人赔偿损失，同时也要接受行政主体的行政处罚。其中向对方当事人赔偿损失的义务是民事义务，而向行政主体履行的义务则是行政法义务，是作为行政相对人的义务。

3. 行政相对人的权利义务是与行政主体的权利义务相对应的。行政相对人的权利义务，不是独立存在的，而是在行政法律关系中与行政主体的权利义务相对应的权利义务。也就是说，行政相对人享有和承担的权利义务的对应主体是行使国家行政职权的行政主体。

（二）行政相对人的权利

行政相对人的权利是行政相对人在行政法律关系中，针对行政主体而拥有的为一定行为和不为一定行为，请求行政主体为一定行为和不为一定行为的资格。行政主体对行政相对人的权利负有对应的义务。在行政法律关系中，行政相对人的权利包括实体权利和程序权利两大类。

行政相对人的实体权利主要是指，当行政主体及其工作人员违法或不当行使职权，给相对人的财产和自由带来侵害，或者说行政主体怠于行使职权，没有给行政相对人提供法定的人身和财产保护时，相对人有权请求排除违法或不当行政行为造成的损害，请求行政主体依法履行职责。

在实践中，行政相对人所拥有的实体权利主要包括：

1. 参与行政管理的权利。如进入国家机关担任公职的应试权和条件合格时被录用的权利、对行政主体及其工作人员提出意见和建议的权利、参加行政听证的权利、对国家政务活动发表言论及出版、集会、结社、游行示威的权利等。

2. 保护自己合法权益不受行政主体非法侵害的权利。这些权益包括其他法律及行政法规定的各种权益和自由，如人身权、财产权、经营自主权、劳动权等。

3. 请求行政主体保护合法权益的权利。这主要是指行政相对人的合法权益受到他人的不法侵害时，有请求行政主体予以保护的权利。

4. 受益权。行政相对人有通过行政主体的行为而获得现实利益或可得利益的权利。如获得行政许可、行政指导、行政奖励以及特定情况下的行政救助权等。

5. 行政赔偿权。行政相对人因行政主体的违法行为而遭受人身和财产损失的，有获得行政赔偿的权利。

行政主体对行政相对人的上述权利所负有的义务包括：保障行政相对人的各种合法权益得以正常实现的义务，即不得非法妨碍、阻挠、剥夺行政相对人的合法权益；积极保护行政相对人的合法权益不受非法侵害的义务；对相对人的补救和赔偿义务；增进行政相对人的权益的义务等。

随着程序观念的深入和人权理论的发展，行政相对人在享有上述实体权利的同时，还享有一系列与之相对应的程序权。

1. 知情权。行政相对人对行政主体的活动及其依据、内容和结论等都享有被告知和了解的权利。

2．申辩权。行政相对人在行政主体做出不利于自己的行政处理时享有陈述、质证、辩护和申诉的权利。

3．公平对待权。行政相对人在行政主体做出具体的行政处理时，在同等条件下，有权得到同等的对待。

4．获得公力救济权。当行政相对人对行政主体的决定不服，或者认为行政主体的职权行为侵犯其合法权益时，有权通过申诉、复议和诉讼的方式得到救济和帮助。

行政主体针对行政相对人的上述程序性权利则负有通知、说明理由、组织听证、告知诉权等义务。

（三）行政相对人的义务

根据行政法的实践和理论，行政相对人在行政法律关系中，主要履行以下义务：

1．服从行政管理的义务。行政管理的根本目的是为了维护正常的社会生产、生活秩序，所以行政相对人的首要义务是服从行政管理，即遵守有关的行政法律、法规、规章以及其他规范性文件，执行行政命令和行政决定，履行行政法律义务等。

2．协助公务的义务。在行政主体及其工作人员依法执行公务时，行政相对人有主动协助的义务，如配合调查、协助维护社会秩序、提供交通工具及其他设施等。

3．维护公益的义务。在国家和社会公共利益受到损害或不法侵害时，行政相对人有义务采取必要的措施，防止或减少损害的发生。

4．接受行政监督并提供真实信息的义务。行政相对人有义务接受行政主体依法实施的监督、检查、审查、检验、鉴定、登记、统计、审计，向行政主体如实提供资料、说明情况、填写报表及账册等。

5．遵守法定程序的义务。行政相对人在行政行为中，无论是受益性行为，还是损益性行为，都必须按照法定的程序、时限、方法和形式行使权利、承担义务，否则将承担相应的法律责任。

没收违法所得要求听证案

2005 年 5 月，某市环保局在执法检查中发现，该市一物资回收公司现有的《危险废物收集经营许可证》中，核准其经营的危险废物类别为"医院临床废物"，而该公司却超出其经营许可的范围，大量收集废机油、柴油这种"废矿物油"类的危险废物，获取非法收入 13.2 万元。环保局认为，该公司未按经营许可证核准其经营的范围从事危险废物的收集，违反了《中华人民共和国固体废物环境污染防治法》第 57 条第 2 款的规定，遂于 2005 年 6 月 2 日依照该法第 77 条的规定，对该公司做出了行政处罚决定，责令限期改正，没收违法所得 13.2 万元。物资回收公司不服，认为环保局做出的处罚决定未告知其有要求举行听证的权利，程序违法，遂诉至法院，要求撤销。

转引自 http://www.flzsw.com/anli/xingzhengfa/200611/19936.html。

思考题

1．名词解释
（1）行政相对人　　（2）相对人的权利能力　　（3）相对人的行为能力

2．判断选择
（1）下列哪些组织和个人可以成为行政相对人？（　　）。
A．公民个人　　　　　　　　　　B．事业单位
C．企业组织　　　　　　　　　　D．行政机关
（2）根据行政行为对行政相对人利益的影响，可以将行政相对人分为（　　）。
A．内部相对人　　　　　　　　　B．外部相对人
C．受益相对人　　　　　　　　　D．损益相对人
（3）行政相对人的权利义务有（　　）。
A．程序性权利义务　　　　　　　B．实体性权利义务
C．个体的权利义务　　　　　　　D．整体的权利义务

3．判断辨析题
（1）行政相对人是在行政法律关系中与行政主体相对应的一方当事人。（　　）
（2）行政相对人只能是一般公民个人和其他社会组织，行政组织不能成为行政相对人。（　　）

4．简答题
（1）简述行政相对人的实体权利和义务。
（2）简述行政相对人的程序权利和义务。

5. 论述题

试述公民行政相对人和组织相对人的权利能力的区别和联系。

6. 案例分析题

张某和李某的房屋是相邻关系。后来，张某因要对其房屋进行改建和扩建向市人民政府申请，并经批准获得了土地使用许可证。张某在扩建其房屋的过程中，对他与李某共同使用的通道的部分进行了占用，致使李某的出行受到了很大的影响。李某向市政府土地管理部门多次提出异议，土地管理部门未予理睬，李某遂向法院提起行政诉讼。市土地管理部门认为其颁发土地使用许可证的行为是针对张某的具体行政行为，不是针对李某，李某不是行政相对人，法院不应当受理该案件。请问本案中谁是行政相对人，李某能否提起行政诉讼？

第三编

行政行为论

第八章　行政行为概述

本章重点

　　法律是有关社会行为的规则体系，行政法是调整行政行为的法律规则，科学界定行政行为的内涵和外延是准确理解和掌握行政法基本制度和具体规范运行的前提和基础。本章的重点内容是，理清行政行为的概念和特征——主要是行政行为的基本内涵和外在要求、行政行为与其他社会行为的关系；掌握行政行为的具体种类和它们各自的区别与联系；理解行政行为主要内容、成立要件、生效要件以及效力变动和消灭的构成要件，正确分析现实生活中各种行政行为的法律性质和法律效力。

第一节　行政行为的概念和特征

　　在行政法学中，行政行为理论是行政法学体系的重要组成部分，行政法学的其他组成部分都是围绕行政行为理论的研究而展开的。在行政法律制度中，行政行为制度是其他行政法制度建立运行的基础和归宿，行政复议、行政诉讼、行政赔偿等制度都是在行政行为制度的基础上建立的。

一、行政行为的含义

　　行政行为这一概念最早出现于法国的行政法学界，但最早将它进行精密化、理论化提炼和概括的是德国行政法学家奥托·迈耶。后来，行政行为在各国行政法学者的共同努力下，已经成为行政法和行政法学的核心范畴和工具性概念。在行政法学界，学者们从不同的立场出发，基于不同的标准，从不同的角度对行政行为做出了不同理解，如以行为主体为标准，行政行为被确定为行政机关所采取的全部行为；①以行为内容为标准，行政行为被确定为行政主体行使行政职权的行为，具体包括行政法律行为、行政事实行为和准法律行为三类，而不包括与行政主体没有运用行政职权的私法行为；②以行为作用为标准，行政行为是指行政主体所实施的，用以达到一定行政法律效果的公法行为。这种观点认为行政行为不包括行政主体的事实行为和私法行为，但是对行政行为的外延认识又有全部公法行为说③、具体行为说④和合法行为说⑤三大类。

关于行政行为的界说虽然众说纷纭，但是根据行政法的宗旨和任务，我们认为行政行为应该是拥有行政职权的行政主体行使行政职权，针对行政相对人所作的具有法律意义的行为。应从以下几个方面来理解行政行为的含义：

（一）行政行为是行政主体所做的行为。从主体方面看，行政行为必须是行政主体，即行政机关或法律授权组织所做的行为，其他任何组织和个人的行为都不能称为行政行为。当然，行政主体的行为可以是它自己直接实施，也可以通过公务员或其他工作人员或委托其他社会组织和个人间接做出，但是该行为的法律主体或最终的权利义务是由行政主体享有和承担的。

（二）行政行为是行政主体行使行政职权，履行行政职责的行为。从客观现实情况来看，作为行政主体的行政机关和法律授权组织的社会角色是多重的，其社会行为的性质也是多重的，在现实中，并非行政机关和法律授权组织的所有行为都是行政行为。国家设立行政主体及其职权的任务是为了实现国家对社会的管理职能，行政机关和法律授权组织只有行使行政职权，履行行政职责的行为才是代表国家的行为，也才是行政法所确认和规范的行政行为，而它们的其他社会行为就不是行政行为。行政主体行使职权和履行职责的方式是多种多样的，有针对不特定相对人的抽象行政行为，如颁布行政法规和规章、制定有关的社会政策等；也有针对具体的个人和组织所做的具体行政行为，如行政许可、行政裁决等。

---

① 参见王名扬著，《法国行政法》，中国政法大学出版社，1989 年，第 131 页；杨建顺著，《日本行政法通论》，中国法制出版社，1998 年，第 361 页；翁岳生著，《行政法与现代法治国家》，台湾祥新公司，1990 年，第 5、7 页。

② 张金鉴著，《行政学新论》，台湾三民书局，1984 年，第 166 页。

③ 翁岳生著，《行政法与现代法治国家》，台湾祥新公司，1990 年，第 4、6 页。

④ 参见姜明安主编，《行政法与行政诉讼法》，北京大学出版社、高等教育出版社，2005 年，第 174～175 页。

⑤ 参见刘勉义，《论行政行为与行政机关事实行为的界分》，刘莘主编，《中国行政法学新理念》，中国方正出版社，1997 年，第 118 页；王军旺，《对"行政法律行为"概念探讨》，《行政法学研究》，1997 年，第 2 期；姜明安主编，《行政法与行政诉讼法》，高等教育出版社，1997 年，第 58 页。

　　（三）行政行为是具有法律意义的行为。从行为效果或后果来看，行政行为必须是行政主体行使职权，履行职责，并且具有法律意义或产生法律后果的行为，也就是说必须能够引起相对人权利义务的产生、变更和消灭。在实践中，行政主体的职权活动大多数对相对人做出了强制性和服从性的决定，具有法律效果，相对人必须遵守，如行政许可、行政征收、行政处罚等。但是，行政主体的有些行为因不具强制性而没有法律效果，对行政相对人只有一定的教育和导向作用，所以不是法律意义上的行政行为，如发布市场信息、天气预报等。行政行为的法律要素在于强调行政主体的主体意识和对其行为后果的责任，至于行为的合法性并不是它的应有之意。

二、行政行为的特征

　　从行政行为的内涵和外延以及它与民事行为和其他国家机关的行为相比较来看，行政行为主要有以下几方面的特征：

　　（一）行政行为的从属法律性

　　行政行为是行政主体依法行使职权和履行义务的行为，其行为依据、行为方式、行为内容都必须严格地依照法律规定，不得与法律相抵触，甚至超越法律。虽然行政行为中也有创制一般行为规则的行政立法，但是就行政立法本身而言，也不过是对上位法律的细化和操作性规定，也是严格按照法律的授权进行的，其根本属性和任务依然是执行法律。

　　（二）行政行为的裁量性

　　依法行政，严格按照法律的规定行使职权是行政法治的基本要求，但是由于社会生活本身的变化性、语言文字的概括性、立法技术的时空限定性，法律不可能将行政行为的每一个步骤和环节都事先进行严密地设计和规范。现实的法律只能在既定的社会历史条件下，对行政行为的范围、内容和方式做出大致的、原则性的规定，具体的行政行为只能由行政主体在法定的职权范围内，依照法定的程序，根据具体的社会生活情况进行适当的选择和裁量。行政行为的裁量性是它的一个重要特点，也是行政行为适应现实生活的变化、进行有效管理的基本要求。行政行为的裁量性主要表现在一些针对未来的、个体差异比较大、变化性较强的社会管理事项，因为其许可、批准、禁止、惩戒通常都涉及行政相对人未来的权利义务，尤其是行政机关制定行政法规和规章的活动中，要对社会整体利益进行整合和预见性规定,所以就不得不具有一定的裁量因素。当然，行政行为的裁量性不是无限制的自由裁量，而是受制于法律的约束，即行政行为的裁量性是在法律规定的范围、时限和程序内的自由行使，是在立法目的指导下积极能动地执行和适用法律。

（三）行政行为的单方意志性

任何法律行为都是法律主体基于特定的目的而进行的一种意思表示，是法律主体主观意志的外现。与民事行为的双方当事人共同的意思表示行为不同，行政行为是行政主体依照法定的程序，对社会公共利益进行集合、维护和再分配，它是作为公共利益代表或代理人的单方意思表示行为，而无需征求相对人的意见或同意。从民主法治的基本原理看，行政主体的意志乃至国家意志的基础是民众意志，行政主体的单方意志只是对民主意愿的贯彻执行，并非行政主体自己的意志或意愿。因为行政行为的内容是执行国家的法律，有关行政相对人是否应当承担某种公共负担，能否利用某种公共设施和自然资源，其侵犯他人和公共利益的行为是否应当受到法律的制裁等国家意志或法律规定，是事先经过民主的立法程序得以确定的，而不是行政主体在行政行为中自主决定的。随着现代民主政治的不断发展，间接民主下的行政主体单方面意志行为与行政相对人的个体利益和实际意愿之间的冲突开始突显，所以各国的行政法都规定了行政相对人广泛参与行政程序或行政行为的权利，参与最终的行政决策和行政处理决定，以更好地保护自己的合法权益和维护社会公共利益。行政行为的单方意志性特征也开始弱化。

（四）行政行为的强制性

行政行为是行政主体代表国家所实施的一种公法行为，其目的是为了维护有利于社会政治、经济、文化整体发展的社会关系和社会秩序，所以必然要对一些违反公意的行为予以取缔和惩戒，带有明显的强制性。需要说明的是，从普遍意义上讲，一切法律行为都具有强制性，这是法律规范强制性的体现和要求，但是行政行为的强制性是本身和直接的强制性，不同于民事行为的外在和间接的强制性。也就是说，行政主体在行政相对人不履行义务或遇到其他障碍时，可以直接运用行政权力，采取强制措施，消除障碍，确保行政行为的实现。而民事行为在遇到障碍时，民事主体只能诉请有关国家机关采取措施，消除障碍。行政行为的强制性表现了行政法律关系中双方当事人地位的不对等性和行政主体所代表的社会公共利益的优先性，它是行政行为单方性和效率的要求。当然，在现代法治条件下，行政行为的强制性必须以其内在的合理性和正当性为基础，加强行政行为的可接受性和行政相对人的自愿履行性。

（五）行政行为的无偿性

从法律行为的内容来看，民事行为大多数是相互行为，或者是市场交换行为，它以各方当事人的平等自愿、互利有偿为原则；而行政行为则是以社会公共利益最大化为目标,是对公共利益与个体利益关系的外部调整,不是一种互惠和交换关系,所以是无偿的。为了维护社会公共利益和正常的生产、生活秩序,行政相对人负担的公共义务是无偿的,如公民依法向国家交纳的税收;同理,行政主体对行政相对人依法提供的公共服务也是无偿的,行政主体实施行政行为的费用一般由国家财政负担。当然,当行政相对人承担的公共负担超过了其应该承担或法定的份额(如行政征用时),或者享有了比一般公众更多的行政服务或公共利益(如获得特定的自然资源使用权时),则应当支付相应的对价,从而成为有偿行为。

物业公司罚款案

　　1996 年 12 月 14 日,何某出于好奇,穿过北京圆明园结冰的湖面,进入北京万春园高级别墅区,被公司保安处以罚款 10 元。何某不服,向海淀区法院提起诉讼。法院认为,"万春园公司作为企业,无法律授权范围内的行政处罚权,故该公司根据内部规定对何某处以罚款的行为没有法律依据,万春园公司对何某的罚款应当予以返还;何某未经万春园公司的许可,擅自进入该公司,影响了该公司的正常工作秩序,亦应予以批评。"法院遂于 1997 年 4 月 16 日做出万春园公司返还何某人民币 10 元的判决。该案的焦点是万春园公司的罚款行为的法律性质。

　　案情详见《四个月官司讨回 10 元钱》,《文摘周刊》,1997 年 5 月 19 日。

第二节　行政行为的种类和内容

一、行政行为的种类

　　行政行为是行政主体依照法定的职权和程序,对行政相对人所实施的具有法律效力的各种行为的总称。在行政法实践中,行政行为表现为各种各样的形式,不同的行政行为的构成要件、法律效力以及相应的救济机制也有所不同。对行政行为进行适当的分类,有利于认识不同类型行政行为的内在要素和外在条件以及不同的法律后果。

（一）抽象行政行为和具体行政行为

依据行政行为方式和作用对象的特定性不同，可将行政行为分为抽象行政行为和具体行政行为。抽象行政行为是指行政主体针对不特定的行政相对人，制定和发布普遍性行为规范的行政行为。抽象行政行为在法律上的特征是：对象的抽象性和不特定性；效力的普遍性和持续性；行为方式的准立法性；以及行为内容的不可诉性。在行政法实践中抽象行政行为的形式主要有：制定行政法规和规章；提出法律议案；编制规划和计划；制定行政措施；发布具有普遍约束力的决定和命令等。

具体行政行为即行政主体依照法定的职权、依据和程序，针对特定的人或特定的事项进行特定处理，直接引起权利、义务法律效果的一种行政行为。与抽象行政行为相比，具体行政行为的法律特征是，行为对象、空间效力或对人的效力都是特定的，它是针对已经发生的社会事件所做的处理，其行为对相对人直接产生法律效力。具体行政行为又分为行政执法行为和行政司法行为两大类。

（二）内部行政行为和外部行政行为

根据行政行为适用与效力作用的对象和范围不同，可以将行政行为分为内部行政行为和外部行政行为。内部行政行为是指行政主体在内部行政组织管理过程中，依据行政组织法，针对其工作人员、所属的其他行政机关或行政机构所做的只对行政组织内部产生法律效力的行政行为，如行政处分、上级机关对下级机关下达的行政命令等。外部行政行为是指行政主体在对社会实施行政管理活动过程中，针对公民、法人或其他组织所做出的行政行为，如行政处罚、行政许可等。

划分内部行政行为和外部行政行为的意义在于：首先，二者所适用的法律规范不同，内部行为适用行政组织法，外部行为则适用其他行政管理的法律法规；其次，二者的行为主体资格的法律要求不同，其中外部行为主体资格的法律要求要高于内部行为；其三，二者的法律救济渠道和方式不同，一般情况下，内部行为既不能复议，也不能诉讼。

（三）羁束行政行为和自由裁量行政行为

根据法律规定的行政主体的权限范围不同，将行政行为分为羁束行政行为与自由裁量行政行为。羁束行政行为是指法律明确规定了行政行为的范围、条件、形式、程序等，行政主体实施行政行为时只能严格按照法律的规定进行，没有自由选择的余地。自由裁量行政行为是指法律仅仅规定行政行为的范围、条件、幅度和种类等等，具体的行为内容则由行政主体根据实际情况决定。羁束行政行为与自由裁量行政行为分类的意义在于三个方面：首先是对实施行政行为时的行政主体是否有自由裁量权的要求不同。羁束行为只能严格依照法律；而自由裁量行为则可以根据实际情况，在法定幅度和范围内自由决定。其次，在行政诉讼中司法审查的程度不同。行政诉讼原则上只审查行政行为的合法性，自由裁量行为只有在行政处罚显失公正时，才成为司法审查的对象。第三，行政赔偿的范围不同。在行政赔偿中适用违法赔偿原则，羁束行为违法造成的损失应当予以赔偿；自由裁量行为无法审查其合理性，即使造成损失，国家也不承担赔偿责任。

（四）应申请的行政行为和依职权的行政行为

根据行政主体行使职权的前提条件不同，可以将行政行为分为应申请的行政行为和依职权的行政行为。应申请的行为是行政主体以相对人的申请为前提条件，行使行政权力而做出的行政行为，又称为被动行政行为、需参与的行政行为或消极行政行为。应申请的行政行为没有相对人的申请，行政主体不能主动为之，如行政许可。依职权的行政行为是行政主体主动行使行政权力而做出的行政行为，又称为主动行政行为和积极行政行为。依职权的行政行为不需要有相对人的申请，而是行政机关根据自己的判断主动行使权力。行政行为大多都是依职权的行为，如行政处罚等。应申请的行政行为与依职权的行政行为分类的意义在于：首先，依职权的行政行为与应申请的行政行为的开始程序不同；其次，依职权的行为和应申请的行为在行政程序中举证责任的分配不同。依职权行政行为一般由机关主动调查证据，因此由行政机关承担举证责任。但应申请的行政行为中行政主体审查相对人提供的证据是否充分，一般由相对人承担举证责任。

（五）单方行政行为和双方行政行为

根据行政行为能否因为行政机关单方意思表示发生效力为标准，可以分为单方行政行为和双方行政行为。单方行政行为是指行政机关单方意思表示就能够产生法律效力，具有强制力、确定力和拘束力的行政行为。大部分行政行为都是单方行政行为，例如行政许可、行政强制执行、行政处罚等。双方行政行为是指必须经过行政主体和行政相对人双方意思表示一致才能成立的行为，其主要表现形式是行政合同。

（六）要式行政行为和非要式行政行为

根据是否必须具备法定的形式为标准，行政行为可分为要式行政行为和非要式行政行为。要式行政行为是指法律、法规规定必须具备某种方式或形式才能产生法律效力的行政行为，如行政许可必须以颁发许可证和执照的方式表现出来，才能具备许可的效力。非要式行政行为是指法律没有明确规定行政行为的具体形式，行政机关根据实际需要做出的行政行为。非要式行政行为在行政法上表现的情况不多，一般出现在法律授予行政机关行使紧急权力的情况，如行政机关紧急封锁、戒严、交通管制等。只要能够向相对人表达这样的意思，无论通过何种形式表现出来，都具有法律效力。

（七）作为行政行为和不作为行政行为

根据行政行为是否以作为方式来表现，将行政行为分为作为行政行为和不作为行政行为。作为行政行为是行政主体以积极作为的方式表现出来的行政行为，如行政处罚、行政征收等。不作为行政行为是指行政主体以消极不作为的方式表现出来的行政行为，如行政主体拒绝或拖延向行政相对人履行颁发许可证、提供人身和财产保护等义务的行为。区分作为行政行为和不作为行政行为的意义在于分清它们的构成要件和合法要件不同，对相对人合法权益的影响方式不同，因而法律效力和救济方式也有所不同。

（八）职权行政行为、授权行政行为和委托行政行为

根据行政职权的来源和依据不同，可以把行政行为分为职权行为、授权行为和委托行为。职权行政行为是行政机关依据宪法和行政主体组织法规定的行政职权所实施的行政行为。一般行政机关的行政行为都是职权行政行为。授权行政行为是宪法和行政组织法以外的法律、法规将特定的行政职权授予非行政机关组织所实施的行政行为，即授权性行政主体所作的行政行为。委托行政行为是指行政机关委托其他行政机关或社会组织、公民个人以委托机关的名义从事行政管理而实施的行政行为。委托行政行为的行为主体是被委托的机关组织和个人，但其法律后果则由委托的行政机关承担。区分职权行政行为、授权行政行为及委托行政行为的意义在于：首先，行政行为的实施主体并非只有行政机关，还可以由法律、法规授权的组织及行政机关委托的组织和个人实施。其次，三种行政行为的职权来源不同，应当遵循的行为规则也不同；除了遵守一般行政行为的规则外，授权行为和委托行为还必须严格依照法律依据、范围和程序。其三，它们的法律归属不同，职权行为和授权行为的法律后果归属于行政机关或法律授权组织，而委托行为的法律后果则归属于委托的行政机关，而不是受委托的组织和个人。

（九）行政立法行为、行政执法行为与行政司法行为

根据行政权的作用、表现方式和实施所形成的法律关系不同，行政行为可以分为行政立法行为、行政执法行为和行政司法行为。行政立法行为是指行政主体依照法定的职权和程序，制定具有普遍约束力的行政法规和行政规章的行

为，它所形成的法律关系是以行政主体为一方，以不确定的行政相对人为一方的抽象法律关系。行政执法行为是指行政主体依法实施的直接影响行政相对人权利义务的行为，它形成的法律关系是以行政主体为一方，以被采取措施的公民、法人和其他组织为另一方的双方法律关系。行政司法行为是指行政主体作为具体争议当事人之外的第三人，按照准司法程序对行政争议和与行政管理密切相关的民事争议进行审理和裁判的行为，它所形成的法律关系是以行政主体为一方，以争议双方当事人各为一方的三方法律关系。将行政行为分为行政立法行为、行政执法行为和行政司法行为，有利于根据行政权的不同作用方式和由此形成的不同法律关系，进行适当的法律规范和调整，同时也能更加清晰地建构行政行为法律体系。

二、行政行为的内容

行政行为的内容是指行政主体实施的行政行为所体现出的意思内容，即行政主体对相对人的权利和义务直接或间接地做出的处理。实践中的行政行为虽然形式多样，种类繁多，但是从行政行为的作用对象和效力后果看，都对行政相对人的法律权利和义务进行了实质性的影响，所以行政行为所反映的内容归纳起来大致有以下几方面：

（一）赋予权利和剥夺权利

行政行为的一个重要内容就是赋予行政相对人一定的权利，即行政主体赋予行政相对人从未享有过的法律上的权利、权能或利益以及得到法律上保障的能力。行政行为赋予行政相对人的权利，包括行政法上的权利，也包括民法上的权利，其核心是使行政相对人享有从事某种活动和行为的资格，或者基于某种资格而得到的物质和精神利益，如取得律师资格、教师资格、医师资格或从事特定生产经营活动的法人资格以及依法获得某种奖励或救助等。

剥夺权利是指行政主体通过行政行为，收回或剥夺行政相对人本来拥有的法律权利和利益，如吊销营业执照、没收非法所得、取消或收回已经颁发的奖励等。剥夺权利的内容主要表现在行政处罚中，有时也表现在基于公共利益的其他行政行为中，如行政征收和行政征用。

（二）设定义务和免除义务

设定义务是指行政主体通过行政行为使行政相对人为一定行为或不为一定行为。行政主体通过行政行为给行政相对人设定的义务具体包括单纯的行为义务，如接受审计监督；也包括财产义务，如税收征缴行为；还有人身义务，如行政拘留等。

免除义务是指行政主体通过行政行为对行政相对人原来应承担的义务，基于某种情况的出现而予以免除，如免除纳税义务人的纳税义务等。

（三）确认法律事实与法律地位

确认法律事实是指行政主体通过行政行为，对某种行政法律关系有重大影响的事实是否存在，依法加以确认，例如医疗事故鉴定、合同公证等。

确认法律地位是指行政主体通过行政行为，对行政相对人某种法律关系是否存在，以及存在的范围加以确认，如土地管理部门对土地所有权和使用权的确认等。

确认法律事实和法律地位的区别在于，确认法律事实可能会影响确认某种法律关系，但并不是一定确认某种法律关系。确认法律事实和法律地位本身并不会引起某种法律后果，但是基于此行政主体会进一步采取某些特定的行政行为，进而产生某些法律后果。

（四）变更法律地位

变更法律地位是指行政主体通过行政行为对行政相对人原来的法律地位予以改变。行政行为变更法律地位的内容具体表现为：对行政相对人原来所享有或承担的权利义务范围的扩大或缩小，如工商行政管理部门批准法人或其他组织经营范围的扩大或缩小，税务部门减少或增加纳税人的税种、税率等。

房屋拆迁协议公证案

1993 年 2 月，江苏省宝应县政府因拓宽城市道路需要，拆迁了该县居民赵明的房屋。因对其私有营业用房未作安置，县城市房屋拆迁办公室（拆迁办）于 1996 年 1 月与赵明签订了补充协议，同时约定，该补充协议须经公证机关公证后生效。2 月，县公证处在未向赵明本人调查，也没有赵明委托的情况下，仅依拆迁办的材料就出具了对补充协议的公证书。赵明为此向县公证处申请撤销公证书，县公证处于 1997 年 7 月做出了不予撤销公证书的决定。赵明即向县司法局提起复议，同年 9 月，县司法局做出了维持决定。赵明不服，向宝应县人民法院提起行政诉讼，法院经审理维持了司法局的复议决定，赵明不服向扬州市中级法院提起上诉。二审法院审理认定行政复议决定主要证据不足，适用法律错误，判决撤销一审判决，撤销复议决定；判令宝应县司法局重新做出具体行政行为。本案主要涉及的是行政行为对法律事实和法律关系的认定和确认及其法律效力。

案情详见国家法官学院、中国人民大学法学院编，《中国审判案例要览

（1999 年经济审判暨行政审判安全卷）》，中国人民大学出版社，2002 年，第 603 页。

第三节　行政行为的效力

一、行政行为的效力及其内容

行政行为的效力是指行政行为一旦成立后对行政主体、行政相对人以及其他有关人员和组织所具有的法律效果。由于行政行为的法律依据、所针对的行政事项以及行为内容都不尽一致，所以行政行为的法律效力也不尽相同。概括起来，行政行为一般都具有如下效力：

（一）行政行为的公定力

行政行为的公定力是指行政行为一经做出，除非有重大、明显的违法情形，即具有被推定为合法有效，从而要求有关的国家机关、社会组织和个人都要遵守和服从的一种效力。

（二）行政行为的确定力

行政行为的确定力是指有效成立的行政行为，具有不受任意改变（撤销、变更、废止或吊销等）的法律效力，即非依法定依据和程序不得随意变更、撤销和可争辩的效力。行政行为的确定力包括形式确定力和实质确定力两个方面。形式确定力，又称不可争力，是行政行为对相对人而言的不可改变力，相对人不得任意请求改变该行政行为的内容，在复议或诉讼期满后相对人不能再要求改变行政行为。实质确定力又称不可变更力，是指行政行为一旦做出，非有法定原因或事由出现，应遵循一事不再理的原则，行政主体不得任意变更自己所做的行政行为。

（三）行政行为的拘束力

行政行为的拘束力是指行政行为生效后，所具有的约束和限制行政主体和行政相对人行为的法律效力。行政行为的拘束力具体表现在两个方面：一是行政行为对行政相对人的拘束力，即行政行为一经生效，行政相对人就必须严格地予以遵守、服从和执行，全面履行行政行为的内容或所设定的权利义务，不得违反或拒绝，否则就要承担相应的法律责任。二是行政行为对于行政主体的拘束力。行政行为有效成立后，做出行政行为的行政主体也必须按照行政行为的内容履行职责，行使权力。此外，行政行为对特定行为的行政主体与相对人之外的国家机关、社会组织和公民个人也有普遍的拘束力。

（四）行政行为的执行力

行政行为的执行力是指行政主体对已生效的行政行为，有权依法采取强制措施使行政行为的内容得以实现的法律效力。行政行为内容的实现方式包括自觉履行和强制履行。行政行为的执行力主要是指对行政相对人的强制履行，包括行政强制执行和司法强制执行。行政行为的执行力是行政行为及其内容实现的保障，但是行政行为的执行是有条件的，它只在行政相对人无故不履行法定义务时才运用或者启动。

二、行政行为的成立和生效

（一）行政行为的成立

行政行为的成立是指行政行为的实际做出或形成，即行政行为在形式上或客观上已经存在，但并不意味着该行为的内容及后果在法律上的合法有效。行政行为是行政主体依照法定的职权对行政事务进行管理的活动，行政行为的成立是其生效的前提，是其法律效力发挥作用的基础，也是判断其是否合法的客观依据。行政行为不是与生俱来的，它是由行政主体及其工作人员通过具体的行为而完成的，根据法律的规定和行政行为的实际情况，行政行为的成立必须具备下列要件：

1. 行政行为成立的主体要件。行政行为必须是拥有行政职权职责的国家行政机关、法律、法规授权组织，或者行政机关委托的组织和个人所作的行为。也就是说，只有行政主体所做的行为才有可能成为行政行为，非行政主体不能构成行政行为成立的主体要件。

2. 行政行为成立的主观要件。行政主体要有凭借国家行政权力产生、变更和消灭某种行政法律关系的主观意图，以及追求这一结果的意思表示。但是，行政主体的主观意愿及其意思表示是否真实自愿、合法有效并不影响行政行为的成立。

3. 行政行为成立的客观表现要件。行政行为的成立要有行政主体在客观上行使行政职权的行为，即有一定的外部行为方式将其主观意愿表现出来。这里的行政职权是抽象意义上的行政职权，并不一定是行政主体的法定职权，行政职权及其行使的合法性不是行政行为的成立要件。行政行为的成立所强调的是行政行为的客观形式，而不考虑其主观内容，如行政主体超越其法定职权范围行使职权的行为虽然在法律是无效行为，但是它在客观上已然成立。

　　4．行政行为的功能要件。也称行政行为的法律后果要件，即行政主体所实施的行为必须能够直接或间接地引起行政法律关系的产生、变更或消灭。

　　（二）行政行为的生效

　　行政行为一般都是行政主体的单方意志决定，行政行为成立只是表明行政主体将法律的应然性规定转化为实然的法律行为。行政行为一经做出，对行政主体来说即产生相应的法律效力，但是由于时间和空间上的间隔，该行为所规定的权利义务内容并不当然被行政相对人了解或者知晓，对行政相对人并不必然产生法律效力。对行政相对人而言，只有行政行为被告知或通过法定方式了解后，才能产生法律效力。行政行为的生效是指行政行为做出后，被行政相对人知晓，从而产生法律上的确定力、公定力、拘束力和执行力。因为对象、环境、法律规定等因素的差异，使得行政行为做出的时间与被行政相对人知晓的时间之间出现了一定的差异，所以法律也规定了不同的生效规则。

　　1．即时生效。即时生效是指行政行为一经做出即具有法律效力，对行政相对人发生作用。在即时生效的情况下，行政行为对行政主体和行政相对人同时产生效力，如公安机关对扰乱社会秩序的公民采取强制措施，制止其违法行为等。即时生效的行政行为因为是当场做出，立即生效，所以其适用范围比较有限，适用条件也比较严格，一般适用于紧急和特殊的情形。

　　2．受领生效。受领生效也称送达生效，是指行政行为及其决定只有送达行政相对人时，才能对他（它）们生效。受领是指行政主体将行政行为的内容告知行政相对人，并为行政相对人接受的行为。根据行政法的一般要求，行政行为采取行政决定或其他书面形式做出时，应把行政行为的决定或有关书面结论送达行政相对人，方能发生法律效力，如行政处罚的决定书只有送达被处罚人时才生效。但是，根据行政诉讼法的有关规定，行政行为做出后，相对人不知道行政行为内容的，诉讼时效为行政行为做出之日起5年。由此可以看出，行政行为虽然没有送达，但是如果经过一定的时间，也会产生法律效力。

　　3．告知生效。告知生效是指行政主体将行政行为的内容采取公告或宣告等有效形式，使行政相对人知悉、了解行政行为的内容，该行政行为对行政相对人才能生效，如行政立法在法定的新闻媒体上进行公布等。告知生效的关键是采取有效的公告形式，以便使行政相对人获得行政行为的内容。在实践中法定的公告形式主要有公告、通告、报纸、无线电广播、电视等。与送达生效所针对的是确定的行政相对人不同，告知生效主要适用于不特定的多数相对人，或者由于行政相对人的住所不明，无法将行政行为的内容一一告知相对人的情况。

　　4．附条件生效。附条件生效是指行政行为的生效附有一定的期限和条件，等到所附的条件成熟或期限届满时，行政行为才能生效。

三、行政行为的合法要件

行政行为的合法要件是指行政行为合法有效所应当具备的基本要素或者主客观条件。行政行为只有合乎法律规定的各种基本条件，才能产生它的实际效力，也才能产生对社会生活的实际影响。从行政法治的基本要求来看，各种行政行为都应当具有一定的合法要件。

（一）行政行为的主体应当合法

行政行为的主体必须具有法定的主体资格。具体而言，只有依法成立的国家行政机关，经法律、法规授权的行政机构、企事业单位、其他社会组织，或者经行政机关授权的组织和个人以行政机关的名义才能行使行政职权，才是合法的行政行为的主体。不具有行政主体资格的组织和个人所从事的行为不是行政行为，也不可能具有行政行为的法律效力。

（二）行政行为应当符合行政主体的法定职权范围

尽管行政机关和法律、法规授权组织都可以成为行政主体，行使行政职权，实施行政行为，但是行政主体所拥有的行政职权是有分工的，行政机关和法律授权组织只有在法定的职权范围内实施行政行为，才是合法有效的。行政主体的法定职权分工主要包括管理事项的特定性、管辖地域的特定性，以及行政行为的方式、方法和手段上的特定性，任何超越职权范围所从事的行政行为，都是超越职权或滥用职权的无效行政行为，是应当依法予以取缔的。

（三）行政行为的内容应当合法

行政行为的内容合法是指行政行为的内容必须合法、适当、真实、明确。其中的合法要求行政行为对权利义务的处理必须完全符合法律规定的目的、原则、规则条件等，如在行政机关制定法规和规章时，就必须要符合立法的目的、原则、适用对象及适用条件等。适当是指行政行为的内容必须公正、合理、符合实际，不能违背客观现实，渗透个人偏好和不良动机。内容真实是指行政行为必须是基于行政主体的真实意思表示，违背行政主体真实意愿的行政行为不具有合法性和有效性，如行政主体的重大误解、相对人的欺骗和胁迫、具体执法人员掺杂个人感情、故意扭曲事实等。内容明确是指行政行为所表达的内容清楚、具体，不会产生使行政相对人认识上的分歧和无所适从，以至不能实现行政行为应有的作用。

（四）行政行为应当符合法定的程序

除了主体、职权及内容合法外，行政行为还应当符合法定的程序和形式。

行政行为的程序是行政行为做出时所要遵循的方式、方法、手段、环节、形式及时限和顺序的总称。如果说法律是对正义的张扬，那么法律程序则是正义的基本表现形式。行政行为的程序合法要求行政行为必须按照法定的行为方式、行为过程、环节、顺序和时间限制进行。在行政行为的法定程序中，行政立法和重大的行政决策及行政处罚中的听证程序最具有代表意义。

四、行政行为的无效

（一）行政行为无效的条件

行政行为的无效是指行政主体已经做出的行政行为因为缺乏法律规定的必要条件或违反法律的强制性规定，其内容对行政相对人不产生法律效力，且应当予以否定和恢复原状的情形。根据行政法的理论和实践，有下列情形之一的行政行为属于无效行政行为：

1．行政行为具有特别重大或明显的违法情形；

2．行政主体不明确或明显超越相应行政主体职权的行政行为；

3．行政主体受胁迫做出的行政行为；

4．行政行为的实施将导致犯罪；

5．没有可能实施的行政行为。

（二）行政行为无效的法律结果

无效行政行为因缺乏法律根据和违反法律的强制性规定而不产生其本身所追求的法律效果，但是该行为已经做出，对行政相对人已经产生了实际的影响，所以应当通过法定的方法和手段消除影响，恢复原状。因此行政行为的无效将引起以下法律后果：

1．相对人可以在任何时候请求有权的国家机关宣布该行为无效。行政相对人发现行政行为有违法或无效情形后，可以在法定的期限内，依法向做出行政行为的主体、上级行政主体及人民法院提出请求，要求宣布该行为无效。

2．有权国家机关可以在任何时候宣布相应行政行为无效。在行政行为做出后，有权国家机关主要是行政主体本身、行政主体的上级机关、专门的国家监督机关，如果发现行政行为有违法或无效情形的，在任何时候都可以依法宣布该行为无效。

3．行政行为被宣布无效后，行政主体通过该行为从相对方处所获取的一切利益均应返还给相对方，所加予相对方的一切义务均应取消，对相对方所造成的一切实际损失均应赔偿。同时，行政行为被宣布无效后，还要追究实施违法行政行为引起行政行为无效的有关单位和个人的法律责任。

五、行政行为的效力变动

（一）行政行为的撤销

行政行为的撤销是指在特定的情形下，由有权的国家机关依法对业已生效的行政行为做出撤销决定，使其失去法律效力。行政行为的撤销不同于行政行为的无效，无效行政行为自始无效，而可撤销的行政行为在有权的机关做出撤销决定之前是有效行政行为，只有被撤销之后才失去法律效力；同时行政行为撤销的法律效力可以追溯到行政行为做出之时，也可以只限于撤销决定之后，具体情况根据撤销决定的内容而定，如果及于行政行为做出之时，则撤销决定产生恢复原状的法律效力。行政行为的撤销有行政相对人申请撤销和有权国家机关依法主动撤销两种，申请撤销有时间限制，主动撤销则无时间限制。

1. 行政行为撤销的原因。行政行为主要因下列原因而被撤销：（1）行政行为合法要件缺损。行政行为的合法要件缺损主要是指行政行为在主体、职权、内容和程序方面没有具备法定的条件，因而导致其行政效果有瑕疵，所以该行为可能被依法撤销；（2）行政行为不适当。行政行为的不适当是指特定的行政行为内容有不合理、不公正、不符合现行政策、不合时宜、有背公序良俗等情形。行政行为的不适当不同于违法，违法的后果是导致行政行为无效，而不适当只是可能导致该行为被撤销。在有些情况下，不适当的行政行为也可能是违法行政行为。

2. 行政行为撤销的法律结果。行政行为被撤销后，将引起以下法律后果：（1）行政行为自撤销之日起失去法律效力，撤销的效力可一直追溯到行政行为做出之日；（2）如果行政行为被撤销，那么由此造成相对方的一切实际损失应由行政主体予以赔偿；（3）如果行政行为的撤销是因行政相对方的过错或者是相对方与行政主体的共同过错造成的，行政主体给予相对方的利益均要收回。

（二）行政行为的废止

行政行为的废止，也称行政行为的撤回，是指行政行为生效后，行政主体根据主客观情况的变化，面向未来解除成立时并无瑕疵的行政行为的效力。行政权力和行政行为的根本目的是最大限度地维护社会公共利益，当行政行为有效成立后，由于事态发生变化或出现新的情况，使其与公共利益不一致甚至发生冲突时，就应当以公共利益为准，废止相应的行政行为。行政行为的废止与行政行为的撤销不同，撤销的行政行为是成立之初其有效要件有瑕疵，而且撤销行为的效力可以追溯到行为之初；而行政行为的废止则是由于行政行为所依据的主客观条件发生了变化，而且废止行为只对将来有效，而不能及于行政行为做出之时。

1. 行政行为废止的条件。行政行为因为其所依据的主客观条件发生变化或其内容与公共利益相冲突而被废止，其具体条件有下列几个方面：

（1）行政行为所依据的法律、法规、规章、政策经有权机关依法修改、废止或撤销，相应行为的继续实施与新的法律、法规、规章相抵触；

（2）国际国内或行政主体所在地区的形势发生重大变化，原行政行为的继续存在将有碍社会政治、经济、文化的发展，甚至给国家和社会利益造成重大损失；

（3）行政行为已完成原定目标和任务，实现了国家的行政管理目的和使命，从而没有继续存在的必要。

2. 行政行为废止的法律结果。

（1）行政行为废止后，其效力自废止之日起失效。行政主体在行为被废止之前通过相应行为已给予相对人的利益和好处不再收回；行政相对人依原行为已履行的义务亦不能要求行政主体予以任何补偿。

（2）行政行为的废止如果是因法律、法规、规章、政策的废除、修改、撤销或形势变化而引起的，且废止给行政相对人的合法利益造成了较大的损失，行政主体应对此损失予以适当补偿。

大学生被开除学籍案

原告田永于 1994 年考取北京科技大学应用科学学院物理系获得本科学籍。1996 年 2 月 29 日在电磁学课程补考中，田永将写有电磁学公式的纸条带入考场。在去厕所时纸条掉出，被监考老师发现。监考老师虽未发现田永有看纸条的行为，但还是按照考场纪律当即停止了他的考试。随后，学校以田永作弊为由，根据 1994 年学校制定的校发（94）第 068 号《关于严格考试管理的紧急通知》中的规定，"凡考试作弊的学生一律按退学处理，取消学籍。"于 1996 年 3 月 5 日对田永做出了退学的处理决定。但是，学校既没有直接向田永宣布、送达处理决定，也没有对他办理有关退学的手续，造成田永被退学后仍留在学校学习。此后，学校还为田永补办了丢失的学生证，田永还重修了电磁学课程，且考试合格；并参加了学校组织的英语及计算机等级考试，获得了相应的证书；按学校计划参加了毕业设计、论文答辩，学校按规定发放了毕业设计费；同时还参加了学校组织的义务献血活动等。1996 年 6 月，田永所在院系向学校报送学士学位表时，学校有关部门以田永已按退学处理，没有学籍为由，拒绝为其颁发毕业证书，没有将田永的学士学位资格交给校学位评定委员会审核，也没有向教育行政部门呈报毕业派遣表。田永在多方请求无果的情况下，向法院提起诉讼。法院受理并审理了此案。此案中既涉及行政主体资格的确认问题，也涉及行政行为的生效问题。

案情详见《最高人民法院公报》，1999年，第4期。

思考题

1. 名词解释
（1）行政行为　　（2）行政行为的成立　　　　（3）无效行政行为
（4）行政行为的撤销　　（5）行政行为的废止

2. 任意项选择题
（1）行政行为的特征是（　　　）。
A. 法律从属性　　　　　　　　B. 裁量性
C. 单方意志性　　　　　　　　D. 强制性
E. 无偿性

（2）行政行为一经成立除非有明显、重大的违法情形，即被推定为合法有效，这是行政行为的（　　　）。
A. 公定力　　　　　　　　　　B. 确定力
C. 拘束力　　　　　　　　　　D. 执行力

（3）行政行为成立应当具备的要件包括（　　　）。
A. 主体要件　　　　　　　　　B. 主观要件
C. 客观要件　　　　　　　　　D. 法律效果要件

（4）行政行为的合法要件主要包括（　　　）。
A. 主体合法　　　　　　　　　B. 职权合法
C. 内容合法　　　　　　　　　D. 程序合法

（4）行政行为可能因为（　　　）而无效。
A. 行政行为有特别重大或明显的违法情形
B. 行政主体不明或明显超越职权
C. 行政主体受胁迫所为的行政行为
D. 没有可能实施的行为或实施将导致犯罪的行为

3. 判断辨析题
（1）抽象行政行为是行政行为的主体或内容抽象不具体的行政行为。

（　　　）

　　（2）自由裁量行政行为是指行政主体可以任意实施的行政行为。（　　）

　　（3）行政行为从其行为后果上讲是行政法律行为。（　　）

　　（4）行政行为一经成立即对行政主体产生法律效力。（　　）

　　（5）无效行政行为是指已经做出的行政行为不产生任何法律效力。（　　）

　4．简述题

　　（1）简述行政行为的具体内容。

　　（2）简述行政行为的效力内容。

　5．论述题

　试比较分析行政行为的无效、撤销和废止。

　6．案例分析题

　　胡某和赵某是邻居，两家为房屋间的通道发生争吵，当胡某拉赵某到村民委员会评理时，赵某在地上大喊："打死人了，打死人了……"村民张某闻声赶来劝开，在赵某的要求下把赵某搀扶回家。之后，赵某告到当地派出所，派出所根据张某听到喊声赶到、见赵某躺在地上的证词，对胡某拘留3天。胡某不服，申诉到市公安局，市公安局经审查认为派出所越权处罚，决定撤销派出所对胡某的处罚。事隔半月，胡某所在地县公安局认定胡某殴打赵某致轻微伤害，对胡某做出拘留5天的处罚。胡某更加不服，再次向市公安局申请复议。市公安局审理后认为，县公安局对胡某的处罚偏重，做出变更拘留5天为罚款60元的处罚。胡某不服，向县人民法院提起诉讼。请问市公安局经审查认为派出所越权处罚，决定撤销派出所对胡某的处罚是否正确？为什么？

第九章　　抽象行政行为

本章重点

　　抽象行政行为是相对于具体行政行为而言的，是行政主体针对广泛的不特定的对象，设定具有普遍约束力的行为规范的活动，主要包括制定行政法规、行政规章，颁布各种行政规范性文件的活动。它是行政机关实现行政目的的重要手段，对行政相对人而言，具有普遍约束、可反复适用的特点，因而在法律上对行政相对人的利益有着普遍、长久的影响。本章的重点内容主要有：理解抽象行政行为的概念；掌握行政立法的概念、特征、效力等级；认识其他抽象行政行为的概念和表现形式；了解行政立法、其他抽象行政行为的程序。

第一节　　抽象行政行为概述

一、抽象行政行为的概念

　　抽象行政行为，是指行政机关以不特定的人或事为管理对象，制定具有普遍约束力并可反复适用的规范性文件的行为。行政机关实施抽象行政行为的结果，导致行政法规的出台，该法规可以反复适用于不同的，不能被个别化、固定化的行政相对人。由于抽象行政行为适用对象的不特定性，决定了其不能作为直接的执行依据，必须以一个具体行政行为作为中介，才能进入执行过程。

二、抽象行政行为的特点

（一）对象的不特定性
　　抽象行政行为以不特定的人或事为管理对象，在行政行为终结时相对人不能被个别为具体的组织和个人，但相对人的范围可以根据实际情况扩大或缩小。

（二）适用效力的重复性

所谓抽象行政行为适用效力的重复性，主要是其内容的可以反复适用性。抽象行政行为通常针对同类人的同类事发生效力。同类人指符合一定条件的自然人、法人或其他组织；同类事指符合一定特征的同一类型事项。当自然人、法人或其他组织符合该事项时，该抽象行政行为发生约束力。

（三）表现形式的特定性

抽象行政行为的主要表现形式是具有普遍约束力的行政规范性文件。具体的名称有条例、规定、办法、实施细则、规则、部门规章、地方政府规章等。

（四）救济方式的不可诉性

抽象行政行为以不特定的人或事为管理对象，具体相对人的权利未受到直接侵害，所以抽象行政行为在理论上不具有可诉性。实践中，依据我国《行政诉讼法》的规定，行政诉讼的范围原则上只限于具体行政行为，即我国法院只对行政主体做出的具体行政行为进行审查。依据《行政复议法》第 7 条规定，将部分抽象行政行为即行政规范性文件的审查纳入行政复议审查的范围。

对于抽象行政行为的不可诉，我国理论界大多持反对观点，认为应将抽象行政行为纳入行政诉讼的受案范围。因为行政法规、规章的发布对行政法律关系主体的行为，尤其是相对人的权利义务有着深刻的影响。如公共利益在受到侵害的情况下，社会主体因未直接受到具体行政行为侵害而无法成为行政诉讼的主体，行政机关侵害公共利益的行为在行政诉讼法律制度上不能受到制约，长此以往，将导致行政机关的为所欲为和社会主体对未直接侵害自身利益的违法行为的漠视。

同时，抽象行政行为的不可诉性，表现出我国法制的不协调。依据《行政诉讼法》第 12 条规定，人民法院不受理公民、法人和其他组织对行政法规、规章或者具有普遍约束力的决定、命令不服的诉讼。《行政复议法》第 7 条第 1 款规定："公民、法人或者其他组织认为行政具体行政行为所依据的下列规定不合法，在对其具体行政行为申请行政复议时，可以一并向行政复议机关提出对该规定的审查申请：（一）国务院部门的规定；（二）县级以上地方各级人民政府及其工作部门的规定；（三）乡镇人民政府的规定。"该条将上至国务院部门、省级人民政府，下至乡镇人民政府的行政决定纳入了行政复议的范围，建立了一种由行政管理相对人启动对违法抽象行政行为的监督机制。

行政诉讼和行政复议都是对相对人权利救济的法律制度，依相关法律规定，行政相对人对具体行政行为不服的，既可以先行复议再起诉，也可以径行起诉。在行政复议中行政相对人可以一并向复议机关提出对其做出具体行政行为的法律依据中的部分抽象行政行为进行审查，但在行政诉讼中行政相对人却没有此项权利，即行政相对人在行政复议中的某一程序权利在行政诉讼中却没有对应的保障，明显显示了立法和程序的不公平。

三、抽象行政行为的分类

（一）以抽象行政行为的规范程度与效力等级为标准，划分为行政立法行为和制定其他规范性文件的行为。

行政立法行为，是国家行政机关依照法定权限和程序制定、修改、废止行政法规和行政规章的活动。按照效力等级可以分为：制定行政法规的行为和制定行政规章的行为；按照制定机关可以分为：国务院制定、发布行政法规的行为；国务院各部委和直属机构制定、发布部门行政规章的行为；省、自治区、直辖市、较大的市的人民政府制定、发布地方政府规章的行为。

制定其他规范性文件的行为，是指除以上制定行政法规、规章外，各类行政主体针对不特定的对象制定的具有普遍约束力的规范性文件的行为。

（二）以抽象行政行为的权力来源不同为依据，划分为依职权制定行政规范性文件的行为和依授权制定行政规范性文件的行为。

依职权制定行政规范性文件的行为，是行政主体依据法律、法规等赋予的职权，制定行政规范性文件的行为。该职权随着行政主体的依法设立而产生，并随行政主体的消灭而终止，是行政主体行使国家行政管理权的一种体现。

依授权制定行政规范性文件的行为，是取得授权的行政主体根据具体法律、法规的授权，在授权范围内制定行政规范性文件的行为。如学校制定学校内部的各项规则。

乔占祥诉铁道部春运期间部分旅客列车票价上浮案

2000 年 12 月 21 日，铁道部下发《关于 2001 年春运期间部分旅客列车票价实行上浮的通知》。该通知规定 2001 年春节前 10 天及春节后 23 天，北京、上海铁路局、广州铁路（集团）公司等始发的部分直通列车票价上浮 20% 至 30%。由于票价上浮，河北省律师乔占祥两次乘车共多支付 9 元。乔占祥认为铁道部发布的通知侵害了其合法权益，向铁道部提起行政复议。铁道部在复议中维持了票价上浮行为。后乔占祥以铁道部上浮票价未经价格听证程序为由，诉至北京市第一中级人民法院，请求判决铁道部撤销复议决定，撤销票价上浮通知。北京市第一中级人民法院第一审经公开审理，判决乔占祥败诉。乔不服，上诉至北京市高级人民法院。北京市高级人民法院经审理认为，铁道部的通知是向主管部门上报了具体通知方案并得到批准之后所做的。在价格法配套措施出台前，铁道部价格上浮行为并无不当之处，遂依法驳回乔占祥的上诉请求，维持第一审判决。

问题：铁道部下发《关于 2001 年春运期间部分旅客列车票价实行上浮的通知》，该行为是具体行政行为还是抽象行政行为？

案例资料来源于 http://law.u258.net/Article/alpl/ldfa/14446_2.html。

第二节　行政立法

关于行政立法的提法，理论界存有争议。持否定观点的学者认为，依照三权分立原则和现代法治的基本含义，立法与行政是分立的，行政是对法律的执行，行政立法一词本身存在着自相矛盾。持肯定观点的学者认为，随着社会的发展，行政事务不断复杂化、专门化和技术化，已使得国家权力机关在行政事务方面的立法不能适应日新月异的社会发展。行政机关的立法具有经常性和高效率性，已远远超过国家权力机关在行政事务方面的立法。而且利用法律这种宏观调控手段对社会事务进行管理，也是行政管理的发展趋势之一。①

我们可以看出，双方的观点都带有一定的正确成分，争议存在的原因是学者观察角度的不同，持否定观点的学者是从本源意义上来讲行政立法，持肯定观点的学者则是从实在意义上来看待行政立法。因为，从行政立法的历史来看，三权分立思想使立法权、行政权、司法权分属不同机关行使，机关之间相互制衡，当依照行政权建立独立的行政机关的时候已经意味着行政权与立法权的剥离，所以，行政机关本来是不可能拥有立法权的。但是，就现实来讲，近代以来，国家对社会的干预越来越广泛，立法的任务也越来越重，立法机关由于各方面的限制逐渐力不从心，于是将自己手中的立法权有限地授予行政机关去行使，行政机关不仅行使立法权制定了大量的行政法规、规章，而且这种现象逐渐为社会所认可，甚至不可缺少。因此，有的学者主张，立法机关行使的是立法所有权，是完整的，行政机关行使的是立法使用权，是有限的。②因而，"行

---

① 张尚鷟主编，《走出低谷的中国行政法学》，中国政法大学出版社，1991 年，第 168 页。
② 傅国云著，《论行政委任立法及其监督模式》，胡建淼主编，《宪法学十论》，法律出版社，1999 年，第 168 页。

政立法既有立法的性质，是一种立法行为，又具有行政权的性质，是一种抽象
行政行为。"①实践中，随着我国《立法法》、《行政法规制定程序条例》、《规章
制定程序条例》、《法规规章备案条例》等法律文件的颁布与实施，逐渐完善了
我国行政立法制度。

一、行政立法的内涵

（一）行政立法的概念

法学上赋予行政立法不同的含义，②广义的观点认为，凡是制定行政法规
的行为，不论制定机关的性质，都属于行政立法。③即行政立法既包括国家权
力机关制定有关行政管理法律规范文件的行为，也包括特定的行政机关依其权
限制定具有法律效力的规范性文件的行为。狭义的行政立法仅指行政机关制定
行政法规和行政规章的活动。本书采用狭义的理解，即行政立法是行政机关根
据法定权限并按照法定程序制定、修改、废止行政法规和行政规章的行为。

（二）行政立法的特点

1. 行政立法的主体是特定的行政机关。所谓特定的行政机关，是指法律规
定的具有立法权限的行政机关。行政立法的主体是国家行政机关，排除国家权
力机关、国家司法机关和其他组织。同时，行政立法作为抽象行政行为的典型
形式，其主体不包括授权行政主体。并且行政立法的主体多限于高级别的行政
机关。按照《立法法》的规定，在我国有权实施行政立法的行政机关包括：国
务院及其各部、委员会，中国人民银行、审计署和具有行政管理职能的直属机
构，省、自治区、直辖市和较大的市的人民政府。

2. 行政立法是依法进行的。行政立法必须在行政机关的法定职权范围内依
照法定程序进行，任何超越实体或程序范围的行政立法都是无效行政行为。

---

① 罗豪才主编，《行政法学》，中国政法大学出版社，1996年，第145页。

② 如：张尚鷟主编的《行政法学》一书中认为"关于行政立法的概念，学术界历来存在不同的理解。通
常人们在两种意义上使用这个概念。一种是从立法的内容或实质来解释，凡是国家机关制定有关行政管理方
面规范性文件的行为，统称为行政立法，因为立法的内容主要针对行政管理，所以，又可称为对行政的立法。
另一种则是从立法活动的主体角度来解释，专指国家行政机关制定规范性文件的活动，其主体是特定的行政
机关。"见北京大学出版社，1990年，第181页。本书采取第二种观点。杨海坤在《行政法与行政诉讼法》
中，认为"行政立法"有广义、狭义之分，第一种是广义的"行政立法"，即"立行政之法"，凡国家机关（包
括国家权力机关）依法制定和发布有关行政管理方面普遍性规范的行为都称为"行政立法"；第二种是狭义的
"行政立法"，即行政机关之立法，凡形式上由国家行政机关依法制定和发布普遍性规范的行为都称为"行政
立法"，即"行政机关立行政管理之法"，仅指国家行政机关制定和发布有关国家行政管理规范的行为，因为
行政法规和行政规章并非全部属行政法范围。见法律出版社，1992年，第53页。

③ 应松年等著，《行政法学总论》，工人出版社，1985年，第266页。

3. 行政立法的内容限于行政管理领域。非行政管理领域的事务不由行政立法制定规范性文件进行规定，如民事领域、刑事领域等。

4. 行政立法兼具立法性和行政性。行政立法是行政机关在保持国家权力机关作为主要立法者的前提下，行使的从属立法行为，其制定的行政法规和规章对不特定的对象具有普遍约束力。同时，行政立法的目的是通过行政立法活动，制定有关行政管理的规范性文件，以规范行政行为，使行政机关迅速、有效地进行行政管理活动，实现行政机关对国家行政事务的管理。所以，行政立法是立法和行政的结合。

（三）行政立法的分类

1. 根据行政立法权来源的不同，可分为职权立法和授权立法。

职权立法是行政机关依宪法和组织法授予的权限进行的制定规范性文件的活动。如根据《立法法》规定，国务院制定行政法规；国务院各部、委、中国人民银行、审计署和具有行政管理职能的直属机构可以制定部门规章；省、自治区、直辖市和较大的市的人民政府可以制定地方政府规章。

授权立法是行政机关依宪法和组织法之外的法律授予的权限或权力机关的特别授权进行的制定规范性文件的活动。如《立法法》规定，全国人大及其常委会有权作出决定，授权国务院根据实际需要，制定行政法规。又如国家权力机关在制定法律条件不成熟的前提下，授权行政机关制定行政法律规范。但是，依据《立法法》第 10 条规定，被授权机关不得将该权力转授给其他机关。所以，在我国不存在受上级行政机关委托的授权立法。

2. 根据行政立法目的的不同，可分为执行性立法、补充性立法、自主性立法和试验性立法。

执行性立法是指行政机关为执行法律而进行的行政立法活动。包括国务院为执行国家最高权力机关的某项法律而制定行政法规，国务院有关部委为执行国家最高权力机关的某项法律而制定部门规章，特定的地方人民政府为执行法律、法规和地方性法规而制定地方政府规章等。执行性立法所制定的行政法规、规章通常称为"实施条例"、"实施细则"、"实施办法"。如《外商投资企业和外国企业所得税法实施细则》、《土地管理法实施条例》。

补充性立法是指行政机关对已公布的具体法律、法规，根据需要做出适当补充的立法活动。补充性立法要以法律、法规或有权机关的授权为前提，依据法律、法规所确定的原则，创设新的法律。此类立法一般在名称中带有"补充规定"、"补充办法"之类的字样。如国务院于 1979 年制定的《关于劳动教养的补充规定》。

自主性立法不是为实施某些法律或其他行政管理法规，也不是为补充某项行政管理法规，而是对法律或其他行政管理法规未规定的事项加以规定的行政立法。该类立法的依据是宪法和组织法关于行政机关立法职能的规定。如国务院于 1988 年制定的《现金管理暂行条例》。

试验性立法是指行政机关在法律、法规和有权机关授权的基础上，对本应由法律规定的事项，在条件未成熟或社会关系未定型的情况下，可以先由行政机关通过行政立法的形式加以规定，进行试验总结，待条件成熟后再以法律的形式正式加以规定的一种立法模式。试验性立法通常称为"暂行条例"、"暂行规定"。如国务院于 1993 年制定的《国家公务员暂行条例》。

3．根据行政立法主体的不同，可分为中央行政立法和地方行政立法。

中央行政立法是中央国家行政机关依职权或授权所进行的行政立法活动。中央行政立法所制定的行政法规和规章，在全国范围内具有普遍效力。如国务院及其各部委所进行的立法。

地方行政立法是地方国家行政机关依职权或授权所进行的行政立法活动，主要包括省、自治区、直辖市人民政府，省、自治区人民政府所在地的市人民政府，经国务院批准的较大的市人民政府，全国人大常委会授权的经济特区的市人民政府所进行的行政立法。地方行政立法所制定的行政规章，在本行政区域内具有普遍效力。

4．根据行政立法的最终结果，可分为法规性立法和规章性立法。

法规性立法是指国务院依法制定和发布行政法规的活动。由国务院组织起草、制定和发布，内容涉及政治、经济、教育、文化、科技等各个方面。通过法规性立法达到执行法律的目的，实现国务院对全国各项行政工作的领导。法规性立法有条例、规定和办法三种名称。

规章性立法是指国务院部门和地方政府依法制定和发布行政规章的活动。规章性立法有规定、办法、实施细则、规则等名称，不得称条例。国务院部门制定的规章，称为部门规章；地方政府制定的规章，称为地方政府规章。

二、行政立法的原则

行政立法的原则是行政机关在进行行政立法活动时必须遵循的基本准则。依据我国《立法法》的规定，行政立法必须遵循以下基本原则：

（一）依法立法原则

《立法法》第 4 条规定，"立法应当依照法定的权限和程序，从国家整体利益出发，维护社会主义法制的统一和尊严。"依法立法原则意味着：

1．行政立法的主体合法。只有依据宪法、法律的规定和经过特别授权的主体在法定或授权范围内，才能进行行政立法。没有宪法和法律的规定，未经特别授权，以及超越法定或授权范围的立法行为，都属于无权行政立法。

2．行政立法的内容合法。行政立法的内容必须符合宪法、法律的规定，不得与之相抵触。

3．行政立法的程序合法。行政立法的程序必须遵循法定的立法程序。

（二）民主立法原则

《立法法》第 5 条规定："立法应当体现人民的意志，发扬社会主义民主，保障人民通过多种途径参与立法活动。"民主立法原则是人民当家作主在立法活动中的体现，主要表现在应采取多种途径保障公众参与立法。如公布行政立法草案并向社会广泛征求意见、采取听证会、论证会等多种形式搜集公众意见，及时公布通过的行政规范文件等。

（三）科学立法原则

《立法法》第 6 条规定："立法应当从实际出发，科学合理地规定公民、法人和其他组织的权利与义务、国家机关的权力与责任。"行政立法应立足我国国情，制定出具有指导意义的规范性文件。

（四）可操作性原则

行政立法的主要目的是保证法律、法规的具体执行，弥补法律、法规的空白和漏洞。可操作性较强是其与权力机关立法相比较突出的特点。行政立法应坚持可操作原则，制定的行政法规和行政规章应具体、针对性强；在涉及多部门利益时应相互协调，避免摩擦。

三、行政立法权限

行政立法权限是指享有行政立法权的行政机关制定行政规范性法律文件的权力界限，主要表现在行政机关相互之间在立法权上的分工。根据宪法、组织法等有关法律的规定，我国行政立法权限是有限的。

（一）国务院的行政立法权限

国务院的行政立法在现行中国行政立法权限划分体制中占有非常重要的地位，兼具从属性和主导性。作为国家最高权力机关的执行机关，国务院的行政立法对全国人大及其常委会的立法具有从属性；同时，作为国家最高行政机关，国务院担负统一领导和管理中国行政工作的职责，对全国的行政立法具有主导性。根据宪法和法律，国务院在遵循不得同宪法、法律相抵触的原则基础上，可以制定效力在法律之下的行政法规，该行政法规成为各部、委及地方行政立法的立法依据。

根据《宪法》第 89 条和《立法法》第 7 条、第 8 条以及第 56 条的规定，国务院在下列事项中享有立法权，可以制定行政法规：

1．《宪法》第 89 条规定的职权范围内的行政管理事项；

2．为执行法律的规定需要制定行政法规的事项；

3．全国人大及其常委会的特别授权事项。

（二）国务院各部委的行政立法权限

《宪法》第 90 条第 2 款规定："国务院各部、各委员会根据法律和国务院的行政法规、决定、命令，在本部门的权限内，发布命令、指示和规章。"

《立法法》第 71 条规定："国务院各部、委员会、中国人民银行、审计署和具有行政管理职能的直属机构，可以根据法律和国务院的行政法规、决定、命令，在本部门的权限范围内，制定规章。部门规章规定的事项应当属于执行法律或者国务院的行政法规、决定、命令的事项。"第 72 条规定："涉及两个以上国务院部门职权范围的事项，应当提请国务院制定行政法规或者由国务院有关部门联合制定规章。"

据此，国务院各部委在自己的职权范围内行使行政立法权。各部委之间以职务范围为界限；各部委与地方政府之间以条块职权为界限，涉及全国性的部门事务由各部委立法，涉及地方性事务由地方立法。

（三）地方政府的行政立法权限

《立法法》第 73 条规定："省、自治区、直辖市和较大的市的人民政府，可以根据法律、行政法规和本省、自治区、直辖市的地方性法规，制定规章。地方政府规章可以就下列事项作出规定：（一）为执行法律、行政法规、地方性法规的规定需要制定规章的事项；（二）属于本行政区域的具体行政管理事项。"

地方性法规和地方性规章的立法界限在《立法法》中也有明确规定。依据该法第 64 条的规定，地方性法规的立法权限主要有：

1．为执行法律、行政法规的规定，需要根据本行政区域的实际情况做具体规定的事项；

2．属于地方性事务需要制定地方性法规的事项；

3．除必须以法律形式表现的事项外，其他国家尚未制定法律或者行政法规的事项，省、自治区、直辖市和较大的市根据本地方的具体情况和实际需要，可以先制定地方性法规。在国家制定的法律或者行政法规生效后，地方性法规同法律或者行政法规相抵触的规定无效，制定机关应当及时予以修改或者废止。

依据《立法法》第 73 条的规定，地方性规章的立法权限主要有：

1．为执行法律、行政法规、地方性法规的规定需要制定规章的事项；

2．属于本行政区域的具体行政管理事项。

四、行政立法的程序

行政立法必须依照法定的程序进行，依据《行政法规制定程序条例》和《规章制定程序条例》，行政立法程序应包括以下环节：

（一）立项

1．行政法规的立项

国务院于每年年初编制本年度的立法工作计划。国务院有关部门认为需要制定行政法规的，应当于每年年初编制国务院年度立法工作计划前，向国务院报请立项。

国务院有关部门报送的行政法规立项申请，应当说明立法项目所要解决的主要问题、依据的方针政策和拟确立的主要制度。国务院法制机构应当根据国家总体工作部署，对部门报送的行政法规立项申请汇总研究，突出重点，统筹兼顾，拟订国务院年度立法工作计划，报国务院审批。

列入国务院年度立法工作计划的行政法规项目应当符合下列要求：（1）适应改革、发展、稳定的需要；（2）有关的改革实践经验基本成熟；（3）所要解决的问题属于国务院职权范围并需要国务院制定行政法规的事项。

2．行政规章的立项

国务院部门内设机构或者其他机构认为需要制定部门规章的，应当向该部门报请立项。省、自治区、直辖市和较大的市的人民政府所属工作部门或者下级人民政府认为需要制定地方政府规章的，应当向该省、自治区、直辖市或者较大的市的人民政府报请立项。报送制定规章的立项申请，应当对制定规章的必要性、所要解决的主要问题、拟确立的主要制度等作出说明。

国务院部门法制机构，省、自治区、直辖市和较大的市的人民政府法制机构，应当对制定规章的立项申请进行汇总研究，拟订本部门、本级人民政府年度规章制定工作计划，报本部门、本级人民政府批准后执行。年度规章制定工作计划应当明确规章的名称、起草单位、完成时间等。

国务院部门和省、自治区、直辖市以及较大的市的人民政府，应当加强对执行年度规章制定工作计划的领导。对列入年度规章制定工作计划的项目，承担起草工作的单位应当抓紧工作，按照要求上报本部门或者本级人民政府决定。年度规章制定工作计划在执行中，可以根据实际情况予以调整，对拟增加的规章项目应当进行补充论证。

（二）起草

1．行政法规的起草

行政法规由国务院组织起草。国务院年度立法工作计划可以确定行政法规由国务院的一个部门或者几个部门具体负责起草工作，也可以确定由国务院法制机构起草或者组织起草。

起草行政法规，除应当遵循《立法法》确定的立法原则，并符合宪法和法律的规定外，还应当符合下列要求：（1）体现改革精神，科学规范行政行为，促进政府职能向经济调节、社会管理、公共服务转变；（2）符合精简、统一、效能的原则，相同或者相近的职能规定由一个行政机关承担，简化行政管理手续；（3）切实保障公民、法人和其他组织的合法权益，在规定其应当履行的义务的同时，应当规定其相应的权利和保障权利实现的途径；（4）体现行政机关的职权与责任相统一的原则，在赋予有关行政机关必要的职权的同时，应当规定其行使职权的条件、程序和应承担的责任。

起草行政法规，应当深入调查研究，总结实践经验，广泛听取有关机关、组织和公民的意见。听取意见可以采取召开座谈会、论证会、听证会等多种形式。

起草行政法规的部门应当就涉及其他部门的职责或者与其他部门关系紧密的规定，与有关部门协商一致；经过充分协商不能取得一致意见的，应当在上报行政法规草案送审稿时说明情况和理由。

起草行政法规的部门应当对涉及有关管理体制、方针政策等需要国务院决策的重大问题提出解决方案，报国务院决定。

起草部门向国务院报送的行政法规送审稿，应当由起草部门主要负责人签署。几个部门共同起草的行政法规送审稿，应当同时由各个部门主要负责人共同签署。

起草部门将行政法规送审稿报送国务院审查时，应当一并报送行政法规送审稿的说明和有关材料。行政法规送审稿的说明应当对立法的必要性，确立的主要制度，各方面对送审稿主要问题的不同意见，征求有关机关、组织和公民意见的情况等作出说明。有关材料主要包括国内外的有关立法资料、调研报告、考察报告等。

2．行政规章的起草

部门规章由国务院部门组织起草，地方政府规章由省、自治区、直辖市和较大的市的人民政府组织起草。国务院部门可以确定规章由其一个或者几个内设机构或者其他机构具体负责起草工作，也可以确定由其法制机构起草或者组织起草。省、自治区、直辖市和较大的市的人民政府可以确定规章由其一个部门或者几个部门具体负责起草工作，也可以确定由其法制机构起草或者组织起草。起草规章可以邀请有关专家、组织参加，也可以委托有关专家、组织起草。

起草规章，应当深入调查研究，总结实践经验，广泛听取有关机关、组织和公民的意见。听取意见可以采取书面征求意见、座谈会、论证会、听证会等多种形式。起草的规章直接涉及公民、法人或者其他组织切身利益，有关机关、组织或者公民对其有重大意见分歧的，应当向社会公布，征求社会各界的意见；起草单位也可以举行听证会。听证会依照下列程序组织：（1）公开举行听证会，起草单位在举行听证会的 30 日前公布听证会的时间、地点和内容；（2）参加听证会的有关机关、组织和公民对起草的规章，有权提问和发表意见；（3）听证会应当制作笔录，如实记录发言人的主要观点和理由；（4）起草单位应当认真研究听证会反映的各种意见，起草的规章在报送审查时，应当说明对听证会意见的处理情况及其理由。

起草部门规章，涉及国务院其他部门的职责或者与国务院其他部门关系紧密的，起草单位应当充分征求国务院其他部门的意见。起草地方政府规章，涉及本级人民政府其他部门的职责或者与其他部门关系紧密的，起草单位应当充分征求其他部门的意见。起草单位与其他部门有不同意见的，应当充分协商；经过充分协商不能取得一致意见的，起草单位应当在上报规章草案送审稿时说明情况和理由。

起草单位应当将规章送审稿及其说明、对规章送审稿主要问题的不同意见和其他有关材料按规定报送审查。报送审查的规章送审稿，应当由起草单位主要负责人签署；几个起草单位共同起草的规章送审稿，应当由几个起草单位主要负责人共同签署。规章送审稿的说明应当对制定规章的必要性、规定的主要措施、有关方面的意见等情况作出说明。有关材料主要包括汇总的意见、听证会笔录、调研报告、国内外有关立法资料等。

（三）审查

1．行政法规的审查

国务院法制机构在审查行政法规是否遵循《立法法》基本原则的基础上，还应审查行政法规是否与有关行政法规协调、衔接，是否正确处理了有关机关、组织和公民对送审稿主要问题的意见，以及其他需要审查的内容。

2．行政规章的审查

规章送审稿由法制机构负责统一审查。法制机构对送审稿的审查同行政法规的审查内容是相同的。

3．备案审查

由于我国的行政立法及监督体制不完善，通过备案对行政立法的违法、违规问题进行审查，也属于国务院法制部门正确履行职权。从 2002 年至 2003 年上半年，国务院法制办政府法制协调司重点审查了全部报备件中的 253 件地方性法规、规章以及各级政府及其职能部门的规范性文件，发现存在以下五类问题：一是违反法律、行政法规的规定，设定行政许可、行政收费、行政处罚和行政强制措施，具体表现为扩大或者缩小上位法规定的管理事项范围、增加或者减少上位法规定的种类、提高或者降低上位法规定的幅度；二是在有关市场经济活动的法规规章中，违反上位法规定或者自行设定实行地区封锁的内容；三是违反上位法规定，或者自行设定增加管理相对人义务的内容，或者自行设定降低或者减少管理相对人合法利益的内容；四是超越本地区、本部门的权限规定行政管理的有关事项和内容；五是法规规章的制定程序不符合法律、行政法规的规定。

（四）决定与公布

1．行政法规的决定与公布

行政法规草案由国务院常务会议审议，或者由国务院审批。国务院常务会议审议行政法规草案时，由国务院法制机构或者起草部门作说明。国务院法制机构应当根据国务院对行政法规草案的审议意见，对行政法规草案进行修改，形成草案修改稿，报请总理签署国务院令公布施行。签署公布行政法规的国务院令应载明该行政法规的施行日期。

行政法规签署公布后，应及时在国务院公报和在全国范围内发行的报纸上刊登。国务院法制机构应当及时汇编出版行政法规的国家正式版本。在国务院公报上刊登的行政法规文本为标准文本。行政法规应当自公布之日起 30 日后施行；但是，涉及国家安全、外汇汇率、货币政策的确定以及公布后不立即施行将有碍行政法规施行的，可以自公布之日起施行。行政法规在公布后的 30 日内由国务院办公厅报全国人民代表大会常务委员会备案。

2．行政规章的决定与公布

部门规章应当经部务会议或者委员会会议决定。地方政府规章应当经政府常务会议或者全体会议决定。

审议规章草案时，由法制机构作说明，也可以由起草单位作说明。法制机构应当根据有关会议审议意见对规章草案进行修改，形成草案修改稿，报请本部门首长或者省长、自治区主席、市长签署命令予以公布。

公布规章的命令应当载明该规章的制定机关、序号、规章名称、通过日期、施行日期、部门首长或者省长、自治区主席、市长署名以及公布日期。部门联合规章由联合制定的部门首长共同署名公布，使用主办机关的命令序号。

部门规章签署公布后，部门公报或者国务院公报和全国范围内发行的有关报纸应当及时予以刊登。地方政府规章签署公布后，本级人民政府公报和本行政区域范围内发行的报纸应当及时刊登。在部门公报或者国务院公报和地方人民政府公报上刊登的规章文本为标准文本。

规章应当自公布之日起 30 日后施行；但是，涉及国家安全、外汇汇率、货币政策的确定以及公布后不立即施行将有碍规章施行的，可以自公布之日起施行。

（五）解释与备案

1. 行政法规的解释

行政法规条文本身需要进一步明确界限或者做出补充规定的，由国务院解释。国务院法制机构研究拟订行政法规解释草案，报国务院同意后，由国务院公布或者由国务院授权国务院有关部门公布。行政法规的解释与行政法规具有同等效力。国务院各部门和省、自治区、直辖市人民政府可以向国务院提出行政法规解释要求。

对属于行政工作中具体应用行政法规的问题，省、自治区、直辖市人民政府法制机构以及国务院有关部门法制机构请求国务院法制机构解释的，国务院法制机构可以研究答复；其中涉及重大问题的，由国务院法制机构提出意见，报国务院同意后答复。

2. 行政规章的解释与备案

规章解释权属于规章制定机关。规章有下列情况之一的，由制定机关解释：

（1）规章的规定需要进一步明确具体含义的；

（2）规章制定后出现新的情况，需要明确适用规章依据的。

规章解释由规章制定机关的法制机构参照规章送审稿审查程序提出意见，报请制定机关批准后公布。规章的解释同规章具有同等效力。

规章应当自公布之日起 30 日内，由法制机构依照《立法法》和《法规规章备案条例》的规定向有关机关备案。

国家机关、社会团体、企事业组织、公民认为规章同法律、行政法规相抵触的，可以向国务院书面提出审查的建议，由国务院法制机构研究处理。国家机关、社会团体、企事业组织、公民认为本行政区域内的较大的市级人民政府规章同法律、行政法规相抵触或者违反其他上位法的规定的，也可以向本省、自治区人民政府书面提出审查的建议，由省、自治区人民政府法制机构研究处理。

五、行政立法的效力等级

行政立法的效力等级是指行政法规和规章在国家的法律体系中所处的地位。依据《立法法》第 5 章的规定，行政立法的效力等级为：

（一）宪法具有最高的法律效力，一切法律、行政法规、地方性法规、自治条例和单行条例、规章都不得同宪法相抵触。

（二）法律的效力高于行政法规、地方性法规、规章。

（三）行政法规的效力高于地方性法规、规章。

（四）地方性法规的效力高于本级和下级地方政府规章。

（五）省、自治区人民政府制定的规章的效力高于本行政区域内的较大的市的人民政府制定的规章。

（六）自治条例和单行条例依法对法律、行政法规、地方性法规做变通规定的，在本自治地方适用自治条例和单行条例的规定。

（七）经济特区法规根据授权对法律、行政法规、地方性法规做变通规定的，在本经济特区适用经济特区法规的规定。

（八）部门规章之间、部门规章与地方政府规章之间具有同等效力，在各自的权限范围内施行。

（九）同一机关制定的法律、行政法规、地方性法规、自治条例和单行条例、规章，特别规定与一般规定不一致的，适用特别规定；新的规定与旧的规定不一致的，适用新的规定。

（十）法律、行政法规、地方性法规、自治条例和单行条例、规章不溯及既往，但为了更好地保护公民、法人和其他组织的权利和利益而做的特别规定除外。

六、行政立法的监督

行政立法的监督是行政立法体系的重要组成部分。通过对行政立法行为及其结果进行监控，目的是保证行政立法权运用的合法性和规范性，保障行政相对人的合法权益。目前，我国没有建立专门的行政立法监督机构，依照法律有权对行政立法进行监督的包括以下几方面：

（一）权力机关的监督

西方国家，议会通过备案与审查方式对行政机关制定的法规、条例、法令进行监督，决定是否合法有效。在我国，权力机关通过以下方式实施对行政立法的监督。

　　1．撤销

　　《宪法》第 67 条第 1 款第 6 项、第 7 项规定，全国人大常委会监督国务院的工作，有权撤销国务院制定的同宪法、法律相抵触的行政法规、决定和命令。根据《立法法》第 88 条规定，全国人大常委会有权撤销同宪法和法律相抵触的行政法规；地方人大常委会有权撤销本级人民政府制定的不适当的规章。

　　2．备案

　　依据《立法法》第 89 条的规定，行政法规、地方性法规、自治条例和单行条例、规章应当在公布后的 30 日内依照下列规定报有关机关备案：（1）行政法规报全国人民代表大会常务委员会备案；（2）省、自治区、直辖市的人民代表大会及其常务委员会制定的地方性法规，报全国人民代表大会常务委员会和国务院备案；较大的市的人民代表大会及其常务委员会制定的地方性法规，由省、自治区的人民代表大会常务委员会报全国人民代表大会常务委员会和国务院备案；（3）自治州、自治县制定的自治条例和单行条例，由省、自治区、直辖市的人民代表大会常务委员会报全国人民代表大会常务委员会和国务院备案；（4）部门规章和地方政府规章报国务院备案；地方政府规章应当同时报本级人民代表大会常务委员会备案；较大的市的人民政府制定的规章应当同时报省、自治区的人民代表大会常务委员会和人民政府备案；（5）根据授权制定的法规应当报授权决定规定的机关备案。

　　3．质询

　　《全国人民代表大会组织法》第 33 条规定："在常务委员会会议期间，常务委员会组成人员十人以上，可以向常务委员会书面提出对国务院和国务院各部、各委员会的质询案，由委员长会议决定交受质询机关书面答复，或者由受质询机关的领导人在常务委员会会议上或者有关的专门委员会会议上口头答复。在专门委员会会议上答复的，提质询案的常务委员会组成人员可以出席会议，发表意见。"所以，全国人大常委会可以就行政立法对国务院及其各部委进行质询。

　　《地方人大和政府组织法》第 28 条规定："地方各级人民代表大会举行会议的时候，代表十人以上联名可以书面提出对本级人民政府和它所属各工作部门以及人民法院、人民检察院的质询案。质询案必须写明质询对象、质询的问题和内容。"所以，地方人大可以就地方行政规章对地方政府进行质询。

　　（二）行政机关的监督

　　行政机关对行政立法的监督，是行政机关内部的一种自我纠错制度。

　　1．国务院对行政立法的监督

《立法法》第 88 条第 1 款第 3 项规定，国务院有权改变或者撤销不适当的部门规章和地方政府规章。国务院对行政立法的监督主要采取备案审查的方式进行。依据《法规规章备案条例》第 10 条的规定，国务院法制机构对报送国务院备案的法规、规章，就下列事项进行审查：（1）是否超越权限；（2）下位法是否违反上位法的规定；（3）地方性法规与部门规章之间或者不同规章之间对同一事项的规定不一致，是否应当改变或者撤销一方的或者双方的规定；（4）规章的规定是否适当；（5）是否违背法定程序。

2. 省、自治区人民政府对行政立法的监督

依据《立法法》第 88 条第 1 款第 6 项规定，省、自治区人民政府有权改变或者撤销下一级人民政府制定的不适当的规章。《法规规章备案条例》第 21 条规定，省、自治区、直辖市人民政府应当依法加强对下级行政机关发布的规章和其他具有普遍约束力的行政决定、命令的监督，建立相关的备案审查制度，维护社会主义法制的统一，保证法律、法规的正确实施。

（三）司法机关的监督

法院运用司法审查权对行政机关制定的法规、条例、法令进行监督，决定是否合法有效，这是西方国家比较通行的做法，也被实践证明行之有效。

目前，我国的司法监督主要表现为人民法院的监督。法院在审判活动中，有权对行政法规和行政规章的合法性、有效性进行审查，决定是否适用有效的行政法规和行政规章作为判案依据，但不能直接对违法、无效的行政法规和行政规章进行撤销、变更和废止。

政府立法回避

随着社会分工的细密和科学技术的进步，使得许多社会事务变得更加技术化和专业化，大量涉及技术和专业领域的规范制定和法律法规起草需要行政部门进行，而且作为行政管理和执法机构，政府主管部门对一些社会关系的产生、发展、变化及特殊性，会有更深入的了解和掌握，能选择比较适合的调整和规范方式，因此部门立法成为一种必然。但是行政部门进行立法时自然会考虑本部门的利益，导致部门利益法制化。如何克服部门利益法制化的必然性和许多法律草案由政府部门起草必然性之间的矛盾，理论和实务界有各种不同的观点。2007 年 3 月 26 日重庆市通过《重庆市人民政府 2007 年立法计划》，对 2007 年重庆市试行立法回避制度。政府立法回避制度的核心内容是：与某一立法项目有直接明显利害关系的单位和个人，不得参与法

规和规章的起草、审查和评审，不得主导立法进程。起草环节立法回避制度主要通过委托起草、招标起草和重庆市政府法制办直接起草三种方式实施。委托起草和社会招标就是对一些专业性强、难度较大或部门利害关系明显的行政立法项目，可以定向确定起草单位，采取委托方式起草；不能定向确定起草单位的立法项目，采取面向国内外公开招标的方式起草。重庆市的这一举措有利于缓解政府利益部门化这一矛盾，赢得了大量的赞誉之声。但是，行政管理事务的技术化和复杂化，又可能使得其他部门无法制定有效的行政法规，理论界对政府立法回避也提出了质疑。

具体资料可参阅侯淑雯，《政府立法不应回避》，《南方周末》，2007 年 8 月 23 日，B11 版。

孙志刚收容案

2003 年 3 月 17 日，就职于广州一服装公司的大学生孙志刚未携带身份证逛街时，被广州黄村街派出所以没有暂住证为由予以收容。3 月 18 日，孙被送往广州收容遣送中转站，后又被收容站送往广州收容人员救治站，并于 3 月 20 日死亡。4 月 18 日，中山大学中山医学院法医鉴定中心的鉴定表明："综合分析，孙志刚符合大面积软组织损伤致创伤性休克死亡"——即孙志刚是被打死的。经过相关司法程序，相关责任人员的法律责任被追究。通过本案，引发了其他法律问题。2003 年 5 月 14 日，三位法学博士将一份题为"关于审查《城市流浪乞讨人员收容遣送办法》的建议书"传真至全国人大常委会法制工作委员会，建议全国人大常委会对收容遣送制度进行违宪审查。三位博士指出，根据《宪法》第 37 条规定，中华人民共和国公民的人身自由不受侵犯。任何公民，非经人民检察院批准或者决定或者人民法院决定，并由公安机关执行，不受逮捕。禁止非法拘禁和以其他方法剥夺或者限制公民的人身自由，禁止非法搜查公民的身体；《行政处罚法》第 9 条规定，限制人身自由的行政处罚，只能由法律设定；《立法法》第 8 条和第 9 条规定，对公民政治权利的剥夺、限制人身自由的强制措施和处罚，只能制定法律。因此，1982 年由国务院颁布的收容遣送办法及其实施细则中限制公民人身自由的规定，违反了宪法、行政处罚法和立法法。所以建议对《城市流浪乞讨人员收容遣送办法》进行违宪和违法审查。

问题：我国对行政法规如何实施审查？普通公民认为行政法规违法时，可依照何种程序，建议对行政法规进行审查？

资料来源可参阅 http://www.china-holiday.com/blog/user1/4308/archives/2006/114791.html。

第三节　其他抽象行政行为

抽象行政行为除行政立法行为以外，还有一些是行政机关制定具有普遍约束力的决定、命令、规定、通知等规范性文件的行为，它们不属于行政立法行为，被称为其他抽象行政行为。在我国行政实务中，其他抽象行政行为发挥了较大的作用，但目前还存在不少问题，如不依据宪法、法律和法规实施其他抽象行政行为；其他抽象行政行为之间及其与上位阶的行政立法之间的矛盾冲突比较严重；对其他抽象行政行为的监督不力，尚未建立起强有力的监督制约机制等。

一、其他抽象行政行为的概念

其他抽象行政行为，是指行政机关为了实施法律、执行政策，依照法定程序在法定权限内制定除法规、规章以外的具有普遍约束力的决定、命令、规定、通知等规范性文件的行为。

同行政立法行为一样，其他抽象行政行为形成的规范性文件针对不特定的人或事产生效力，并且可以反复适用。该行政规范性文件一经颁布，文件所调整的个人、组织必须服从，对相应文件所确定的义务必须履行；同时，该文件对行政机关本身也具有公定力和确定力，行政机关在实施具体行政行为时，必须遵循相应的文件规定，非经法定程序不得撤销、改变、废止。

但与行政立法行为相比，其他抽象行政行为大多没有严格意义上的制定规范；其规范性文件的形式、名称、程序缺乏比较统一的要求；制定主体的范围较广，不仅包括有权进行行政立法的国家行政机关，也包括其他行政机关，即我国各级各类行政机关都可以成为其他抽象行政行为的主体。而且在行政复议中，复议机关经行政相对人的申请可以审查其他抽象行政行为制定的规范性文件的合法性，并可在职权范围内依法予以撤销或改变。在行政诉讼过程中，法院也可审查其他抽象行政行为制定的规范性文件的合法性，但法院无权撤销或改变该文件，只能对自己认为违法的规范性文件向相应的文件发布机关及其上级行政机关提出司法建议，建议其审查确认相应文件的违法性，并予以撤销或改变，或向有关国家权力机关提出监督审查要求，启动监督审查程序，撤销或改变相应文件。

二、其他抽象行政行为的表现形式

对于其他抽象行政行为的形式，从不同的角度可作不同的划分。

1．从行政主体的角度划分为：（1）国务院规定行政措施，发布决定、命令的行为；（2）县级以上地方各级人民政府规定行政措施，发布决定、命令的行为；（3）乡、民族乡、镇的人民政府发布决定、命令的行为；（4）国务院各部门和县以上各级地方人民政府工作部门针对非特定对象制定的具有普遍约束力的规范性文件的行为。

2．从其他规范性文件表现形式的角度划分为：（1）发布行政指令的行为；（2）发布行政命令的行为；（3）发布行政决定、决议的行为；（4）发布行政规定、办法的行为等。

3．依据国务院于 2000 年 8 月 24 日发布的《国家行政机关公文处理办法》的规定，可以将其他抽象行政行为划分为：（1）命令。适用于宣布施行重大强制性行政措施；奖惩有关人员；撤销下级机关不适当的决定。（2）决定。适用于对重要事项或重大行动做出安排。（3）公告。适用于向国内外宣布重要事项或者法定事项。（4）通告。适用于在一定范围内公布应当遵守或者周知的事项。（5）批复。适用于答复下级机关请示事项。（6）函。适用于不相隶属机关之间相互商洽工作、询问和答复问题；向有关主管部门请求批准等。（7）意见。适用于对重要问题提出见解和处理办法。

三、其他抽象行政行为的制定程序

其他抽象行政行为的制定程序，目前没有专门的法律规范进行规定，在理论界和实践中都认为或事实上已经参照行政法规和行政规章的制定程序来进行其他抽象行政行为的规定。其制定程序应包括立项、起草、审查、决定和公布、解释与备案等环节。

福建长乐王凯锋事件

2002 年 2 月 13 日，全国众多媒体相继报道了一则热点新闻。2001 年 11 月 1 日，福建省长乐市财政局原局长王凯锋因"执行上级文件"，被该市以"玩忽职守罪"判处有期徒刑 5 年 6 个月。

　　1995 年至 1997 年，福建省长乐市财政局原局长王凯锋在任职期间曾通过局长办公会研究决定，授权该市财政局信用服务部，先后与 27 家企业签订了周转金借款合同，并由企业所在的乡镇财政所提供担保。这 27 家企业倒闭后，共有 745 万元财政周转金未能收回。2001 年 11 月 1 日，福建省长乐市人民法院审理认为，被告王凯锋身为财政局局长，应对财政周转金的发放、回收等工作负领导责任。在《担保法》实施后，王凯锋仍允许行政机关作为担保主体，从而违反了《担保法》中关于"国家机关不能作为担保主体"的规定，致使国家财产遭受重大损失，其行为已经构成玩忽职守罪，故一审判处王凯锋有期徒刑五年零六个月。

　　然而，被告王凯锋的律师则认为，王实际上是严格按照福州市文件精神和当前财政周转金发放的做法办事的。福建省财政厅 1995 年 11 月发布的《省级财政周转金管理制度》规定，财政周转金发放时需要下级财政提供担保或见证。福州市委（1999）9 号文件也有明确规定，为确保周转金按期归还，要实行周转金贷款担保制度。税收在市里的企业由所在市专项资金担保；税收在县（市）区的企业由所在县（市）区财政提供担保。此外，律师出具长乐市委的一份会议纪要，此次会议的主题是协调市财政局为多家企业向上级借贷周转金提供担保，但不解并具有讽刺意味的是，这次会议召开在王凯锋因违反《担保法》被捕之后的 2001 年 8 月。

　　问：如何理解其他抽象行政行为在我国法律体系中的地位？

　　案件来源于郑全新、于莉，《论行政法规、规章以外的行政规范性文件》，《行政法学研究》，2003 年，第 2 期，第 15 页。

思考题

1. 名词解释

（1）抽象行政行为　　（2）行政立法行为　　（3）其他抽象行政行为

2. 任意项选择题

（1）国务院发布的《耕地占用税暂行条例》第 15 条规定：本条例"实施办法由各省、自治区、直辖市人民政府根据本条例的规定，结合本地实际情况制定……"各省级人民政府依此制定实施办法的行为属于（　　）。

A. 授权立法　　　　　　　　　　B. 地方行政立法

C. 执行性立法　　　　　　　　　D. 自主性立法

（2）根据我国宪法规定，（　　）有权撤销该市 A 区人民政府的规范性文件。

　　A．中国共产党 A 区委员会　　　　B．该市人民政府
　　C．A 区人大常委会　　　　　　　D．该市人民政府监察局

3．简答题

（1）简述抽象行政行为的概念与特征。

（2）行政立法的规范性文件的法律效力如何？

（3）行政立法的主体有哪些？

（4）试分析抽象行政行为的可诉性。

4．论述题

谈谈你对政府部门立法应否回避的看法。

5．案例分析题

2000 年 7 月 26 日，A 市人民政府作为省会市的人民政府发布了《A 市母婴保健办法》（以下简称《办法》），规定提交婚前医学检查证明是办理结婚登记的必要条件，并限定了婚检的具体项目和内容。2002 年，A 市人大在社会各界的反映下，与 A 市人大常委会审查了该市政府制定的《办法》，认为该《办法》作为地方人民政府制定的行政规章，其内容与国务院颁布的《婚姻登记条例》相悖，撤销了该市政府制定的《办法》。

　　问：本案中的《办法》是行政立法吗？

第十章　依申请的行政执法行为

本章重点

依申请的行政执法行为是行政法理论对行政行为的一种分类类型，与依职权的行政执法行为相对称，该行为的做出以行政相对人提出申请或要求为前提，否则行政主体不能主动做出该行为。依申请的行政执法行为主要包括行政确认、行政许可、行政给付、行政奖励等。

本章的重点内容主要有：理解行政确认、行政许可、行政给付、行政奖励的含义；掌握行政确认、行政许可、行政给付、行政奖励的本质、内容和条件；了解行政确认、行政许可、行政给付、行政奖励实施的具体程序。

第一节　行政确认

一、行政确认的概念及特征

（一）行政确认的概念

行政确认是行政主体依法对行政相对人的法律地位、法律关系和法律事实进行甄别，给予证明、认可和确定并予宣告的行为。行政确认是行政管理的重要手段之一，是行政主体作出处理决定的前提。通过行政确认有利于行政机关保护相对人的合法权益，预防纠纷的发生，并为法院的司法工作提供依据。

（二）行政确认的特征

1. 行政确认是证明性行政行为。行政确认并不赋予相对人新的权利义务或限制、剥夺其已有的权利义务，仅对相对人法律关系和法律事实进行证明、确定。通过对这些法律关系和法律事实的甄别，确定行政相对人是否具有某种法律地位，是否应享有某项权利和承担某项义务。

2．行政确认是羁束性行政行为。行政确认是行政主体依法对特定法律关系和法律事实是否存在进行宣告，行政主体只能依据法律规定和技术鉴定做出裁断，毫无自由裁量余地。

3．行政确认的结果具有法定强制力。一般情况下，行政确认的结果不需再经任何审查就具有法律效力，有关当事人必须服从，除非有相反的证据能够推翻该结果。

4．行政确认是要式行政行为。行政确认要求行政主体必须以书面形式并按照一定格式做出，否则不具有法律效力。

二、行政确认的形式

根据法律规范和实践，行政确认的形式主要有以下几类：

（一）公证文书

公证文书是公证机关代表国家依照法定程序，证明机关、团体、企事业单位和公民个人的各种法律行为，以及具有法律意义的文书和事实的真实性、合法性时所作的证明文书。如遗嘱公证书、婚姻关系公证书等。

（二）鉴定结论

鉴定结论是行政机关对特定对象经过鉴定作出的具有法律效力的结论。如交通事故鉴定、专利技术鉴定、伤残等级鉴定等。

（三）证明文书

证明文书是行政机关依法作出并向相对人颁发的证明相对人法律地位或权利义务状况的书面证明材料。如宅基地使用证明、技术合格证等。

（四）检查结论

检查结论是行政机关依法对相对人某种事实状态实施检查后作出的结论。如对进出口物品作出抽样检查的结论、对火灾防范措施的检查结论、对卫生环境作出的检查结论、对劳动条件作出的检查结论等。

（五）登记文书

登记文书是行政机关依法对相对人申请事项审查后进行登记，以证明相对人法律地位或权利义务状况的文书。如房屋产权登记、户口登记等。

三、行政确认的内容

（一）法律事实

对法律事实的确认是行政确认中数量较多的部分，涉及范围较广，内容较复杂。该法律事实的核心作用在于确定、证明相对人的法律地位和权利义务。

主要包括：1．技术鉴定，如计量鉴定、医疗事故鉴定、交通事故鉴定、专利技术鉴定、标准化鉴定、商标鉴定、产品质量鉴定、环保监测鉴定等。2．卫生检疫，如食品卫生检验、动植物检疫、传染病监测、饮食业从业人员的健康检查、专项体检等。3．抚恤性质和等级的鉴定，如伤残等级鉴定，因公、参战、作战牺牲的性质鉴定等。4．公证，如证明财产赠与、分割，证明学历、身份、出生、婚姻状况、生死存亡等。5．其他，如选举是否合法的确认，文化制品是否合法的确认等。①

（二）法律关系

对法律关系的行政确认是针对能够确定、证明行政相对人法律地位和权利义务的法律关系所做的行政确认。作为行政确认的对象，它可以是民事法律关系，也可以是行政法律关系或其他法律关系。目前，我国法律、法规规定的有关特定法律关系的行政确认主要有以下内容：1．不动产所有权的确认。包括城镇私有房屋所有权、土地所有权等。2．不动产使用权。包括自然资源使用权、土地使用权等。3．合同效力的确认。包括劳动争议仲裁委员会对无效的劳动合同的确认，以及对解除合同效力的确认等。4．专利权确认。包括是否职务发明的专利权确认等。②

四、行政确认的程序

行政确认的程序大致分为以下几个环节：（一）申请。行政确认一般依相对人的申请而启动。（二）审查。行政机关在接到相对人的申请后，应对申请进行形式和实质两方面的审查。（三）作出决定。经过审查后，以书面形式做出是否确认的决定。（四）送达。某些行政确认以送达书面文书为产生法律效力的必备要件。

无证驾车上班摔伤构成工伤

2006 年 12 月 1 日，江苏省无锡市中级人民法院审结一起行政确认案，上诉人无锡斌斌服饰有限公司（下称斌斌公司），关于撤销被上诉人无锡市劳动和社会保障局（下称劳动局）对第三人方国平作出的工伤认定的诉求被驳回，维持了原审判决。由于方国平是无证驾驶摩托车上班摔伤而被认定为

---

① 张正钊编著，《行政法与行政诉讼法》，中国人民大学出版社，1999 年，第 136 页。
② 张正钊编著，《行政法与行政诉讼法》，中国人民大学出版社，1999 年，第 137 页。

工伤，此案争议较大，备受关注。

2005年5月30日晚，斌斌公司员工方国平在驾驶摩托车上班途中，不慎摔倒受伤，经医疗救治，诊断为右锁骨中段骨折。2006年1月24日，方国平向劳动局申请工伤认定。劳动局按规定受理后，于2006年3月30日作出《工伤认定决定书》，认定方国平受到的伤害为工伤。斌斌公司不服，于2006年8月3日向南长区人民法院提起行政诉讼，请求撤销市劳动局关于方国平的工伤认定。2006年10月8日，南长区人民法院一审驳回了原告斌斌公司的诉求，维持了劳动局的工伤认定。

该案进入二审程序后，双方当事人提供的证据和陈述的理由基本不变。上诉人斌斌公司认为，方国平在上班途中发生机动车事故的伤害，事实不清，证据不足，不能认定为工伤，当庭陈述了三点辩护意见：一是公安部门的交通事故责任认定书是认定工伤的主要证据，但本案只有某交警中队的"情况说明"，并非事故责任认定书。二是对发生交通事故的时间有异议，报案时间先是"2005年5月30日晚上10时30分许"，后更改为"2005年5月30日晚23时20分许"，并且只有当事人的报案陈述，没有交警的事故现场勘察。三是按照《工作保险条例》规定"因犯罪或违反治安管理伤亡的，不得认定为工伤或者视同工伤"。方国平是无证驾驶摩托车，违反治安管理处罚法。

被上诉人劳动局对方国平无证驾驶摩托车的事实没有异议，认为方国平在合理的时间内和路线上发生交通事故，虽然是无证驾驶摩托车，但并未被人民法院认定犯罪，也没有受到公安机关治安处罚，因此认定方国平的行为违反治安管理处罚法，缺乏依据。《工伤保险条例》规定："职工或者其直系亲属认为是工伤，用人单位不认为是工伤的，由用人单位承担举证责任。"斌斌公司在行政程序中未能提供有效的反驳证据，作为工伤认定的行政机关依据核实材料最终采纳了工伤申请人的主张，并无不当。

法院认为，原审第三人方国平无证驾驶机动车的行为，属于违反《道路交通安全法》的行为，其与是否违反《治安管理处罚法》不属于同一调整范畴，两者之间无直接因果关系和必然联系。上诉人斌斌公司在工伤认定程序中，未能提供法院或公安机关的有关法律文书，因此斌斌公司提出方国平是无证驾驶摩托车，违反了《治安管理处罚法》的规定，不能认定为工伤的意见，缺乏依据。依照《工伤保险条例》规定："职工或者其直系亲属认为是工伤，用人单位不认为是工伤的，由用人单位承担举证责任"。斌斌公司未能提交充分证据证明方国平不是在上班途中发生机动车事故的伤害，故应承担相应的法律责任。

问：谈谈行政机关作出的行政确认在司法审判中的地位和作用。

资料来源于 http://www.dffy.com/sifashijian/al/200612/20061201202014.htm.

<h1 style="text-align:center">第二节　行政许可</h1>

行政许可作为一种行政管理制度，是行政机关在管理经济事务和社会事务中的一种事先控制手段。作为一种事先管理制度，行政许可可以调动行政相对人的积极性，维护社会公共利益，促进经济、社会和生态的和谐，具有调控市场的作用。但是，行政许可也有可能过度限制行政相对人的自由，抑制竞争或导致竞争过分激烈。所以，为了规范行政许可的设定和实施，保护公民、法人和其他组织的合法权益，维护公共利益和社会秩序，保障和监督行政机关有效实施行政管理，大多数国家都通过行政许可立法对行政许可进行规范。《中华人民共和国行政许可法》于 2003 年 8 月 27 日通过，并于 2004 年 7 月 1 日起施行。

一、行政许可的概念与本质

（一）行政许可的概念

依据《行政许可法》第 2 条的规定，行政许可，是指行政机关根据公民、法人或者其他组织的申请，经依法审查，准予其从事特定活动的行为。行政许可是行政机关对社会实施的管理性的外部行政行为。通过行政许可，行政机关恢复了相对人行使某项权利的自由，准许其从事某种特定的活动。相对人取得行政许可后，表明符合法定条件，可以依法从事该特定活动。

（二）行政许可的本质

关于行政许可的本质，学术界有不同的观点，[①]目前比较有代表性的主要有三种：一是赋权说，赋权说认为行政许可是行政主体允许相对人从事某种活

---

① 江必新将目前比较有代表性的关于行政许可性质的观点概括为十种，包括赋权说、解禁说、折衷说、控权与赋权双重性质说、解禁与确权双重性质说、形成说、证权说、限制规范与赋权说、审查核实说、多重性质说等，并提出了自己的观点，认为行政许可是对符合条件者解除不作为义务。具体见江必新著，《论行政许可的性质》，《行政法学研究》，2004 年，第 2 期，第 3～4 页。

动，授予其某种权利或某种资格的行为。相对人本来并没有某种权利，只是因为行政机关的允诺和赋予，相对人才获得了该项一般人不能享有的权利。①二是证权说或验证说，该观点主要针对赋权说而言，认为行政许可并非权利的赋予，只是对权利人行使权利的资格与条件加以验证，并给予合法性的证明。②三是解禁说或自由恢复说，认为行政许可是行政机关根据行政相对人的申请，解除法律禁止，恢复相对人行使某项权利的行政行为。根据解禁说，行政许可是对禁止的解除，而不是权利的授予。应受许可的事项，在法律没有禁止以前是任何人都可以自由从事的行为，但由于法律规定的结果，自由受到了限制，而许可正是对自由的恢复。③

我们赞同解禁说，因为行政许可的本质是行政机关为了社会生产和生活的发展，考虑各方因素后作出的解除对相对人权利和自由限制的行政行为。"应受许可的事项，在没有这种限制之前，是任何人都可以作为的行为，因为法令规定的结果，自由受到限制，所以许可是自由的恢复，并非权利的设定。"④

二、行政许可的特征

（一）行政许可是依申请的行政行为。行政相对人提出申请，是行政许可的前提。行政主体不因行政相对人准备进行某项活动或具备从事某项活动的资格而主动颁发行政许可证。但是，依申请开始并不意味着行政相对人进行申请就必然得到行政主体的许可，行政主体必须在审查的基础上决定是否许可。

（二）行政许可是解除禁令的行政行为。国家运用法律手段对行政相对人的某些活动进行了限制或禁止，即国家基于社会发展等各种因素的考量后对个人自由进行了限制或禁止。而行政许可是为适应社会发展的需要，对符合一定条件者解除禁令的行为。如禁止携带枪支，对符合特定条件的相对人解除禁止。

（三）行政许可是要式行政行为。行政许可必须以书面形式予以批准和证明。依照我国现行法律的规定，属于行政许可的证件主要有：许可证、执照、注册登记、准许证、通行证、特许证、护照、批准书、审批书等。

---

① 罗豪才主编，《行政法学》（新编本），北京大学出版社，1996年，第175页。
② 甄永丽著，《行政许可性质之法理学分析》，《贵阳学院学报（社科版）》，2007年，第1期，第29页。
③ 马怀德著，《行政许可》，中国政法大学出版社，1994年，第3页。
④ 林纪东著，《云五社会科学大辞典》（第7册），行政学，转引自张步洪编著，《中国行政法学前沿问题报告》，1999年，第18页。

三、行政许可的分类

（一）行政许可的理论分类

行政许可按不同的标准有多种分类，以下介绍几种主要分类：

1．依照许可的内容，可以分为行为许可与资格许可。

行为许可是指行政机关依相对人的申请，允许其从事某种活动的行政许可。行为许可中申请人无须经过严格考试。如工商行政机关发放营业执照、林业部门核发采伐许可证、烟草管理部门核发烟草生产许可证等行为。资格许可是行政机关依相对人的申请，经过严格的考试、考核等形式，对合格者发放证明文件，允许其持证从事某一职业或进行某种活动的行政许可。资格许可中相对人具有某种能力是取得许可的前提。如会计资格证、教师资格证等。

2．依照许可的享有程度，可以分为排他性许可与非排他性许可。

排他性许可，又称独占性许可，是指某一相对人获得某种许可后，其他任何人均不得再获得该项许可，即获得许可的相对人对此事项有独占的权利。如商标许可、专利许可等。非排他性许可，是指凡是具备条件的相对人均可申请、获得的许可。如驾驶执照、营业执照等。

3．依照许可证是否需要附加其他补充说明文件，可以分为独立的许可与附文件的许可。

独立的许可，指单独的许可证便包含了许可的全部内容，无须其他文件加以补充的行政许可。如驾驶执照、卫生许可证等。附文件的许可，指除许可证外还必须附加文件对许可的内容进行补充说明的行政许可。如专利证书需附专利说明书等。

4．依照许可是否附有相应的义务，可以分为权利性行政许可与附义务行政许可。

权利性行政许可，是指行政许可获得者可以自由地决定是否行使该许可所赋予的权利和资格，并且不因此而承担任何法律责任的行政许可。如驾驶执照、营业执照、护照等。附义务行政许可，是指行政许可获得者在获得许可的同时，必须承担在一定时期从事该项活动的义务，否则要承担一定法律责任的行政许可。如专利许可、商标许可等。

5．依照许可事项的不同，可以分为一般许可与特别许可。

一般许可是指相对人只要符合法定条件，就可向行政机关提出申请，对申请人无特殊限制的许可。如营业许可、驾驶许可等。特别许可是指除符合一般条件外，对申请人有特殊限制的许可。如药品生产许可、烟草专卖许可等。

（二）行政许可的法律分类

根据《行政许可法》第 12 条的规定和《行政许可法（草案）》的说明，行政许可主要有以下几类：

1．普通许可。普通许可是由行政机关确认自然人、法人或者其他组织是否具备从事特定活动的条件后作出的许可。它是运用最广泛的一种行政许可，适用于直接关系国家安全、经济安全、公共利益、人身健康、生命财产安全的事项。普通许可的功能主要是防止危险、保障安全，一般没有数量控制。

2．特许。特许是由行政机关代表国家向被许可人授予某种权利，主要适用于有限自然资源的开发利用、有限公共资源的配置、直接关系公共利益的垄断性企业的市场准入等。海域使用许可、无线电频率许可是典型的特许。特许的功能主要是分配稀缺资源，一般有数量控制。

3．认可。认可是由行政机关对申请人是否具备特定技能的认定，主要适用于为公众提供服务、直接关系公共利益并且要求具备特殊信誉、特殊条件或者特殊技能的资格、资质。认可的主要功能是提高从业水平或者某种技能、信誉，没有数量限制。

4．核准。核准是由行政机关对某些事项是否达到特定技术标准、经济技术规范的判断、确定，主要适用于直接关系公共安全、人身健康、生命财产安全的重要设备设施的设计、建造、安装和使用，直接关系人身健康、生命财产安全的特定产品、物品的检验、检疫。核准的功能也是为了防止危险、保障安全，没有数量控制。

5．登记。登记是由行政机关确立个人、企业或者其他组织的特定主体资格。登记的功能主要是确立申请人的市场主体资格，没有数量控制。

四、行政许可的设定

所谓设定是指不以任何法律、法规的规定作为其具体存在依据，制定原创性法律规范的行为。行政许可的设定是制定原创性行政许可法律规范的行为。

（一）行政许可的设定范围

依据《行政许可法》第 12 条的规定，下列事项可以设定行政许可：

1．直接涉及国家安全、公共安全、经济宏观调控、生态环境保护以及直接关系人身健康、生命财产安全等特定活动，需要按照法定条件予以批准的事项；

2．有限自然资源开发利用、公共资源配置以及直接关系公共利益的特定行业的市场准入等，需要赋予特定权利的事项；

3．提供公众服务并且直接关系公共利益的职业、行业，需要确定具备特殊信誉、特殊条件或者特殊技能等资格、资质的事项；

4．直接关系公共安全、人身健康、生命财产安全的重要设备、设施、产品、物品，需要按照技术标准、技术规范，通过检验、检测、检疫等方式进行审定的事项；

5．企业或者其他组织的设立等，需要确定主体资格的事项；

6．法律、行政法规规定可以设定行政许可的其他事项。

以上所列事项，如果通过下列方式能够予以规范的，可以不设定行政许可：

1．公民、法人或者其他组织能够自主决定的；

2．市场竞争机制能够有效调节的；

3．行业组织或者中介机构能够自律管理的；

4．行政机关采用事后监督等其他行政管理方式能够解决的。

（二）行政许可的设定权限

行政许可的设定权是指对法律、法规已经设定的行政许可事项，为结合实施的需要，就行政许可的条件、标准、程序等进行具体的解释和适用的权利，即对已有的行政许可事项加以具体化的权力，以便使行政许可更具有可操作性。行政许可设定权是国家机关依据法定权限和法定程序创设行政许可的一种立法行为。全国人民代表大会及其常务委员会、国务院、省级的地方人民代表大会及其常务委员会、较大的市的地方人民代表大会及其常务委员会和省级人民政府享有行政许可设定权。

1．法律的行政许可设定权

法律可以设定行政许可事项是由我国的政体决定的。法律不仅可以对《行政许可法》第十二条规定的可以设定行政许可的五类事项设定行政许可，法律也可以对第十二条规定以外的事项设定行政许可。

2．行政法规的行政许可设定权

行政法规是国务院制定的法律规范，根据宪法和立法法的规定，行政法规的效力等级是仅次于法律的一种法律规范。　行政许可法对行政法规在设定行政许可方面的规定体现了宪法和立法法的精神，一方面，行政法规设定行政许可的权限比法律以外的其他法律规范大；另一方面它又受一定的限制，即法律已经设定行政许可的，行政法规只能作出具体规定，不能增设行政许可。总之，行政法规可以设定行政许可法规定的可以设定行政许可的各类事项，但是，法律已经设定行政许可的，行政法规不得超越法律规定，而只能作具体化的规定。

3．国务院决定的行政许可设定权

必要时，国务院可以采用发布决定的方式设定行政许可。主要考虑有五点，一是一些临时性、紧急的和尚未制定法律、行政法规的事项，国务院还需要以行政许可方式进行管理；二是根据 WTO 规则，国外采取临时性许可措施时，我国可以采取相应措施，如临时配额、临时许可证管理等；三是有些比较敏感的问题，制定法律、行政法规的条件一时还不成熟，需要国务院决定设定行政许可进行管理；四是国务院决定已经设定了不少行政许可，其中有不少在国务院行政审批制度改革中也认为需要保留；五是在改革开放过程中，在国有企业改革、促进就业与再就业、社会保险等方面，有一些试点、试验的事项，先是用政策作指导，在局部地区、特定领域实施，积累经验，在制定法律、行政法规前，也需要采取行政许可的方式实施管理，防止出现混乱。 国务院采用发布决定的方式设定行政许可实施后，除临时性行政许可因条件、情况发生变化废止以外，国务院决定设定的其他行政许可在条件成熟时，国务院应当适时提请全国人大及其常委会制定法律加以设定，或者自行制定行政法规加以设定。

4．地方性法规的行政许可设定权

地方性法规是省级人大及其常委会制定或者批准的法律规范。行政许可法规定地方性法规可以设定行政许可，但是，法律、行政法规已经对有关事项设定行政许可的，地方性法规只能作出具体规定，不得增设行政许可。

5．省级政府规章的行政许可设定权

对于可以设定行政许可的事项，尚未制定法律、行政法规和地方性法规的，因行政管理需要，确需立即实施行政许可，省、自治区、直辖市人民政府可以设定临时性的行政许可。但是，行政许可法对省级地方政府规章的行政许可权作出了必要限制：首先，只有省级地方人民政府制定的规章才能设定行政许可事项，其他具有地方政府规章制定权的人民政府无权设定行政许可事项；其次，省级地方政府规章设定的许可制具有临时性质，不是一种长期有效的行政许可；第三，临时性许可设定权以一年为限，在实施满一年后，该种临时性许可应自动失效，如果省级人民政府认为需要继续执行该种许可，就必须提请本级人大及其常委会制定地方性法规。

6．地方性法规和省级政府规章不得设定行政许可的事项

根据行政许可不同种类的性质，行政许可法规定：第一，资格、资质的行政许可；第二，企业或者其他组织的设立登记及其前置性行政许可，地方性法规和省级政府规章不得设立，只能由法律、行政法规和必要时国务院制定的决定设立；第三，地方性法规和省级行政规章设定的行政许可，不得限制其他地区的个人或者企业到本地区从事生产经营和提供服务，不得限制其他地区的商品进入本地区市场。同时行政许可法取消了国务院部门规章的行政许可设定

权。至于各部门已经设立的确需继续实施的行政许可，在本法实施后，可以由国务院制定行政法规予以确认，有的可以上升为法律加以规定。

7．其他规范性文件一律不得设定行政许可。

其他规范性文件的一般定义是指各级各类国家行政机关，为实施法律，执行政策，在法定权限内制定的除行政法规和规章以外的具有普遍约束力的决定、命令及行政措施等。行政许可的设定权限涉及哪些国家机关有权设定行政许可、有权设定哪些行政许可、以什么形式设定行政许可。

五、行政许可的实施

（一）行政许可的实施主体

1．行政许可实施机关。

（1）行政许可的实施主体主要是行政机关。在我国，作为行政许可的实施主体的行政机关主要分为三个层次的行政机关：一是国务院及各部委，其实施一些直接关系国家重大利益、不宜下放的行政许可。如特定矿种采矿许可证。二是省级人民政府及其主管部门，其实施一些事关重大、但又不宜全部由中央层次行政机关实施的行政许可。三是县级以上人民政府及其主管部门，其实施那些数量多、范围广、与普通百姓生活直接密切相关的行政许可。

（2）实施行政许可的行政机关必须享有行政许可权。行政机关要取得行政许可权，应当具备的条件有：行政机关依法享有外部行政管理职能；依法得到明确授予的行政许可权；实施行政许可的法定授权应当与行政机关的外部管理职能及范围相一致。

（3）行政机关必须在法定的职权范围内实施行政许可。行政机关的行政职权必须来源于法律的明确规定，行政机关行使行政权必须在法定的职权范围内，超越其法定职权范围行使行政权是无效的。

2．授权实施行政许可

授权实施行政许可，是指被授权的组织在授权范围内，以自己的名义实施行政许可，并承担相应的法律责任。

授权实施行政许可的规则：

（1）对授权主体的要求。行政许可的实施权的授权主体必须是特定的国家机关，即享有法律、法规制定权的国家机关。

（2）对授权形式的要求。行政许可的实施权的授权必须通过法律、法规来进行，法律、法规以外的其他规范性文件不得授权其他组织实施行政许可。

（3）对授权内容的要求。从理论上讲，被授出的行政管理权应当是公有权，而不是专有权。所谓公有权，是指几个行政机关都可能享有，具有可转让性。

（4）被授权的对象是具有管理公共事务职能的组织。被授权实施行政许可的具有管理公共事务职能的组织必须是依法成立的，被授权实施的行政许可事项应当与该组织管理公共事务的职能相关联，该组织应当具有熟悉与被授权实施行政许可有关的法律、法规和专业的正式工作人员和所必需的技术、装备条件等，能对实施被授权实施的行政许可引起的法律后果独立地承担责任。

3．委托实施行政许可

委托实施行政许可，是指行政机关在法定职权范围内，依照法律、法规、规章的规定，将行政许可实施权委托给其他行政机关行使的一种行为。

（1）委托实施行政许可的特点：受委托实施行政许可的主体只限于行政机关，其他组织和个人不能接受行政机关的委托实施行政许可；受委托行政机关实施行政许可的权力来源于行政机关的委托行为；受委托实施行政许可的行政机关并未因委托机关的委托而获得法定的行政许可实施权；受委托实施行政许可的行政机关在具体实施受委托的行政许可时，并不具有行政主体资格，其实施受委托行政许可的行为的法律后果由委托行政机关承担。

（2）委托实施行政许可的规则：第一，委托主体即委托实施行政许可的行政机关，委托其他行政机关实施行政许可应当遵循职权法定原则，在其法定权限范围内依法委托。第二，委托实施行政许可的依据是法律、法规和规章。这种委托具有很强的公开性、规范性。第三，委托行政机关对受委托行政机关实施行政许可的行为应当负责监督，并对实施该委托的行政行为的后果承担法律责任。第四，受委托实施行政许可的行政机关不得将行政许可实施权再转委托给其他组织和个人。第五，委托行政机关应当将受委托行政机关和受委托实施行政许可的内容予以公告。这是行政公开原则的一个具体要求和体现。

（二）行政许可的实施程序

1．申请与受理

公民、法人或者其他组织从事特定活动，依法需要取得行政许可的，应当向行政机关提出申请。申请书需要采用格式文本的，行政机关应当向申请人提供行政许可申请书格式文本。申请人可以委托代理人提出行政许可申请。但是，依法应当由申请人到行政机关办公场所提出行政许可申请的除外。行政许可申请可以通过信函、电报、电传、传真、电子数据交换和电子邮件等方式提出。

行政机关对申请人提出的行政许可申请，应当根据下列情况分别作出处理：

（1）申请事项依法不需要取得行政许可的，应当即时告知申请人不受理；

（2）申请事项依法不属于本行政机关职权范围的，应当即时作出不予受理的决定，并告知申请人向有关行政机关申请；

（3）申请材料存在可以当场更正的错误的，应当允许申请人当场更正；

（4）申请材料不齐全或者不符合法定形式的，应当当场或者在五日内一次告知申请人需要补正的全部内容，逾期不告知的，自收到申请材料之日起即为受理；

（5）申请事项属于本行政机关职权范围，申请材料齐全、符合法定形式，或者申请人按照本行政机关的要求提交全部补正申请材料的，应当受理行政许可申请。

行政机关受理或者不予受理行政许可申请，应当出具加盖本行政机关专用印章和注明日期的书面凭证。

2．审查与决定

行政机关应当对申请人提交的申请材料进行审查。审查包括形式审查和实质审查。形式审查主要指申请人提交的申请材料是否齐全、符合法定形式、法定程序等形式要件。实质审查主要指在形式审查的基础上，对申请书所列内容进行审查，包括从事所申请许可活动的能力、场所、设备、从业人员等。对申请材料的实质内容进行核实的，行政机关应当指派两名以上工作人员进行核查。申请人的申请符合法定条件、标准的，行政机关应当依法作出准予行政许可的书面决定。行政机关作出准予行政许可的决定，需要颁发行政许可证件的，应当向申请人颁发加盖本行政机关印章的下列行政许可证件：1．许可证、执照或者其他许可证书；2．资格证、资质证或者其他合格证书；3．行政机关的批准文件或者证明文件；4．法律、法规规定的其他行政许可证件。

行政机关作出的准予行政许可决定，应当予以公开，公众有权查阅。法律、行政法规设定的行政许可，其适用范围没有地域限制的，申请人取得的行政许可在全国范围内有效。行政机关依法作出不予行政许可的书面决定的，应当说明理由，并告知申请人享有依法申请行政复议或者提起行政诉讼的权利。

3．听证程序

在审查过程中应特别注意听证程序。依据《行政许可法》第46条的规定，法律、法规、规章规定实施行政许可应当听证的事项，或者行政机关认为需要听证的其他涉及公共利益的重大行政许可事项，行政机关应当向社会公告，并举行听证。

行政许可直接涉及申请人与他人之间重大利益关系的，行政机关在作出行政许可决定前，应当告知申请人、利害关系人享有要求听证的权利；申请人、利害关系人在被告知听证权利之日起五日内提出听证申请的，行政机关应当在

20 日内组织听证。听证按照下列程序进行：行政机关应当于举行听证的 7 日前将举行听证的时间、地点通知申请人、利害关系人，必要时予以公告；听证应当公开举行；行政机关应当指定审查该行政许可申请的工作人员以外的人员为听证主持人，申请人、利害关系人认为主持人与该行政许可事项有直接利害关系的，有权申请回避；举行听证时，审查该行政许可申请的工作人员应当提供审查意见的证据、理由，申请人、利害关系人可以提出证据，并进行申辩和质证；听证应当制作笔录，听证笔录应当交听证参加人确认无误后签字或者盖章。行政机关应当根据听证笔录，作出行政许可决定。申请人、利害关系人不承担行政机关组织听证的费用。

　　4．行政许可的期限

　　行政机关对行政许可申请进行审查后，除当场作出行政许可决定的外，应当在法定期限内按照规定程序作出行政许可决定。

　　依据《行政许可法》的规定，除当场作出行政许可决定以外，行政机关应当自受理行政许可申请之日起 20 日内作出行政许可决定。20 日内不能作出决定的，经本行政机关负责人批准，可以延长 10 日，并应当将延长期限的理由告知申请人。但是，法律、法规另有规定的，依照其规定。行政许可采取统一办理或者联合办理、集中办理的，办理的时间不得超过 45 日；45 日内不能办结的，经本级人民政府负责人批准，可以延长 15 日，并应当将延长期限的理由告知申请人。依法应当先经下级行政机关审查后报上级行政机关决定的行政许可，下级行政机关应当自其受理行政许可申请之日起 20 日内审查完毕。但是，法律、法规另有规定的，依照其规定。行政机关作出行政许可决定，依法需要听证、招标、拍卖、检验、检测、检疫、鉴定和专家评审的，所需时间不计算在法律规定的期限内。行政机关作出准予行政许可的决定，应当自作出决定之日起 10 日内向申请人颁发、送达行政许可证件，或者加贴标签、加盖检验、检测、检疫印章。

　　5．变更与延续

　　被许可人要求变更行政许可事项的，应当向作出行政许可决定的行政机关提出申请；符合法定条件和标准的，行政机关应当依法办理变更手续。

　　被许可人需要延续依法取得的行政许可的有效期的，应当在该行政许可有效期届满 30 日前向作出行政许可决定的行政机关提出申请。但是，法律、法规、规章另有规定的，依照其规定。行政机关应当根据被许可人的申请，在该行政许可有效期届满前作出是否准予延续的决定；逾期未作决定的，视为准予延续。

6. 特别程序

《行政许可法》规定，实施行政许可的程序，行政许可法有规定的适用行政许可法，行政许可法没有规定的，适用有关法律、行政法规的规定。如实施行政许可法第十二条第二项所列事项的行政许可的，行政机关应当通过招标、拍卖等公平竞争的方式作出决定。行政机关通过招标、拍卖等方式作出行政许可决定的具体程序，依照有关法律、行政法规的规定。行政机关按照招标、拍卖程序确定中标人、买受人后，应当作出准予行政许可的决定，并依法向中标人、买受人颁发行政许可证件；行政许可法第十二条第三项所列事项的行政许可，赋予公民特定资格，依法应当举行国家考试的，行政机关根据考试成绩和其他法定条件作出行政许可决定；赋予法人或者其他组织特定的资格、资质的，行政机关根据申请人的专业人员构成、技术条件、经营业绩和管理水平等的考核结果作出行政许可决定；第十二条第四项所列事项的行政许可，应当按照技术标准、技术规范依法进行检验、检测、检疫，行政机关根据检验、检测、检疫的结果作出行政许可决定。行政机关实施检验、检测、检疫，应当自受理申请之日起五日内指派两名以上工作人员按照技术标准、技术规范进行检验、检测、检疫。不需要对检验、检测、检疫结果作进一步技术分析即可认定设备、设施、产品、物品是否符合技术标准、技术规范的，行政机关应当当场作出行政许可决定。行政机关根据检验、检测、检疫结果，作出不予行政许可决定的，应当书面说明不予行政许可所依据的技术标准、技术规范；第十二条第五项所列事项的行政许可，申请人提交的申请材料齐全、符合法定形式的，行政机关应当当场予以登记。有数量限制的行政许可，两个或者两个以上申请人的申请均符合法定条件、标准的，行政机关应当根据受理行政许可申请的先后顺序作出准予行政许可的决定。但是，法律、行政法规另有规定的，依照其规定。

行政审批与行政许可的关系

行政审批是政府干预经济及社会生活的重要手段，被广泛适用于行政管理活动中，大量的项目需要经过行政审批后才可进行。行政许可也是行政主体审查相对人是否具有进行某种活动的资格后，对符合法定条件的允许其进行该特殊活动。行政审批与行政许可之间到底是何种关系，理论界有纷争。有的认为行政审批是行政许可的一部分[①]；有的认为行政许可是行政审批的

---

① 马怀德著，《行政许可》，中国政法大学出版社，1994年，第8～9页。

一部分①；有的认为两者范围一致②。2002 年在我国制定《行政许可法》时，认为行政审批与行政许可属于同一概念。但在《行政许可法》实施后的实际执法中，二者的范围却是不一致的，行政许可的范围远远小于行政审批，大量行政审批被以非许可类审批的名义从行政许可中分离，2004 年 8 月 6 日国务院办公厅发布的《关于保留部分非行政许可审批项目的通知》（国办发[2004]62 号）中也保留了 211 项非行政许可的审批项目。如何确定行政许可行为的识别标准，保障《行政许可法》的有效实施，是实践中迫切需要解决的问题，不同学者对此类问题进行了相关研究。

　　详细内容参见王克稳，《我国行政审批关系与行政许可关系的重新梳理与规范》，《中国法学》，2007 年，第 4 期；周汉华，《行政许可法：困境与出路》，2005 年 11 月中山大学法学院主办"政府管制与行政许可学术研讨会"《会议材料》，第 55 页；杨海坤、顾爱萍，《行政审批制度改革的理念重塑》，《行政法学研究》，2004 年，第 2 期，第 18 页。

拆迁办错颁许可证引发的纠纷

　　在拆迁过程中，一市民与黑龙江省轩辕房地产开发公司发生纠纷，该市民认为对方持有的拆迁许可证违法，而将哈尔滨市某拆迁办告上法庭，并打赢了这场官司。2006 年 12 月上旬哈尔滨市道里区法院审结了此案。

　　2000 年，市民耿某在哈尔滨市道外区的房屋动迁，但因强迁、安置补偿等问题，耿某与开发公司发生纠纷，多次协商未果。在此过程中，耿某发现开发公司持有的《房屋拆迁许可证》存在问题，他认为颁证单位哈尔滨某房屋拆迁管理办公室的颁证行为违反了有关规定，致使开发公司非法拆迁，侵犯了自己的合法权益，于是便一纸诉状将拆迁办告上法庭，要求法院撤销许可证，并赔偿自己的损失。

　　法院经审理查明，2000 年 7 月，省轩辕房地产开发公司欲对道外区太古街等处进行开发，并向拆迁办提交了相关文件。同年 7 月 15 日，拆迁办向开发公司颁发了《房屋拆迁许可证》。之后，开发公司补交了资金证明和相关手续。

---

　　① 国务院行政审批制度改革工作领导小组，《关于贯彻行政审批制度改革的五项原则需要把握的几个问题》（国审[2001]1 号）。

　　② 参见杨景宇 2002 年 8 月 23 日在第九届全国人民代表大会常务委员会第二十九次会议上所作的"关于《行政许可法》（草案）的说明"。

法院认为，拆迁办在为开发公司颁发许可证时，开发公司提交的两份文件违反了《城市房屋拆迁管理条例》中的有关规定，且未提供拆迁补偿资金证明，未对包括耿某房屋在内的部分房屋进行评估，因此拆迁办向开发公司颁发许可证的行为在程序上缺少必要的证据，违反法律规定，属违法行政行为。

由于拆迁办违法颁证，开发公司利用该证违法拆迁，其行为侵犯了耿某的合法权益。对耿某因此造成的经济损失，应予赔偿。一审判决：拆迁办于2000年7月15日为该开发公司颁发的《房屋拆迁许可证》的具体行政行为违法。

问：公民认为行政机关的行政许可行为违法时可以采取什么措施救济？

资料来源于 http://www.cnfalv.com/a/anli7/6355.html。

第三节　行政给付

行政给付是针对政府对公民生存权的保障而实施的，是行政主体对特殊人群在特殊情形下实施帮助的行政行为。通过行政给付可以维系社会公平正义、稳定社会，实现改善公共教育和公共卫生、建立和完善社会保障体系、减少和消除贫困等政府职能。我国目前尚没有统一的关于行政给付的法律规定，但在不同的法律、法规和政策中，分别对不同的行政给付形式作了一些简单的程序规定，并且将这些规定作为行政给付的法律或政策标准对待。实践中行政给付形式多样，但大多给付费用不高、截留和挪用因素交织。

一、行政给付的概念和特征

（一）行政给付的概念

行政给付，也称行政物质帮助，是指行政机关依法对公民在年老、疾病或丧失劳动能力等情况或其他特殊情况下，提供物质利益或与物质利益有关的权益的行为。如政府向公民提供最低生活保障金，提供失业、疾病、养老保险，提供公共交通通讯和生活用水、用电、用气等。

（二）行政给付的的特征

1. 行政给付是授益性的行政行为。行政给付授予相对人一定的权利，依据该权利相对人可获得一定的利益。主要表现为为符合条件的相对人提供物质帮助，这些物质帮助，可以体现为给付物质利益，如给付一定数额的抚恤金等；

也可以体现为提供与物质有关的权益，如给予免费入学、减免税收等。

2. 行政给付的对象是特定的相对人。行政给付的对象既可以是个人，也可以是组织，一般而言，主要是因为某种原因而陷入生活困境的公民和对国家、社会曾经做出过特殊贡献的公民，如灾民、残疾人、鳏寡老人、儿童、革命军人及其家属、革命烈士家属等。

3. 行政给付是依申请的行政行为。行政给付赋予相对人获得物质帮助的权利，对该权利的行使，依相对人的申请而启动，即使是在自然灾难等特殊条件之下的行政给付行为，一般也需要行政相对人在领取救济物资时办理一定的手续，这些手续可以视为一种补办的行政给付申请。对行政机关而言，对符合条件的申请人，必须依法给付。

4. 行政给付是羁束性行政行为。行政主体在进行行政给付时，必须严格按照法律规定的行政给付对象、条件、标准、项目、数额等进行，没有自由裁量的权利，不得任意给付。

二、行政给付的种类

行政给付依不同的标准有不同的划分形式。

（一）提供物质利益的行政给付与提供与物质有关的权益的行政给付。这是依据行政给付的内容不同对其的划分。提供物质利益的行政给付，如给付救济金、发放最低生活保障费等；提供与物质有关的权益的行政给付，如子女免费入学、税收减免等。

（二）定期发放的行政给付、一次性发放的行政给付和临时性发放的行政给付。这是依据发放时间、次数的不同对行政给付的划分。定期发放的行政给付，如伤残抚恤金、烈军属生活补助等。一次性发放的行政给付，如烈士家属抚恤金、病故人员丧葬费等。临时性发放的行政给付，如自然灾害救济金等。

三、行政给付的形式

行政给付的形式多样，综合我国法律、法规和政策，主要包括以下几种：

（一）抚恤金。抚恤金是指公民因公或者因病致残、死亡时，由国家对本人或死者家属发给的维持本人或家属日常生活的费用。我国对抚恤金的划分主要有革命残废军人抚恤金，革命军人牺牲、病故抚恤金，国家工作人员伤亡、病故抚恤金等。

（二）安置费。安置费特指行政主体对符合特定条件的人从工作、生活方面给予特别安排。安置费主要针对复员、转业、退伍军人等。

（三）救济金。这是我国最传统的行政给付形式，主要包括：1. 对农村"五保户"、贫困户的救济金；2. 对城市无生活来源的孤老残幼和贫困户的救济金；3. 对社会福利院、敬老院、儿童福利院等社会福利机构的经费资助。

（四）自然灾害救济金和救济物资。自然灾害救济金和救济物资包括生活救济费和救济物资、安置抢救转移费及物资援助两部分。生活救济费和救济物资主要用于解决灾民的吃、穿、住、治病等困难；安置抢救转移费及物资援助主要用于解决灾民的转移、抢救、安置等。

（五）特定人员离退休金。此项行政给付主要包括由民政部门发放给军队离、退休干部，地方离、退休人员的离、退休金、生活补助费、副食品价格补贴、取暖补贴、护理费、丧葬费等。

（六）优待。法定行政主体给予被帮助者优于别人的待遇，如子女免费入学。

四、行政给付的程序

我国目前在行政给付程序方面没有统一的法律规定，但在不同的法律中对不同形式的行政给付程序都有简单的规定。不同形式的行政给付大多都遵循以下程序：申请、审查、批准和实施。一般都要求以书面形式进行，在给付财产时，应办理财务、物品登记、交接手续。

第四节   行政奖励

行政奖励是行政主体依照法定的条件与程序对作出突出贡献和模范遵纪守法的公民、法人和其他组织予以物质和精神鼓励的具体行政行为，其目的是表彰和激励先进，鞭策后进。通过行政奖励最大限度地调动行政相对人实现行政目标的主动性和创造性，既提高了行政效率，又使公民的主体地位受到了尊重。

一、行政奖励的概念和特征

（一）行政奖励的概念

行政奖励是行政主体为表彰先进、激励后进，调动和激发人们的积极性和创造性，依照法定程序和条件，对做出突出贡献的相对人给予物质和精神奖励的具体行政行为。

（二）行政奖励的特征

1. 行政奖励是授益性行政行为。行政奖励授予相对人某种权利，依此相对人可以取得一定的利益；同时，也获得了其他社会成员的尊重。

2.行政奖励是法定行政行为。行政奖励中行政奖励对象的奖励条件和标准、实施行政奖励主体拥有的奖励权限、奖励的程序、奖励的形式等都由法律给予规定。

3.行政奖励是单方行为，但不具有强制执行力。行政奖励大多由授奖行政机关单方作出决定，但是，被奖励者可以决定是否接受奖励。

二、行政奖励的分类

从不同的角度可以对行政奖励进行分类。

（一）依行政奖励的内容和外在表现，分为精神奖励和物质奖励。

精神奖励是纯粹给受奖者某种荣誉的行政奖励。如通报表扬、记功、通令嘉奖、授予荣誉称号、授予荣誉证书、授予荣誉奖章等。物质奖励是给予受奖者一定奖金、奖品的行政奖励。如奖励人民币1万元、奖励住房一套等。精神奖励和物质奖励既可以单独使用，也可以合并使用。

（二）依实施行政奖励的主体与受奖者的关系，分为内部奖励和外部奖励。

内部奖励是行政机关和依法取得授权的组织对其下属机关和内部工作人员的奖励。如政府奖励成绩突出的政府职能部门、对表现优秀的工作人员给予奖励等。外部奖励是行政机关和依法取得授权的组织对外部相对人的奖励。如市政府对见义勇为者的奖励。

三、行政奖励的条件和程序

（一）行政奖励的条件

行政奖励的条件因奖励种类的不同而不同，但作为法定行为，各种行政奖励应符合以下共同条件：1.行政奖励的对象符合法定的奖励条件和标准。不同的行政奖励规定了不同的奖励条件和奖励标准，受奖励的对象必须符合该条件和标准；在符合奖励条件和标准的前提下，未获奖励的，可以通过行政诉讼获得保护。2.实施行政奖励的主体拥有法定的奖励权限。实施行政奖励主体的权限是由法律规定的，一般与其管理权限相一致。3.奖励必须依法定程序，并使用法定的奖励形式。

（二）行政奖励的程序

目前，我国关于行政奖励没有统一的程序，实践中通行的做法为：

1.行政奖励的启动。目前行政奖励的启动主要有四种形式：第一，相对人自行申请或申报；第二，群众评选；第三，有关单位、个人推荐或建议；第四，授奖主体主动提出。2．行政奖励的审查。授奖主体对受奖候选人的各项情况进行审查后确定是否授予奖励。3．公布。行政奖励事项经审查后，由授奖主体通过一定的形式公布。奖励规定异议期的，异议期满或异议不成立的，奖励确定，成为正式奖励公布；奖励没有规定异议期的，一经公布，即为正式奖励。4．授奖。授奖主体通过会议、报刊等形式向授奖人颁奖。5．存档。对单位的奖励，在受奖主体保存奖励证书的同时，应将奖励情况存入授奖主体的档案；对个人的奖励，应记入个人档案。

思考题

1．名词解释

（1）行政确认　（2）行政许可　（3）行政给付　（4）行政奖励

2．任意项选择题

（1）下列事项的审批，不适用行政许可的是（　　　）。

A．上级行政机关对其所属下级行政机关有关请示、报告事项的审批

B．对有限自然资源的开发利用问题的审批

C．某市政府经招标赋予某公司独家经营城市管道煤气供应

D．对某企业设立问题的审批

（2）国务院向获国家最高科学技术奖的科学家颁发 500 万元奖金，该行政行为是（　　　）。

A．行政许可　　　　　　　　　B．行政奖励

C．行政补偿　　　　　　　　　D．行政给付

（3）下列各项中，属于行政给付的是（　　　）。

A．支付保险金　　　　　　　　B．支付行政赔偿金

C．支付下岗职工最低生活保障费　D．支付行政合同违约金

3．简答题

（1）简述行政确认的特征。

（2）简述行政许可的种类与程序。

（3）简述行政给付的特征。

（4）试述行政许可的设定权限和内容。

4．论述题

试论制定《行政许可法》的必要性。

5．案例分析题

原告张某于 2003 年 10 月 14 日向第一被告甲省质监局举报 A 公司违法生产

食用油的情况。2003 年 10 月 22 日，根据张某的举报，该局查获了 A 公司的假冒伪劣产品，并作出了相应的行政处罚。后原告张某向第一被告提出了奖励的要求，第一被告分两次做出了 8000 元和 1000 元的行政奖励行为，张某认为其举报行为应为一级举报，第一被告以三级举报为基础进行奖励是违法的。于是，于 2004 年 1 月 6 日将甲省质监局和财政厅诉至法院，要求其履行法定行政奖励职责。问：杨某是否有资格起诉甲省质监局和财政厅？

第十一章　依职权的行政执法行为

本章重点

依职权的行政执法行为，指行政主体根据法定职权而无须行政相对人的申请就能主动进行的行政行为。依职权的行政执法行为是行政主体主动行使法定行政权的表现，能够及时、高效地对侵犯公民、法人或其他组织合法权益的行为进行制裁，实现权利的有效救济。依职权的行政执法行为主要包括行政处罚、行政征收、行政强制等。本章的重点内容主要有：理解行政处罚、行政征收、行政强制的含义；掌握行政处罚、行政征收、行政强制的本质、内容、条件和救济；认识行政强制的两种形式：行政强制措施和行政强制执行；了解行政处罚、行政征收、行政强制实施的具体程序。

第一节　行政处罚

行政处罚，是行政主体依职权的行政行为，其目的是为了维持良好的社会秩序。为规范行政处罚行为，我国于 1996 年 3 月 17 日颁布《行政处罚法》，该法于 1996 年 10 月 1 日起实施。《行政处罚法》的实施确立了我国设定行政处罚的法律制度，既有利于监督保障行政机关依法行使职权，有效完成行政管理任务；也有利于保护公民、法人和其他组织的合法权益，进一步促进我国社会主义民主政治建设。

一、行政处罚的内涵

行政处罚，是行政主体依法对违反行政管理秩序的公民、法人或者其他组织进行制裁的行政行为。行政处罚是行政机关和取得授权、委托的组织，在行政管辖职权范围内，对违法者实施的惩戒。它对实施主体而言是一种具体的制裁性行政行为，对被承受主体是一种惩罚性行政法律责任。

行政处罚具有以下特征：

1. 行政处罚的主体是行政主体。具体包括具有行政处罚权的行政机关，法律、法规授权的具有管理公共事务职能的组织，以及行政机关依照法律、法规或者规章的规定，在其法定权限内委托的、依法成立的、具有熟悉有关法律、法规、规章和业务的工作人员，对违法行为有条件组织进行相应的技术检查或者技术鉴定的管理公共事务的事业组织。

2. 行政处罚以公民、法人和其他组织违反行政法规范为前提。行政处罚不同于民事责任的承担，也有别于刑事处罚。在行政处罚中，被处罚相对人的行为已构成行政违法，但尚未达到犯罪程度。

3. 行政处罚是一种侵益性行政行为。行政处罚是行政主体对构成行政违法的相对人给予制裁，剥夺或限制行政相对人的人身自由、财产、名誉和其他权益的行为。

理解行政处罚，应注意行政处罚与行政处分的区别。行政处分是行政主体对其系统内部违反行政法规的公务人员实施的一种惩戒措施。行政处罚和行政处分都属于行政制裁措施，二者的区别有：第一，性质不同。行政处罚是外部行政行为，是行政主体对违反行政管理秩序的公民、法人或者其他组织进行制裁的行政行为；行政处分是内部行政行为，是行政主体在内部行政活动中对行政组织内部及其工作人员做出的行政行为。第二，处罚依据不同。行政处罚的依据较广，包括大量的行政法律、法规和规章；行政处分主要依据《公务员法》、《行政机关公务员处分条例》、《行政监察法》等。第三，实施主体不同。行政处罚由享有行政处罚权的外部行政主体依法作出；行政处分由受处分的公务人员所在机关、上级机关或行政监察机关作出。第四，处罚对象不同。行政处罚的对象是违反行政规范的公民、法人和其他组织；行政处分的处罚对象是行政组织内部的工作人员。第五，种类不同。行政处罚的种类有：警告，罚款，没收违法所得、没收非法财物，责令停产停业，暂扣或者吊销许可证、暂扣或者吊销执照，行政拘留，法律、行政法规规定的其他行政处罚；行政处分的种类包括警告、记过、记大过、降级、撤职、开除。第六，救济途径不同。行政相对人对行政处罚不服的，可以申请行政复议或行政诉讼，获得赔偿；对行政处分不服的公职人员只能向上级机关或监察机关提出申诉。

理解行政处罚，也应注意行政处罚与刑事处罚的区别。刑事处罚是司法机关依据刑法对犯罪的惩罚。二者都属于法律制裁的范畴，但区别也是明显的，主要表现在：第一，实施主体不同。行政处罚由享有行政处罚权的行政主体依法作出；刑事处罚只能由人民法院作出。第二，所针对的行为不同。行政处罚是对行政违法行为作出的处罚，该违法行为对社会的危害性较小；刑事处罚是对犯罪行为作出的惩罚，犯罪一般是具有严重危害性的行为。第三，种类不同。行政处罚的种类有人身罚、能力罚、财产罚和精神罚；刑事处罚的种类有自由刑、财产刑、资格刑和生命刑。

二、行政处罚的原则

（一）行政处罚法定原则

1. 设定权法定。《行政处罚法》对行政处罚的设定作了如下规定：（1）法律可以设定各种行政处罚。限制人身自由的行政处罚，只能由法律设定。（2）行政法规可以设定除限制人身自由以外的行政处罚。法律对违法行为已经作出行政处罚规定，行政法规需要作出具体规定的，必须在法律规定的给予行政处罚的行为、种类和幅度的范围内规定。（3）地方性法规可以设定除限制人身自由、吊销企业营业执照以外的行政处罚。法律、行政法规对违法行为已经作出行政处罚规定，地方性法规需要作出具体规定的，必须在法律、行政法规规定的给予行政处罚的行为、种类和幅度的范围内规定。（4）国务院部、委员会制定的规章可以在法律、行政法规规定的给予行政处罚的行为、种类和幅度的范围内作出具体规定；尚未制定法律、行政法规的，国务院部、委员会制定的相关规章对违反行政管理秩序的行为，可以设定警告或者一定数量罚款的行政处罚。罚款的限额由国务院规定。国务院可以授权具有行政处罚权的直属机构在法定范围内规定行政处罚。（5）省、自治区、直辖市人民政府和省、自治区人民政府所在地的市人民政府以及经国务院批准的较大的市人民政府制定的规章可以在法律、法规规定的给予行政处罚的行为、种类和幅度的范围内作出具体规定；尚未制定法律、法规的，人民政府制定的相关规章对违反行政管理秩序的行为，可以设定警告或者一定数量罚款的行政处罚。罚款的限额由省、自治区、直辖市人大常委会规定。（6）除以上规定外，其他规范性文件不得设定行政处罚。

2. 实施机关法定。行政处罚由具有行政处罚权的行政机关在法定职权范围内实施。国务院或者经国务院授权的省、自治区、直辖市人民政府可以决定一个行政机关行使有关行政处罚权，但限制人身自由的行政处罚权只能由公安机关行使。法律、法规授权的具有管理公共事务职能的组织可以在法定授权范围内实施行政处罚。行政机关依照法律、法规或者规章的规定，可以在其法定权限内委托符合规定条件的组织实施行政处罚。

3．受处罚行为法定。法无明文规定不受处罚。法律、法规应明确规定在何种情况下，何种行为受到行政处罚。只有当公民、法人和其他组织的行为符合违法构成要件时，才能对其进行处罚，否则不能给予行政处罚。

4．种类、内容法定。《行政处罚法》对行政处罚的内容、种类进行了严格的规定。依据法律，行政处罚的种类有警告，罚款，没收违法所得、没收非法财物，责令停产停业，暂扣或者吊销许可证、暂扣或者吊销执照，行政拘留等。行政处罚的对象、处罚所采用的法律责任、处罚时效等都必须符合法律、法规规定。

5．程序法定。行政处罚涉及剥夺或限制行政相对人的人身自由、财产、名誉和其他权益，为避免无端侵犯行政相对人合法权益的行为发生，实施行政处罚必须遵循严格的程序。我国《行政处罚法》规定了简易程序和一般程序两种基本行政处罚程序，以及一般程序的特殊程序，即听证程序。根据情况的不同适用不同的程序，违反法定程序的行政处罚无效。

（二）行政处罚公正、公开原则

行政处罚遵循处罚公正原则。设定和实施行政处罚必须以事实为依据，与违法行为的事实、性质、情节以及社会危害程度相当。实施行政处罚要坚持处罚公开原则，对违法行为给予行政处罚的规定必须公布；未经公布的，不得作为行政处罚的依据。公开还包括处罚过程公开、处罚结果公开等。

（三）处罚与教育相结合原则

实施行政处罚，纠正违法行为，应当坚持处罚与教育相结合。对行政违法者给予一定的惩罚，让其感到受制裁的痛苦，同时进行教育，督促公民、法人或者其他组织自觉守法。如《行政处罚法》第25条规定，"不满十四周岁的人有违法行为的，不予行政处罚，责令监护人加以管教；已满十四周岁不满十八周岁的人有违法行为的，从轻或者减轻行政处罚。"体现了处罚与教育相结合的原则。

（四）保障相对人权利原则

行政处罚是行政机关行使的较严厉的行政制裁行为。为保护相对人的合法权益，公民、法人或者其他组织对行政机关所给予的行政处罚，享有陈述权、申辩权；对行政处罚不服的，有权依法申请行政复议或者提起行政诉讼。

（五）一事不二罚原则

一事不再罚原则源于古罗马法中的一事不再理原则，即对于判决已经发生法律效力的案件，除法律另有规定的以外，不得再行起诉和处理。依据我国《行政处罚法》，一事不二罚原则是指行政机关不得根据同一事实和同一理由对当事人的同一个违法行为给予两次以上的行政处罚。但是，一事不二罚原则并不意味着可用行政处罚代替民事责任和刑事处罚。相对人受到行政处罚后，其他主体仍可以依据其他不同法律规定，追究相对人的民事责任或刑事责任。《行政处罚法》第 7 条规定，公民、法人或者其他组织因违法受到行政处罚，其违法行为对他人造成损害的，应当依法承担民事责任；违法行为构成犯罪，应当依法追究刑事责任，不得以行政处罚代替刑事处罚。

三、行政处罚的条件

为保证行政主体正确有效行使行政处罚，达到处罚行政违法者，教育其他公民、法人、组织自觉守法的目的，行政处罚必须符合以下条件：

（1）行政处罚的实施主体拥有法定的行政处罚权限。实施行政处罚的主体必须是法定的有权机关和组织，必须在法定的职权范围内行使行政处罚权。

（2）被处罚的相对人的行为已构成行政违法，尚未达到犯罪程度。行政处罚的对象是违反行政法律、法规规定义务的当事人，包括公民、法人和其他组织，国家公职人员不包含在其中。被处罚相对人的行为构成违法的必要条件是：第一，行为人主观上存在故意或过失；第二，行为人的行为违反了行政法律、法规，对社会造成一定的危害，但并未严重到承担刑事责任的程度；第三，行为人具有相应的权利与行为能力。

（3）行政处罚的方式、内容和程序符合法律规定。

四、行政处罚的种类

《行政处罚法》第 8 条规定，行政处罚的种类有：警告，罚款，没收违法所得、没收非法财物，责令停产停业，暂扣或者吊销许可证、暂扣或者吊销执照，行政拘留，法律、行政法规规定的其他行政处罚。理论界通常把处罚形式划分为人身罚、能力罚、财产罚和精神罚四类。

（一）人身罚

人身罚是行政主体限制和剥夺行政违法自然人人身自由的处罚，是比较严厉的行政处罚。

1. 行政拘留。行政拘留，是指法定的行政机关（专指公安机关）依法对违反行政法律规范的人，在短期内限制人身自由的一种行政处罚。行政拘留是最严厉的一种行政处罚，通常适用于严重违反治安管理但不构成犯罪，而警告、罚款处罚不足以惩戒的情况。因此法律对它的设定及实施条件和程序均有严格的规定。行政拘留裁决权属于县级以上公安机关，期限一般为 1 日以上 15 日以下。

2．劳动教养。劳动教养是为维护社会治安，预防和减少犯罪，对轻微违法犯罪人员实行的一种强制性教育改造的行政措施。劳动教养适用于有轻微违法犯罪且有劳动能力的自然人；被决定的劳动教养期限大多数为 1 年至 3 年，必要时还可延长 1 年；劳动教养一般由省、自治区、直辖市和大中城市人民政府下设的劳动教养管理委员会审查批准。

学术界关于劳动教养的性质有不同的认识，主要有以下观点：第一，认为劳动教养是一种行政处罚措施，适用于违反行政法规，但尚未达到犯罪的行政相对人；[①]第二，认为劳动教养是一种刑事处罚，主要因为劳动教养的期限大多数为 1 年至 3 年，必要时还可延长 1 年，远远高于我国刑事处罚中管制、拘役的处罚期限；[②]第三，既不是行政处罚，也不是刑事处罚，是为适应我国特殊情况而单独设立的一种处罚措施。[③]我们认为现行劳动教养制度是一种行政处罚，主要针对不构成犯罪的人，特别是那些违反治安管理法规、屡教不改的人。其行为造成的客观损害虽并不严重，但通过其行为所反映出来的主观恶性较重，对这些人，由于够不上刑法上的犯罪而无法给予刑事处罚，用一般的治安处罚又无关痛痒，因而需要一种注重对行为人人格进行矫正的类似劳动教养制度的措施，以达到保卫社会、预防行为人犯罪的目的。

3．驱逐出境、禁止入境或出境、限期出境。该处罚措施是公安、边防、安全机关对违反我国行政法律规范的外国人、无国籍人采取的强令其离开或禁止进入中国边境的行政处罚形式。

（二）能力罚

能力罚又称行为罚，是限制或剥夺行政违法者特定行为能力和资格的处罚。

1．责令停产停业。是特定行政机关责令违反行政法律规范的工商企业、个体工商户停止生产、停止营业的一种处罚形式。责令停产停业并不直接限制或剥夺违法者的财产权，而是责令停止生产营业。如果违法者在一定期限内纠正了违法行为，履行了法定义务，仍可继续从事被停止的生产经营活动，不需要重新申请许可证和执照。

2．暂扣或者吊销许可证、暂扣或者吊销执照。是特定行政机关限制或剥夺违法者从事某种活动的权利和资格的处罚形式。暂扣许可证、执照是暂时中止

---

① 胡锦光、牛凯主编，《以案说法——行政处罚篇》，中国人民大学出版社，2000 年，第 64 页。1991 年国务院新闻办公室《中国人权状况》白皮书中明确宣称："劳动教养不是刑事处罚，而是行政处罚。"

② 张文著，《刑法学研究的几个热点问题》，《法学研究》，1997 年，第 5 期，第 147 页。

③ 张友连著，《论劳动教养的性质与我国劳动教养制度的完善》，《重庆教育学院学报》，2007 年，第 4 期，第 39 页。

违法持证人从事某种活动的权利和资格，待其纠正违法行为，履行法定义务后，可以继续享有该权利和资格。吊销许可证、执照是永久撤销违法持证人从事某种活动的权利和资格。

（三）财产罚

财产罚是特定行政机关依法强迫违法者交纳一定数额的金钱或一定数量的物品，或者限制、剥夺其某种财产权的处罚。

1. 罚款。是特定行政机关依法强迫违法者交纳一定数额的金钱的处罚方式。行政机关只能在法定的罚款幅度内决定罚款数额。作出罚款决定的行政机关应当与收缴罚款的机构分离。除当场收缴的罚款外，作出行政处罚决定的行政机关及其执法人员不得自行收缴罚款。当事人应当自收到行政处罚决定书之日起15日内，到指定的银行缴纳罚款。银行应当收受罚款，并将罚款直接上缴国库。

依法给予50元以下罚款的或不当场收缴事后难以执行的，执法人员可以当场收缴罚款。在边远、水上、交通不便地区，行政机关及其执法人员依法作出罚款决定后，当事人向指定的银行缴纳罚款确有困难，经当事人提出，行政机关及其执法人员可以当场收缴罚款。行政机关及其执法人员当场收缴罚款的，必须向当事人出具省、自治区、直辖市财政部门统一制发的罚款收据；不出具财政部门统一制发的罚款收据的，当事人有权拒绝缴纳罚款。执法人员当场收缴的罚款，应当自收缴罚款之日起2日内，交至行政机关；在水上当场收缴的罚款，应当自抵岸之日起2日内交至行政机关；行政机关应当在收到罚款之日起2日内将罚款缴付指定的银行。

2. 没收违法所得、没收非法财物。是指有处罚权的行政主体依法将违法者的违法所得和非法财物收归国有的处罚形式。违法所得是违法相对人进行违法行为取得的收益。非法财物是违法者从事违法活动的违法工具、物品和违禁品等。除依法应当予以销毁的物品外，依法没收的非法财物必须按照国家规定公开拍卖或者按照国家有关规定处理。没收违法所得或者没收非法财物拍卖的款项，必须全部上缴国库，任何行政机关或者个人不得以任何形式截留、私分或者变相私分；财政部门不得以任何形式向作出行政处罚决定的行政机关返还没收的违法所得或者返还没收非法财物的拍卖款项。

（四）精神罚

精神罚是行政主体向行政违法者发出警戒和谴责以示制裁的行政处罚方式。

1. 警告。是行政主体作出的最轻微的、纯粹精神制裁的处罚方式。根据《治安管理处罚法》和《行政诉讼法》的规定，警告必须以书面形式作出，并当场交付被处罚人；无法当场向被处罚人宣告的，应当在2日内送达被处罚人。警告可以单独适用，也可以与其他行政处罚同时适用。

2. 通报批评。是行政主体对违法者的批评以书面形式公之于众，进行警戒和谴责以示制裁的行政处罚方式。通报批评除对违法者具有处罚作用外，对广大群众也具有教育作用。通报批评可以单独适用，也可以与其他行政处罚同时适用。

五、行政处罚的管辖与适用

（一）行政处罚的管辖

行政处罚的管辖，是指行政处罚的实施机关对行政违法案件实施行政处罚时的权限分工。依据《行政处罚法》第 20 条（"行政处罚由违法行为发生地的县级以上地方人民政府具有行政处罚权的行政机关管辖。法律、行政法规另有规定的除外。"）和第 21 条（"对管辖发生争议的，报请共同的上一级行政机关指定管辖。"）的规定，行政处罚的管辖包括：

1. 职能管辖。职能管辖是不同职能的行政主体在实施行政处罚上的权限分工。行政主体只能在自己的职能范围内实施处罚，不同的行政主体拥有不同的职能，其管辖权也不同，具体的管辖分工在各行业的行政法规中有相应的规定。如林业行政法规规定林业管理部门对林业违法案件可在职权范围内实施处罚。

2. 地域管辖。地域管辖是不同地区的同类行政机关在实施行政处罚上的权限分工。依据《行政处罚法》第 20 条规定，一般情况下，行政处罚由违法行为发生地的行政机关管辖，但法律、行政法规另有规定的除外，如《商标法实施细则》第 35 条规定，可由被许可人所在地工商行政管理机关处罚有关违法行为。由于，"违法行为发生地"是一个不确定的概念，会有不同的理解，容易引起管辖冲突。所以，有些法规、规章规定了处理原则。如 1997 年 10 月 25 日农业部发布的《农业行政处罚程序规定》第 9 条规定，渔业行政处罚有下列情况之一的，适用"谁查获谁处理"的原则：第一，违法行为发生在共管区、叠区的；第二，违法行为发生在管辖权不明确或者有争议的区域的；第三，违法行为发生地与查获地不一致的。除法律的专门规定外，一般在发生地域管辖冲突时坚持谁先查处谁处罚的原则。

3. 级别管辖。级别管辖是同类上下级行政机关在实施行政处罚上的权限分工。依据《行政处罚法》第 20 条规定，行政处罚由县级以上地方人民政府具有行政处罚权的行政机关管辖，法律、行政法规另有规定的除外。这说明行政处罚的级别管辖由具有处罚权的县级以上地方人民政府及其职能部门拥有，但法律、行政法规另有规定的除外。如《治安管理处罚法》第 91 条第 2 款规定，警告、500 元以下的罚款可以由公安派出所决定。县级以上地方人民政府及其职能部门之间的行政处罚权限，则由具体的法规、规章加以明确。

4．指定管辖。指定管辖是上级行政机关以决定的方式指定下一级行政机关对某一行政处罚行使管辖权。指定管辖通常发生在管辖权发生争议或因特殊情况无法行使管辖权时。依据《行政处罚法》第 21 条的规定，对管辖发生争议的，报请共同的上一级行政机关指定管辖。

（二）行政处罚的实施机关

行政处罚由具有行政处罚权的行政机关在法定职权范围内实施。

1．国务院或者经国务院授权的省、自治区、直辖市人民政府可以决定一个行政机关行使有关行政机关的行政处罚权，但限制人身自由的行政处罚权只能由公安机关行使。

2．法律、法规授权的具有管理公共事务职能的组织可以在法定授权范围内实施行政处罚。

3．行政机关依照法律、法规或者规章的规定，可以在其法定权限内委托其他组织实施行政处罚。受委托组织必须符合以下条件：第一，依法成立的管理公共事务的事业组织；第二，具有熟悉有关法律、法规、规章和业务的工作人员；第三，对违法行为需要进行技术检查或者技术鉴定的，应当有条件组织进行相应的技术检查或者技术鉴定。除此以外，行政机关不得委托其他组织或者个人实施行政处罚。委托行政机关对受委托的组织实施行政处罚的行为应当负责监督，并对该行为的后果承担法律责任。受委托组织在委托范围内，以委托行政机关名义实施行政处罚；不得再委托其他任何组织或者个人实施行政处罚。

六、行政处罚的程序

依据情况的不同，在行政处罚时可以采取简易程序和一般程序两种不同的处罚程序。

（一）简易程序

简易程序又称当场处罚程序，作为行政处罚的一种独立程序，它是一种简单易行的行政处罚程序，指在具备某些条件的情况下，可由执法人员当场作出行政处罚的决定，并且当场执行。简易程序主要针对事实清楚、证据确凿、处罚额度较小的行政违法案件。由于简易程序在具体程序上的简明快捷，适用简易程序有利于迅速及时处理行政违法案件，维护社会稳定。

1．适用条件。依据《行政处罚法》第 33 条的规定，适用简易程序应符合以下条件：第一，违法事实确凿并有法定依据；第二，处罚程度为对公民处以

50 元以下、对法人或者其他组织处以 1000 元以下罚款或者警告的行政处罚的。

2．具体步骤。简易程序的具体步骤为：第一，执法人员向当事人出示执法身份证件。它是表明处罚主体是否合法的必要手续，执法人员应向当事人出示执法身份证件或委托书。第二，说明处罚理由。执法人员应主动向当事人说明其违法行为的事实，说明其违反的法律规定和给予行政处罚的理由和依据。第三，给予当事人陈述和申辩的机会。当事人可以口头申辩，执法人员要予以正确、全面的口头答辩，使当事人心服口服，不得因当事人的申辩而加重处罚。第四，制作笔录。执法人员对当事人违法行为的客观状态应当场制作笔录。第五，填写预定格式、编有号码的行政处罚决定书。行政处罚决定书应当载明当事人的违法行为、行政处罚依据、罚款数额、时间、地点以及行政机关名称，并由执法人员签名或者盖章。第六，将行政处罚决定书当场交付当事人。第七，对当场作出的行政处罚决定，报所属行政机关备案，以便监督检查。第八，执行。当场处罚决定作出后，一般可由被处罚人当场自觉执行。对当事人决定罚款的，可令其到指定的金融机构或其他专门机构缴纳，也可以由执法人员当场代收。被处罚人对处罚决定没有异议的，应在处罚决定书上签名或盖章，并表明没有异议。当事人对处罚持有异议或拒绝缴纳罚款的，执法人员应将当事人违法行为告诉其有管辖权的行政主体，由该行政主体按一般程序处理，即结束当场处罚程序而转入正常的一般程序。

（二）一般程序

一般程序相对于简易程序而言，是行政处罚中的一个基本程序，对立案、调查、作出处罚决定等环节的要求都比较严格，具有内容最完善、适用最广泛的特点，主要针对案件较复杂，事实不清，证据不全，需要进行调查后才可作出处罚决定的行政违法案件。

1．立案

行政机关发现或认为公民、法人或者其他组织有依法应当给予行政处罚的行为的，应填写"立案报告书"，指派专人负责案件的调查处理。立案的案件来源包括行政机关当场发现违法行为的、有关单位或个人举报的、上级机关交办的等。

2．调查

行政机关发现公民、法人或者其他组织有依法应当给予行政处罚的行为的，必须全面、客观、公正地调查，收集有关证据，必要时，依照法律、法规的规定进行调查。调查的方式包括：询问当事人和证人，提取物证、书证，现场勘验，检查，鉴定等。行政机关在调查时，执法人员不得少于两人，并应当向当事人或者有关人员出示证件。当事人或者有关人员应当如实回答询问，并协助调查，不得阻挠。询问或者检查应当制作笔录。行政机关在收集证据时，可以采取抽样取证的方法。在证据可能灭失或者以后难以取得的情况下，经行政机关负责人批准，可以先行登记保存，并应当在 7 日内及时作出处理决定。在此期间，当事人或者有关人员不得销毁或者转移证据。执法人员与当事人有直接利害关系的，应当回避。

3．审查决定

调查终结，行政机关负责人应当对调查结果进行审查，根据不同情况，分别作出如下决定：第一，确有应受行政处罚的违法行为的，根据情节轻重及具体情况，作出行政处罚决定；第二，违法行为轻微，依法可以不予行政处罚的，决定不予行政处罚；第三，违法事实不能成立的，不得给予行政处罚；第四，违法行为已构成犯罪的，移送司法机关。对情节复杂或者重大违法行为给予较重的行政处罚，行政机关的负责人应当集体讨论决定。

4．制作处罚决定书

行政机关依法给予行政处罚的，应当制作行政处罚决定书。行政处罚决定书应当载明下列事项：第一，当事人的姓名或者名称、地址；第二，违反法律、法规或者规章的事实和证据；第三，行政处罚的种类和依据；第四，行政处罚的履行方式和期限；第五，不服行政处罚决定，申请行政复议或者提起行政诉讼的途径和期限；第六，作出行政处罚决定的行政机关名称和作出决定的日期。行政处罚决定书必须盖有作出行政处罚决定的行政机关的印章。

行政机关及其执法人员在作出行政处罚决定之前，应向当事人告知给予行政处罚的事实、理由和依据，未告知或者拒绝听取当事人的陈述、申辩的，行政处罚决定不能成立，但当事人放弃陈述或者申辩权利的除外。

5．送达处罚决定书

行政处罚决定书应当在宣告后当场交付当事人；当事人不在场的，行政机关应当在 7 日内依照民事诉讼法的有关规定，将行政处罚决定书送达当事人。

（三）听证程序

听证程序是一般程序的一个特别程序，并非独立的行政处罚程序。

1．适用条件

第一，行政机关作出责令停产停业、吊销许可证或者执照、较大数额罚款等行政处罚决定之前，应当告知当事人有要求举行听证的权利；第二，当事人要求听证的。

2．听证的具体程序

（1）告知当事人有要求举行听证的权利，当事人要求听证的，应当在行政机关告知后 3 日内提出；（2）行政机关应当在听证的 7 日前，通知当事人举行听证的时间、地点；（3）除涉及国家秘密、商业秘密或者个人隐私外，听证公开举行；（4）听证由行政机关指定的非本案调查人员主持，当事人认为主持人与本案有直接利害关系的，有权申请回避；（5）当事人可以亲自参加听证，也可以委托一至二人代理；（6）举行听证时，调查人员提出当事人违法的事实、证据和行政处罚建议，当事人进行申辩和质证；（7）听证应当制作笔录。笔录应当交当事人审核无误后签字或者盖章。当事人对限制人身自由的行政处罚有异议的，依照《治安管理处罚法》有关规定执行。听证结束后，行政机关依据实际情况和法律的规定，作出决定。

行政处罚中罚款数额的设定

罚款是行政处罚中最常用的处罚方式之一，也是制裁力较强的一种处罚措施。行政处罚中罚款能否可以有效地发挥预期的作用，在很大程度上取决于罚款数额设定方式的恰当选择和科学组合。依据我国现行法律，我国采用了固定数值式、固定倍率式、数值数距式、倍率数距式、数值封底式、倍率封底式、数值保底式和概括式 8 种罚款数额设定方式和独用、并用、选用和复用 4 种罚款数额组合形式。每种设定方式和组合形式都有自己的特定功能，也各有其自身缺陷。而如何设定恰当的方式，直接关乎罚款制裁和纠正违法功效的有效发挥。在我国行政立法中应选择哪些罚款数额的设定方式，避免哪些罚款数额的设定方式，值得我们去研究。从实证研究来看，今后的相关立法应准确评估各种设定方式的优劣，注重在不同领域选择适用恰当的罚款数额设定方式，相对节制使用单一方式，彻底杜绝概括式设定方式。

详细内容可参考徐尚华、郭清梅，《行政处罚中罚款数额的设定方式》，《法学研究》，2006 年，第 6 期。

崔英杰杀死城管案

2006 年 8 月 11 日下午，北京海淀区城管队副分队长李志强和同事在中关村科贸电子商城北侧路边执法时，依法扣押了无照卖烤肠的崔英杰的三轮车等经营工具。当执法人员将崔英杰的三轮车抬上执法车时，崔英杰手持小刀刺入李志强的颈部，随后逃走。送医院后，李志强终因伤势过重抢救无效，于当天晚上 6 时许因公殉职。在逃亡了 11 个小时之后，崔英杰在天津塘沽被警方抓获，他对杀害李志强一事供认不讳。2007 年 4 月 10 日上午，北京市第一中级法院宣判，该院以被告崔英杰犯故意杀人罪一审判处其死刑，缓期二年执行，剥夺政治权利终身。围绕该事件产生了两种不同观点：一种认为崔英杰是弱势群体的代表，城管执法背离现代法律程序。《行政处罚法》中针对个人合法财产行政机关无权罚没，只可依法吊销执照，城管罚没公民财物没有法律依据。并且城管在执法中程序存在瑕疵，往往不出示证件进行告知，就直接罚没。另一种观点认为城管死亡，是崔英杰抗法的结果，应严厉打击，严惩暴力抗法。

问：为避免上述情况的再度发生，作为行政处罚的实施主体，在作出行政处罚时应遵循哪些基本原则？通过本案应吸取哪些教训？

资料来源于 http://www.ahjcg.cn/Article/ShowArticle.asp?ArticleID=2508。

福建首例"信骚扰"案：公安局行政处罚被撤销

2007 年 4 月，福建省宁德市中级人民法院对一度闹得沸沸扬扬的省内首例"信骚扰"行政诉讼案作出终审宣判：维持一审判决，撤销宁德市公安局蕉城分局作出的给予李某行政拘留 3 天的行政处罚决定。

宁德市蕉城区的李某与张某是楼上楼下的邻居。张某是一名音乐教师，利用业余时间在家当家教、弹钢琴、练声乐。去年高考之前，为了不影响女儿复习，李某和女儿发短信给张某，要求高考期间张某暂停家教，遭到拒绝。其间，双方短信均有过激言辞。随后，张某向宁德市公安局蕉城分局报案，以李某"信骚扰"为由，要求公安部门处理。2006 年 9 月 11 日，蕉城公安分局给予李某行政拘留 3 天的治安处罚。李某不服而提起行政诉讼后，拘留处罚没有执行。

一审过程中，李某在法庭上出示了手机卡的原始存储记录，其中有 8 条是张某发来的短信。张某则仅提供了 3 条短信记录。李某认为，自己是用商量的口气给张某发送短信，因遭到张某谩骂后而予以回击，所以，双方互发短信对骂的行为不属于"信骚扰"。

蕉城公安分局则辩称，李某多次向张某发送信息，干扰了张某的正常生活，依据《治安管理处罚法》的有关规定，应对李某进行行政拘留。

2007 年 1 月 11 日，蕉城区法院审理后认为，蕉城公安分局认为李某干扰了张某正常生活的认定没有事实根据。同时，蕉城公安分局既没有调查发送信息的起因，也没有对李某和张某之间互发信息的形式作出认定，甚至没有对张某发送给李某的信息内容进行公正调查，因此也属于程序违法。事实上，李某向张某发送信息系事出有因，且双方有来有往，信息内容基本相同，不属于无端发送骚扰信息。因此，蕉城区法院一审判决：撤销蕉城公安分局给予李某行政拘留 3 天的处罚。事后，蕉城分局不服一审判决，提起上诉。

宁德中院审理后认为，蕉城公安分局作出处罚决定时，既没有对短信内容进行全面、客观、公正地调查，且在李某要求陈述和申辩时，也没有按照《行政处罚法》的规定允许李某申辩。因此，按照相关法律规定，蕉城公安分局的行政处罚决定明显违反法定程序，依法应予撤销。

问：行政处罚相对人对处罚决定不服的，可以采取什么措施实现权利救济？

资料来源于 http://www.publiclaw.cn/Comment/Comment.asp?NewsId=1878&classname=典型案例&classid=4。

第二节　行政征收

行政征收是国家凭借权力参与国民收入分配与再分配，体现国家权力的行为。国家为维护公共秩序，发展经济、文化、科学事业，建立各种社会保障机制，增进人民福利等需要大量的财力，而这些财力的主要来源是行政征收。在行政征收过程中，必然会涉及国家、企业、个人的经济利益，这就需要制定完善的行政征收法律制度，使行政主体的征收行为和被征收主体履行义务的行为有法可依，既保障国家财政开支的需要，也保护企业、个人的财产所有权。目前我国行政征收中存在一系列问题：如行使征收权的主体不规范；实施行政征收的措施、程序不完善，不少法律、法规对行政征收的具体行为方式及程序缺乏明确规定；缺少相对人不服行政征收的法律救济等。为解决这些问题，应在行政法律、法规中完善各类行政征收制度或制定统一的行政征收法，规范行政征收行为。

一、行政征收的概念

行政征收是行政主体凭借国家行政权，依法向行政相对人强制、无偿地取得一定数额金钱或实物的行政行为。行政征收是行政主体针对公民、法人或其他组织实施的一种单方具体行政行为，以相对人负有行政法上的缴纳义务为前提，通过该行为行政主体以强制的方式无偿取得相对人的财产所有权。

了解行政征收时，应注意行政征收不同于行政征用。行政征用，是指行政主体为了公共利益的需要，依照法定程序强制征用相对人财产或劳务的一种具体行政行为。行政征收与行政征用都是行政机关取得行政相对人财产的行为。但二者有以下主要区别：1. 法律后果不同。行政征收是对相对人财产的永久占有，是将财产的所有权转移到国家，被征收者丧失对该物品的占有或处分权；而行政征用是对财产暂时性地有偿（战时除外）使用，它仅使相对人对财产的使用权发生转移，使用完毕以后，物品仍归原所有人，不改变被征用物品的所有权。2. 标的不同。行政征收只限于征收相对人的财产；而行政征用既可以征用财产，也可以征用劳务。3. 能否取得补偿不同。行政征收是无偿的；而行政征用是有偿的（战时除外），征用的行政机关应当给予被征用人一定的补偿。

行政征收也不同于行政没收。行政没收是行政处罚的一种具体措施，是将相对人财产的一部分或者全部强制无偿地收归国有的手段。二者的主要区别有：1. 发生根据不同。行政征收以行政相对人负有相应的义务为前提；而行政没收以行政相对人违法为前提。2. 性质不同。行政征收是行政机关行使职权的一种表现形式，不具有惩罚性；行政没收是行政处罚的一种表现形式，具有惩罚性。3. 对象不同。行政征收的对象是被征收主体的合法财产；行政没收的对象一般是违法所得或者违禁品。4. 程序不同。行政征收的程序根据情况不同有区别；行政没收必须严格遵循《行政处罚法》中规定的程序。

行政征收也有别于行政征购。行政征购，是指行政主体以合同方式取得相对人财产所有权的一种行政行为。通过行政征收与行政征购，行政主体都取得了相对人的财产所有权，但行政征收以强制为核心；行政征购时，行政主体与行政相对人之间是一种特殊的买卖关系，其特殊性在于，在征购关系中，相对人的意思表示受到一定程度的限制。在一般情况下，行政征购关系的发生、变更和消灭带有一定的强制性。行政征收与行政征购的区别在：1. 行为的性质不同。行政征收是行政主体单方行使行政管理权的行为，在行政相对人负有被征收义务的前提下，行政主体进行行政征收行为时，无须征求相对人的意见，取得相对人的同意；而行政征购属于双方行政行为，属于行政合同行为，行政主体实施该行为必须与相对人进行协商，取得相对人的同意后方可进行。2. 权利义务关系不同。在行政征收中，行政主体与相对人的权利义务显然不对等，一方享有征收权，另一方负有缴纳义务；在行政征购中，当征购合同成立后，双方的权利义务基本对等，行政主体取得相对人财产所有权的同时必须依约定承担相应的给付义务。

二、行政征收的特征

行政征收作为行政机关行使职权的一种具体行政行为，具有以下特征：

（一）强制性。行政征收是行政主体依职权进行的行为，以行政相对人负有相应的义务为前提，行政主体做出征收行为时无须行政相对人的申请，也不须其同意；相对人必须履行被征收的义务，拒绝被征收将承担一定的法律责任。

（二）无偿性。行政相对人的财产一经征收，其所有权就转移为国家所有，成为国有财产的一部分，国家可以对该财产分配和使用。行政征收主体无须向被征收主体偿付任何报酬，被征收主体也得不到任何的补偿，即行政征收是财产的单向流转。

（三）法定性。行政征收具有强制性和无偿性，如不严格控制，则会对被征收人的财产造成一定的侵害，所以行政征收的各个环节必须有相应的法律规定。如行政征收主体、相对人、项目、金额、程序等必须以法律为依据，依法进行。

（四）可诉性。行政征收是行政主体针对特殊的行政相对人作出的具体行政行为，具有可诉性。被征收主体认为在行政征收过程中有任何违法行为都可通过申请行政复议、提起行政诉讼的方式保护自己的合法权益。

三、行政征收的形式

从我国现行法律、法规的规定来看，行政征收主要表现为：税收征收、建设资金征收、资源费征收、排污费征收、管理费征收、滞纳金征收等。无论何种内容的行政征收，征收的形式主要为税和费。税与费作为政府取得公共收入的两种不同形式，各有特点，作用也不同，是不可以互相替代的。

（一）税

税又称税收，是政府为实现其职能的需要，凭借其政治权力，并按照特定的标准，强制无偿地取得公共收入的一种形式。税收只能由税务机关和海关负责征收，是政府收入的主要形式。通过税收，国家可以大量无偿取得稳定的财政收入，满足政府行使职能的财政需要，进行有力的宏观调控。税依据不同的标准有不同的分类：依照征税对象的不同，可分为流转税、资源税、所得税、财产税和行为税；依照税收支配权的不同可分为中央税、地方税和中央地方共享税等等。

在国家税法规定的范围内，任何单位和个人都必须依法纳税，否则就要受到法律的制裁。国家在征税以前，通过法律形式，把每种税的纳税人、课税对象及征收比例等都规定下来，以便征纳双方共同遵守。国家征税以后，纳税人交纳的实物或货币随之就转变为国家所有，不需要支付给纳税人以任何报酬，也不再直接返还给纳税人。

（二）费

费是行政主体依法提供某种公益服务或允许使用国家资源和资金时向行政相对人收取的费用。费很好地体现了受益原则，"谁受益谁出钱"，是向受益者收取的代价，是提供某种服务或准许某种权利行使而获得的补偿。收费收入一般专款专用，对特定的用户收取，并用于相应的特定支出，且不以盈利为目的。目前，我国的各种社会费用主要有公路运输管理费、车辆购置附加费、公路养路费、车辆通行费、排污费、河道工程修建维护管理费等。

费是政府取得公共收入的另一个方式，可分为两部分：规费和使用费。规费是政府部门为公民提供某种特定服务或实施行政管理所收取的工本费或手续费、对应于政府的各种行政制度、是对政府部门提供服务的一种补偿。使用费是政府对其所提供的特定公共设施的使用者按照一定标准收取的费用。使用费也是对政府提供公共设施的成本的部分补偿，有助于促进公共设施的使用效率，避免"拥挤"问题。

税与费的区别在于：1. 征收的主体不同。税收的征收主体是代表国家的各级税务机关和海关，而费的收取主体根据征收的目的不同而不同，包括政府部门、事业单位等。2. 税收具有稳定性，而费则具有灵活性。税法一经制定对全国有统一效力，相对具有稳定性，而费的收取一般由不同部门、根据不同地区的实际情况确定，具有灵活性。3. 使用方向不同。税收收入由国家预算统一安排使用，用于固定资产投资、物资储备、文教、行政、国防、援外等支出，而费一般有专门的用途，体现专款专用。

在我国，收费制度是改革开放过程中，中央为促进地方经济的发展，授予地方利用各种优惠政策弥补地方税源不足、财力不足的情况下产生的一种有效方法，与之相伴的是强烈的行政干预。但是，由于没有统一的衡量标准和政府职能部门的自利性，收费成了阻碍各地经济发展的主要因素。而税收有严格的法律规定，不会出现任意提高标准，扩大纳税范围的情况，税收征收机关不会直接介入纳税义务人的经营。所以，学术界提出应实行费改税。通过费改税，可以实现行政职能由全面干预向宏观调控的转换；行政控制方式由政策机制向市场机制的转换；政府行政角色由参与者向裁判者的转换。①

---

① 张淑芳著，《论行政费改税与行政法治》，《政治与法律》，2002年，第2期，第46页。

四、行政征收的程序

为保护被征收人的合法权益，行政征收主体必须严格按照程序进行行政征收。目前我国除《税收征管法》对税收征收有统一的程序外，其他费用的征收没有统一的程序。依据各个具体法律，行政征收通常包括以下程序：

（一）行政征收事项登记。凡履行行政征收义务的主体，都应向行政征收主体进行征收事项的登记，便于行政征收主体掌握资料、进行管理和监督。如《税收征管法》规定：企业，企业在外地设立的分支机构和从事生产、经营的场所，个体工商户和从事生产、经营的事业单位自领取营业执照之日起 30 日内，持有关证件，向税务机关申报办理税务登记。登记的内容包括：单位名称、法定代表人或者业主姓名及其居民身份证、护照或者其他合法证件的号码；住所、经营地点；登记类型；核算方式；生产经营方式；生产经营范围；注册资金（资本）、投资总额；生产经营期限；财务负责人、联系电话；国家税务总局确定的其他有关事项。纳税人提交的证件和资料齐全且税务登记表的填写内容符合规定的，税务机关应及时发放税务登记证件。税务登记证件的主要内容包括：纳税人名称、税务登记代码、法定代表人或负责人、生产经营地址、登记类型、核算方式、生产经营范围（主营、兼营）、发证日期、证件有效期等。

（二）行政征收费用核算。行政征收机关依法对缴纳主体、缴纳款项的种类、比率、缴纳环节、征收依据、缴纳方式等进行鉴定，为款项征收做前期准备。

（三）缴纳申报。缴纳主体应依法、按期向行政机关进行缴纳申报。如《税收征管法》第 25 条规定，纳税人必须依照法律、行政法规规定或者税务机关依照法律、行政法规的规定确定的申报期限、申报内容如实办理纳税申报，报送纳税申报表、财务会计报表以及税务机关根据实际需要要求纳税人报送的其他纳税资料。

（四）款项征收。款项征收作为行政征收的最后环节，直接涉及国家财政收入的多少，是行政征收程序中的核心步骤。根据实际情况的不同，款项征收分为自愿缴纳和强制缴纳。自愿缴纳是行政相对人主动依法缴纳款项的行为；强制缴纳是行政相对人拒绝履行缴纳款项的义务，行政机关采取强制手段迫使其缴纳款项的行为。如《税收征管法》第 31 条规定：纳税人、扣缴义务人按照法律、行政法规规定或者税务机关依照法律、行政法规的规定确定的期限，缴纳或者解缴税款。第 38 条规定：从事生产、经营的纳税人、扣缴义务人未按照规定的期限缴纳或者解缴税款，纳税担保人未按照规定的期限缴纳所担保的税款，由税务机关责令限期缴纳，逾期仍未缴纳的，经县以上税务局（分局）局长批准，税务机关可以采取书面通知其开户银行或者其他金融机构从其存款中扣缴税款；也可以采取扣押、查封、依法拍卖或者变卖其价值相当于应纳税款的商品、货物或者其他财产，以拍卖或者变卖所得抵缴税款等强制措施。

关于乱收费的法律思考

行政收费是行政征收的一种表现形式，必须依法进行。乱收费是行政主体在没有法律依据及授权的情况下，强制行政相对人履行金钱给付义务，非法剥夺相对人财产权的行为。在我国行政管理的某些领域，由于财政税收征管制度的混乱、行政征收权的失控，存在较多乱收费现象。如何在宪法上确立保护公民财产权的制度、完善征管及财政制度的同时，通过行政收费立法规范行政收费权，以法律手段遏制乱收费是当今法治国家必须解决的问题。

详细内容参见王克稳，《关于乱收费的法律思考》，《行政法学研究》，2004年，第 1 期，第 91～96 页。

第三节　行政强制

行政强制是行政主体为维护公共秩序、公共利益，或者为实现具体行政行为的内容而直接或申请法院对行政相对人采取强制措施，强行限制相对人权利的行为。不当行政强制行为会严重影响相对人的合法权益，在我国，由于没有统一的行政强制法律规范，一些行政机关在执法过程中，既存在对某些严重违法行为因缺乏强制手段，处理不力的情况，也存在行政强制手段滥用，侵犯相对人合法权益的情况。为了规范行政强制的设定和实施，保障和监督行政机关依法履行职责，维护公共利益和社会秩序，保护公民、法人或者其他组织的合法权益，全国人大常委会法制工作委员会从 1999 年 3 月开始行政强制法的起草工作，在大量调查研究和征求意见的基础上，于 2002 年形成了行政强制法征求意见稿。之后，根据十届全国人大常委会立法规划，法制工作委员会继续进行调研和征求意见，对征求意见稿进行修改，形成了行政强制法草案。《行政强制法》（草案）是继《行政处罚法》和《行政许可法》出台之后，我国行政法制建设中规范行政行为"立法三步曲"中的第三大步，它为国家制定统一行政程序法典提供了成熟的理论准备和制度实践。

一、行政强制的内涵

行政强制的内涵学理上有争议。有人主张行政强制包含行政强制执行和行政即时执行两大部分[①]。也有人主张行政强制即行政强制措施[②]。还有人主张应该以"行政执行"这一概念，将所有行政执行的情形囊括其中[③]。通说认为行政强制包括行政强制措施和行政强制执行，即行政强制是一个上位的概念。我国《行政强制法（草案）》按照通说观点，在第 2 条中规定，行政强制包括行政强制措施和行政强制执行。

（一）行政强制的概念

依据《行政强制法》（草案），行政强制是行政主体为维护公共秩序、公共利益，或为实现具体行政行为的内容而直接或申请法院对行政相对人采取强制措施，强行限制相对人权利的行为。行政强制是作为行政主体的行政机关或法律、法规授权的组织针对拒不履行行政法义务的行政相对人，或对社会秩序及他人人身健康和安全可能构成危害或其本身正处在或将处在某种危险状态下的行政相对人采取的，目的在于保证法定义务的彻底实现，维护正常的社会秩序，保障社会安全，保护公民的人身权、财产权免受侵害的具体行政行为。行政强制包括行政强制措施和行政强制执行。

（二）行政强制的特征

1. 行政强制的目的是保护公共利益，维护公共秩序，或实现某种行政目的。所以行政强制一般适用于行政相对人拒不履行行政法义务，或行政相对人对社会秩序及他人人身健康和安全可能构成危害或其本身正处在或将处在某种危险状态下等情形。

2. 行政强制是行政机关的职权行为。行政强制是否发生完全按照行政机关的意思决定，无须当事人的申请，尽管有些行政强制行为的实施需要人民法院的介入，但人民法院也是在行政机关的申请之下才承担该任务的。

3. 行政强制是侵益性行为。行政强制行为的做出会对特定相对人的权利进行约束或限制，不论是行政强制措施，还是行政强制执行，都会严重影响相对人的合法权益，这要求行政强制行为必须严格按照法定条件和程序行使。

4. 行政强制具有可诉性。行政强制是行政机关或法院针对具体的公民、法

---

① 朱新力等编著，《行政法学》，清华大学出版社，2005 年，第 253 页。

② 张正钊等编著，《行政法与行政诉讼法》，中国人民大学出版社，1999 年，第 144 页。

③ 姜明安编著，《行政法与行政诉讼法》，法律出版社，2003 年，第 153 页。

人或其他组织做出的具体行政行为，公民、法人或者其他组织对行政机关实施行政强制不服的，有权依法申请行政复议或者提起行政诉讼；对行政机关违法实施行政强制造成损害的，有权依法要求赔偿；对人民法院在强制执行中有违法行为或者扩大强制执行范围，给当事人造成损害的，有权依法要求赔偿。

理解行政强制，应将其与行政处罚进行区分。行政强制和行政处罚都是行政机关经常采取的具体行政行为，它们的主要区别有：第一，性质和目的不同。行政强制不是一种处罚，是对相对人权利的约束和限制，目的是保护公共利益，维护公共秩序，或强制义务人履行逾期的义务，实现某种行政目的。行政处罚是对违法者作出的法律制裁，目的是教育违法者，具有惩罚性。第二，适用次数不同。针对同一行为，行政强制可以使用一次，也可反复使用。行政处罚贯彻"一事不二罚"原则。第三，实施时间上的交错。行政强制和行政处罚在实施的时间上往往发生交错，如在行政处罚作出前，有可能会对其实施行政强制，在行政处罚作出后，当相对人不履行行政处罚确定的义务后，也有可能会对其实施行政强制。

（三）行政强制的种类

依据不同的标准，可以对行政强制作出不同的种类划分。如依据执行主体的不同，可以分为行政主体直接强制与申请法院强制；依据行政强制发生的时间，可以分为事前强制、事中强制和事后强制。

《行政强制法》（草案）依据是否有确定义务的具体行政行为的先行存在为标准，将行政强制划分为行政强制措施和行政强制执行。行政强制措施是指行政机关在实施行政管理的过程中，依法对公民人身自由进行暂时性限制，或者对公民、法人或者其他组织的财产实施暂时性控制的措施。如强制拘留、强制冻结、对公民住宅的强行进入等。行政强制执行以作为义务主体的行政相对人不履行其应履行的义务为前提，是指行政机关或者由行政机关申请人民法院，对不履行发生法律效力的行政决定的公民、法人或者其他组织，依法强制其履行义务的行为。如排除妨碍、强制收缴、强制拍卖等。

二、行政强制的原则

（一）法定原则，即未经法律、法规授权，任何机关和组织不得实施行政强制，行政强制的实施主体、方式、程序等都应严格依法进行。法定原则是行政机关行使强制权过程中始终如一必须贯彻的原则，该原则的形成与"行政法治"原则有着直接的渊源关系。行政法治原则要求行政机关的所有权力都必须有特别的法律授权或规定，行政权力仅限于在法律所赋予的权力范围内行使。

在现代法治国家，依法行政是基本的原则，行政机关非有法律依据不得行使强制执行权。这一原则一方面保证公民不受行政机关违法强制造成的损害，另一方面也确保行政活动中最为严厉的行为不超出法律规定。

（二）适当原则，即行政机关在做出行政行为时应建立在正当考虑的基础上，须全面衡量公益和私益，选择适当、合理的行政强制方式，最小限度损害当事人权益，实现强制目的。

（三）不得滥用原则，即可以不用时，不得使用行政强制。行政强制的实施必然会影响相对人的合法权益，行政主体在实施行政强制时，必须在保护公共利益的前提下，最大限度地保护私人利益。

（四）和解原则，即可以在不损害公共利益和他人利益的前提下，与当事人达成和解。行政强制的目的是督促拒不履行行政法义务的行政相对人亲自履行或达到与亲自履行相同的结果，或解除行政相对人对社会秩序及他人人身健康和安全可能构成危害或其本身正所处的某种危险状态，为实现该目的，行政主体可以与行政相对人在不损害社会、他人利益的前提下，与其协商达成和解。

三、行政强制措施

（一）行政强制措施的内涵

行政强制措施，又称行政即时强制，是指行政主体在实施行政管理过程中，为制止违法行为或在紧急、危险情况下，根据法律、法规规定，对行政相对人的人身或者财产实施暂时性控制的措施。如对人身自由的限制，对财产的查封、扣押、冻结等。

行政强制措施具有以下法律特征：1. 行政强制措施只能是由行政主体做出，人民法院不能成为即时强制的主体。2. 基础行为与采取强制措施行为本身结合在一起，在时间上难以分离。由于情况紧急，行政强制措施往往与行政决定同时做出，直接以口头或肢体语言表达具体内容。3. 行政强制措施以出现紧急状态，且无法期待相对人自动履行为前提。紧急状态应符合下列要件：第一，紧急事实的存在。由于犯罪、不可抗力、违法等诱因的出现，致使社会正常行政秩序遭到破坏，人民生命、财产、健康等受到侵害或有侵害倾向。第二，危害或危险已经发生但尚未结束具有高度可能性。[1]4. 行政强制措施的实施必须有具体法律的授权。

---

① 朱新力等编著，《行政法学》，清华大学出版社，2005年，第257页。

（二）行政强制措施的方式

行政强制措施的手段方法多种多样，根据学者统计，行政强制措施的具体方式达 263 种。① 《行政强制法》（草案）中第 10 条规定，行政强制措施的方式有：第一，对公民人身自由的暂时性限制；第二，对场所、设施或者财物的查封；第三，对财物的扣押；第四，对存款、汇款、有价证券等的冻结；第五，强行进入住宅；第六，法律规定的其他行政强制措施。故结合相关法律、法规，以强制时实力所针对的对象不同，可把行政强制措施划分为以下三类：

1. 对人身自由的限制。法律通常应在特殊情况下授予行政主体对人身自由的立即限制权。如在醉酒、精神病发作等状态下，非限制人身自由不能避免对其本人的危险或对他人的安全构成威胁；意欲自杀，非限制人身自由不能保护其生命；存在其他严重危害公共安全或他人人身安全，非限制人身自由不足以预防或救护的情形。对人身自由的限制方式在我国的立法中种类繁多，如立即拘留、强制扣留、强制隔离、强制搜查、强制治疗、现场管制、强行驱散等。

2. 对财物的处置。行政主体可以依情况对财物的占有、使用、收益、处分进行处理。财物包括一般财物和场所、设施、存款、汇款、有价证券等特殊财物。其具体表现为对财物的查封、扣押和冻结，对财物的使用，对财物的处分，对财物使用的某种限制等。

3. 对住宅等场所的进入。当公民的生命、身体、财产有迫切危害，非进入住宅等场所不能救护或不能制止时，允许行政主体的工作人员即时进入，解除危害。

（三）行政强制措施的设定

按照传统的侵害保留原则，行政强制措施应严格由法律来设定。由于目前我国法律尚不完备，完全由法律设定行政强制措施，不能满足实际工作中行政机关履行法定职责的需要，会给行政机关执法带来一定的困难。因此对行政强制措施的设定，既要符合法治的要求，也要考虑我国的实际情况。可以参考现行行政处罚的设定模式，采取以法律设定为主，以法规设定为辅的方式，逐步在条件成熟时过渡到全部由法律加以设定。

目前，根据《立法法》第 8 条规定，对公民限制人身自由的强制措施只能制定法律，《行政强制法》（草案）对行政强制措施的设定作出如下原则性的规定：

行政强制由法律设定。尚未制定法律，且属于国务院行政管理职权事项的，

---

① 胡建淼编著，《行政法学》，法律出版社，2003 年，第 330 页。

行政法规可以设定对涉嫌违法的场所、设施和财物的查封或者对涉嫌违法的财物的扣押的行政强制措施，以及除对公民人身自由的暂时性限制，对存款、汇款、有价证券等的冻结，强行进入住宅以外的其他行政强制措施。属于地方性事务的，地方性法规可以设定对涉嫌违法的场所、设施和财物的查封或者涉嫌违法的财物的扣押的行政强制措施。法律已经设定行政强制的，行政法规、地方性法规不得对法律规定的行政强制措施的对象、条件以及方式的范围作出扩大规定。已经制定了法律，但法律中没有设定行政强制的，行政法规、地方性法规不得增设行政强制。

（四）行政强制措施的程序

1．行政强制措施的一般程序

行政强制措施的一般程序，是指实施各类行政强制措施都应遵循的程序规定。一般来说，行政强制措施必须由法律、法规规定的有行政强制措施权的行政机关或者由法律、法规授权的组织在法定职权范围内实施。被授权的组织是依法成立具有管理公共事务职能的组织，并且具有熟悉法律、法规、规章和业务的工作人员。被授权组织不得利用授权从事经营活动或者有偿服务。

行政机关采取行政强制措施前须向行政机关负责人书面或者口头报告并经批准。当场采取行政强制措施的，应当在事后立即报告；由两名以上行政执法人员实施；并应出示执法身份证件；当场告知当事人采取行政强制措施的理由、依据、救济途径以及当事人依法享有的权利；听取当事人的陈述和申辩；制作现场笔录；实施查封、扣押的，制作查封、扣押清单，查封、扣押清单一式二份，由当事人和行政机关分别保存；现场笔录和清单由当事人、见证人和行政执法人员签名或者盖章，当事人不在现场或者当事人、见证人拒绝签名或者盖章的，应当在笔录中予以注明。

当场实施行政强制措施的，行政执法人员应当在 24 小时内补办相关手续；在边远、水上、交通不便地区当场实施行政强制措施的，行政执法人员应当在返回行政机关后 2 日内补办相关手续。

对限制公民人身自由的行政强制措施除适用一般规定的程序外，还必须遵守下列程序：进入公民住宅采取行政强制措施的，应当出示县级以上行政机关的行政决定书；当场告知或者事后立即通知当事人家属实施行政强制措施的行政机关和地点；在紧急情况下当场采取行政强制措施的，应当在返回行政机关后 6 小时内补办手续。

行政机关实施检查、调查等监管活动进入生产经营场所必须有法律、行政法规的依据；没有法律、行政法规依据的，当事人有权拒绝。查询企业的财务账簿、交易记录、业务往来等事项，必须有法律、行政法规的依据；没有法律、行政法规依据的，当事人有权拒绝。依法查询企业的财务账簿、交易记录、业务往来等事项，应当为企业保守商业秘密。

2. 查封、扣押程序

依法具有行政强制措施权的行政机关在发现违禁物品、防止证据损毁、防止当事人转移财物逃避法定义务以及法律规定的其他情形下，可以对公民、法人或者其他组织的财物采取查封、扣押的行政强制措施。实施扣押财物的行政强制措施，不得进入公民住宅扣押公民个人财产抵缴行政收费；除违禁物品外，在市容监管中行政机关不得扣押经营者经营的商品。

行政机关依照法律、法规规定对公民、法人或者其他组织的财物需要实施查封、扣押的，应当经行政机关负责人批准；对重大案件或者数额较大的财物需要实施查封、扣押的，应当由行政机关负责人集体讨论。

依照法律、法规规定对财物实施查封、扣押的，行政执法人员必须依照法律规定的一般程序办理，并当场交付当事人查封、扣押决定书。查封、扣押决定书应当载明当事人姓名或者名称、地址，查封、扣押的理由和依据，查封、扣押物品的名称、数量和期限，申请行政复议或者提起行政诉讼的途径和期限，行政机关的名称、印章和日期。

查封、扣押的期限不得超过法定期限；情况复杂的，经行政机关负责人批准，可以延长；法律、行政法规对期限另有规定的除外。对物品需要作出检测、检验、检疫或者技术鉴定的，查封、扣押的期间不包括检测、检验、检疫或者技术鉴定的期间。检测、检验、检疫或者技术鉴定的期间应当明确，并告知当事人。检测、检验、检疫或者技术鉴定的费用由行政机关承担，但是，当事人有违法行为的，该费用由当事人承担。

对查封、扣押的财物，行政机关应当妥善保管，不得使用或者损毁；造成损失的，行政机关应承担赔偿责任。对查封的财物，行政机关可以指定当事人保管，也可以委托第三人保管，当事人或者第三人不得损毁或者转移。因当事人的原因造成的损失，由当事人承担；因第三人原因造成的损失，由委托人和第三人承担连带赔偿责任。查封、扣押的财物的保管费用由行政机关承担。行政机关发现当事人的财物已被其他国家机关依法查封的，不得重复查封。

行政机关在实施查封、扣押的行政强制措施后，应当及时查清事实，在法定期间作出处理决定。对违法事实清楚，依法应当没收的非法财物，将查封、扣押的财物没收；法律、行政法规规定应当销毁的，依法销毁。对没有违法行为或者不再需要采取查封、扣押措施的，应当在作出处理决定后立即解除查封或者退还被查封、扣押的财物；已将鲜活物品或者其他不易保管的财物拍卖或者变卖的，退还拍卖或者变卖所得。变卖价格明显低于市场价格，对当事人造成损失的，当事人可以要求补偿。行政机关逾期未作决定的，被查封的物品视为解除查封；当事人要求退还被扣押的物品的，行政机关应当立即退还。违法行为涉嫌犯罪应当移送司法机关的，行政机关应当将查封、扣押的证据一并移送。

3．冻结存款程序

冻结存款应当由法律规定的行政机关作出决定，不得委托其他行政机关或者组织作出冻结存款的决定。其他任何行政机关或者组织不得采取冻结存款的行政强制措施。金融监督和监察机关依照法律规定，对有证据证明有转移或者隐匿违法资金迹象的，可以依法申请司法机关予以冻结。涉嫌犯罪的移交公安机关处理。冻结存款的数额应当与履行行政决定的金额或者违法行为的情节相适当；已被其他国家机关依法冻结的存款，不得重复冻结。

冻结存款应当书面通知金融机构。金融机构接到行政机关依法作出冻结存款的决定后，应当立即予以冻结存款，不得拖延，不得在冻结存款前通知当事人。依照法律规定对存款实施冻结的，作出决定的行政机关应当在法定期限内向当事人交付冻结存款决定书。冻结存款决定书应当载明当事人姓名或者名称、地址，冻结存款的理由和依据，冻结的账号和存款数额，申请行政复议或者提起行政诉讼的途径和期限，行政机关的名称和印章。

对当事人不再需要采取冻结存款的措施时，行政机关应当及时作出解除冻结存款的决定。除人民法院依法判决外，解除冻结存款的决定应当由决定冻结存款的行政机关作出。行政机关作出解除冻结存款决定的，应当及时通知金融机构。

自冻结存款之日起法定期限内，行政机关应当作出处理决定或者解除冻结存款决定；情况复杂的，经行政机关负责人批准，可以延长；法律另有规定的除外。延长冻结存款的决定应当告知当事人。行政机关逾期未作出处理决定或者解除冻结存款决定的，金融机构应当解除冻结的存款。

（五）行政强制措施的救济

行政强制措施是行政机关针对具体的相对人作出的具体行政行为，行政强制措施的作出会对特定相对人的权利进行约束或限制，会严重影响相对人的合法权益，因而对它可以实行行政复议和诉讼作为救济，并根据复议和诉讼结果决定是否赔偿或补偿，实现权利救济，保护相对人的合法权益。

四、行政强制执行

（一）行政强制执行的内涵

行政强制执行是行政强制的一种，是国家行政管理过程中必不可少的一种手段。关于行政强制执行的内涵在学术界有不同的观点。有的学者认为行政强制执行指行政机关或行政机关申请人民法院强制拒不履行行政法上义务的相对人履行其义务的行为。[①]有的学者认为行政强制执行是指公民、法人或者其他组织逾期不履行行政法上的义务时，国家行政机关依法采取必要的强制性措施，迫使其履行义务，或达到与履行义务相同状态的具体行政行为。[②]也有学者认为，行政强制执行是指公民、法人或者其他组织不履行行政机关依法所作行政决定中规定的义务，有关国家机关依法强制其履行义务或达到与履行义务相同的状态的行为。[③]可以看出，学者们大多认为，行政强制执行的前提是相对人不履行相应的义务，该义务来自已经生效的行政决定；行政强制执行的目的是迫使行政相对人履行义务，或者达到与履行义务相同之状态；对于行政强制执行的主体，早期的学者认为只有行政机关，现在大多认为应是行政机关和人民法院。我们认为，行政强制执行是行政机关对不履行生效行政决定的行政相对人依法自己或申请人民法院采取强制方式，迫使其履行义务，或者达到与履行义务相同之状态的行为。

行政强制执行具有以下特征：1. 行政强制执行以相对人逾期不履行已经生效的具体行政行为所确定的义务为前提。2. 行政强制执行以行政机关和法院为执行主体。根据我国现行法律、法规的规定，行政强制执行既存在由行政机关实施的情况，也存在由司法机关实施的情况，即行政机关和法院都可以成为行政强制执行的主体。它们之间的行政强制执行权限的分配，以申请法院强制执行为原则，以行政机关自行强制执行为例外。3. 行政强制执行的目的在于迫使相对人履行义务或用代执行等方式达到与履行义务相同之状态，最终确保行政法秩序的实现。4. 行政强制执行的根据是行政机关作出的已经生效的行政决定，并以已生效的具体行政行为所确定的义务为执行内容。无论是行政机关执行，还是人民法院执行，执行的根据都是行政决定。因为法律过于抽象，如果以法律为根据，容易为某些工作人员所滥用，不利于保护相对人的合法权益。行政强制执行的目的在于迫使相对人履行义务或用代执行等方式达到与履行义

---

① 姜明安编著，《行政法与行政诉讼法》，中国卓越出版公司，1990 年，第 258 页。

② 王连昌编著，《行政法学》，中国政法大学出版社，1997 年，第 228 页。

③ 应松年编著，《行政法学新论》，中国方正出版社，1998 年，第 407 页。

务相同之状态，所以，只能以生效行政决定确定的内容为执行内容。

（二）行政强制执行的方式

行政强制执行的方式较多，散见于大量的行政法律、法规中。《行政强制法》（草案）第 11 条规定，行政强制执行的方式有：第一，排除妨碍、恢复原状等义务的代履行；第二，加处罚款或者滞纳金的执行罚；第三，划拨存款、汇款，兑现有价证券；第四，将查封、扣押的财物拍卖或者依法处理；第五，法律规定的其他强制执行方式。理论界一般将行政强制执行的方式分为代履行、执行罚和直接强制。

1．代履行

代履行，又叫代执行，是指义务人逾期不履行行政行为所确定的可代替作为义务时，由行政强制执行机关或第三人代为履行，并向义务人征收必要费用的行政强制执行方法。如义务人不履行砍伐树木后补种的法定义务，有关行政机关进行补种，并收取必要费用。《行政强制法》（草案）中的排除妨碍、恢复原状等行政强制执行方式即为代履行。

代履行既可以由行政机关自身履行，也可由第三人代为履行。行政机关自身履行只需在行政机关或其工作人员的主持或指挥下进行，并不一定是由行政机关或其工作人员亲自履行。第三人代为履行是由执行机关和义务人以外的第三人实施代履行，执行机关不介入。

代履行必须同时具备四个要件：（1）义务人逾期不履行法定行政义务。（2）该法定义务是他人可以代为履行的作为义务。不作为义务，如不得低价倾销、不得修建违章建筑等，必须由义务人亲自履行，不得代履行；与人身相关的义务一般不能代履行，如公民的结婚登记、依法服兵役义务等。所以，代履行的义务必须是非人身方面的作为义务。（3）代履行的义务必须是代履行后能达到与相对人亲自履行义务同一目的的义务。他人能代为履行的义务，必须是代履行后能达到与相对人亲自履行义务同一目的的，才能适用代履行制度。（4）由执行机关向不履行义务人征收必要的代履行费用。

2．执行罚

执行罚是指有关行政主体在相对人逾期拒不履行法定义务时，对相对人处以财产上新的制裁，以迫使相对人自觉履行法定义务的行政强制执行方式。《行政强制法》（草案）中的加处罚款或者滞纳金即为执行罚。

执行罚与代履行都属于通过间接方法强制义务人履行行政义务或达到与履行义务相同状态的行政强制执行，二者又称为间接强制。但二者的目的不同，通过执行罚目的在于促使相对人自觉履行义务；代履行则是直接实现与履行相同的状态。此外，二者虽然都有金钱的流转，但执行罚中的罚款或滞纳金带有惩罚性；代履行中所交的费用是代为履行的实际花费，具有劳务费性质。

3．直接强制

直接强制是行政主体最常用的行政强制执行方式，是指在采用代履行、执行罚等间接手段不能达到执行目的，或无法采用间接手段时，执行主体可依法对义务人的人身或财产直接实施强制，迫使其履行义务或实现与履行义务相同状态的强制执行方法。如强制传唤、强制搬迁、强制收购、强制拍卖等。

直接强制与代履行比较相似，应注意以下区别：

（1）直接强制可适用于任何法定义务，包括可替代性义务，也包括不可替代性义务，可适用于作为义务，也可适用于不作为义务；代履行只适用于可替代的非人身作为义务。

（2）直接强制的实施，有的能实现与相对人亲自履行义务相同的状态，如强制扣缴、强制划拨，有的是迫使义务人履行法定义务，如强制服兵役；代履行的目的是代履行后能达到与相对人亲自履行义务相同的状态。

（3）直接强制一般不收取费用；代履行要收取必要的费用。

（三）行政强制执行的设定

行政机关的一切权力必须有法律的明确规定或授权。行政强制执行是行政机关行使行政权的一种表现，也必须通过立法授予行政主体。作为行政强制的一种，行政强制执行的设定类似于行政强制措施，应由法律设定，法规、规章及其他规范性文件不得设定行政强制执行。实施行政强制执行的行政机关由法律规定。法律没有规定行政机关强制执行的，作出行政决定的行政机关应当申请人民法院强制执行。

（四）行政强制执行的程序

1．行政机关强制执行程序

一般来说，行政机关强制执行要经过以下程序：

（1）催告。为最大限度地保护相对人，行政机关作出行政强制执行决定前，应当事先督促催告当事人履行应当履行的义务。催告应当以书面形式并载明下列内容：明确当事人自动履行义务所需的合理期限；强制执行方式；涉及金钱给付的，必须有明确的金额和给付方式；当事人依法享有的权利。经督促催告，当事人履行行政机关依法作出的行政决定的，不再实施强制执行。

（2）陈述和申辩。当事人收到催告书后有权进行陈述和申辩。行政机关必须充分听取当事人的意见，对当事人提出的事实、理由和证据，应当进行记录、复核；当事人提出的事实、理由或者证据成立的，行政机关应当采纳。

（3）制作行政强制执行决定书。经催告，当事人逾期仍不履行行政机关决定的，行政机关可以作出行政强制执行决定。行政强制执行决定应当以书面形式作出，并载明下列事项：当事人姓名或者名称、地址；行政强制执行的事实和依据；行政强制执行的方式和期限；申请行政复议或者提起行政诉讼的途径和期限；行政机关的名称、印章和日期。

（4）送达。行政强制执行决定书应当在执行时当场交付当事人；当事人不在场的，应当依照民事诉讼法的有关规定在执行后的法定期限内送达。

（5）采取各种强制执行方式。行政机关根据情况的不同，依据法律，可采取各种不同的强制执行方式。

在执行过程中，有下列情形之一的，应当中止执行：行政机关认为需要中止执行的；当事人履行行政机关的决定确有困难或者无履行能力，经行政机关同意的；第三人对执行标的主张权利的；执行可能造成难以弥补的损失，且中止执行不违背社会公共利益的。影响中止案件执行的情形消失后，行政机关可以重新作出执行决定。对没有明显社会危害，涉案财物数量较少，或者当事人确无能力履行，经中止执行3年后未重新执行的，行政机关不再执行。

在执行过程中，有下列情形之一的，应当终结执行：公民死亡，无遗产可供执行，又无义务承受人的；法人或者其他组织终止，又无权利义务承受人的；执行标的物灭失的；其他无法执行情形的。

行政强制执行不得在夜间和法定节假日实施。但是，因情况紧急或者当事人同意的除外。行政机关不得采取停止供水、供电、供热、供燃气等方式迫使当事人履行行政义务。

2．申请人民法院强制执行

当事人逾期不履行行政义务，行政机关可以向人民法院申请强制执行。行政机关申请人民法院强制执行前应当向当事人发出书面催告，催告当事人履行义务。催告发出法定期限后当事人仍未履行义务的，行政机关可以申请人民法院强制执行。

行政机关向人民法院申请强制执行，应当提供下列材料：行政机关的强制执行申请书；行政机关的行政决定书及作出决定的事实、理由和法定依据；当事人的意见及行政机关催告情况；申请强制执行的标的；申请强制执行的期限；行政负责人签名及行政机关的印章和日期。

人民法院接到行政机关强制执行的申请，应当受理；但是不属于本院管辖的不予受理。人民法院对行政机关强制执行的申请进行书面审查，对符合条件，且行政决定具备法定执行效力的，人民法院应当在法定期限内作出执行裁定。

人民法院发现行政决定缺乏事实和法律依据，有其他明显违法并损害被执行人合法权益的违法情形的，可以听取被执行人的意见，对作出行政决定的事实、理由和依据进行审查。人民法院经审查，应当在法定期限内作出是否执行的裁定。裁定不予执行的，应当在法定期限内将不予执行的裁定送达行政机关，并将理由告知行政机关。行政机关对人民法院不予执行的裁定有异议的，可以在 15 日内向上一级人民法院申诉，上一级人民法院应当在 30 日内作出是否执行的裁定。

因情况紧急，为保障公共安全，行政机关可以申请人民法院立即执行。经人民法院院长批准，人民法院可以在作出执行裁定之日起法定期限内予以执行。

人民法院对行政机关申请的金钱给付义务裁定执行的案件，由人民法院予以执行。人民法院对行政机关申请的排除妨碍、恢复原状等义务裁定执行的案件，由行政机关委托没有利害关系的其他组织代履行。必要时，人民法院可以派员到场监督。

行政机关申请人民法院强制执行，不缴纳申请费。强制执行的费用由被执行人承担。人民法院以划拨、拍卖方式强制执行的，可以在划拨、拍卖后将执行费用扣除。划拨存款应当划入财政专用账户或者法律、法规规定的账户，不得划入人民法院或者行政机关的基本账户或者其他账户。

（五）行政强制执行的救济

行政强制执行是针对具体相对人的人身自由、财产、行为采取一定的强制措施，执行不当会对相对人的合法权益造成一定的损害，法律应规定相对人对不当行政强制执行的救济途径。

1．行政机关自行强制执行行为的救济

行政机关自行强制执行行为是行政机关针对具体相对人作出的具体行政行为，具有可诉性。根据行政复议法和行政诉讼法规定，相对人如果认为该具体行政行为侵犯其合法权益，可以申请行政复议或以提起行政诉讼作为救济途径。

2．行政机关申请法院执行行为的救济

行政机关申请法院执行行为中执行主体是司法机关，法院在接到行政机关的申请后要对行政决定的具体内容进行审查，此时，对该行政决定内容的执行已是法院的司法行为，所以此种执行行为不适用行政复议和行政诉讼，但可以适用申诉或赔偿程序作为救济途径。

关于听证程序

听证程序起源于英美法系的自然公正原则。最初它适用于司法领域，称之为司法听证。由于其公正性，后逐渐适用于立法领域，被称为立法听证。进入 20 世纪后，听证程序进入了行政领域，形成行政听证。行政听证程序是行政机关作出行政行为前给予当事人就重要事实表示意见的机会，通过公正、公开、民主的方式达到行政目的的程序。通过行政听证可以保障行政相对人参与行政程序，行使申辩权利，以便维护自身合法权益。其本质是公民运用法定权利抵抗行政机关可能的不当行政行为，缩小公民这类"弱势群体"与行政机关之间地位不平等所造成的巨大反差。经过行政听证程序制定的法律、作出的决定，由于公众的亲自参与，必然得到相对人的理解和认可，使相对人在程序完成之后，能够情愿地服从决定，提高行政效率。

我国自《行政处罚法》引入听证以来，听证日渐增多，已渗入到规章制定、价格决策、行政处罚决定等领域。如中国上海《新闻午报》2006 年 11 月 15 报道，上海市于 2006 年 11 月 9 日应受到违法处罚的两名司机的听证要求，召开了我国首次交通行政处罚听证会，在两个多小时的举证、质证和辩论后，执法部门对其中的两名司机作出了 5 年内不得从事出租客运经营的处罚决定。可见，通过听证程序保护自身利益的观念已经逐渐形成。但我国行政听证制度也呈现出一定的缺陷，如立法中对听证组织者、听证主持人、当事人及听证参加人等行政听证主体的规定不完善，导致许多听证的实际操作出现偏差和失误；听证组织者以及公民的法律主体意识和权利意识薄弱，使得许多听证形同虚设。在实践中，关于价格听证，老百姓的感觉是"逢听必涨"，损害了听证制度的威严，丧失了听证制度应有的作用。为发挥行政听证的作用，我国学界对行政听证主持人的选定、行政听证的范围、程序等各方面进行了研究。

详细内容参见皮纯协、李素贞，《行政听证在我国立法中的现状与完善》，《法学杂志》，2001 年，第 5 期；马怀德，《论听证程序的适用范围》，《中外法学》，1998 年，第 2 期。

关于行政强制执行权的分配

当今世界主要国家的行政强制执行权皆由行政机关和法院所共享，但侧重点各不相同。英美法系国家强调民主公正，建立以法院执行为主，行政机关执行为辅的行政强制执行主体模式；大陆法系国家着眼于行政效率，建立以行政机关执行为主，法院执行为辅的行政强制执行主体模式。我国已初步建立行政机关自行强制执行（法律、法规授权之下）和申请法院执行相结合的模式。执行主体的二元性决定我们必须划清二者的权限范围。

详细内容参见莫起升，《行政强制执行权分配研究》，《河南大学学报》（社科版），2002 年，第 1 期。

思考题

1．名词解释

（1）行政征收　　（2）行政处罚　　（3）行政强制　　（4）一事不二罚原则

2．辨析题

（1）行政强制就是行政强制执行。

（2）行政征收与行政征用都是以强制方式无偿取得相对人的财产所有权。

3．任意项选择题

（1）根据《防洪法》规定，工程设施建设严重影响防洪，逾期不拆除的，由行政主管部门强行拆除，所需费用由建设单位承担。行政机关的这种做法属于下列哪个选项的行为？（　　）。

A．行政处罚　　　　　　　　　B．行政收费

C．代履行　　　　　　　　　　D．直接强制

（2）根据我国《行政处罚法》的规定，地方性法规不得设定下列哪些处罚种类？（　　）。

A．限制人身自由的处罚

B．吊销许可证的处罚

C．吊销企业营业执照的处罚

D．吊销个体工商户营业执照的处罚

（3）公安机关对在公共场所酗酒滋事的公民甲进行人身拘束，该行政行为属于（　　）。

A．行政处罚　　　　　　　　　B．行政强制

C．行政监督　　　　　　　　　D．行政指导

4．简答题

（1）试述行政处罚的种类。

（2）简述行政处罚与行政处分的不同。

（3）简述行政征收中税与费的主要区别。

（4）试述行政强制执行的方式。

5．案例分析题

（1）某县村民 A，一日发现自家抽屉里的现金少了 30 元，便怀疑是刚刚来串门的同村村民 B 偷走的，随即赶到 B 家索要，并当众威胁 B 说，如果不还钱，就要揭 B 的老底。B 当场否认，A 乘 B 不注意朝 B 的脸上扇了一巴掌，并让自己的儿子扭送 B 到派出所去，后被他人劝阻。B 回家后感到十分委屈，便服农药自杀，后经抢救脱险。县公安局据此情况，依据《治安管理处罚法》规定，认定 A 殴打他人并用其他方法威胁他人安全，处以 A 治安拘留 15 日，罚款 50元。A 不服，向市公安局提出申诉，市公安局维持了县公安局的处罚决定。A仍不服，向县人民法院提起行政诉讼。请问：县公安局的处罚决定正确吗？请说明理由。

（2）1995 年 12 月，某县 A 乡人民政府批给 B 村村民王某宅基地 0.5 亩。后王某在此宅基地上建起正房四间。此后几年间，王某未经批准，不断扩占集体土地，并相继建起院门、鸡窝、柴房等违章建筑。2001 年 3 月 27 日，A 乡人民政府根据该县县委(2000)58 号文件对王某的违章建筑做出处罚决定，限 2001年 3 月 28 日早 10 点前拆除；到期不拆，乡政府将强制执行。3 月 28 日上午，A 乡政府组织人员去该村落实、督促有关工作时，见王某家中无人，认为王某消极抵抗乡政府的处罚决定，便用铲车将违章建筑推倒。请问：A 乡人民政府的处罚行为及行政强制执行行为是否合法？为什么？

第十二章 其他行政执法行为

本章重点

行政指导、行政合同、行政事实行为是行政机关采取的除行政许可、行政处罚、行政强制等传统行政执法行为外新型的行政管理手段，更有利于行政相对人接受管理。本章的重点内容主要有：理解行政指导、行政合同、行政事实行为的含义；掌握行政指导、行政合同、行政事实行为的救济机制；了解行政指导、行政合同、行政事实行为的种类。

第一节 行政指导

在传统的行政管理模式中，行政管理手段，如行政处罚、行政许可等，一般具有单方性、强制性等特征，相对人处于被动、服从的地位；而行政指导则是一种非强制性的柔性管理方式，行政执法人员通过指导、劝告、建议等方式对相对人的行为加以引导，这种执法方式有助于提高相对人的法律意识，避免违法或自觉停止违法，形成相互尊重、相互信任、相互协作的和谐的行政管理关系。作为一种现代行政管理手段，行政指导凭借其灵活性、有效性等优点已越来越为行政主体所采纳，而且也容易被行政相对人接受，因而现实中大量存在着行政指导行为，行政法学者对它的研究也比较重视。

一、行政指导的内涵

相对于行政审批、行政许可、行政处罚等行政手段，行政指导是一种"柔性管理"方式。从历史渊源看，以行政指导为代表的柔性管理大致产生和兴起于二战以后。20 世纪 70 年代，曾经盛行于 20 世纪 30 年代的"凯恩斯主义"的负面效应日益显露，出现了所谓的"政府失灵"，在这种情况下，更多采用建立在平等协商基础上的行政管理方式，就成为一种必须的选择。积极又柔和的非权力性行政在日本、德国等现代市场经济国家应运而生，取得巨大成功，并迅速为各国所借鉴。行政指导一词最先来自日本，而且日本也是行政指导制度最为发达的国家之一。在当代中国，政府职能已由管理向服务逐渐发生转变，行政权的运行目的也应实现从单纯的维护社会安全秩序向推行普遍的社会福利和公共服务的转变。建设服务型法治政府，政府行政管理就不能停留在监督、管理等职能上，不能总是习惯于使用以行政强制力为后盾的执法方式。行政指导作为一种柔性管理手段，是建设服务型政府的重要切入点。2004 年国务院颁布的《全面推进依法行政实施纲要》第 9 条指出：改革行政管理方式，要充分发挥行政规划、行政指导、行政合同等方式的作用，提高政府办事效率，降低管理成本、创新管理方式，方便人民群众。行政指导这种新型的行政管理手段有了政策依据，逐渐被各级行政机关广泛使用。

行政指导是指行政机关在其职能、职责或管辖范围内，为适应复杂多样化的经济和社会管理需要，基于国家的法律精神、原则、规范或政策，运用非强制手段，适时灵活地采取指导、劝告、建议等方式谋求行政相对人同意或协助，以有效地实现一定行政目的的行为。

作为一种灵活的行政管理方式，行政指导具有以下特点：

1. 行政指导具有非强制性。非强制性是行政指导与传统行政的最大区别。行政相对人有选择是否遵守行政指导内容的自由，是否依行政指导做出行为，完全取决于相对人的自愿，即使相对人拒绝遵守行政指导的内容，行政主体也不能依据国家强制力督促行政指导内容的实现。

2. 行政指导的利益引诱性。行政机关在做出行政指导时，往往通过利益引诱促使相对人自愿做出或不做出某种行为，以实现行政目标，如税收减免、资源配置时的优惠等。遵循行政指导的主体可以享受行政主体承诺的利益。

3. 行政指导的单方性。行政指导是行政主体的单方意思表示，不以行政相对人的同意与协助为成立要件。行政主体根据实际情况选择行政相对人，确定行政指导的内容，签订方式等，一般无须与相对人协商。

4. 行政指导的不可诉性。行政指导对行政相对人不具有强制性，行政相对人没有服从的义务；行政指导也不对行政相对人的权益直接进行处分，与相对人权利的损害之间没有直接的因果关系，所以《行政复议法》、《行政诉讼法》和《国家赔偿法》没有把行政指导列入受案范围，即行政指导不适用行政复议、行政诉讼和国家赔偿进行救济。

二、行政指导的种类与形式

（一）行政指导的种类

1. 以行政指导主体对相对人的期望为标准，可分为鼓励性行政指导和抑制性行政指导。鼓励性行政指导是行政主体通过具体的指导措施，希望相对人积极实施某种行为的行政指导，如宣传国家的计划生育政策，希望相对人晚婚、晚育。抑制性行政指导是行政主体通过具体的指导措施，劝导相对人不为某种行为的行政指导，如本地棉花种植过多，销路不畅，劝阻农民减少棉花种植。

2. 以行政指导的作用为标准，可分为助成性行政指导、规制性行政指导和调解性行政指导。助成性行政指导是指以帮助相对人发展为目的，提供知识、信息、技术等帮助，为相对人出主意的行政指导。如为农民提供棉花种植的技术指导。规制性行政指导是为维护和增进公益，对违反公共利益的行为加以规范和制约的行政指导。如日本政府在经济不景气时，主管机关召集业者，要求其淘汰冗员，否则将考虑不为业者融资或提供保证。调解性行政指导指为解决相互对立相对人之间纠纷而进行的行政指导。如为解决建筑纠纷，行政机关召集建筑单位与附近居民促使其达成协议，达到解决纠纷的目的。

另外，以行政指导有无具体的法律依据为标准，可分为有法律根据的行政指导和无法律根据的行政指导；以行政指导的对象是否具体为标准，可分为一般行政指导和个别行政指导等其他分类方式。

（二）行政指导的形式

行政指导的形式多种多样，包括建议、劝告、引导、说服、宣传、通知、提示、注意、协商、沟通、劝戒、告戒、警告等形式。在我国，行政指导也可以以领导讲话、会议纪要、社论等形式表现，行政主体可以根据实际需要灵活采用。

三、行政指导的救济

行政指导对行政相对人不具有强制性，行政相对人没有服从的义务；行政指导也不对行政相对人的权益直接进行处分，与相对人权利的损害之间没有直接的因果关系；依照我国现行法律规定，行政指导不具有可诉性，即行政指导不适用行政复议、行政诉讼和国家赔偿进行救济。

从理论上分析，行政指导是一种非权力性行为，其效力的产生不以国家强制力进行保障，相对人有选择是否遵从的自由。但是，实践中，行政指导却内含了强大的事实强制力。行政机关往往通过其他方面的行政管理权无形中迫使被指导者服从行政指导，同时，行政机关大量设置利益引诱机制，保障行政指导的实施。所以被指导者会在迫于某种压力或为追求某种利益的情况下接受指导。而接受行政指导这种行政行为可能会给相对人的权益造成损害，如行政机关做出的行政指导本身无任何瑕疵，但是接受指导者因其他的原因遭受了损失；行政机关因自身的信息或情报有误而做出了不当的行政指导，给被指导者造成了损失；由于行政指导的内容本身违法而使自愿接受指导者遭受损失等。故如何给行政指导的相对人一种救济是一种必然。

关于行政指导的救济途径，有的学者认为应加强舆论监督，对于接受行政指导的当事人，应考虑给予要求公开行政指导内容及进行行政复议和行政诉讼的机会。[①]有的学者认为应注重事前预防，在行政指导的具体程序设计上，应着重考虑告知、听证等几方面的问题，以回应行政指导在事实上的强制力。[②]我们认为，为保护处于弱者地位的相对人，维持行政主体与相对人之间动态的平衡，应给相对人以救济的机会。包括：

（1）事前救济。在行政指导发生效力之前，应通过听证、公示等方式，广泛征集各方面的意见，使行政指导科学化、合理化。如 1993 年颁布的《科学技术进步法》确定了专家论证制度。该法第 7 条第 2 款规定，制定科学技术发展规划和重大政策，确定科学技术的重大项目，应当充分听取科学技术工作者的意见，实行科学决策的原则。

（2）事后救济。为了保证相对人的合法权益，应给予相对人事后申诉的机会，逐渐实现相对人在认为行政指导侵犯了自己的合法权益后，适用行政复议、行政诉讼和国家赔偿进行救济，由于相对人在实际中的不利地位，应按照举证责任倒置的规则进行救济。

行政指导的救济

行政指导是行政主体为了公共利益或为了实现特定目的，通过设置利益诱导，吸引相对人为或不为某种行为的管理手段。所以，诱导利益既应该是行政指导概念的必要构成要件，也是行政指导具有事实上的诱导性与强制力的主要动因之一。从理论上讲，行政指导是一种非权力性行为，其效力的产生不以国家强制力进行保障，行政指导的双方是平等的，在行政指导的实施

---

① 张正钊等编著，《行政法与行政诉讼法》，中国人民大学出版社，1999 年，第 169 页。
② 朱新力等编著，《行政法学》，清华大学出版社，2005 年，第 287 页。

过程中为了实现各自的利益而进行多次博弈,相对人是否遵循行政指导完全取决于自愿。但是,由于诱导利益的存在和相对人的逐利秉性,使行政指导有一种潜在的、事实上的强制力。同时,行政机关拥有的强大的获取各类信息的能力,使得相对人对其做出的行政指导有一种无形的信赖。所以,在现实中,行政指导是非强制性的权力性事实行为,行政指导的运行成为一种不同于理论上的行政管理模式。

如果相对人依照行政指导进行行为,受到损失,应如何实施救济?行政主体是否有义务对相对人的损失给予适当的补偿呢?

详细内容参见吴华,《论行政指导的性质及其法律控制》,《行政法学研究》,2001 年,第 2 期;刘杰、李文敏,《论行政指导的行政诉讼问题》,《同济大学学报》(社会科学版),2005 年,第 6 期;冯举,《行政指导若干问题研究》,《河南省政法管理干部学院学报》,2004 年,第 2 期。

美国内部信函纠纷案

在 20 世纪 60 年代反战运动高潮之际,美国联邦征兵局长赫尔希于 1967 年 10 月发给征兵系统的每个成员一封内部信函,要求地方征兵局对那些从事反对征兵法活动的应征人重新划定等级,而且信中提到重划等级对象包括那些"非法游行示威"、"影响征兵或唆使他人拒不履行兵役义务"的应征人。这个行政内部指导行为性质的信函,后来被称为"赫尔希指令",并因反战争反征兵的学生政治协会以信函违法侵权为由提起诉讼,形成有名的赫尔希指令案。尽管行政机关辩称这属于行政上级对下级的工作指示性质的尚处于行政内部程序的信函,法院无权加以审查,但法院认为这封信函产生了恐吓学生,使其不敢行使联邦宪法修正案第 1 条所保护之权利的实际效果,加之这封信由官方权威性很强的征兵局长发出,尽管在形式上并非正式的规章或裁决令,也未向相对人公开,却令人对其法律约束力难以置疑,所以,无须考虑其形式问题,应将这封信纳入复审范围。

美国《联邦上诉法院判例汇编》第 2 辑,第 412 卷,第 1103 页。转引自莫于川,《国外行政指导典型案例研究》,《行政法学研究》,2003 年,第 3 期,第 39~40 页。

第二节　行政合同

行政合同是现代行政管理中重要的方式，是行政权力和契约关系的结合。与其他行政行为相比，行政合同行为是通过契约的方式将国家所要达到的行政管理目标固定化、法律化，并在合同中规范双方当事人的权利和义务。这样做既保障被管理方与管理方具有更趋平衡的地位，增加被管理方在行政中的民主参与，发挥相对人的积极性和创造性，又提高了行政效益。

一、行政合同的内涵

行政合同是行政主体为履行行政职能和实现特定行政目的，在法律、法规允许的范围内，与相对人之间经过协商，意思表示一致所达成的协议。

行政合同是行政权力和契约关系的结合，具有以下特征：

（一）行政合同的行政特性

1．行政合同的一方主体必须是行政主体。行政合同是行政主体为了实现行政管理目标而签订的，因此，当事人中必有一方主体是行政主体。但是并不意味着凡有行政机关的合同都是行政合同，只有当行政机关以行政主体身份签订合同时，该合同才是行政合同；当行政机关以民事主体的身份签订合同，如与家具厂签订的购买办公设备合同，该合同是民事合同。

2．行政合同的目的是为履行行政职能，实现特定行政目标。行政主体签订行政合同的目的是实现行政管理职能，维护公共利益，而不是为了自身的经济利益。如为了开发国家重大科研项目，与科研机构签定的科研合同等。

3．行政合同的履行、变更和解除过程中，行政主体享有行政优益权。行政主体签订行政合同的目的是实现行政管理目标，维护公共利益，因此，行政主体对行政合同的履行享有行政优益权。如在合同的履行中行政主体对合同履行享有监督权、指挥权、单方变更权和解除权。当然，行政主体只有在合同订立后出现了由于公共利益的需要或法律政策的重大调整，必须变更或解除时，才能行使单方变更、解除权。由此造成相对人合法权益受到损害的，要予以补偿。

4．行政合同双方当事人因为履行行政合同发生争议，受行政法调整，根据行政法的相关原则，通过行政救济方式解决。

（二）行政合同的契约特性

行政合同作为合同的一种，符合合同的一般特征。如行政合同的签订以双方意思表示一致为前提；行政主体与相对人必须在平等自愿、协商一致的前提下订立合同；合同一经缔结，对双方当事人都具有拘束力，双方必须如实全面履行等。

二、行政合同的种类

目前，在我国行政实践中较为常见的行政合同类型主要有：

1. 全民所有制工业企业承包、租赁合同

全民所有制工业企业承包、租赁合同是由人民政府指定的有关部门作为发包方、出租方，实行承包经营、租赁经营的企业作为承包方、承租方，双方协商一致而签订的国有企业承包、租赁经营合同。政府签订此类合同，是为了提高企业经济效益，促进国民经济快速发展。合同签订后，行政机关在合同履行过程中享有行政优益权，对承包方的生产经营活动享有监督权。同时，行政机关负有为相对人提供服务和必要协助的行政义务，为合同的履行提供价格、政策等优惠条件，协助企业搞好经营活动。

2. 土地等国有资源的有偿出让、承包经营和开发利用合同

土地等国有资源的有偿出让、承包经营和开发利用合同是行政主体代表国家与相对人签订的将土地等国有资源的使用权在一定期限内出让给相对人，相对人支付出让金并按合同的规定开发利用土地等国有资源的合同。《城市房地产管理法》、《城镇国有土地使用权出让和转让暂行条例》、《协议出让国有土地使用权最低价确定办法》等法律、行政法规和部门规章对其进行规范。国土资源管理部门代表国家与土地使用者签订此类合同，并对合同的履行进行监督，对使用者没有按合同的约定开发利用土地，或者改变土地用途的，有权进行纠正，给予处罚，或者无偿收回土地使用权。

3. 行政征用合同

行政征用合同是指行政主体为了社会公共利益，征用相对人的财产并给予补偿的行政合同。这类合同目前广泛运用于城市建设、土地管理、交通铁路、水利设施等基础建设领域。《土地管理法》和《城市房屋拆迁管理条例》对此都有明确的规定。行政征用合同中，关于征用部分属于单方行政行为，即征用是行政主体的单方决定；但是行政补偿部分，即如何补偿、安置以及补偿数额的确定等，必须与相对人协商后达成一致。

4. 科研合同

科研合同是行政机关与科研机构之间为完成国家重大科研项目，由国家提供资助，科研机构提供科研成果的合同。科研合同不同于《合同法》所调整的

技术开发、转让等民事合同，它以公共利益为目的，往往是为了完成某项与国计民生有重大关系的科研技术项目的开发而发动的，一般由政府牵头参与，与科研机构签订合同，政府提供资助，科研机构完成项目开发后将成果交付政府。

5．国家订购合同

国家订购合同是指行政机关基于国家、社会利益的需要，与相对人之间签订的订购有关物资和产品的合同。国家订购合同不同于民事合同中的买卖合同，行政机关的意思表示在其中起着主导作用，相对人必须认真完成合同中所规定的具体事项，不能拒绝，但双方在费用、方式等方面可以协商。我国目前军用物资和其他有关国防物资的订购，一般都采用订购合同的形式。如粮食、棉花、烟草等订购合同，是为了保证满足国家和人民对粮食、棉花、烟草的需求，以国家提供优惠条件并保证收购，农民向国家缴纳粮食、棉花、烟草取得报酬为内容，由各级人民政府及主管部门和农民之间就粮食、棉花、烟草的种植、定购签订的协议。

6．公共工程建设投资承包合同

公共工程建设投资承包合同是行政机关为了公共利益的需要与建筑企业签订的建设某项公共设施的协议。如修建大型供水、供电、供气工程以及国道等工程合同。公共工程建设投资承包合同不同于企事业单位所进行的建设工程，其目的是为了满足公共利益，而后者是为了满足自身利益。

7．计划生育合同

计划生育合同是指计划生育管理部门与育龄夫妇之间，就育龄夫妇按国家计划生育指标生育，国家为其提供一定优惠所达成的协议。

8．政府采购合同

政府采购合同，又称公共采购合同，是指政府为实现其职能和公共利益，以法定方式和程序，使用公共资金，从市场上为政府部门及其他公共部门购买货物、工程或服务的合同。由于政府采购的公共利益性质，以及数量规模较大，通过政府采购合同，可以规范政府采购行为，提高政府采购资金的使用效益，维护国家利益和社会公共利益，保护政府采购当事人的合法权益，促进廉政建设。为此，我国于 2002 年 6 月 29 日颁布《政府采购法》，对政府采购合同进行规范。

9．BOT 政府特许经营合同

BOT 即 build-operate-transfer 的缩写，意为建设—经营—移交，是一种新型的行政合同形式。是政府与民间（国外）投资者之间签订的，由政府提供政策优惠等方面的保证，投资者承建、拥有、经营、维护大型基础设施或工业建设项目，并在协议期满后，将该项目无偿移交政府的合同。BOT 政府特许经营合同有助于吸纳国内外的民间资金，缓解政府财政困难，平衡投资商、政府及市民三者之间的利益。为规范这种新型的合同形式，外经贸部已于 1995 年 1 月 18 日下发了《以 BOT 方式吸引外商投资有关问题的通知》，国家计委、电力部、交通部又于同年 8 月联合下发了《关于试办外商投资特许权项目审批管理有关问题的通知》等法律为 BOT 政府特许经营合同作出相应的规定。

10．人事聘用合同

人事聘用合同，是政府机关采用招聘的形式，面向社会，通过考试，择优录取，同被录用者签订的合同。

三、行政合同的缔结

（一）行政合同的缔结原则

行政合同的缔结同民事合同一样，需经过要约和承诺过程。但是，由于行政合同的一方主体是行政主体，签订合同的目的不同于民事合同，决定了行政主体缔结行政合同必须遵循以下原则：

1．必须有法律根据或者明确的法律授权。行政主体只能在有法律根据或者明确的法律授权下，才可订立行政合同。2．出于行政需要。行政主体既可以根据法律规定，也可以根据行政管理的实际需要订立行政合同。3．不超越行政权限。行政主体不能超出自己的行政权限范围缔结行政合同，否则属于无效合同。4．内容合法。行政主体在享有合同缔结权的前提下，还必须保证行政合同的内容合法，对法律和政策命令禁止的，行政主体也无权缔结合同。5．坚持公开竞争。引入公开和竞争原则，可以有效抑制腐败和行政恣意，保证行政机关公正地行使行政权，达到签订行政合同的目的。6．采用书面形式。

（二）行政合同的缔结方式

1．招标。是行政主体发出招标公告或通知，公布一定的条件，向社会公众发出订立行政合同的意思表示。采用招标方式时，行政主体只能在投标人中选择要价最低或出价最高的相对人，并与之最终签订合同。

2．拍卖。是行政主体作为拍卖人向社会公众发出订立行政合同的意思表示。主要适用于国有资产的出让。

3．邀请发价。是行政主体发出要约，提出一定的条件，邀请相对人发价，然后由行政主体考虑各方因素后，选择最合适的相对人签订行政合同。在邀请发价中，最终签订合同的相对人并不一定是要价最优的相对人。

4．直接磋商。是最常见的合同订立形式，行政主体可以直接与公民、法人和其他组织协商，订立行政合同。

（三）行政合同中行政主体的特权

行政合同缔结后，即具有了法律效力，合同双方当事人依照合同的约定享有权利和履行义务。行政合同中双方的权利和义务除行政主体的特权外，和一般民事合同没有太大差异。

行政主体在行政合同的缔结和履行过程中处于主导地位，拥有以下特权：1．选择行政合同相对人。由于行政主体缔结行政合同的目的是实现行政管理，维护公共利益，而不是为了自身的经济利益，所以，行政主体在缔结行政合同时，可以根据实际情况，选择适当的合同相对人。2．监督、指挥合同的履行。行政主体既是合同的一方当事人，也是国家行政管理者，监督、指挥合同的履行是行政主体行使行政管理权的体现，合同相对人必须服从。3．单方变更、解除合同。在符合以下条件时，行政主体可以不经合同相对人同意，单方变更、解除合同：出于公共利益需要；仅变更、解除与公共利益相关的条款；补偿因合同变更、解除对合同相对人造成的损失等。4．制裁不履行合同或不正确履行合同的相对人。制裁不履行合同或不正确履行合同的相对人，既是作为合同一方当事人要求对方承担违约责任的权利，也是行政主体行使行政管理权的体现。

四、行政合同的履行、变更和终止

（一）行政合同的履行

行政合同一经缔结，对双方当事人均有约束力，双方当事人必须严格履行。一般要求行政合同的履行必须遵循以下原则：

1．实际履行原则。签订行政合同的目的是为了维护国家、社会公共利益，为保证此目的的实现，合同当事人必须按照合同规定的标的完成合同义务，不得以违约金、赔偿金等方式代替原合同的标的。

2．亲自履行原则。行政合同的相对人是行政主体经过筛选后择优确定的，为保证达到合同目的，要求合同必须由相对人亲自履行，不能由他人代替。

3．全面、适当履行原则。行政合同双方当事人应当按照合同约定，在适当的时间和地点，以适当的方式履行适当的标的。

（二）行政合同的变更、终止

行政合同缔结后，由于合同缔结时所依据的事实发生了变化，导致合同无法履行时，应允许合同变更、解除。

1．行政合同的变更。行政合同的变更指已订立的行政合同在尚未履行或未履行完毕之前，由于一定的法律事实的出现而使合同的主体、标的、内容等条款发生改变的行为。

2. 行政合同的终止。行政合同的终止指由于一定法律事实的发生，使合同约定的权利义务关系归于消灭。如行政主体单方解除合同、双方当事人协商解除合同、合同履行完毕、因不可抗力导致合同履行不可能等。

行政合同的涵义

现代社会已是福利主义国家时代，政府职能不再限于"消极行政"，积极行政成为行政机关的重要内容，行政手段日益多样化。行政合同作为一种政府管理手段，以其特有的灵活性、机动性在许多领域成为行政命令的替代方式被各国所广泛使用。在西方发达国家，行政合同早已成为一项较为成熟的制度。纵观各国的行政合同制度，可以分为三种：英美等国以普通法为本位的政府合同；法国以行政为本位的行政合同；德国以合同为本位的行政合同。

我国自经济体制改革以来，行政合同也得到了广泛的使用，在政策法规的倡导下逐渐被推广应用于各个行政领域。行政合同在实践中的广泛运用，要求从理论上和法律上明确其涵义，区别行政合同与民事合同和其他行政行为。大陆法系和英美法系对行政合同有不同的定性，但我国尚未对其形成统一的界定。

详细内容参见李卫华，《论行政合同的涵义》，《山东师范大学学报》（人文社科版），2005年，第4期；张庆彬、肖念华，《国外行政合同制度之比较研究》，《北京市政法管理干部学院学报》，2002年，第3期。

福建龙岩委培生难倒教育局案

1996年10月7日，不满16岁的张瑜作为甲方与乙方（现福建龙岩新罗区教育局）签定福建省师范高校委培生合同。合同规定：由教育局委托河南信阳师范学校代培普师专业教师；甲方毕业须回本市并无条件服从乙方的安排；委培生在校经费自理。作为甲方家长——张瑜的父亲张德明在合同上签了字，教育局加盖了公章和法人代表的名章。三年后，张瑜毕业回到家乡要求安排工作。龙岩市教委在张瑜的派遣证上签署了"请新罗区教育局给予安排"，新罗区教育局的办事人员告诉张瑜，要她报名参加区里统一组织的择优录用考试。无奈之下，张瑜填写了报名表并参加了录用考试。但张瑜的成绩未达到录用分数线，未被录用为正式编制的教师。与张瑜相似，1999年新罗区有80名师范类毕业生参加了考试，但均未被录用。后学生及其家长们向省、市有关部门反映，要求教育局履行合同，安排委培毕业生参加工作。

1999年11月3日，新罗区领导召开师范类大中专毕业生就业改革专题会议，形成了《关于师范类大中专毕业生就业工作专题会议纪要》。会后，新罗区政府向龙岩市政府报告，请求在全市范围内教师缺编的县（市）给予统筹安排。2000年8月11日，新罗区教育局受"就业领导小组"的委托在当地报刊上登公告，要求1999年和2000年未被录用的师范类毕业生于8月17日前到该局报到，准备参加当年的择优录用考试。8月17日上午，张瑜和父亲张德明早早就来到教育局报到，该局人事股工作人员拿出一份介绍信要她签收。这封介绍信是介绍张瑜到龙岩实验小学报到，由该校给张瑜安排工作。张瑜对此举很不满意，她以编制、工作性质不明确为由拒绝签收。与张瑜同在河南信阳师范学校毕业的其他7名委培生也以相同理由拒绝接受教育局的安排。

后张瑜等8名委培生向新罗区法院提起诉讼，但该院因种种原因未予立案。后经过龙岩市中院的督促，该院于2000年11月初决定立案审理。11月30日，新罗区法院审理此案，法庭认为：被告是新罗区教育行政主管部门，具有法定的行政管理职责。被告与原告签订的委培合同，属行政合同，合同目标明确，内容合法。原告已按合同约定履行义务，交纳了全部费用并按期毕业返回向被告报到。因此，被告应按合同的承诺条款履行职责。新罗区法院于2000年12月22日作出一审判决：原告与被告签订的委培合同有效，被告应按合同履行。

教育局对一审判决不服，上诉至龙岩市中级人民法院。他们的上诉理由是：他们已安排了被上诉人的工作，是被上诉讼人违约不服从分配；被上诉人参加录用考试，应视为其同意变更合同的表示。在本案中教育局只有安排的权利，没有安排的义务。

二审法院审理认为，上诉人依据1996年省、市下达给新罗区委培生的指标，具备和被上诉人签订委培合同的主体资格。按照当时的实际情况，委培合同条款符合规定，并未超越职权。双方当事人意思表示一致，应视为合法有效的行政合同。被上诉人按委培合同的规定履行义务后，请求上诉人履行委培合同中规定的义务，即分配被上诉人任教是正当、合法的，予以支持。二审法院判决，限上诉人在2001年7月31日前履行和被上诉人签订的委培合同。

问：在行政合同的履行中，行政主体如何行使行政优益权？

资料来源于 http://www.okwang.cn/h/090130808/266042.htm。

第三节　行政事实行为

　　行政事实行为与行政法律行为相对，是行政活动的一种。它不依赖行为人的意图，不以发生法律效果为目的，但行政事实行为的做出会造成一定的事实后果，该后果具有法律意义。因此做出违法行政事实行为的行政主体要承担相应责任，因违法行政事实行为受到损害的相对人除享有赔偿请求权外，还应该享有排除请求权和作为请求权。由于行政事实行为不以产生法律效果为目的，从法律的角度看不如行政法律行为那么重要，所以学者们对行政事实行为的研究不够重视，理论界对行政事实行为的研究也较晚，20 世纪 20 年代，德国学者耶律奈克第一次真正提出行政事实行为的概念。他首先将行政分为公行政和国库行政，其中公行政又分为官方高权行政和单纯高权行政。此处的"单纯高权行政"，是指与市政有关的房屋、街道、公园、水库等建筑技术方面的行为以及行政机关用文字发行的劝导等即是行政事实行为。所谓"单纯"的意思，便是"不像行政决定会产生法律效果"。后来，学者们逐渐开始重视行政事实行为，并对其进行了研究。

一、行政事实行为概述

　　当今有关行政事实行为概念的表述并不统一，但大致都从行为法律效果的有无阐述。有的认为"行政事实行为是指这样一种规律对某种行政活动的调整方式：当行政主体做出的某一行为符合法律规定的行为事实构成要件时，根据法律规定，直接产生法定的行政法律效果，而这一过程的实现不为行政主体的主观意图左右。"[1]有的认为行政事实行为，是指行政主体以不产生法律约束力，而以影响或改变事实状态为目的行为。[2]台湾学者林纪东认为："行政事实行为乃全不发生法律效果，或虽发生法律效果，然其效果之发生乃由于外界之事实状态，并非由于行政权之心理作用的行政行为。"[3]

---

① 朱新力等著，《行政法学》，清华大学出版社，2005 年，第 148 页。

② 姜明安著，《行政法与行政诉讼法》，北京大学出版社，1999 年，第 256 页。

③ 林纪东著，《行政法》，台湾三民书局，1990 年，第 290 页。

　　学者们对行政事实行为概念的论述虽有不同，但形成以下共识：（1）行政事实行为的主体必须是行政主体。一般的公民等非行政主体所为的事实行为属于民事事实行为，而不是我们所说的行政事实行为。（2）行政事实行为是行政主体为实现一定行政目的而做出的，是一种行政行为。行政主体的活动可以分为行政（公法）活动和私法活动两大类，其中私法活动包括私法法律行为和私法事实行为。行政事实行为是行政主体为公务目的而为的行为，尽管不属于行政行为的范畴，不具备行政行为的构成要件，但它仍然是行政主体借助行政职权实施的一种行为形式，不同于行政主体以机关法人身份从事的的私法事实行为。（3）行政事实行为不以产生特定的法律效果为目的，也就是说行政主体做出行政事实行为，并不追求与相对人之间产生、变更或消灭某种法律关系的目的。但是，虽然行政主体不能通过行政事实行为直接为行政相对人设定权利和义务，它对行政相对人人身权、财产权等合法权益仍然可能产生事实上的损害。（4）行政事实行为在客观上表现为多种行为式样。（5）行政事实行为是一种单方行为。行政事实行为是行政主体单独做出的，不需相对人的配合。基于此我们认为，行政事实行为是指行政主体做出的对外不具有法律效力，但事实上会对行政相对人权利和义务造成一定影响的行为。

二、行政事实行为的类型

（一）执行性行政事实行为

　　执行性行政事实行为，又称为补充性行政事实行为，是指将某项行政决定付诸实现的行为。行政主体在作出行政决定后，还要通过一定的执行行为才能使其内容实现，对相对人产生实际作用，实施某行政决定内容的行为就是执行性的行政事实行为。如工商行政管理机关销毁收缴的假冒伪劣产品的行为。从表面看，一种法律后果是由执行行政决定的行政事实行为所产生的，但实际上是由该事实行为的执行依据——行政主体的行政决定所产生的，被执行的行政行为既可能是抽象行政行为，也可能是具体行政行为。如拆除非法广告，非法广告被拆除表面看是由有关行政主体的"拆除"行为所造成的，但实际是由市容管理部门的行政决定造成的，被拆除广告的人对此不服只能对该拆除决定提起行政诉讼，而不能对执行该决定的拆除行为进行诉讼。

（二）服务性行政事实行为

　　服务性行政事实行为是指行政主体基于行政职权为社会提供服务的行为。如设置路灯，架设桥梁，修建马路，设立公立学校、公共水电设施、医院，空气品质检测，在道路岔口安装交通标志等行为。

（三）建议性行政事实行为

建议性行政事实行为是行政主体凭借自身能够较多取得信息的优势地位，向行政相对人作出的是否实施某种行为的建议。如行政主体为公民提供各种信息、咨询、资讯、说明；就有关公共健康、安全、交通等事项向社会公众发出的警告、呼吁等。

（四）即时性行政事实行为

即时性行政事实行为是行政主体在执行公务过程中，为及时、顺利完成公务而采取的行为。如拖走路上抛锚的车辆，保证公路交通畅通。

行政侵权一般被认为是典型的行政事实行为。但实际上，行政侵权只是一种行为的事实后果，本身并不是一种独立的行政事实行为，可以由上述各种行为造成。如行政机关使用或者毁坏扣押财物的行为。

三、行政事实行为的法律救济

按照现行的法律，行政事实行为是非法律行为，不能对其提起行政复议或行政诉讼，同时它也不是行政主体的私法行为，也不能对它提起民事诉讼。我国目前对违法的行政事实行为主要规定了两种责任：一是刑事责任。行政事实行为若造成公民人身、财产重大损害，负主要责任的行政人员构成犯罪的，应当承担相应的刑事责任。如《刑法》第 410 条规定，国家机关工作人员徇私舞弊，违反土地管理法规，滥用职权，非法批准征用、占用土地，或者非法低价出让国有土地使用权，情节严重的，处 3 年以下有期徒刑或者拘役；致使国家或者集体利益遭受特别重大损失的，处 3 年以上 7 年以下有期徒刑。二是赔偿责任。我国《国家赔偿法》第 2 条规定，国家机关和国家机关工作人员违法行使职权侵犯公民法人和其他组织的合法权益，造成损害的，受害人有依照本法取得国家赔偿的权利。

思考题

1．名词解释

（1）行政指导　（2）行政合同　（3）行政事实行为

2．任意项选择题

（1）行政合同的主要特征是（　　）。

A．当事人是双方或多方

B．合同成立以意思表示一致为前提

C．合同的目的是便于行政主体运用行政职权实现特定行政目标

D. 合同纠纷通过司法途径解决

（2）行政指导属于（　　　）。

A. 消极行政

B. 直接产生法律后果的行为

C. 柔性的、不具有法律强制力的行为

D. 行政主体不需要承担法律责任的行为

（3）下列不属于行政事实行为的是（　　　）。

A. 作出行政决定前的材料准备

B. 警车执行公务时撞伤路人

C. 发放交通安全手册

D. 提醒果农苹果市场供大于求

3. 简答题

（1）我国行政合同的主要种类有哪些？

（2）行政合同中行政主体一方拥有哪些特权？

（3）简述行政事实行为的特征。

4. 论述题

试述行政指导与传统的强制行政管理方式相比有哪些不同。

5. 案例分析题

某县 A 村以放养绵羊为主要产业，县政府为了改造生态环境和调整产业结构，制定了有关支持圈养牲畜的优惠措施，同时也发布了一些限制放养牲畜的措施。请问：（1）县政府的以上措施是否属于行政指导？为什么？（2）县政府关于鼓励牲畜圈养的优惠措施，对 A 村是否有强制性的直接法律效果？为什么？

第十三章　行政司法行为

本章重点

　　行政司法行为是一种准司法性质的纠纷解决方式，从实践来看，行政司法行为解决了大量与行政管理有关的民事纠纷。本章的重点内容主要有：理解行政司法行为的主要含义；掌握行政调解和行政裁决的概念和特征；认识行政调解和行政裁决的种类。

　　随着市场经济的进一步发展，各种社会经济关系日益复杂化、专门化，伴随而来的是纠纷的增多和复杂。这就要求社会提供多渠道、多层次、高效率解决纠纷的机制，传统的仅靠司法裁决解决纠纷的方式已不能适应社会的需要。正如美国法学家施瓦茨所言："由于当代复杂社会的需要，行政法需要拥有立法职能和司法职能的行政机关。为了有效地管理经济，三权分立的传统必须放弃。"[①]行政司法行为于是就有其产生的必然性。从实践来看，作为一种准司法性质的纠纷解决方式，行政司法行为解决了大量与行政管理有关的民事纠纷，已越来越为世人所认可。

第一节　行政司法行为概述

　　行政司法行为既是一种解决民事纠纷的途径，又是一种行政管理活动。它与行政立法行为、行政执法行为共同构成了行政机关基本的行政行为体系。我国理论界一般认为行政司法行为主要包括行政复议行为、行政调解行为和行政裁决行为。

---

　　① （美）B.施瓦茨著，《行政法》，徐炳译，群众出版社，1986年，第6页。

一、行政司法行为的概念与特征

行政司法行为是行政机关根据法律的授权，依照准司法程序处理行政争议或民事争议的具体行政行为。行政司法行为具有以下特征：

1. 行政司法行为的主体是法律规定的具有行政司法职权的行政机关，在我国，主要是指行政复议机关、行政裁决机关及行政调解机关。

2. 行政司法行为的对象为行政争议与民事争议。这些对象一般都由法律明确规定。

3. 行政司法行为的主体行使行政司法行为必须取得法律的授权。这是因为任何行政主体的行为都必须受到法律的控制。正如英国法学家威廉·韦德所指出的："行政法的最初目的就是要保证政府权力在法律的范围内行使，防止政府滥用权力，以保护公民。"①

4. 行政司法行为依照准司法的程序处理争议。在行政司法过程中，行政机关在行政争议和民事争议中是双方之外的第三方，居中"裁判"。因此，在行政司法过程中也采取了司法诉讼中的一些程序，如申请、受理、调查、审理等准司法程序。

二、行政司法行为的种类

行政司法行为的种类在 1994 年 8 月 31 日之后随着《仲裁法》的颁布发生了相应的变化。在此之前，行政司法行为主要包括行政仲裁行为、行政复议行为、行政调解行为和行政裁决行为。《仲裁法》颁布之后，形成了行政仲裁向民间仲裁的改革和转轨，把本不应当归于行政司法的仲裁制度从行政司法体系中分离出去使之还原归位，逐渐恢复了仲裁制度所固有的民间性本质特征。这样，引起了我国行政司法制度的相应调整和改革。我国调整后的行政司法体系即由行政复议、行政裁决和行政调解组成，主要解决与行政管理有关的各类纠纷，而把大部分合同纠纷和其他适合仲裁的财产权益纠纷留待当事人双方自愿选择民间仲裁解决。所以，我国的行政司法行为主要包括行政复议行为、行政调解行为和行政裁决行为。

行政复议行为主要解决对行政机关的相关处理和决定不服而产生的行政争议，其解决争议的范围略宽于行政诉讼，基本上实现了行政复议同行政诉讼的相互衔接。行政复议是我国相对最为规范的行政司法形式，我国于 1999 年 4

---

① （英）威廉·韦德，《行政法》，徐炳等译，中国大百科全书出版社，1997 年，第 6 页。

月 29 日颁布了《行政复议法》来规范行政复议行为。本书在第十六章阐述行政复议，此处不再赘述。

行政调解行为以民事争议为主要调解对象，其所解决的民事纠纷范围较宽，既包括合同纠纷又包括非合同的民事纠纷乃至民间纠纷；既包括损害赔偿或补偿纠纷、侵权赔偿纠纷，又包括经济纠纷、权属纠纷等；同时也包括对部分行政争议的调解，如对行政赔偿争议的调解。

行政裁决行为主要解决与行政管理相关的特定民事纠纷。行政裁决行为总的来说可分为解决权属争议、裁处损害赔偿纠纷和侵权纠纷三类，其中包括关于专利、商标的专门行政裁决行为。

第二节　行政调解

一、行政调解的涵义

调解制度是第三人对当事人之间的纠纷进行调停的活动，是世界各国普遍采用的解决社会纠纷的一种主要方式。调解包括民间调解、仲裁调解、法院调解和行政调解。行政调解作为调解的一种具体形式，对弥补审判制度功能不足，提高行政效率，减少讼争的发生，维护社会秩序，增进安定团结和满足社会现实需要都有重要的意义。行政调解是依照法律的规定，在国家行政机关的主持下，以自愿为原则，对当事人之间发生的与行政管理活动有关的争议或纠纷通过协商等方法，促使争议的当事人友好协商、达成协议，从而解决争议的方法和活动。

二、行政调解的特征

（一）行政调解的主体是国家行政机关。这是行政调解与其他调解制度的不同之处。法院的调解是在人民法院审判人员的主持下进行的，其主体是人民法院。民间调解是在普通公民或者群众性的自治组织的主持下进行的，其主体是普通公民或者群众性自治组织。

（二）行政调解对象的特定性。行政调解的对象既可以是民事争议，也可以是与行政机关的行政管理活动有关的行政争议，如行政赔偿争议。

（三）行政调解以自愿为原则。行政调解的自愿是指当事人申请调解是出于自愿；当事人是否达成协议以及达成何种协议是出于自愿。行政机关在行政调解程序中不能加入任何强迫当事人的因素，必须完全尊重当事人的意思自治，为当事人自愿达成调解提供最大限度的便利。违背自愿原则是不能发生行政调解的预期效力的。

（四）行政调解结果的非强制性。一般情况下，达成行政调解协议的双方当事人对调解协议不履行的，可以向仲裁机构申请仲裁，或向人民法院起诉，行政机关不能予以强制执行。如《合同争议行政调解办法》第 20 条规定："调解不成立或者当事人不履行调解协议的，工商行政管理机关应当告知当事人根据仲裁协议向仲裁机构申请仲裁，或者向人民法院起诉。"

三、行政调解的程序

行政调解制度的设立是为了专业、高效、低成本的解决纠纷。因此，行政调解的程序应当简单易行，不应设立过于繁杂的程序规则。我国对行政调解的程序并没有统一的法律规定，从法律、法规的零星规定中，可以归纳出行政调解主要包括以下程序：

（一）申请。行政调解遵循自愿原则，一般情况下都是由一方当事人或双方当事人向有关行政机关提出申请。申请既可以以书面形式，也可以以口头形式提出。法律要求必须以书面形式提出的，必须依法作出。

（二）受理。当事人提交申请后，行政机关应征求双方当事人的意见，只有双方当事人同意调解解决争议的，行政机关才能进行调解。行政机关进行审查认为争议属于自己调解范围的并且当事人同意调解建议的，应当受理。对不属于行政机关调解范围的或当事人不同意调解建议的争议，行政机关不予受理。行政机关应在法定的期限内作出是否受理的决定，并及时告知当事人。

（三）调查事实。行政机关在受理申请后，应当对当事人提交的证据和事实材料进行审查，也可以根据案件需要向当事人及证人调查、询问，并听取双方当事人的意见，判断当事人的请求，为进一步调解奠定基础。

（四）调解。行政机关在查明证据和事实的基础上，询问双方当事人的请求和主张，在行政工作人员不违背相关法律的原则下，由行政工作人员主持当事人进行当面协商，在达成合意的基础上，行政机关制作调解协议，双方当事人同意接受调解方案可在调解协议上签字；未达成协议的，可以增加调解一至二次。如果相关行政法律规定，双方不能达成调解而必须进行行政裁决的，行政机关应当作出行政裁决，如果不需要必须进行行政裁决的，行政机关应当告诉纠纷当事人救济的其他途径和方法。

（五）调解书的送达。调解协议书制作后，必须交付双方当事人。自调解协议书送达当事人之日起，行政调解发生效力。

从我国当前的立法状况来看，我国还没有统一的法律对行政调解进行规范，行政调解的内容散见于各个部门法律中。已有的规定也是过于笼统，导致行政调解程序不统一、不具体、操作性差，在实践中行政调解应有的功能不能正常有效地发挥，不能适应现代法治社会发展的需要，因此，应当积极完善行政调解制度。

四、行政调解的救济

行政调解是一种特殊的行政行为，对行政调解的救济方式不同于一般的行政行为。依据《行政复议法》第 8 条第 2 款规定："不服行政机关对民事纠纷作出的调解或者其他处理的，依法申请仲裁或者向人民法院提起诉讼。"以及最高人民法院《关于执行<中华人民共和国行政诉讼法>若干问题的解释》第 1 条第 2 款第 3 项的规定：行政调解不属于行政诉讼的受案范围，所以，对于不服行政机关对民事纠纷作出的行政调解的结论，当事人不可以申请行政复议，也不能提起行政诉讼。

第三节　行政裁决

行政裁决作为解决特定民事纠纷的一种方式，以其高效、专业、便捷的优势，在恢复行政管理秩序，维护公共利益中，发挥着不可替代的作用。

一、行政裁决的涵义

行政裁决有广义和狭义之分。广义的行政裁决指行政机关处理行政纠纷或与行政管理有关的民事争议的行为。狭义的行政裁决指行政机关对特定民事争议的处理行为。本书采用狭义的行政裁决的概念。

行政裁决是指行政主体依照法律授权，对平等主体之间发生的、与行政管理活动密切相关的、特定的民事纠纷进行审查并作出裁决的具体行政行为。

依据传统习惯，平等主体之间发生的民事纠纷应向仲裁机关或法院提出申请，通过仲裁或民事诉讼方式解决。但是，随着社会主体参与社会活动的频繁，新型的民事纠纷增多，此类纠纷大多涉及的专业性、技术性较强。而传统的司法裁决在解决这类纠纷时由于缺乏必要的专业人员和手段，以及成本高、诉讼周期长、程序复杂等限制已不能适应社会的发展，行政机关依法审查裁决与行政事务密切相关的民事纠纷就成为可能。通过行政裁决可以充分利用行政机关的专业特长，既减轻了当事人的费用，迅速解决争议，又减轻了诉讼压力。但是，行政裁决的广泛使用，并不意味着行政裁决的滥用，法律对行政裁决民事纠纷具有一定的限制，只有民事纠纷与行政管理事项密切相关时，行政机关才能依法裁决。同时除法律规定由行政机关享有最终裁决权外，当事人不服行政裁决的，仍可向法院提起民事诉讼。

行政裁决不同于行政调解。行政调解是由行政机关居间解决个人或者组织之间的民事争议，其最主要的特点是当事人双方自愿进行，而不是法律规定的强制程序。二者的主要区别有：（1）程序启动不同。行政裁决只要有一方当事人依法提出请求，无需另一方当事人同意，行政机关就会启动程序，裁决当事人之间的纠纷和争议；而行政调解必须在双方当事人自愿的前提下作出。（2）效力不同。行政裁决作出后，当事人对裁决不服的，可以提起行政复议或者行政诉讼；而行政调解没有严格的约束力，当事人不服调解结果的，可以以民事纠纷申请仲裁或直接向法院提起民事诉讼。（3）适用领域不同。行政调解适用的领域较广，一般无需法律明确规定，行政机关在遵循当事人自愿原则的基础上即可组织、协调当事人达成解决纠纷的协议；而行政裁决必须有法律上的明文规定作为依据，行政机关才可组织进行。同时，我们应了解，行政调解往往是行政裁决过程的一个环节，在裁决的过程中，为及时有效地解决争议，往往首先要对争议双方进行调解；调解不成的，行政机关会及时作出行政裁决。

二、行政裁决的特征

从行政裁决的涵义，我们可以看到行政裁决有以下特征：

（一）行政裁决的主体是法律授权的特定行政机关。并非所有的行政机关都可以成为行政裁决的主体，只有那些与民事纠纷有密切关系的行政机关才能成为行政裁决的主体，并且这些行政机关必须是法律授权的机关。因为，根据分权制衡的理论，行政权和司法权有各自的领域，民事纠纷一般由法院进行受理，行政权不能侵入司法权的领域。但是，随着社会经济关系的日益复杂化，出于高效、便利和解决纠纷的考虑，行政权突破了旧的传统框架，对与行政管理密切相关的民事纠纷进行裁决。为了防止行政权这一积极权力的滥用，行使行政裁决的行政机关必须是法律明确授权的特定行政机关。这样也是对行政法治原则的遵守。在我国，除隶属于国家专利局的专利复审委员会和隶属于商标局的商标评审委员会两个专司行政裁决的专门组织外，一般的民事争议裁决都由各级政府及其主管部门兼理。

（二）行政裁决的对象是特定的与行政管理活动密切相关的民事纠纷。这是行政裁决和民事裁判的不同之处。一般认为，对平等主体之间发生的纠纷由法院进行裁判。但是对那些与行政管理活动密切相关的民事纠纷，出于对高效、便利、节约社会成本等方面的考虑，法律规定由不同的行政主体进行裁决。如，一些土地纠纷、商标纠纷、专利纠纷、环境污染纠纷、交通纠纷、工伤事故纠纷、医疗纠纷等可以由行政机关进行裁决。

（三）行政裁决形式的准司法性。行政裁决是行政机关依法解决纠纷的行为。在行政裁决中，行政机关不同于其在一般行政管理中的角色，在一般行政管理中，行政机关是管理者，其本身也处于双方关系之中；在行政裁决中，行政机关跳出了双方的管理关系，处在第三方的地位，作为裁判争议的执法者居间裁判。同时，在行政裁决中，行政机关所依照的程序都是类似于司法程序的准司法程序。而且，行政裁决的成立和所具有的法律效力，不受民事纠纷当事人是否同意的影响。当事人对裁决不服的，只能依法申请复议或向人民法院提起诉讼。

（四）行政裁决是一种具体行政行为。行政裁决是行政机关依法针对特定的民事纠纷作出的法律上的裁定，当事人对该行政裁决不服的，可以通过行政复议或行政诉讼获得救济。

三、行政裁决的类型

行政机关对民事纠纷的裁决，并非涉及所有民事领域，只有在特定情况下，行政机关才对民事纠纷进行裁决，达到实现行政管理的目的。根据我国法律、法规的规定，我国的行政裁决主要有以下三类：

（一）对权属纠纷的行政裁决

权属纠纷是当事人因某一财产的所有权或使用权的归属产生的争议，行政机关通过行政裁决使得权属关系得以确定。主要包括：

1. 自然资源权属的争议。对土地、矿产、草原等自然资源权属的争议，法律赋予行政机关裁决的权力。如《森林法》第 14 条规定："全民所有制单位之间、集体所有制单位之间以及全民所有制单位与集体所有制单位之间发生的林木、林地所有权和使用权争议，由县级以上人民政府处理。"《土地管理法》第 16 条规定："土地所有权和使用权争议，由当事人协商解决；协商不成的，由人民政府处理。单位之间的争议，由县级以上人民政府处理；个人之间、个人与单位之间的争议，由乡级人民政府或者县级以上人民政府处理。"

2. 专利权、商标权的权属争议。对专利权或商标权的权属发生争议的，法律赋予专利复审委员会和商标评审委员会两个专司行政裁决的组织作出行政裁决的权力。如《专利法》第 41 条规定："自专利局公告授予专利权之日起六个月内，任何单位或者个人认为该专利权的授予不符合本法有关规定的，都可以请求专利局撤消该专利权。"《商标法》第 33 条规定："对初步审定、予以公告的商标提出异议的，商标局应当听取异议人和被异议人陈述事实和理由，经调查核实后，做出裁定。当事人不服的，可以自收到通知之日起十五日内向商标评审委员会申请复审，由商标评审委员会做出裁定，并书面通知异议人和被异议人。"

3. 其他权属争议纠纷。其他不同于自然资源权属的争议与专利权、商标权的权属争议的权属争议纠纷。如国有资产产权争议。

（二）对侵权纠纷的行政裁决

侵权纠纷是当事人一方认为自己的合法权益受到他方侵犯而产生的纠纷。受到侵害的一方，可以请求行政机关作出裁决，制止侵权行为，解决侵权纠纷，保护受害人的合法权益。

如《专利法》第 57 条规定：未经专利权人许可，实施其专利，即侵犯其专利权，引起纠纷的，由当事人协商解决；不愿协商或者协商不成的，专利权人或者利害关系人可以向人民法院起诉，也可以请求管理专利工作的部门处理。管理专利工作的部门处理时，认定侵权行为成立的，可以责令侵权人立即停止侵权行为，当事人不服的，可以自收到处理通知之日起 15 日内依照《行政诉讼法》向人民法院起诉；侵权人期满不起诉又不停止侵权行为的，管理专利工作的部门可以申请人民法院强制执行。进行处理的管理专利工作的部门应当事人的请求，可以就侵犯专利权的赔偿数额进行调解；调解不成的，当事人可以依照《民事诉讼法》向人民法院起诉。

《商标法》第 53 条规定：有法定侵犯注册商标专用权行为之一，引起纠纷的，由当事人协商解决；不愿协商或者协商不成的，商标注册人或者利害关系人可以向人民法院起诉，也可以请求工商行政管理部门处理。工商行政管理部门处理时，认定侵权行为成立的，责令立即停止侵权行为，没收、销毁侵权商品和专门用于制造侵权商品、伪造注册商标标识的工具，并可处以罚款。当事人对处理决定不服的，可以自收到处理通知之日起 15 日内依照《行政诉讼法》向人民法院起诉；侵权人期满不起诉又不履行的，工商行政管理部门可以申请人民法院强制执行。进行处理的工商行政管理部门根据当事人的请求，可以就侵犯商标专用权的赔偿数额进行调解；调解不成的，当事人可以依照《民事诉讼法》向人民法院起诉。

（三）损害赔偿纠纷的行政裁决

损害赔偿纠纷是当事人一方因合法利益受到损害后，要求侵害者赔偿损害所引起的纠纷。权益受损一方可以请求有关行政机关作出裁决，确认赔偿责任。这类纠纷广泛存在于我国专利保护、商标保护、环境保护、产品质量、治安管理、药品管理等领域。通过行政裁决可以确认赔偿责任和赔偿数额，恢复和赔偿受损当事人的合法权益。

如《专利法》第 59 条规定："以非专利产品冒充专利产品、以非专利方法冒充专利方法的，由管理专利工作的部门责令改正并公告，可以处五万元以下的罚款。"《产品质量法》第 40 条规定："销售者未按照第一款规定给予修理、更换、退货或者赔偿损失的，由产品质量监督部门或者工商行政管理部门责令改正。"

《商标法》第 33 条规定："对初步审定、予以公告的商标提出异议的，商标局应当听取异议人和被异议人陈述事实和理由，经调查核实后，做出裁定。当事人不服的，可以自收到通知之日起十五日内向商标评审委员会申请复审，由商标评审委员会做出裁定，并书面通知异议人和被异议人。"

行政机关在裁决权属纠纷、侵权纠纷和损害赔偿纠纷时往往是互相联系、不可分割的统一过程。权属纠纷的解决是侵权事实是否存在的前提，侵权事实的确定是有无形成损害、是否需要赔偿的依据。可以看出，三类纠纷中当事人要求保护利益的侧重点不同，行政裁决的目的也不同。但是，行政机关作出裁决，解决纠纷的最终目的都是保护当事人合法权益，维护良好的行政管理秩序，在这一点上三者是一致的。

四、行政裁决的程序

行政裁决作为行政机关行使行政管理权的一种方式，应严格依照程序进行。但我国目前还没有统一、明确、具体的法定程序，除专利复审委员会和商标评审委员会在裁决程序上有比较详细的规定外，其他关于行政裁决程序的立法较少，这种现状不利于相对人合法权益的保护。我们认为行政裁决的程序一般应包括申请、受理、调查、审理和裁决。

（一）申请。行政裁决是依申请的行政行为，申请是启动行政裁决的首要环节。在特定的民事纠纷发生后，当事人可以依照法律、法规的规定，在法定期限内向法律、法规授权的行政机关提起要求解决纠纷的申请。

（二）受理。行政主体在收到民事纠纷当事人的申请后，对当事人的申请进行初步审查，如果符合受理条件的，应当及时受理。如果不符合受理条件的应当及时通知民事纠纷的申请人并说明理由。

（三）调查、审理。行政主体在受理民事纠纷当事人的申请后，应当对民事纠纷的当事人提出的事实与证据进行调查。行政裁决机构应当就当事人提供的所有材料和证据进行综合的分析与研究，确定事实是否清楚，证据是否确凿。对事实不清、证据不足的，行政机关可以自行调查、审理，也可以召集双方当事人当面陈述案情事实，相互进行辩论、对质，以查清事实作出判断。

（四）裁决。裁决程序是行政裁决活动的结束环节。行政机关应根据查清的事实，依据法律及时作出裁决，制作裁决书。在裁决书中除载明当事人双方的基本情况，争议的内容，认定的事实、证据，适用的法规，以及裁决决定外，还需载明当事人能否起诉以及起诉期限、管辖法院等救济途径。裁决书送达当事人后方可生效。

五、行政裁决的效力

行政裁决是一项具体行政行为，一经作出，就应当具有相应的法律效力。但是，对于行政裁决的效力，我国现行规定尚不统一，大致可以分为两类：

（一）行政裁决是终局裁决，当事人对行政机关的裁决不能向法院提起诉讼；但不服行政裁决的，依法可以申请行政复议，行政复议机关的复议决定为最终决定。如《商标法》第 22 条规定："对初步审定、予以公告的商标提出异议的，商标局应当听取异议人和申请人陈述事实和理由，经调查核实后，做出裁定。当事人不服的，可以在收到通知十五天内申请复审，由商标评审委员会做出终局裁定，并书面通知异议人和申请人。"

（二）行政裁决并非终局裁决，当事人对行政裁决不服的，可以提起行政诉讼。如《环境保护法》第 40 条规定，当事人可以在接到处罚通知之日起 15 日内，直接向人民法院起诉。依据目前的法律，法院在受理此类案件后，在查明民事纠纷的事实和审查行政裁决行为的合法性的基础上，只能就导致行政争议的具体行政裁决行为作出，不能直接就民事争议进行判决。

行政裁决现状评析

行政裁决在我国现行立法、执法和法学理论中是一个使用频率较高的概念，但对其理解却很不一致，现行法律规定也不太明确和统一。从法制现状角度，行政裁决的涵义表现为：1. 行政裁决是一种具体行政行为，其对象是行政管理事项；2. 行政裁决是行政机关解决民事纠纷的一种居间行为，其对象是民事纠纷；3. 行政裁决是政府解决行政机关之间因行使行政权而发生的行政争议的一种行政行为；4. 行政裁决是行政复议机关审查和处理因具体行政行为引起的行政争议的行政复议行为；5. 行政裁决是行政主体解决与行政管理相联系的民事纠纷的一种行政行为等。从理论研究的角度，有的学者们认为行政裁决仅处理民事纠纷；有的认为行政裁决的对象包括民事纠纷和行政争议等。

详细内容参见张志勇、林学飞，《行政裁决浅论》，《中国浙江省委党校学报》，1998年，第6期。

河南汝州宅基地纠纷案

孙强是河南省汝州市小屯镇季寨村村民孙立、周富荣的独生女。1980年孙强与小屯镇杨寨西村村民杨占平登记结婚，后将户口迁到杨寨西村。因其父亲孙立年迈身边无子女照顾，1980年孙强同丈夫及全家人将户口从杨寨西村迁到原季寨村同父孙立一起居住生活，赡养老人。1988年孙立去世后，留下瓦房五间（1951年确权给孙立）由孙强继承居住，1991年孙强同丈夫杨占平及全家人将户口又从季寨村迁到杨寨西村，并以丈夫的名义在该村申请宅基地一处。依据《土地管理法》第62条规定："农村村民一户只能拥有一处宅基地"。汝州市人民政府以孙强家在小屯镇杨寨西村已新打宅基地一处，且在小屯镇季寨村继承的房屋无人居住，全家人户口已迁出为由，将该院土地使用权确权给孙现听使用。孙强认为汝州市人民政府的具体行政行为侵犯了自己的合法权益，向汝州市人民政府提出申请，要求撤销孙现听的土地使用证，并主张对该土地的使用权。汝州市人民政府做出了汝政土决字（1999）第019号"处理决定"，其第2条撤销了孙现听的小屯集建（1992）字第9—7—334号集体土地建设用地使用证，同时第1条认定孙强主张争议土地的使用权，理由不足，不予支持。孙强认为汝州市人民政府做出的"处理决定"第1条侵犯了自己继承房屋依法享有的土地使用权，向汝州市人民法院起诉，要求撤销汝州市人民政府"处理决定"第1条。

汝州市人民法院经审理认为：孙强1984年同丈夫杨占平及全家人户口从杨寨西村迁到季寨村同其父孙立一起居住生活赡养老人，其父亲去世后，取得房屋继承权，应受法律保护。房屋是土地上的附着物，房产所有人应对土地享有使用权。孙强要求撤销汝州市人民政府做出的"处理决定"第1条，理由成立，应予支持。汝州市人民政府以孙强的丈夫在小屯镇杨寨西村已新打宅基地一处，并根据《土地管理法》第 62 条"农村村民一户只能拥有一处宅基地"的规定，对原告孙强申请其享有所继承房屋的土地使用权认定为理由不足，不予支持，这是不当的。房屋依附于土地而存在，被告汝州市人民政府做出的"处理决定"第 1 条，不符合有关法律、法规的规定，事实不清，证据不足，应予撤销。根据《行政诉讼法》第 54 条第 2 项第 2 目的规定，判决撤销汝州市人民政府 1999 年 12 月 23 日做出的汝政土决字（1999）第 019 号"关于撤销孙现听集体土地建设用地使用证处理决定"第 1 条。

　　案件判决后，当事人双方均未上诉。

　　问题：评析本案中行政主体的裁决行为。

　　案件来源 http://xingzhengfa.calaw.cn/article_list.asp?menuid=2005695862453&menuname=案例教学法。

思考题

1. 名词解释

（1）行政司法行为　（2）行政调解　（3）行政裁决

2. 任意项选择题

（1）行政裁决的对象是（　　）。

A. 行政纠纷　　　　　　　　B. 民事纠纷

C. 行政职务纠纷　　　　　　D. 特定的民事纠纷

（2）对行政机关作出的关于民事纠纷的行政调解不服的，当事人可以采取的救济方式有（　　）。

A. 行政复议　　　　　　　　B. 行政诉讼

C. 仲裁　　　　　　　　　　D. 民事诉讼

3. 简答题

（1）简述行政司法行为的特征。

（2）简述行政调解的特征。

4. 论述题

试论行政调解与行政裁决的异同。

5. 案例分析题

A 集团公司经甲市人民政府的批准，在该市修建营利性娱乐休闲广场，该市乙区的 50 户居民为此要拆迁。A 集团公司取得该市房屋拆迁主管部门的许可后，分别与 50 户居民就拆迁补偿形式和补偿金额、安置用房面积和安置地点、搬迁过渡方式和过渡期限等问题进行协商,其中与 18 户居民就拆迁补偿金额有分歧,最终只达成 32 份拆迁协议。于是 A 集团公司与这 18 户居民向批准拆迁的房屋拆迁主管部门申请裁决。甲市房屋拆迁主管部门根据国务院《城市房屋拆迁管理条例》关于"拆迁人与被拆迁人对补偿形式和补偿金额、安置用房面积和安置地点、搬迁过渡方式和过渡期限,经协商达不成协议的,由批准拆迁的房屋拆迁主管部门裁决"的规定,裁决 A 集团公司一次性补偿拆迁费的数额。A 集团公司对此有异议。于是向人民法院提起诉讼。请问:

（1）市房屋拆迁主管部门的行为属于何种行为?

（2）A 集团公司对甲市房屋拆迁主管部门裁决有异议,应提起何诉讼?

第十四章 行政程序法

本章重点

行政程序法是正当程序理念在行政执法领域中的确认，体现了行政法的控权性。掌握正当程序的基本理论和精神，对准确认识现代行政法制的内容和实质具有重要的意义。本章重点内容有：理解行政程序的概念和分类；认识行政程序法的基础理论和行政程序法的基本原则；掌握行政程序法的基本制度。

第一节 行政程序概述

一、行政程序的概念及特征

行政程序起源于 20 世纪 30 年代以后对行政权的控权程序主义理论，该理论是随着行政机关自由裁量权的增长而逐渐受到重视的，是权力平衡理念的体现。在行政自由裁量权的力量增强之前，行政实体权力由于处于"最小政府"理念和消极行政的影响之下，在实施中尚未体现出过强的恣意性。①行政自由裁量权力量增强之后，司法审查所具有的事后审查的作用，对行政自由裁量权的任意性无法起到有效的约束，因此，通过正当程序规制行政权力的实施过程就显得十分必要。在现代法治社会，行政程序是保障相对人参与行政行为、体现法治形式合理性的行为过程的重要途径，是实现行政法治的前提。

行政程序有广义和狭义之分，广义的行政程序是指与行政权的运行相关的所有程序，包括有关行政权的设定、运行的程序以及监督行政权运行的行政司法程序；狭义的行政程序仅指与行政行为相关的行政程序，即行政主体进行行

---

① 孙震主编，《当代法学前沿问题研究》，人民出版社，2004 年，第 87 页。

政活动所要遵守的程序。理论界一般在狭义上使用行政程序的概念，指行政主体在实施行政行为时所遵守的时间、空间、方式、步骤和顺序。与其他法律程序相比较行政程序具有以下特征：

（一）行政程序目的的确定性

行政程序是行政行为实施过程中所要遵守的步骤、方式、时限和顺序。之所以对行政行为的实施过程通过行政程序进行规范，就是为了防止行政权力的滥用，保障相对人的合法权益，提高政府的行政能力。并且以对行政行为、行政活动所进行的时间、空间上的规范为内容，与独立的立法、司法程序对立法、司法行为在时空上的规范为内容的特征相区别。因此，行政程序与行政行为是紧密相连的，静态的行政组织不从事行政活动，就不涉及行政程序的问题。

（二）行政程序的法定性

行政程序法定是指行政行为实施过程不仅要有实体法上的依据，而且行政行为的实施过程和目的还应当由程序法进行预设性的规范。实体法和程序法应当同时成为行政行为合法性和强制力的来源。参与行政行为的行政主体和行政相对人都是行政程序法的主体，无论哪方的行为违反行政程序法都会招致不利后果；所不同的是，在行政程序法中，行政相对人对行政主体行为是否符合程序，具有依据行政程序法进行监督的权利。

（三）行政程序的多样性

行政程序多样性是指由于行政行为性质上的差异性而导致不同的行政行为由不同的行政程序来进行规范，从而出现多种行政程序并存的情况。也正是行政程序的多样性，增加了出台一部行政程序法典的难度。尽管如此，在行政程序的多样性中也有共性的基本理论和制度，这也给行政程序法典化提供了实现的可能性。研究行政程序既要重视各种行政行为之间共同遵守的行政程序，也要关注每一种行政行为所具有的特殊的行政程序，从而寻求恰当的行政程序法典化的道路。

（四）行政程序表现形式的分散性

从世界各国行政程序法治化的情况来看，行政程序是通过各种法律形式规定的，分散于具有不同法律效力的法律文件中。制定了统一行政程序法典的国家，还存在着单行的规定行政程序的法律文件，如美国。没有出台统一行政程序法典的国家，会针对不同性质的行政行为制定各种单一的行政程序法律文件。除程序化的法律文件之外，在某些行政实体法中也规定了行政程序的内容。

二、行政程序的分类

根据行政程序的体系以及为了更好地认识行政程序的多样性和据以判断行政行为的效力，依据行政程序确立的不同标准进行以下分类：

（一）事先行政程序和事后行政程序

根据行政程序相对于行政行为产生的时间将行政程序划分为事先行政程序和事后行政程序。事先行政程序是指在行政管理活动产生之前就因行政程序法预设而存在的行政程序。事先程序一般是规范行政主体主动管理行为的程序，如行政立法程序、行政调查程序、行政许可程序、行政处罚程序等。事后行政程序是指针对具体行政管理活动发生后行政主体与行政相对人之间、行政相对人互相之间的争议作出补救或处理的程序。事后程序一般是对解决矛盾或争议的行政行为进行规范的程序，因而具有被动性，如行政复议程序、行政裁决程序等。

这种划分的意义在于能够体现出现代法律的预测作用，行政主体或行政相对人可以依据事先程序对自己行为将引起的后果进行预测从而决定如何行为，并弥补事后程序法或实体法不能起到预防纠纷发生的不足。

（二）抽象行政程序和具体行政程序

根据行政程序规范的对象是抽象行政行为还是具体行政行为将行政程序划分为抽象行政程序和具体行政程序。

抽象行政程序是指以抽象行政行为作为规范对象的行政程序，如行政机关制定行政法规、规章的程序。行政机关的抽象行政行为也需要有程序法进行规范，抽象行政行为违反程序法比具体行政行为违反程序法可能会引起更广泛的不利后果，也会引起不同的救济措施。因为抽象行政行为具有准立法行为的性质，其效力具有普遍性和反复适用的特点，而且行政法规和规章较法律更具有直接和高效的特征，所以抽象行政程序立法也越来越受到人们的重视。

具体行政程序是以具体行政行为作为规范对象的行政程序，其规范的内容可以对相对人的权利义务直接产生影响，是针对具体的人和事作出具体行政行为时所要遵守的程序，如行政处罚程序、行政许可程序、行政复议程序等。

（三）内部程序和外部程序

根据行政程序所规范的行政行为的范围将行政程序划分为内部程序和外部程序。这种划分的意义在于强调外部程序作为现代民主、法治社会约束行政权力行使的重要性。

内部程序是指行政主体进行内部行政行为时所遵守的程序。如公务员任免程序、公文处理程序等。内部程序一般为行政机关处理机关内部事务时所遵守的工作程序，由行政主体本身制定并遵守，不直接与行政相对人发生联系，不直接影响行政相对人的权利和义务。

外部程序是行政主体进行对外的行政行为时所要遵守的程序，是行政主体作为行政管理、服务行为主体而与行政相对人发生职能性行政行为时所适用的程序。行政职能行为是行政关系的主要内容，外部行政行为是直接影响相对人权利义务的行为，更应当通过正当程序对其进行规范。如行政处罚程序、行政强制执行程序等，对该程序是否遵守通常会直接影响到当事人的权益，因此外部程序也成为行政程序法研究的核心。

（四）强制性程序和任意性程序

根据行政主体在实施行政行为时有无自由选择所适用程序的自由程度将行政程序划分为强制性程序和任意性程序。这种划分方法可以体现制定行政程序制度时对相对人主要权益和对行政自由裁量权之间平衡的考虑。

强制性程序指行政主体在实施行政行为时，由法律规定必须遵守而不得作出其他选择的程序。法律规定的强制性程序一般都是在对相对人的权益产生直接影响时所必须适用的程序，用以杜绝行政主体自由裁量权的恣意使用给相对人利益造成影响的可能。行政主体只能在强制性程序的统一规范中，按照严格的步骤、顺序进行具体行政行为。行政程序应保证对相对人产生利益影响的行为和结果具有公正性，吸收相对人的不满情绪，同时，若行政主体做出的影响相对人利益的行政行为违反了强制性程序，由于违反程序法而当然无效，应当撤销或重作。

任意性程序指由法律规定行政主体在实施行政行为时可以酌情自由选择适用的程序。任意性程序赋予行政主体根据情况实施行政行为时选择适用程序的权利，符合行政权高效的特点。但法律在行政自由和相对人权利间也作出了平衡，只有在不会对相对人权利产生直接和无法挽回的影响时，行政权力才有不受法律程序严格规范的自由。毕竟保护相对弱势的个人权益是程序法在限制行政权恣意方面的立法初衷。

三、行政程序的价值

总体而言，行政程序的意义在于使行政权的效率价值和自由裁量权行使与相对人的权益之间的平衡成为可能，使相对人的利益和自由行政这两种价值同时得以实现。自由行政必须以法律规定的时间、空间、步骤为界限，必须在法律设定的程序中实现，这正是行政程序的根本价值所在。行政权区别于立法权和司法权，实现社会管理职能的特点或比较优势就在于行政权的高效和直接，而这也正是行政权更容易被滥用、更容易直接影响相对人权益的原因。因此，有必要通过正当程序对行政权的实施进行规范和制约。正是对相对人合法权益的保护和对行政权行使的制约体现出正当程序的价值和意义。

（一）保障行政主体依法行使行政权

行政程序的具体原则和制度都是为保障行政主体能够合理、合法实施行政行为，从而实现对相对弱势的行政相对人权利的保护。由于行政权本身强调行为的效率价值优先于其他价值的特点，很容易导致行政权行使过程中出现权力滥用的现象，因而，行政程序利用程序本身公平、公开、参与的价值原则来平衡行政权的效率价值，并且通过设立听证、告知、审裁分离、说明理由、信息获取等制度，来保障行政权行使的合法性。行政程序构成了对行政权力的有效监督，也对行政权的行使具有民主化、法治化的引导作用。

（二）保障行政相对人在行政活动中程序利益的最大化

随着二战后世界经济的高速发展，"以利己和结果至上为基础的理论模式已统治了对社会行为的分析研究"，"无论是人们的社会态度还是其行为，皆可以从他们结果至上的价值判断中找出解释的理由。作为这一现象的后果之一，官吏们在实践中也会为了获取并尽快获取某种期望的结果而倾向于舍弃程序的价值。"[1]

在我国，长期以来由于受"结果本位主义"程序价值观的影响，程序价值一直为实体价值所掩盖，社会对目的和结果的重视掩盖了过程本身所具有的意义。随着改革开放所带来的社会生活的多样化、快速化、资讯化、国际化以及价值多元化等变化，推动了理论界对正当程序价值和程序主体地位的研究，促使在行政权力行使的各环节上，重视相对人的程序主体地位，尤其重视为寻求利益的最大化（实体利益与程序利益的平衡），涉及利益、地位、责任或权利义务的行政活动过程中，保障相对人参与程序以影响行政行为的程序基本权利。近年来，随着"结果并不能证明方式的正当性"的理念为广泛的社会各界所接受，程序本身作为与实体相伴生的权利，其价值同时也受到了重视。在行政程序中行政相对人可以凭借程序的参与性、中立性、公开性和公正性，与行政主体一样在进入程序后受到平等的对待，享有平等的地位，获得公平参与、平等获取信息的权利；可以实现诸如被告知、与行政行为主体对抗辩论、说明行政行为理由等具体的程序性权利。行政程序保障行政相对人参与行政活动的过程

---

[1] 杨寅著，《中国行政程序法治化——法理学与法文化的分析》，中国政法大学出版社，2001年，第37页。

本身的正当性和平等性，使其在行政活动中和相对强势的行为方一样具有被平等公正对待、享有平等的程序地位的权利。

（三）保障行政行为高效运行

效率是行政行为的第一价值，也是行政行为可以适应社会事务得到有效管理和社会秩序实现高效运行要求的根本特征。行政程序表面上看似乎因为对行政行为步骤和方式的规范而降低行政行为的效率，但事实上恰好相反。首先，在行政活动发生之前由于法律对行政行为所要遵守的程序作出明确的规定，行为主体和相对人均会清楚自己在行政活动中的步骤和方式，从而降低双方活动由于时间、空间上的差异性造成的效率低下。其次，行政程序的公开性、公正性和参与性等属性可以吸收行政相对人对行政活动结果的不满情绪，从而促进行政决定和行政执行的顺利实现，最终达到提高行政效率的效果。

（四）扩大公民行使民主参政权的途径

行政程序可以改变公民只能通过代表参加议会，听取行政报告以实现对行政权监督的参政方式，使涉及行政行为的公民都可以在行政活动开始的同时加入到行政程序之中，对行政行为的实施过程进行监督，从而实现公民参与具体行政活动、监督抽象行政活动的权利。公民对于行政行为的参与和监督，是社会政治、社会事务管理民主化的一个重要特征，因此，建立和完备行政程序法能有效地提供公民参与国家公共事务管理活动的渠道，加速国家政治民主化、社会治理法治化的进程。

四、行政程序法的基础理论

行政程序法有广义和狭义之分。广义的行政程序法包括了一切关于行政权力的法律。在广义的概念下，像行政组织法、行政行为法、行政救济法等都可包含在其中。狭义的行政程序法，是指专门针对行政权力运行尤其是处理行为而产生的法律。理论界一般是从狭义上使用这一概念的。行政程序法是有关行政程序方面的法律规范的总称。

行政程序的发展目标即行政程序的法治化，其内容为理念和制度两个层面上体系完备的状态。行政程序法治化的本质是，将程序法在众多的甚至是相互抵触的行政实体规范中作出的选择结果如何正当化的问题。行政程序法治化的过程是中国行政法律制度现代化的过程，也是中国行政制度民主化的过程，主要表现为行政程序法典的制定以及行政程序法规的完备和充实。

（一）我国行政程序立法现状

一个国家采取何种行政程序立法模式，受该国政治、经济、文化传统等诸多因素的制约，不可能千篇一律。从世界范围来看，行政程序立法主要有统一模式和分散模式两种形式。采统一模式的国家即制定一部包括行政立法、行政司法、行政执法等主要行政领域均统一适用的行政程序法典。而采分散模式的国家，行政程序法律规范散见于各具体的法律文件或单行的程序法律文件之中，并无统一适用各行政领域的行政程序法典。

相对于实体法而言，各个国家的行政程序立法较为滞后。我国由于受"重实体、轻程序"传统的影响，行政程序立法更为欠缺，目前还没有一部统一的行政程序法典，这与我国建设社会主义法治国家，严格依法行政的目标要求还有一定的差距。从 20 世纪 90 年代起，随着我国理论界开始注重正当程序价值的研究，[①]法学界召开了"行政程序法理论与实践研讨会"，与会专家提出了制定统一行政程序法的呼声。经过多方努力，《中华人民共和国行政程序法》（试拟稿）于 2004 年 11 月由行政立法研究组移交给全国人大法工委。这是我国行政程序立法统一模式的一次尝试。具体内容包括总则、行政程序主体、行政决定的一般程序、行政规范性文件、行政规划、行政指导、行政合同、法律责任和附则等九个部分。该试拟稿将行政程序分为一般程序和特别程序。

在我国目前的法治环境下，该试拟稿还难以出台实施。行政执法实践中主要依据各种单行法律、法规。如关于行政立法程序的《行政法规制定暂行条例》，关于行政执法程序的《中外合资经营企业登记条例》，关于行政司法程序的《关于劳动争议解决程序的规定》，关于行政审批程序的《自然科学研究机构建立调整的审批实行办法》等。最具代表性的是 1996 年颁行的《行政处罚法》和 2004 年 7 月 1 日实施的《行政许可法》。《行政处罚法》是我国颁布的第一部对行政程序有了较完备规定的法律，包括行政处罚行为实施的一般程序、简易程序、罚缴分离程序等内容。《行政许可法》以 6 个方面、29 个条文规定了行政处理中数量最多的行为种类的实施程序，可以说是一部"小行政程序法"，是我国目前出台的行政程序单行法中立法水平最高，立法体例较先进的一部，对今后出台的《行政程序法》起到了积极的铺垫作用。

（二）行政程序法治化的理论学说

三权分立理论是西方行政制度的理论基础，行政程序理论是针对行政权力的规范行使而形成的理论，是建立在对行政权力的控制还是保障这两种理论争执之上的一种理念。在对行政权进行"控权"还是"保权"的讨论中，行政程

---

① 代表性的研究成果参见季卫东，《法律程序的意义——对中国法制建设的另一种思考》，《中国社会科学》，1993 年，第 1 期。

序建立的必要性也逐渐显现。之后，出现了对行政程序作用折中的观点，成为行政程序法发展的新方向，即认为行政程序同时具有控制行政权力和保障行政权力行使两个方面作用的特点。

我国行政程序法理论的发展过程可分为，从对"为人民服务"这个所有法律所具有的政治性特征的否定，到"保权法"和"控权法"理论的争论，再到"平衡论"，以及随着对行政权性质定位为"公共权力"的观点，在这个探索过程中，对行政程序法的理论基础也基本形成了共识：首先，行政权力的性质决定了行政权力的行使如果仅仅靠事后的司法性约束，很容易导致权力在实施过程中的滥用和恣意，导致对相对弱势的行政相对人的利益造成无法恢复的损害，因此，需要行政程序对行政权力的实施过程法律化、规范化；其次，在现代社会中程序权利逐渐受到人们的重视，在过程中受到合法和平等的对待对于当事人而言是和实体权力的实现同样重要的利益要求，因此，程序权利也应当在实体权利实现的同时得到保障；再次，程序正义理念保障了行政权在公平前提下效率价值的实现成为可能。

（三）我国行政程序法建立的目标模式和途径

行政程序法的目标模式指行政程序法建立的目标和与该目标相关的要素体系。关于行政程序法的目标模式学术界有两种理论，都以行政程序法的目的为依据，对行政程序法目标模式进行了构建和划分：

一种认为行政程序法的目标模式可分为控权模式、保权模式、效率模式三种。控权模式指以三权分立理论为基础，以司法权和立法权对行政权的控制为主要内容设计行政程序法的体系。保权模式是以保护行政相对人的权利为重心设计的行政程序法体系，其中的"权"指的是行政关系中行政相对人的权利。效率模式指行政程序法的体系设计应当以保障和提高行政权力行使的效率为核心。这种划分是将控制行政权力和保障相对人权利这两个同时存在且内容相同的行政法目的，生硬的划分为两种模式，实质是同一内容的重复。

另一种理论将行政程序法的目标模式概括为控制模式、效率模式、权利模式三种。控制模式是以行政机关控制下级机关行为为目标建立的程序法模式。效率模式是以保障行政权行使的效率为目的建立的行政程序法模式。权利模式是以保障相对人权利为核心的程序法模式。这种划分方式中的控权模式并不符合现代行政程序法的内容，而是行政机关内部的行政程序关系模式。而效率模式和权利模式的划分却代表了现代行政程序法的发展方向。

关于行政程序法目标模式实现途径的问题，学术界尚有争议。有学者主张加快行政程序法的法典化进程，认为在理论成熟、顺应国际行政程序法典化的趋势、兼顾灵活统一特点的前提下，制定统一的程序法典有如下优势：一是使行政管理、裁决及行政人员的活动都建立在有法可依的基础之上，二是使公民方便了解、参与、支持行政机关的行政活动。①但也有学者认为，我国许多应当存在的行政程序单行法已经制定或者将要制定，并且有计划、有步骤地对这些单行法进行修改比制定统一的行政程序法典要更加科学和节约，也能够注意到新旧立法思路间的关联。②

我们认为，在明确立法目标、对行政行为合理分类以及在此基础上对行政程序作出合理分类等立法技术工作完成之后，依照我国成文法的习惯和传统，遵循我国法律工作有法可依的原则，应当以实现行政程序法典化为途径，完成行政程序法目标模式的建立。法律体系的完整也是我国作为一个成文法传统国家法制完备的表现和衡量标准。从发展趋势上看制定单行法是我国实现法典化的一个过渡过程，当单行法规的内容已经完备，立法技术和准备工作也同时成熟，法典化作为法律编纂的一个系统化的过程，符合我国的法律制度和法律传统。当然，这需要很长的时间和努力，也要以国情和立法状况为前提。

程序正义的三种典型形态：蛋糕等分、刑事审判及赌博

罗尔斯在其恢弘巨著《正义论》中将程序正义分为完善的程序正义、不完善的程序正义和纯粹的程序正义，并分别以切蛋糕、刑事审判、赌博为其典型形态。

一些人要分一个蛋糕，假定公平的划分是人人平等的一份，什么样的程序将给出这一结果呢？若把技术问题放在一边，明显的办法就是让一个人来划分蛋糕并得到最后的一份，其他人都被允许在他之前拿。他将平等地划分这蛋糕，因为这样他才能确保自己得到可能有的最大一份。在完善的程序正义的场合，首先，对什么是公平的分配有一个独立的标准，一个要脱离随后要进行的程序来确定并先于它的标准。其次，设计一种保证达到预期结果的程序是有可能的。

不完善的程序正义可举刑事审判为例。期望的结果是：只要被告犯有被控告的罪行，他就应当被宣判为有罪。审判程序是为探求和确定这方面的真实情况设计的，但看来不可能把法规设计得使他们总是达到正确的结果。即

① 胡锦光、莫于川著，《行政法与行政诉讼法概论》，中国人民大学出版社，2002年，第170页。

② 杨寅著，《中国行政程序法治化——法理学与法文化的分析》，中国政法大学出版社，2001年，第234页。

便法律被仔细地遵循，过程被公正恰当地引导，还是有可能达到错误的结果。在这样的程序场合，不正义并非来自人的过错，而是因为某些情况的偶然结合挫败了法律规范的目的。它的基本标志是：当有一种判断正确结果的独立标准时，却没有可以保证达到它的程序。

在纯粹的程序正义的场合中，不存在对正当结果的独立标准，而是存在一种正确的或公平的程序，这种程序若被人们恰当地遵守，其结果也会是正确的或公平的，无论它们可能会是一些什么样的结果。以赌博程序最为典型。如果一些人参加了一系列公平的赌博，在最后一次赌博后的现金分配是公平的。

参见（美）约翰·罗尔斯，《正义论》，何怀宏等译，中国社会科学出版社，1988年，第81页。

第二节　行政程序法的基本原则

"世界各国和地区行政程序法典规定的原则可分为如下三类：第一类是行政实体法原则，如禁止不当结合原则；第二类是行政程序法原则，例如行政公开原则、职权原则、参与性原则；第三类是行政实体法和行政程序法共有的原则，如依法行政原则、公正原则、比例原则、诚信原则、效率原则等。"[1]若严格依照原则应当具备价值内核和统领规则的要求，再结合我国行政法制度的特点，可以将行政程序法原则概括如下：

一、公开原则

行政公开原则指凡是对相对人利益产生影响的行政行为，除了涉及国家或个人秘密的之外，都应当对行政程序相对人和社会公开。行政公开的意义有：首先，行政公开是民主的体现。只有公开的、开放的程序，才能使行政过程得到广泛的参与，提高行政过程的民主程度。其次，行政公开实现了相对人的知情权。相对人通过行政程序的公开原则参与到行政活动中，了解到行政行为影响自身利益的信息，也才能相对准确地选择自己行为的方式以及捍卫自己的合法利益。再次，行政公开实现了社会对行政行为的监督，对防止行政权的滥用

---

① 应松年主编，《比较行政程序法》，中国法制出版社，1998年，第66页。

起到广泛的监督作用。

行政公开应当以行政机关发布法令、召开行政公布信息会议、举行听证会、说明理由、向相对人告知其权利、依法许可阅览卷宗的方式，向相对人或社会公开行政行为的内容。行政公开的范围主要是与公民权益相关的行政行为的信息，包括事实情况及相关材料，具体有：

1. 行政行为及行政决定涉及公民利益的具体内容。影响相对人权益的决定和行为的具体内容要向当事人公开，以便当事人选择维护权益的方式，不服行政决定时申请复议或提起诉讼。若没有依程序向相对人公开的行为或决定属无效行政行为。

2. 做出行政决定或行政行为的法律依据。行政行为将影响相对人的权益，因此在实施行为时应当说明行为的合法性，即向相对人公开行为的法律依据。

3. 其他依法应当公开的内容。

二、公平、公正原则

行政程序的公平、公正原则指在行政程序中行政相对人应当受到公平公正的对待。由于行政关系的主体双方力量上有强弱的差别，因此行政程序的原则更强调主体双方在程序地位上的平等性，强调进入程序的主体无论现实力量的强弱都应当得到平等的对待，享受对等的信息，受到法律同等的保护。公平、公正原则可以具体理解为：首先，程序赋予双方平等参与的机会，并在固定的时间、空间内排除可能导致发生偏向的因素，如回避制度将对实体结果产生利害关系的行政主体排除在行政程序之外。其次，行政机关采取的程序应当与行政行为的目的有适当的比例关系，即实施行政行为所采用的程序是为行为的目的而设计并服务的，所实施的行为采用的程序是与该行为的实施完全相互适应的；为实施行为而采用的程序是对其他利益主体产生最小损害的选择。再次，行政程序公平、公正的原则包含着相对人和社会对行政主体的信赖，因此，行政主体应当诚信的实施行政行为并且通过程序提升社会对行政行为的信任程度。行政程序公平、公正原则的内容为：

1. 行政程序法赋予相对人与行政主体平等的程序地位和程序权利，赋予双方公平参与的机会，使双方具有可在法律上公平对抗的程序力量。

2. 行政主体选择的行政程序应当符合社会公共道德的评判，符合行为的实际情况，符合正义原则，符合经济原则，具有合理性、可行性、正当性和科学性。

3. 行政主体应当以诚信为原则选择位于双方主体权益中线上的程序。

三、参与原则

"参与"一词，一般意义上说，是指行为的主体对过程的投入并有所作为。美国学者纳格尔曾对参与作过如下表述："参与是一种行为，政治制度中的普通成员，通过它来影响或试图影响某结果"。①诚然，参与作为一个社会学概念，是普通公民对社会活动尤其是政治决策的一种投入，它是民主社会的一个重要标志，基本含义包括以下三项：（1）参与是一种行为而不是单纯的心理感应或欲望的冲动，参与者必须通过身体的活动参加到一种过程中去，而不能只是作为旁观者静观过程的进行而无所作为。（2）参与的目的在于影响或改变结果的状态，使其按照自己喜欢的标准得以形成，也即以达到满足自己的欲望和要求为目的。（3）参与必须是自主和自愿的，而不能是被迫、非自愿或由他人以各种方式控制的。参与不同一般的所谓的"参加"或"在场"的重要之处，就在于它蕴含"自主、自治的参加"之义。

行政参与原则指行政主体在做出行政行为的过程中，要依法给予行政相对人参与行为过程并可以影响行为结果的权利的程序原则。参与原则的内涵表现为：首先，参与原则体现的是相对人自主自愿参与行政活动的主观意愿。其次，行政程序中的参与并不是盲目的参与，而是有目的、主动的参与行为。再次，行政程序的参与原则并非只体现在相对人参与行政活动的主观意愿上，更是对行政活动具体的、实际的参与。这种参与的具体性，还体现在相对人的参与对行政行为结果和行政决定的实际影响上。行政程序中参与原则具体表现为：

1. 听证权利的行使。行政主体在做出影响相对人权益的决定或实施具体行政权之前，除法律明确规定免除听证的，都应当举行听取相对人意见的听证程序。听证是相对人所有的程序性权利，尤其在正式听证程序中，听证记录中相对人的意见就会成为做出行政决定或行政行为的依据，相对人也就以这种方式参与了行政行为的过程，并对行政行为的结果产生了影响，实现了相对人对行政活动主动、具体的参与。

2. 陈述、辩论权利的行使。行政主体首先要在行政程序中给予相对人陈述、辩论的权利和机会，而且如果对相对人陈述、辩论的意见不予采纳，必须要说明理由。如在行政处罚程序中，相对人以辩解、陈述理由的方式参与到处罚程序中，在合法利益受到威胁时提出申辩。

3. 救济权利的行使。在行政程序中相对人可以依法对行政行为提出复议，

---

① 转引自陈瑞华，《刑事审判原理论》，中国政法大学出版社，1998年，第26页。

在司法救济前利用行政救济程序实现自我救济。

四、效率原则

效率原则指行政程序的设计应当以维持或提高行政效率为目标。因为效率是实现行政管理的首要价值，所以行政程序的设计也要在兼顾社会公正和相对人利益的要求下尽量维护和提高行政效率，以实现高效率的社会正义。程序意味着对行为步骤和方式的控制，但这种控制不得损害行政相对人的合法权益，不得违反公平、正义原则。因此，正义的程序也必然是高效的程序。程序的效率原则是行政程序和行政行为互为依托的一个共有价值。能体现行政效率价值的制度有：

1. 时效制度。时效是时间在法律上产生的约束力，指行政程序法律关系主体，在法定期限内不作为，待法定期间届满后即产生相应不利的法律后果。时效是在行政管理活动中，对行政主体和相对人均产生约束力的制度，其目的是通过法定期限的约束及其相应法律责任的追究，稳定行政法律关系，及时排除行政程序中的不利因素，提高行政效率。

2. 继续执行制度。继续执行制度指行政行为的执行不因相对人的复议和诉讼行为而受到影响，在没有收到撤销裁定前应当继续执行，法律有特别规定的除外。继续执行的意义，在保障行政相对人合法权益当行政行为被撤销后能被恢复的前提下，使行政行为能得到高速快捷地执行，从而提高行政效率。

3. 代理制度。代理是指具有可替代性的法定义务，若行政程序法律关系主体不履行或无法履行时，依法由他人代为履行的制度。代理制度能保障行政主体及时履行法定义务，减少行政不作为，促使相对人自觉履行义务，提高行政效率。

某市煤气总公司不服某省工商局行政处罚案

1998 年 8 月 5 日，家住鼓楼区的范先生投诉某省工商局公平交易局，反映他们单位在 1998 年 5 月分房时，每人交了 3500 元管道煤气费，等到通煤气时才知道，这中间包括灶具费。煤气公司的安装工人告诉他，自己买的灶具通不过验收，通不了气。现在，虽然经过单位协商，煤气公司勉强对他家的煤气灶进行了验收，但发给他的"金龙"灶具却不负责退货。他强烈要求有关部门查一查这种不正当竞争行为。与此同时，当地多家媒体也刊登了群众类似的投诉并对此提出了批评。根据群众的投诉和媒体的批评，某省工商局公平交易局立案调查并依法于 1999 年 1 月 19 日举行了听证会。无论是在调查中，还是在听证会上，市煤气总公司虽然声明："从未发过文件要求用户一定要在哪一家商店购买哪一种灶具"，但同时又"理直气壮"地说：他们确实在给新用户通气时，"推荐"新用户到煤气公司所属的蓝光公司购买几种品牌的灶具。他们说，这是因为按规定他们要负责对灶具的维修，不用这些灶具，他们就无法承担维修责任。

根据调查和听证会上得到的情况，某省工商局于 1999 年 3 月 15 日作出决定：市煤气总公司在经营人工煤气工程中，利用其独家经营人工煤气的垄断优势，采用格式合同等手段，以便于维修和安全为由，限定新装煤气用户购买其指定的经营者的灶具，这种行为限制了其他经营者的公平交易和用户购买灶具的自由选择权，违反了《中华人民共和国反不正当竞争法》第 6 条的规定，决定给予市煤气总公司责令"立即停止违法行为，罚款 5 万元"的行政处罚。市煤气总公司不服，向鼓楼区人民法院提起行政诉讼。

本案涉及的法律问题：行政处罚的一般程序的适用范围及适用的具体过程。

参见张俊霞等主编，《行政法、行政诉讼法案例点评》，中国人民公安大学出版社，2005 年，第 132～134 页。

第三节　行政程序法的基本制度

一、听证制度

听证制度指行政主体在做出影响相对人权益的行政行为或行政决定前，举行听证程序听取相对人意见，并参照该意见做出行政行为和行政决定的行政程序制度。听证制度是行政程序的核心制度，"起源于普通法系自然正义原则的基本内容：一是听取对方的意见；二是任何人不能做自己案件的法官。"[①]当行政程序法对行政活动没有明确的法律规范时，这条原则被从法官审理案件的活动中移植到行政活动中来，使行政活动符合最低的自然正义原则的要求。

听证程序是行政相对人参与行政活动，对行政行为产生影响，并且与行政机关进行平等沟通的有效的程序制度。具有减少行政行为损害相对人利益、保

---

① 应松年主编：《比较行政程序法》，中国法制出版社，1998 年，第 188 页。

障相对人平等参与行政决定、并有效影响行政决定的功能。在法律上确立了行政听证制度后，并不是所有的行政行为在作出之前都需要听取行政相对人的意见。凡是行政主体作出有利于行政相对人的决定或涉及公开有损国家利益、公共利益和个人利益的证据材料，或者举行听证明显减损行政效率的可以排除在行政听证的范围之外。从各国行政程序的规定和实践来看，行政听证主要涉及行政立法和行政决定等领域，其主要内容包括：

1. 通知和告知。通知是在举行听证活动前通知相对人参加听证以及参加听证的相关信息，使相对人为参加听证做好准备。通知的内容包括听证举行的时间、地点，与听证相关的事实和法律问题，以及听证涉及的行政决定和行为等。告知是行政机关告知相对人参与听证程序所享有的程序权利。如对提交书面陈述、证据或代替出席听证的权利的告知。

2. 听证程序的司法化。听证程序借鉴司法程序的意义在于，听证程序涉及相对人的利益，因此借鉴司法程序和结构模式，更能通过清楚证明、充分辩论、裁定中立，保障对相对人做出合理合法的行政决定。

3. 听证公开。听证程序除了涉及国家或个人不能公开的秘密外内容应当向相对人和社会进行公开。公开听证不仅可以使社会对听证程序进行监督，以促进行政机关自觉中立，更能以程序正义吸收相对人对结果的不满情绪，从而减少争议的发生，建立行政透明公正的形象。

4. 代理。在听证程序中涉及行政相对人不擅长的法律及其他专业知识，应当允许相对人的代理人代替相对人参与程序，帮助相对人实现权利。

5. 辩论。行政相对人和行政机关代表以语言的形式在听证程序中就双方提出的事实和证据进行对抗和辩论，使据此作出的行政决定更具真实性。

6. 听证记录。对听证程序的全过程应当予以记录，整理的记录内容将成为听证结束后行政机关做出行政决定的依据。

二、行政回避制度

行政回避制度，是指行政机关的工作人员在行使行政职权时，因其与所处理的法律事务有利害关系，为保证程序进展和处理结果的公正性，依法终止其职务的行使并由他人进行的一项法律制度。

回避制度源自普通法系自然正义原则中"任何人不能做自己案件的法官"的规则。这就意味着，在任何法律事务的处理中，任何一方当事人应受到平等的对待，这是人类的自然本性。没有裁判者的中立就没有裁判的公正，回避制度首先保障了裁判者在处理与自己有利害关系的法律事务时，不得有明显支持或反对某一方的偏见，以保持不偏不倚的立场。行政程序法设立回避制度，直接目的在于排除与法律事务有利害关系的行政机关的工作人员参与事务的处理过程，通过正当程序的价值保障行政职权的公正行使。同时对于消除相对人的疑虑，提高行政执法的公信力，无疑也会起到非常重要的作用。

回避制度是行政程序法的必然要求，只要行政机关的工作人员或其近亲属为行政行为所涉及事务的当事人，或与行政行为所涉及事务的当事人有法律上的利害关系，或存在其他关系并可能影响法律事务公正处理的都应当回避。行政回避分为自行回避、申请回避和责令回避三种。自行回避指行政机关的工作人员认为自己与案件存在回避的法定情形，依法主动提出回避的情况。申请回避指当事人认为处理行政事务的工作人员存在法定的回避情形，在行政程序结束之前向主管人员申请要求该行政人员回避的情形。责令回避是上级行政主体发现下级行政主体的工作人员存在应当回避的情形，直接命令下属回避。

就回避制度而言，诉讼法比行政法的规定更为完善，行政执法实践中，行政法无规定的可参照诉讼法的规定执行。我国目前还没有出台统一的行政程序法，也没有对程序法中的回避制度作出系统的规定。个别的行政单行法中作了简单的规定，如《行政许可法》第48条规定，行政许可申请人、利害关系人认为程序主持人与该行政许可事项有直接利害关系的，有权申请回避。

三、说明理由制度

行政行为说明理由制度，是指行政主体作出可能影响相对人合法利益的行政行为时，除法律有特别规定的以外，应当对作出该行为的法律原因、事实原因和正当性依据向相对人解释和说明。说明理由是保障行政主体作出的行政行为能被相对人信赖和执行的重要制度，也体现了行政程序增强行政决定的正当性，并吸收相对人不满情绪的功能。行政行为往往表现为单方性、强制性和无偿性，而且行政行为注重对效率价值的追求，这样很容易给相对人造成专断的印象。为弥补行政行为的这一缺陷，说明理由制度应成为行政程序不可缺少的环节。行政主体作出行政行为后，必须以口头或书面的方式向相对人释明行政行为的合法性和合理性依据，这不仅是行政行为实施的理由，也是相对人对是否信赖或接受行政结果做出判断的依据，也是相对人寻求救济、对抗行政侵权的证据。说明理由的内容包括：行政行为的事实依据，行政行为的法律依据，行使行政自由裁量权的理由。

1. 事实依据。说明事实理由指行政人员要将行政行为所依据的事实依据告知相对人。行政人员所告知相对人的事实依据，首先必须是排除主观推测而尽量客观的事实。其次，行政机关必须说明的事实应当是足以对行政机关做出、废除、变更行政行为产生影响的主要事实依据。

2. 法律依据。行政机关应当将行政行为所依据的具体法律向相对人进行释明。不仅要全面出示行政行为所依据的法律本身，还要出示法律冲突时选择适用的冲突规则。只有肯定行政行为的合法性，行政行为才能产生合法的效力。

3. 利益衡量规则。行政机关在没有法律明确规定的情况下，行使自由裁量权的依据也要向相对人进行说明。在做出自由裁量行为时，行政机关对发生冲突的利益一定会有符合公共价值的权衡和判断的标准，这个标准就是行政自由裁量行为的理由，也是应当向相对人做出说明的内容。

说明理由制度是对已经成立的行政行为成立的依据进行的程序性和明确的理论性阐述的制度，其附属于已经成立的行政行为而存在，是除法定不说明理由和紧急情况下作出的行政行为之外的行政行为生效的要件。法律规定已经成立的行政行为若要生效则必须向相对人说明行为成立的依据，否则该行政行为不具有法律效力。

四、职能分离制度

职能分离制度指为保障相对人的利益，将行政机关内部某些由同一主体执行会影响结果公正的职能分配给不同的机构或人员履行的制度。在行政程序法中最能体现这个制度的就是　裁分离和罚缴分离制度。

罚缴分离是在行政处罚中做出处罚的一般是行政机关，而收缴罚金的一般则是指定的金融机构，这样可以防止行政权力的腐化和滥用，使行政罚款行为远离直接利益的诱惑。

审裁分离指为了保障相对人的利益，将审查行政案件的职能和对行政案件做出裁决的职能交由不同的机构或人员执行的制度。该制度的理论基础是分权理论，权力分配给不同的机构行使以促成权力的平衡制约，最终起到防止权力滥用的作用。在行政程序中，审查案件的人如果同裁决案件的人是同一的，就意味着审查案件的人依他自己调查所获得的证据对所裁判的事项进行评判，容易导致先入为主形成武断，并妨碍他全面听取行政相对人提出的不同意见，再加之，行政裁决案件不同于法官审判案件，依超然法律地位的第三方居中裁决，要求直接审理可能效果更好。而行政裁决往往形成具体的行政争议，涉及相对人的利益而寻求救济时，行政裁决者是一方当事人，因此，实行裁审分离，形成相互制约，可确保行政裁决的公正性，增强相对人对行政行为的信任度，促进相对人自觉履行行政裁决的义务等均具有重要的意义。

审裁分离制度分为内部审裁分离和完全审裁分离两种：内部审裁分离指在同一行政机关内部对案件的审查和裁决交由不同的机构或人员分别行使的制度；完全审裁分离制度指分别由不同的行政机关执行对案件的调查、审理和裁决权的制度。各国一般都采用内部审裁分离制度。由于审裁行政案件具有较强的专业性，由具有特定专业知识的人员进行处理，更有利于提高行政效率。内部审裁分离制度的设置正是体现了行政机关内部不同机构的不同专业知识人员在处理行政案件上的分工与制约优势。我国《行政许可法》第48条规定，行政机关应当指定审查该行政许可申请的工作人员以外的人员为听证主持人。《行政处罚法》也贯彻了这一制度。该法第42条规定，听证由行政机关指定的非本案调查人员主持。

五、信息公开制度

行政信息是行政主体在行使职权过程中所形成的各种笔录、书信、图片、录音带等有固定形式和其他非有固定形式的各种信息。行政信息公开指行政主体依据职权或经相对人的申请，将与相对人有关的行政信息向相对人和社会予以公开展示，并允许查阅、摘抄和复制的制度。

信息公开制度是保障公民知情权的具体体现，也是公民参与政府活动、配合政府管理的一项民主制度。信息公开的内容相当广泛，所有的行政信息，只要是涉及公民权益的，同时又不是法律禁止公开的，都应当对相对人公开。这个范围也由相对人的利益与行政行为的关系范围所决定，一般法律列举的禁止公开的内容以外，符合社会公共利益，也不损害他人权益的都应当在此之列。包括行政法律、法规、规章，行政决定、行政政策、行政制度的具体内容，行政机关工作的程序、规则、手续，与行政行为相关的材料、数据等等。当相对人的信息获得权利受到侵犯时，相对人可以采取行政复议或行政诉讼的手段进行维护。

西方国家在构建法治社会的过程中，比较注重行政信息公开的立法。一般都是在制定了统一的行政程序法典后，又出台有关行政信息公开的单行法。如美国在制定了行政程序法后，又分别制定了《信息公开法》、《隐私权法》和《阳光下的政府法》。日本在制定了行政程序法后，也制定了《行政资讯公开法》。至今，美国、法国、日本、加拿大、澳大利亚、韩国等国家均制定了有关行政信息公开的法律。

我国从十一届三中全会以来，随着党和国家政治体制改革的深入，政务公开被逐步提上日程，成为行政执法必不可少的要素。中共十三大明确提出要提高党和国家领导机关活动的开放度和透明度。党的十五大报告进一步要求，城乡基层政权机关实行政务和财务公开，坚持公平、公正、公开的原则，直接涉及群众切身利益的部门要实行公开办事的制度。在规范行政信息公开方面除了有关政策和文件外，国家还陆续制定了一些法律规范，确认和保障公民知悉、获取有关信息的自由和权利。虽然还没有统一的信息公开的立法，但分布在各种法律文件之中、分属于不同的法律部门的调整行政信息公开涉及的各种社会关系的法律规范和制度，构成了我国公民信息获知活动行为规范的基础。

六、时效制度

时效制度指行政行为的具体阶段的效力受到时间影响和限制的程序制度。时效制度是提高行政效率，保护相对人合法权利的有效措施。及时性是正当程序的基本要求，它一方面反对在程序活动中拖延，另一方面也反对不合理的急速。行政主体在作出行政决定时，无论作出的决定是否正确，时间会侵蚀行政决定的效用。随着时间的推移，当拖延的累积跨越某个点时，拖延就破坏了决定的实用性。一项制度如果让道路事故的受害人等待30年才能获得赔偿，那么这项制度就没有采取合理措施提供救济。也就是说，行政决定的非正义，不是因为决定在法律或事实上不正确，而是因为正确来得太迟了。这就是法谚所说："对正义的迟延即为对正义的拒绝。"同时，时间可能导致错误并非仅仅是在迟延时发生，在仓促或不合理的急速的情形下作出行政处理也会发生。在匆忙之间作出行政处理决定，没有为收集证据和举行听证提供充分的时间常常会加大犯错误的风险。

时效作为行政程序法的基本制度，通过对行政机关违反时效制度将导致相对人获得权利的效果和行政相对人违反时效制度而丧失权利使行政机关获得相应权利的效果，保障行政主体的行政活动公平、公正、高效地运行，促使相对人积极行使权利，避免行政资源的浪费导致执法成本的增加。

行政程序制度除了以上主要制度外，还包括调查制度、案卷制度、救济制度、代理制度、评议制度、公务标志制度等等。

我国行政公开第一案

2004年5月10日，董某向上海市徐汇区房地局申请查阅一处房屋的产权登记历史资料，董某称"该处房屋由其父于1947年以240两黄金从法商中国建业地产公司购买，自1947年9月1日起至1968年7月16日董某一家实际居住该房屋"。针对董某的查阅请求，徐汇区房地局作出书面回复：
"因该处房屋原属外产，已由国家接管，董某不是产权人，故不能提供查阅。"
董某查阅房屋产权登记历史资料的目的在于获取该房屋历史上属于自己的
证据，只是由于特殊原因被他人占用，从而为自己的民事诉讼提供充足证据。

　　董某对徐汇区房地局拒绝公开行为不服，向徐汇区法院提起行政诉讼，
要求法院判令被告履行信息公开义务。董某提起诉讼的理由是，根据《上海
市政府信息公开规定》，政府信息公开工作应以公开为原则，不公开为例外；
除法律明文规定可以免除公开的信息，其余政府信息应该按规定公开。而徐
汇区房地局没有法律依据，拒绝公开她要求查询的信息违反了《信息公开规
定》的规定。因为该规章确定了任何人可以请求查阅政府信息的请求公开制
度。诉讼请求是"判令被告向原告提供本市岳阳路 200 弄 14 号在 1947 年 9
月 1 日至 1968 年 7 月 16 日期间，原告之父董克昌购买产权及后被政府接管
的相关档案资料信息"。8 月 16 日，徐汇区法院公开审理了董某状告上海市
徐汇区房地局信息不公开一案。

　　在庭审中，双方争议的焦点在于"徐汇区房地局对于董某的查阅请求究
竟应该适用《信息公开规定》，还是《上海市房地产登记材料查阅暂行规定》"。
因为《信息公开规定》与《登记材料查阅规定》二者同为政府规章，确立的
查阅规定却不尽相同，《信息公开规定》确定的是"公开为原则，不公开为
例外"的查询规则，而《登记材料查阅规定》确立的是"权利人"查阅规则。

　　原告认为，被告拒绝行为理由不正当，"因该处房屋原属外产，已由国
家接管，董铭不是产权人，故不能提供查阅"的理由不属于《信息公开规定》
第 10 条所列举的免予公开的范围，因为只有属于"国家秘密、商业秘密、
个人隐私等 5 种情形以及法律、法规规定免予公开的其他情形"，才能免予
公开。

　　而被告认为，应该适用《登记材料查阅规定》；如果适用《信息公开规
定》，该房产登记材料会因为涉及第三方权益不能对董某公开，因为《信息
公开规定》第 14 条（对涉及第三方信息的处理）规定：要求提供的政府信
息可能影响第三方权益的，除第三方已经书面向政府机关承诺同意公开的
外，政府机关应当书面征询第三方的意见。第三方在要求的期限内未作答复
的，视作不同意提供。而被告曾征询过该房产现在的产权人某公司是否愿意
公开资料，而某公司在 3 天内没有答复也就是说不同意公开。

　　1. 被诉具体行政行为是什么？被告做出具体行政行为的依据是什么？
2.《登记材料查阅规定》与《信息公开规定》之间的关系如何？《信息公开

规定》能否适用于徐汇区房地局？3．房地产登记材料的性质如何？

详细内容参见刘飞宇，《行政信息公开与个人资料保护的衔接》，《法学》（沪），2005 年，第 4 期。

思考题

1．名词解释

（1）行政程序　（2）行政时效　（3）行政程序法　（4）行政回避

2．简答题

（1）简述行政程序的内涵与特征。

（2）简述行政程序各种分类的依据及其意义。

（3）简述听证笔录在行政主体作出决定的过程中所起的作用。

（4）现代行政程序是如何形成的？

3．论述题

（1）我国行政程序立法模式应如何选择？

（2）分析信息公开制度的必要性以及在实践中存在的困难。

4．案例分析题

国家计委依据铁道部报送的相关材料，批准对铁路部分旅客列车运价实行政府指导价，铁道部依据国家计委《批复》，发出《关于 2001 年春运期间部分旅客列车实行票价上浮的通知》，某旅客购买了《通知》规定中允许上浮的线路范围内的车票，该张车票比涨价前多支出了 5 元票价。据此，某旅客认为铁道部关于涨价的通知侵害了其合法权益，向法院提起诉讼。

问题：（1）列车票价是否属于应该举行听证会的事项？（2）国家计委的批准行为是否有效？

第四编

行政救济论

第十五章　行政违法与行政责任

本章重点

　　行政违法行为既有可能侵害到特定的个人或组织的合法权益，亦会侵害社会公益和国家利益，较之民事违法等违法而言更具复杂性。行政责任是行政法律运行的保障机制，是实现法治不可缺少的环节。本章重点内容主要有：理解行政违法和行政责任的含义和特征，行政违法的本质；掌握行政违法和行政责任的构成要件；认识行政违法的分类，行政责任的承担形式；了解行政不当的表现形式。

第一节　行政违法

一、行政违法概述

（一）行政违法的概念

　　在我国行政法学理论中，对行政违法的认识是不同的，主要有以下几种观点：

　　第一，行政违法是指行政法律关系主体违反行政法律规范，侵害受法律保护的行政关系，对社会造成一定程度的危害，尚未构成犯罪的有错行为。[1]此种观点认为行政违法包括行政主体的行政违法和行政相对人的行政违法。

　　第二，行政违法是指行政主体实施的违反行政法律规范而未构成犯罪的应承担行政责任的行政行为。[2]此种观点认为行政违法的主体仅限于行政主体。

---

[1] 罗豪才主编，《行政法学》，北京大学出版社，1996年，第311页。
[2] 胡建淼主编，《行政违法问题探究》，法律出版社，2000年，第8页。

这也是我国行政违法的通说观点。

第三，行政违法是指公民、法人或者其他组织故意或过失实施的违反行政法规范，侵害国家、社会公益或个人、组织的合法权益，危害国家安全或社会秩序，但尚不构成犯罪的行为。①此种观点认为行政违法行为的主体是公民、法人或其他组织。行政机关作为行政主体时实施的违法行为不是"行政违法行为"，而是"违法行政行为"。

以上几种关于行政违法的观点，都肯定了行政违法是"违反行政法律规范的行为"，但对行政违法主体的界定不同。如果仅基于违反行政法律规范这一要素考虑，那么无论是行政机关、公务员还是其他组织和公民个人都有可能发生违反行政法律规范的行为。但是，行政违法是与行政合法相对而言的。既然在行政法中，行政合法性原则主要是就行政行为所提出的要求，那么作为与此相对应的行政违法，也应仅指行政行为的违法性。

因此，所谓行政违法，乃行政合法的对称概念，是指行政机关、其他行政公务组织和行政公务人员实施的违反行政法律规范的规定和要求的行政行为。与一般违法行为相比，行政违法具有下列特性：

1. 行政性

行政违法发生于行政管理活动过程中，是行政领域中的违法行为，离开了行政不可能构成行政违法。行政违法的行政性具体表现在：第一，行政违法的主体是行政机关或其他行政公务组织、行政公务人员，其他国家机关及其工作人员、其他组织和公民等不能成为行政违法的主体。第二，行政违法是行使国家行政权的违法而非其他违法。第三，就行政违法所违反的法律规范而言，是行政法律规范而非民事法律规范、刑事法律规范。第四，行政违法在主观上表现为行政过错或行政职务过错。第五，行政违法在客观的危害上是对行政管理秩序的破坏，妨碍了国家正常行政管理的运行。第六，行政违法同其他任何违法行为一样应受到法律制裁，所受的法律制裁主要表现为行政制裁。

2. 违法性

行政违法的违法性在法律上的具体表现是对行政法律规范及其价值的违反。

首先，行政违法是违反行政法律规范的行为。"违反行政法律规范"是行政违法的形式特征，在内容上行政违法是指违反了行政法律规范所设定的具体权利和义务。与公民和组织的一般违法行为及犯罪行为不同，在行政违法中，不

---

① 姜明安著，《行政违法行为与行政处罚》，《中国法学》，1992年，第6期，第42页。

仅对义务的违反是行政违法，而且对权力的违反也构成行政违法。因为行政机关和被授权组织及公务人员对法律赋予的权力必须依法行使，不得自由处分，否则就构成滥用职权、违法失职。行政违法违反行政法律规范，既可以是违反强行性规范，也可以是违反任意性规范。

其次，行政违法不仅表现为违反行政法律规范的明文规定，还表现在违反法律原则、价值和精神。法治对行政的要求与对"无禁止即为许可"的公民行为的要求正好相反，其体现为"无许可即为禁止"。行政机关对法定权利义务的违反，不仅指对法律直接规定的权利义务的违反，也包括了对法律间接为其规定的权利义务的违反。法定的权利义务不仅指法律设定的特定的权利义务，也包括职务上的一般义务要求和政纪要求。可见，行政违法的违法性具有十分丰富的内涵，较之民事违法等违法而言更具复杂性。

3．侵权性

行政违法行为不仅外在表现为违反行政法律规范，而且还往往侵害到公民、法人和其他组织的合法权益，甚至造成人身、财产的损害。行政违法行为侵权的内容涉及到公民、法人和其他组织的人身权、财产权及其他权利和利益，所侵害的既可能是被侵害人公法上的权利，也可能是其私法上的权利。它具体表现为违法剥夺或限制公民或组织的合法权利，违法科处义务或违法要求相对人履行义务等。

（二）行政违法的本质

行政违法行为不仅会对相对人的人身、财产等造成侵害，而且普遍具有对国家、社会公益的危害性，即"公害性"。行政违法与民事违法的一个重要区别就是危害本质的区别。民事违法只对特定的个人或组织造成私害而不具有普遍的危害，行政违法所造成的危害后果往往具有双重性，它既有可能侵害到特定的个人或组织的合法权益，亦会侵害社会公益和国家利益。任何行政违法行为，即使不具有针对某些个人或组织的侵权性，也必然具有公害性。

（三）行政违法的构成要件

行政违法的构成要件，是指由法律规定的、构成行政违法所必须具备的主客观条件的总和。行政违法的构成要件，是认定某一行为构成行政违法，追究法律责任的根据。

对行政违法的构成要件，我国行政法学界主要有三种不同的主张，即"四要件"说、"三要件"说和"客观违法"说。传统的"四要件"说认为行政违法的构成要件包括违法主体、违法客体、违法的客观方面和违法的主观方面四个要件；① "三要件"说认为行政违法的构成要件包括行为人具有相关的法定职责、行为人有不履行法定职责的行为以及行为人不履行法定职责出于行为人主观过错三个要件；② "客观违法"说认为行政违法的构成要件只包括行为人具有相关的法定职责、行为人有不履行法定职责的行为两个要件，并不要求行为人不履行法定职责的行为出于行为人的主观过错。③我们认为，行政违法的构成要件采"四要件"说更为合理。

1. 行政违法的主体要件

在行政违法的主体构成上，我们应注意把握其主体构成的复杂性，既不能将行政违法的主体简单地等同于现有"行政主体"的概念和范围，也不能将其视为就是行政机关及其公务员。

我们认为，凡是实施行政违法行为的组织体（包括受委托组织）及其行政公务人员（包括行政机关中的公务员、被授权组织中的行政公务人员、受委托组织中的工作人员），都可以作为行政违法的主体。可以将行政违法主体归为两大类型：

一类是行政违法的外部主体或名义主体。行政违法的外部主体只能以组织体的形式出现，它是对外独立承担违法名义和责任的违法主体，具体包括实施行政违法行为的行政机关和被授权组织两类。

另一类是行政违法的内部主体。行政违法的内部主体，是不能以自己的名义对外独立承担行政违法之名及行政违法责任的主体，但它们是行政违法行为的具体实施者或中介者。行政违法的内部主体包括行政机关中的公务员、被授权组织中的公务人员以及受委托组织及其工作人员。其中我们应当特别注意的是并非所有公务员都是行政违法的内部主体。只有具体实施违法行为的公务员或者对违法行为负有主管、监督之职的公务员是行政违法的内部主体。具体可包括：具体或直接实施违法行为的公务员、行政机关的主管人员或行政机关的首长。

2. 行政违法的客体要件

行政违法的客体，是行政违法行为所侵害或破坏的，受行政法保护的合法正常的行政关系及其关系中的行政权力运行秩序。

具体而言，只要具有下列情形之一，我们即可确定行政违法行为侵害了行政法所保护的行政关系：第一，侵害了公民、法人和其他组织的合法权益，如

---

① 任志宽等著，《行政法律责任概论》，人民出版社，1990年，第30～39页。
② 应松年、朱维究主编，《行政法与行政诉讼法教程》，中国政法大学出版社，1989年，第102页。
③ 马怀德主编，《行政法与行政诉讼法》，中国法制出版社，2000年，第489～491页。

对符合许可条件的申请，行政机关不颁发许可证，即属于侵犯了申请人的合法权益；第二，对社会公益、社会公共秩序造成侵害，如对不符合许可条件的申请，行政机关却颁发了许可证，虽未侵害申请人的合法权益，却对社会公益或他人权益造成侵害；第三，对国家行政管理秩序、行政职能的实现造成破坏，如以权谋私行为、基于不正当动机而为的行为等；第四，对行政权力的运作规则和秩序造成破坏，如违反权限规则、违反法定程序等。

　　3．行政违法的主观方面

　　行政违法的主观方面，是指行政机关和其他行政公务组织及其行政公务人员实施违法行为时的主观心理状态。

　　具体而言，不同的行政违法主体具有不同的主观心态。在一般情况下，对行政公务人员个体的行政违法，必须要确定其主观心态是故意或过失。而对行政机关、被授权组织及受委托组织，则无需严格区分主观心态是故意还是过失。故意或过失的主观心态，对行政机关组织体行政违法的构成没有直接影响，我们只需确定行政违法行为是在行政机关的主观意志支配下所为的行为即可。而其主观意志正是通过行政公务人员的主观过错体现的。

　　行政公务人员的行政违法，在主观方面具有故意或过失。它是区分行政公务人员的行为是否构成行政违法及责任的有无和轻重的主观基础及重要标志。行政公务人员行政违法的故意，是指行政公务人员明知自己的行为是或可能与其法定的职责义务相违背，而希望或放任损害行为、结果发生的心态。故意有直接故意与间接故意之分，无论何种故意，都构成行政违法的主观方面，不影响对行政公务人员行政违法的认定。行政公务人员行政违法的过失，是指行政公务人员在执行公务中应当预见自己的行为违反行政法律规范及其所产生的危害后果，因疏忽大意而没有预见以致违法或者已经预见但轻信能够避免而致危害后果产生的心理态度。

　　当然，无论是行政公务人员还是行政机关、组织，如果有证据证明虽然行为在客观上违反了行政法律规范，但不是出于过错，而是不可抗拒或不能预见的原因引起的，不能认为是行政违法。

　　4．行政违法的客观方面

　　客观要件是指构成行政违法的客观事实情况。对于行政违法的客观要件究竟应包含哪些内容学术界有不同看法。有的观点认为，客观要件是指行政主体及其工作人员的行为必须是违反行政法律规范的行为。①有的观点认为违反行

---

① 许崇德、皮纯协主编，《新中国行政法学研究综述（1949-1990）》，法律出版社，1991年，第515页。

政法律规范的行为既包括违反实体性行政法律规范的行为，也包括违反程序性行政法律规范的行为。①还有观点认为，客观要件既包括行政违法行为也包括行政违法后果。②我们认为，行政违法的客观要件是指行政机关、其他行政公务组织和行政公务人员实施的违反行政法律规范的行为。

关于违反行政法律规范的行为，应注意把握以下几点：第一，行政违法主体必须在主观意图指导下实施了一定的客观行为，包括积极的作为和消极的不作为。如果只有违法的意图而没有外化为行为是不能构成行政违法的。第二，主体的行为违反了行政法律规范，即具有行政违法性。这里的违法包括同法律相抵触、适用法律错误、越权、滥用职权、不履行或者拖延履行法定职责、违反法定行政程序等。第三，违法行为发生在行政主体行使行政职权、履行行政职责过程中，与行政主体的职权和职责具有不可分割的关联性。

二、行政违法的分类

我国对行政违法分类的研究主要是从 1995 年以后开始的，学者们较为普遍的做法是采用理论分类方法，即以行政行为的分类标准代替行政违法的分类标准。此外，我国现行立法提供了另一种行政违法分类的视角，以行政违法的具体表现为标准进行分类，即法定分类方法。

（一）理论分类方法

1. 以行为的方式和状态为标准，将行政违法分为作为行政违法和不作为行政违法。作为行政违法是指行政机关、其他行政公务组织或行政公务人员不履行行政法律规范规定的不作为义务的行为，即行政机关或行政公务人员主动实施的行政违法行为。不作为行政违法是指行政机关、其他行政公务组织或行政公务人员负有法定的作为义务却违反该规定而不履行作为义务的行为。

2. 以行政行为的范围及与相对人的关系为标准，将行政违法分为内部行政违法和外部行政违法。内部行政违法即内部行政行为的违法，是指行政机关在其内部关系和对内机构、人员及内部事务的管理活动中所发生的行政违法行为。内部行政违法行为包括内部实体违法和内部程序违法、行政编制和机构设置违法以及对行政公务人员管理的违法等。外部行政违法行为即外部行政行为的违法，是指行政机关基于行政职权，对社会上的各种管理对象实施的行政违法行为。

3. 以行为的实体性和程序性为标准，将行政违法分为实体行政违法和程序

---

① 张尚鷟主编，《走出低谷的中国行政法学——中国行政法学综述与评价》，中国政法大学出版社，1991年，第307～308页。

② 胡建淼著，《行政法与行政诉讼法》，高等教育出版社，1999年，第245页。

行政违法。实体行政违法是指行政权力行使、行政权力的内容不符合行政实体权利义务的行政法律规范的行政行为。程序行政违法是行政程序上的违法行为，它以违反程序法律规范为特征。

4. 以行政主体的组合状态为标准，将行政违法分为单一行政违法和共同行政违法。单一行政违法是指行政违法行为是由一个行政机关或被授权、被委托组织及其公务人员作出。绝大多数行政违法行为属于此。共同行政违法是指行政违法行为是由两个或两个以上行政机关或被授权、被委托组织及其公务人员共同作出。

5. 根据抽象行政行为和具体行政行为的划分理论，行政违法可分为违法抽象行政行为和违法具体行政行为。所谓违法抽象行政行为是指有关行政机关制定行政法规、行政规章和其他行政规范性文件的活动违法。违法具体行政行为则是指行政机关或被授权、被委托组织及其公务人员作出的不符合法定要求的具体行政行为。

6. 以行政违法是否表现为法律明确规定的形式，可将行政违法分为形式意义的行政违法和实质意义的行政违法。前者是指法律明文规定，具有明确法定表现形式的行政违法行为。后者是指表面上看并不具有行政违法行为的外形，但实质上是行政违法的行为，如行政不当行为和"法无明文"的行政违法行为。

此外，以违反法定职权还是法定义务为标准，可将行政违法行为划分为行政职权违法和行政义务违法；以行政行为的构成要素为标准，可分为行政部分违法和行政全部违法；以合法行政行为构成要件为标准，分为主体违法、内容违法、程序违法和依据违法等等。

（二）法定分类方法

在我国实践中更多运用的是法定分类。根据《行政复议法》第 28 条和《行政诉讼法》第 54 条的规定，我国行政违法行为可分为以下 6 类：

1. 主要证据不足。主要证据不足是指行政行为的事实依据不确凿、不充分。证据不确凿指行政行为的事实依据不真实、不可靠；证据不充分指行政行为的事实依据不能充分满足法律规范预先设置的各种事实要素而有所遗漏。行政行为证据是否确凿充分是行政行为是否合法的前提，因此，行政组织及其行政公务人员在做出行政行为时必须先取证、后裁决，在充分掌握证据的基础上依照法律、法规做出行政行为。应当强调的是，判定行政行为的证据是否确凿充分，并非行政案件审理时证据是否确凿充分，而是根据行政行为做出时的证据进行认定。但是，如果行政案件审理时发现行政行为做出时主要证据不足，行政复议机关或者人民法院应当确认行政行为违法并予以撤销。

2. 适用法律、法规错误。由于行政公务人员对法律、法规理解的错误，行政行为适用法律、法规错误的违法现象时有发生。主要表现在：适用法律、法规性质错误，如应当适用此法而适用彼法；适用法律、法规条款错误，如应当适用此条款而适用彼条款；适用法律、法规违反法律、法规适用的原则，如应当适用上位法而适用下位法、应当适用新法而适用旧法、应当适用特别法而适用一般法等；适用法律、法规未考虑案件的特殊情况；适用尚未施行的法律、法规以及适用废止的法律、法规等。

3. 违反法定行政程序。程序违法是指行政行为违反行政程序法所规定的步骤和所必备的形式。步骤违法指行政行为的作出不符合法律规定的步骤，如未经必经步骤、添加了不必经过的步骤、步骤颠倒、不遵守时限等。形式违法指行政行为的作出不符合法律规定的形式。如法律规定某一行政行为必须采取书面形式而未采用的。

4. 超越行政职权。超越行政职权指行政组织及其行政公务人员在法定的权责、权限范围之外运用职权，行使了其他权力主体的职权。在实践中，行政组织及其行政公务人员超越职权有诸多表现，如行政组织违反分工原则，行使了不该由其行使的权力；行政行为超越权力行使的地域范围；行政行为不符合法律规定的手段；行政行为超越法律规定的幅度等。

5. 滥用行政职权。滥用行政职权既包括滥用自由裁量的权力，也包括滥用羁束的权力，其特征是行政权力的运用者出于主观故意，胡乱地、过度地使用权力，使权力的运用只满足私利而背离法律精神和公共利益。滥用权力不同于行政越权，行政组织运用职权超越了法定的权责权限范围属于行政越权，但是，如果行政组织在法定的权责权限范围内胡乱、无节制地用权，就属于滥用职权的行为。滥用职权的表现形式是多种多样的，如故意拖延、畸轻畸重、反复无常等。滥用职权并不是一种独立于行政违法和行政不当之外的行政瑕疵，任何滥用职权的行为都要通过行政违法和行政不当表现出来，也就是说滥用职权与行政违法和行政不当之间具有交叉关系。

6. 行政不作为违法。行政不作为违法是指行政组织及其公务人员违反法定作为义务的行为。其表现主要有二：一是行政组织及其公务人员不履行法定职责或者明确拒绝公民、法人和其他组织要求其履行法定职责的请求，如对相对人的申请不作答复。二是行政组织及其公务人员拖延履行法定职责，如不及时履行或者超过法定期限后方予以履行等。如果法律、法规并未明确规定行政组织及其公务人员履行某项职责的具体期限，则行政组织及其公务人员应当以履行这种职责通常所需要的时间为标准。在实践中，行政不作为违法是一种较为普遍的行政违法现象，会使行政相对人的合法权益遭受损害。

三、行政不当

（一）行政不当的概念

对行政不当的概念，学术界有不同认识。广义论者认为，依据行政法治原则和行政法律规范的要求，行政行为应当做到既合理又合法。合理行政与合法行政同属行政法的基本要求，违反法律有效要件的行政行为构成违法，而违反法律规范目的与精神要求、显失公平的行政行为，即行政不当也构成实质上的违法。狭义论者认为，行政不当是以行政合法为前提，是一种有瑕疵的行政行为。[①]它主要具有以下特征：第一，行政不当以行政合法为前提。它发生在法律允许的范围之内，以自由裁量权为基础。第二，行政行为不适当，有瑕疵。第三，行政不当是一种可撤销行为，而不是一种无效行为。

我们采用狭义观点，认为行政不当，亦称行政失当，是指国家行政机关、被授权组织、被委托组织及其公务人员实施行政行为在形式上合乎法律规定的对象、范围、幅度和方式，但在内容上却由于违背法的内在精神和真正目的而显得不合理、不适当。

（二）行政不当的表现形式

行政不当是行政行为在合法范围内的失当，具体表现在以下方面：

1．目的不当。目的不当指行政行为的目的背离法律赋予行政组织此项权力的原初目的，或者行政组织运用此项权力的目的不正当。如警察对违反交通规则的人施加行政处罚，目的是维护交通安全。但是，如果警察出于报复目的，对某个与其结有宿怨的违规者作出显失公正的行政处罚，其行为即为行政不当。

2．专断、刚愎、恣意。专断、刚愎、恣意指行政行为不顾及自然公正和社会公正原则而任意所为。如政府首脑拟批准动用财政资金在自然保护区内建设旅游设施，遭到其他政府官员的强烈反对，但是，政府首脑置反对于不顾，仍然批准了该建设项目。在这里，法律赋予政府首脑批准或不批准修建旅游设施的自由裁量权，但是，如果政府首脑不考虑法律的宗旨和基于这一宗旨所附加的条件，就是滥用自由裁量权。

3．不相关考虑。不相关考虑指行政行为不考虑相关因素而考虑不相关因素。如执法人员对违法行为人实施行政处罚，不考虑违法行为人的违法事实以及社会危害程度等相关因素，而考虑其家庭背景和社会地位等不相关因素。

---

① 刘艳云主编，《行政法与行政诉讼法学》，南海出版公司，2001 年，第 133 页。

4. 反复无常。反复无常指行政组织违反法律关系的稳定性而随意撤销、变更原行政行为。行政行为具有确定力，一经做出，非依法定理由和非经法定程序不得随意改变或撤销。

（三）行政不当和行政违法的联系与区别

行政不当与行政违法是两个相互联系又相互区别的概念。二者之间的密切联系主要表现在：第一，均系国家行政机关、被授权组织、被委托组织及其公务人员行使行政职权过程中出现的，与行政职责相关的法律问题。第二，都是以行政法的规范、目的、精神为依据确认的。第三，都是在主观上有过错的行为。

二者之间的明显区别主要表现在：第一，行为的合法性不同。行政违法行为明确违反法律规定；而行政不当行为以合法性为前提，是合法范围内的失当。第二，发生领域不同。行政违法行为既可发生在自由裁量中也可发生在其他情况下；而行政不当行为只能发生在自由裁量行为中。第三，危害性不同。行政违法比行政不当的危害性更大。第四，行为的责任不同。行政违法一般会引起行政责任；而行政不当与行政责任不具有必然联系，法律往往只确认明显不合理的不当行为的行政责任，行政不当一般仅负改进责任。第五，效力不同。行政违法一般无效而且自始至终不发生法律效力；但在行政不当中，一般的不当行为仍承认其法律效力，只有明显失去公正合理的不当行为，才因撤销而不具有效力或者因变更而部分无效。如《行政复议法》第28条规定，对明显不当的具体行政行为，复议机关可以决定撤销或变更。第六，救济途径不同。在救济和监督上，行政违法是司法途径救济和行政途径救济并用；而行政不当行为，属行政机关的自由裁量范围，一般不受司法审查。根据《行政诉讼法》的规定，只有行政处罚显失公正的，才可由人民法院判决撤销或变更，而对其他具体行政行为的不合理性，人民法院无权审查。

国外对行政违法的分类

英国越权理论：英国违法行政行为的种类是通过普通法院对行政行为的司法审查发展来的，该理论认为行政违法的具体内容包括：（1）违反自然公正原则。（2）程序上的越权。（3）实质上的越权。（4）不履行义务。（5）权力滥用。（6）其他理由。（7）记录中所表现的法律错误。（8）禁止翻供。

美国司法复审理论：在美国的行政法理论中，行政违法由普通法院在司法审查过程中确定，与司法复审理论紧密联系，甚至可以说，司法复审理论是行政违法理论的基础。《联邦行政程序法》规定了行政违法的表现形态，也是对行政行为进行司法审查的标准。

第一，非法拒绝履行或不正当延误的机关行为。第二，专横、任性、滥用自由裁量权或其他的不符合法律的行为。根据司法实践，滥用自由裁量权的行为包括：（1）不符合法定目的和原意；（2）专横和反复无常，不遵守自己的惯例和诺言；（3）考虑了不相干的因素或未考虑相关因素；（4）同宪法规定的权利、权力、特权与豁免权相抵触；（5）超越法定的管辖权、权力或限制，或者没有法定的权利；（6）违反法定程序；（7）没有可定案的证据做依据；（8）没有事实根据。

法国越权理论：法国行政法上的越权理论是法国行政违法理论最重要的组成部分。法国行政法院传统上把越权之诉的违法行为分为四项：（1）主体违法（无权限）；（2）形式或程序违法（形式上的缺陷）；（3）目的违法（滥用权力）；（4）内容或根据违法。

详细内容参见王名扬，《英国行政法》，中国政法大学出版社，1987年，第10章；王名扬，《美国行政法》，中国法制出版社，1995年，第16章；王名扬，《法国行政法》，中国政法大学出版社，1989年，第10章。

行政违法的原因及其对策

我国行政主体的范围极其广泛，行政机关在行使职权时又有较大的自由裁量权，行政工作人员的能力也参差不齐，故行政机关及其工作人员在行使行政权力过程中，极易背离为人民服务的宗旨，侵犯公民、法人或其他组织的合法权益。目前，在不少地方，行政违法已成为制约当地改善投资环境的一个瓶颈，直接影响到这些地方的经济发展和改革开放的推进。我国的行政违法案件主要表现为行政失职、行政越权、行政滥用职权、事实依据错误、适法错误、行政侵权等形式，并较多发生于行政许可、行政审批、行政检查、行政收费及行政处罚等执法活动中。行政违法产生的原因包括观念的滞后、体制的弊端、监管不力等原因。治理行政违法，必须转变观念，提高行政人员的综合素质。

详细内容参见周愉晴，《试论行政违法的原因与治理对策》，《燕山大学学报（哲学社会科学版）》，2003年，第2期，第37～40页。

"康师傅"员工告劳动局行政不作为案

仇亚东、徐富明、尹延国等5人是广州顶益食品有限公司（康师傅商标所有人，下称顶益公司）员工。2006年9月以被告广州经济技术开发区劳动和社会保障局（下称劳动局）行政不作为为由，将其告上法庭。他们在诉状中称，2006年5月21日，他们向劳动局投诉顶益公司加班时数严重超出《劳动法》规定，4月以来月加班工时达140小时，侵害员工的合法权益和身心健康，要求劳动局对顶益公司依法查处，督促改正。劳动局接投诉后于6月10日调查取证，认定投诉情况属实，同时发出整改通知书，责令顶益公司于6月30日前整改完毕。但是，顶益公司仍以综合工时制为由，生产员工依旧实行12小时作业。5员工认为劳动局作为劳动行政部门，依法具有监督、检查权，但未有效履行法定职责，接到投诉后仅发一纸整改通知，并未跟踪落实整改情况和采取必要的处罚措施，以致顶益公司超时加班行为存在多时。劳动局这种行政不作为的行为，侵害了原告合法权益，向当地法院提起行政诉讼。

问：行政不作为违法与行政作为违法相比有哪些特殊之处？

案件来源于 http://www.em-cn.com/chuangye/200609/chuangye_63751.html。

第二节　行政责任

一、行政责任概述

（一）行政责任的概念

行政责任是行政法学的重要概念之一，对行政责任一词的理解学术界主要有以下几种观点：

1. "行政职责论"认为，行政责任是指行政职责，是行政主体在行使行政职权的过程中所必须承担的法定义务。[①]

2. "平衡论"认为，行政责任是行政法律关系主体由于违反法律规范或不

[①] 张世信、周帆著，《行政法学》，复旦大学出版社，2001年，第72页。

履行行政法律义务而依法应承担的行政法律后果。[①]

3．"控权论"认为，行政责任是指行政主体及其工作人员因违反行政法律规范而依法必须承担的法律责任，它是行政违法和部分行政不当所引起的法律后果。[②]

我们认为，所谓行政责任，又称政府责任、政府侵权责任、公共责任，指行政主体及其行政公务人员因行政违法和部分行政不当所应当承担的法律责任。

（二）行政责任的特征

1．责任主体的特定性。

行政责任的主体是行政主体及其行政公务人员。在我国，能够以自己的名义行使行政权并承担责任的组织有两种，即行政机关和被授权组织。受委托组织由于不具有独立的法律人格，不能以自己的名义行使行政权和承担责任，其行政责任由委托的行政机关或者授权组织承担。能够行使行政权的人员也有两种，即国家公务员和其他行政公务人员。其他行政公务人员主要指那些不具有国家公务员身份，但却在被授权组织或者受委托组织内执行公务的人员。国家公务员和其他行政公务人员应当合法、适当地履行其职责，否则就要承担行政责任。因为，行政权力归根结底是通过一个个行政公务人员行使的，故而行政责任主体理应包括国家公务员和其他行政公务人员。

2．责任原因行为的职权性和违法、不当性。

追究责任的原因行为必须具有职权性和违法、不当性两项要求。

职权性要求行政责任必须是发生在行政主体或公务员行使行政职权的过程中，与职权无关的行为不属行政责任的范畴。如何认定"职权性"，理论上有主观说和客观说两种。主观说认为行政主体行使行政职权必须是为公共行政之目的；客观说认为只要该行为从外观上可认为属于行使职权的范围即可。目前多数国家采用客观标准认定，具体包括行使行政职权行为本身和与行使行政职权密不可分的行为。

违法、不当性是指承担行政责任的前提是行政违法和部分行政不当。行政主体及其行政公务人员的行政行为无论是违法还是不当，都必须承担行政责任。在我国，衡量一个行政行为是否违法的法律依据是法律、法规；衡量一个行政

[①] 罗豪才著，《行政法学》，北京大学出版社，1996 年，第 318 页；张国庆主编，《行政管理学概论》，北京大学出版社，1990 年，第 412 页。

[②] 张正刊著，《行政法学》，中国人民大学出版社，1999 年，第 246 页；皮纯协、胡锦光著，《行政法与行政诉讼法教程》，中央广播电视大学出版社，1996 年，第 212 页；胡建淼主编，《行政法教程》，法律出版社，1996 年，第 279 页。

行为是否违法的标准是看这个行政行为是否适用法律、法规错误、是否违反法律程序、是否超越和滥用职权，以及是否履行法定职责。

3．责任实现的多样性。

行政责任实现可以从静态和动态两个方面理解，静态的实现指具体的责任承担方式，动态的实现是指责任追究的过程。无论是静态还是动态的理解，较民事责任、刑事责任，行政责任的实现都有多样性的特点。

就责任承担方式而言，民事责任侧重于对受害方的赔偿，多为财产责任；刑事责任侧重于对施害方的惩罚，多为人身自由的限制或生命的剥夺；行政责任兼具两者的特点，不仅有以国家赔偿为主的责任救济方式，还有对公务员实施的以惩戒为主要目的的行政处分。

就责任实现的途径而言，无论民事责任还是刑事责任，均以司法追究为原则，尤其是刑事责任，非经人民法院依法判决，对任何人都不得确定有罪；行政责任的追究主体除了人民法院以外，还有行政主体和权力机关，所适用的程序也因追究主体不同而有所差异。

4．责任形态的法定性。

行政责任是一种法律责任，是由法律规范设定的，与违宪责任、民事责任、刑事责任相并列的法律责任，而不是基于约定和道义产生的责任。行政责任以法律规范规定的职责为基础，以法律规范规定的内容和承担方式为依据，并通过一定的法律途径，如行政复议、行政诉讼等来实现。

（三）行政责任与民事责任、刑事责任的区别与联系

行政责任与民事责任、刑事责任既有区别又有联系，它们的区别在于所调整和保障的社会关系不同、严厉程度的差别等，而它们的联系主要表现在：一是本质相同，都是特定主体对于其特有义务的违反而应承担的法律责任。二是民事责任、行政责任和刑事责任在一定情况下是有交叉的，甚至可以相互转化。

1．与民事责任的区别

民事责任是民事主体在从事民事活动过程中，违反民法或合法有效的民事约定而承担的民事上的行为责任。民事责任与行政责任的区别表现在如下几个方面：一是责任存在的法律关系不同。民事责任在民事法律关系中形成；而行政责任则必须在行政法律关系中发生。二是民事责任可以是违反法定义务也可以是违反约定义务而承担的责任；而行政责任一般都是因违反法定义务而形成。三是民事责任的形式是补救性的，如赔偿损失，恢复原状，返还原物等；而行政责任的形式既有补救性的，也有惩罚性的。四是民事责任的追偿机关主要是法院，追究责任程序适用民事诉讼法；而行政责任的追究机关包括权力机关、行政机关和人民法院，责任追究程序也不统一。

2．与刑事责任的区别

刑事责任是指违反国家刑事法律规范的行为，依据刑事法律的规定而应当承担的接受国家有罪宣判，并处以相应刑罚或免除刑罚的责任。刑事责任与行政责任的区别在于：一是刑事责任追究的是犯罪行为；而行政责任追究的是违法、部分不当行政行为。二是刑事责任只能由法院追究；而行政责任的追究机关包括权力机关、行政机关和人民法院。三是刑事责任的责任形式、追究程序分别由刑法和刑事诉讼法规定；而行政责任的责任形式、追究程序则由各个单行的法律、法规、规章和行政诉讼法予以规定。

在实践中，我们必须把握好行政责任与民事责任、刑事责任之间的区别与联系，准确运用法律，维护和保障公民、法人和其他社会组织合法权益，维持社会良好秩序。

二、行政责任构成

对于行政责任构成，不同学者基于出发点和角度的不同而有不同的主张，较有代表性的有如下几种观点：

1．行政责任的构成要件包括：（1）行为人有违反行政法的行为存在。（2）行为人具有法定责任能力。（3）行为人违反行政法行为，必须在情节、后果上达到一定严重程度。[①]

2．行政责任的构成要件包括：（1）行为人已构成违法或部分行政不当。（2）行为人具有责任能力。（3）行为人的主观过错及其恶性程度。（4）行政违法的情节、后果。[②]

3．行政责任的构成要件有以下三个：（1）存在违反行政法律义务的行为。（2）存在承担责任的法律依据。（3）主观有过错。[③]

4．在一般的行政责任中，只需要同时具备下列两个要件，行政责任即能构成：（1）行政违法行为的存在。（2）行政违法行为人具有主观的过错。但在法律有明文规定的情况下，行政违法行为人不具有主观过错，只是实施了行政违法行为，也能构成行政责任，即无过错责任。需要注意的是，由于行政赔偿责任须以行政侵权为前提，故构成行政赔偿责任，除同时具备上述两个要件外，还必须具备另外两个要件：（1）损害事实的存在。（2）行政侵权与损害事实之

---

① 方世荣主编，《行政法与行政诉讼法》，人民法院出版社，2003年，第144页。
② 应松年主编，《行政法学新论》，中国方正出版社，1998年，第610页。
③ 罗豪才主编，《行政法学》，北京大学出版社，1996年，第311～320页。

间具有因果关系。①

我们认为，行政责任构成包括行政责任主体、承担行政责任的行为、情节与后果、因果关系四方面内容。

（一）行政责任的主体

行政责任主体包含两类，即行政主体与行政公务人员。

1．行政主体。行政主体享有国家行政权，能以自己的名义行使行政职权，并能独立地承担因此而产生的相应法律责任。行政主体主要包括行政机关和法律、法规授权组织。

2．行政公务人员。行政公务人员代表行政主体行使相应的行政职权，其相应责任由行政主体承担，因此，行政公务人员不是外部行政法律关系主体，也不是外部行政责任主体。但由于行政公务人员与行政主体的特殊关系，负有积极、合理的行政义务，其违法与不当行为将引起由有权机关所科予的相关责任，这种责任主要是内部的、行政惩戒性的责任。尽管行政公务人员责任与行政主体责任不同，但两者有着密切联系，两者共同构成行政权力行使一方责任的内容。行政公务人员包括国家公务员和其他行政公务人员。

（二）承担行政责任的行为

承担行政责任的行为是指由于责任主体违反行政法律、法规等规定，应当承担相应行政责任的行为。可能承担行政责任的行为一般具有如下几个特征：

1．必须是依据行政法律规定，能够形成行政违法关系或部分行政不当关系的行为。2．必须形成具体的行政法上的权利义务关系。即使有行政权力主体的参与，有行政权力的运用，也不一定是要承担行政责任的行为，还必须形成具体的权利义务关系。3．一般情况下，应当进入行政处理程序或者行政诉讼程序。4．具有相应的法律后果。如果不造成损害后果则无需承担责任。

（三）情节与后果

无损害就无责任。不同情节和后果所要承担的行政责任显然不同，行政责任大小与损害结果程度应当相一致。

（四）因果关系

因果关系是指行政违法行为及部分不当行为与损害结果之间的必然联系。因果关系是法律责任的基础和前提，是认定法律责任的基本依据。法律中的因果关系包括三个方面的要素：一是行为与结果之间客观的因果关系。二是行为人的主观意志因素与客观结果之间的联系。三是法律具体规定。

---

① 陈耀祖主编，《行政复议与行政诉讼》，四川人民出版社，1991年，第128～129页。

　1．行为与结果之间的客观因果关系

行为与结果之间的因果关系是一种事实的客观存在，法律与其他社会意识一样也是一种对于社会存在的客观反映，法律上的因果关系以客观存在的因果关系为前提，这种客观行为与结果之间因果关系的认定不以人的主观意志为转移。一般情况下对于事物之间因果关系的判断依据是如下几点：第一，因果关系的客观性。我们对于因果关系的认定必须依据对于事实材料的掌握。第二，因果的顺序性。一事物引起另一事物必须是时间在先的事物引起时间在后的事物，没有这种时间上的顺序性，不能认定客观因果关系。第三，内容的决定性。研究因果关系的目的在于确定法律责任的性质和范围，对行为人应承担的损害及其范围进行定性和量化。行为人并非对其所导致的一切损害负责，必须在所有客观存在着的引起结果的诸多原因中筛选出对结果具有决定意义的原因。

　2．行为的主观意志性

行政责任所要惩戒的是责任人的主观恶性而不是客观的必然因果关系，因此，要作出行政责任的界定离不开对行政责任人主观状态的认定。人的意志、心理、思想等主观因素与外部行为之间的因果关系，即导致损害结果或危害结果出现的违法行为或不当行为是否是由行为人内心主观意志支配外部客观行为的结果，就成为具有客观的因果关系行为是否具有可罚性的重要标准，即这里体现着过错原则。

　3．法律的具体规定

法律上的行政责任认定在证明客观的因果关系和主观意志性之后，还要看是否有法律上的具体规定，没有法律明文规定，不能追究相关人员和组织的行政责任。

三、行政责任的种类与表现形式

（一）行政责任的种类

行政责任可以根据不同的标准进行分类。

1．根据承担责任主体不同，可以分为行政主体责任和公务员责任。行政主体是国家行政职能的组织载体，享有广泛的行政职权，也负有相应行政职责。行政主体不仅要对自己违法、不当行政行为的后果负责，而且还要在一定范围和程度上对公务员的和受委托组织的违法、不当行政行为的后果负责。行政公务人员对自己的职务行为违法也负有责任。行政主体和行政公务人员的责任不能相互替代。由于行政主体和行政公务人员具有本质区别，其行政行为所引起的责任在内容、承担方式和追究程序等方面都存在着差别。

2. 根据责任行为的调整对象，可分为抽象行政行为责任和具体行政行为责任。抽象行政行为是指行政主体制定具有普遍约束力的规范性文件的行为。具体行政行为是指行政主体针对特定对象，就特定的事项所作出的处理决定。无论是抽象行政行为还是具体行政行为违法，都要承担一定的法律责任，但两者有许多不同之处：首先，责任主体不同。前者只能是行政主体，而不能是公务员；后者除行政主体外，还包括公务员。其次，责任形式不同。前者主要体现为撤销或改变规范性法律文件；后者则更多地表现为停止侵害、恢复名誉、恢复原状、返还财产、行政处分和行政赔偿等。再次，追究责任的主体不同。根据我国法律规定，对违法抽象行政行为有权追究责任的主体仅限于权力机关和行政主体，不包括司法机关；而对违法具体行政行为追究责任的主体既包括该机关自身、上级行政机关，也包括司法机关，权力机关一般不直接参与具体行政行为行政责任的确定与追究。

3. 以责任行为适用与效力作用的对象范围为标准，可以分为内部行政责任和外部行政责任。内部行政责任是指行政系统内部行政主体及其公务员行政违法、行政不当而引起的法律责任。内部行政法律责任必定是内部行政法律关系中一方主体对另一方主体的责任，如公务员对行政主体承担的法律责任。外部行政责任是指行政主体行使行政职权时，因其行为违法、不当造成行政相对人的损害，依法承担的行政法律责任。外部行政法律责任接受司法机关的审查，内部行政法律责任则排斥司法审查。

4. 根据行政行为性质，可以分为行政决策责任、行政执行责任、行政监督责任。从行政权力的运行过程，可以将行政行为分为行政决策、行政执行和行政监督。以此为基础，产生相应的责任。行政决策责任是指行政主体在实施行政决策时违反法律规定而应承担的不利后果。行政执行责任是指行政主体针对特定对象实施的产生法律效力的行为违法而应当承担的法律后果。社会生活中，大量存在的行政责任属于行政执行责任。行政监督责任是指具有行政监督职能的行政主体违反法律、法规规定，未履行监督职责而产生的法律后果。在我国现阶段，具有行政监督职能的责任主体包括上级行政主体和专门行政机构，前者包括所属人民政府和上级主管部门，而后者包括审计和行政监察机构。

5. 根据归责主体不同，分为权力机关确认和追究的行政责任、行政主体确认和追究的行政责任、司法机关确认和追究的行政责任。权力机关有监督职权，理应成为行政责任追究主体。行政主体是重要的归责主体，上级行政主体对下级行政主体享有监督权，自然成为确认和追究行政违法行为的法律责任的主体。现实生活中发生的行政违法多数是通过上级行政主体的责任追究来实现的。司法机关是归责主体，用司法权审查行政行为的合法性，是"三权分立"、"权力制约"理念的贯彻，对司法机关确认和追究的行政责任，其基本救济方式是行政诉讼。

6. 根据责任实现的功能和目的不同，分为补救性责任和惩罚性责任。补救性责任是指以恢复被扰乱的行政法律秩序为主要目的的责任形式。其实施侧重于对社会现实损害的弥补，目的在于对行政相对人的救济，承担责任的方式以财产赔偿为主。惩罚性责任是对责任主体实施某种行为，造成其心理压力、进行精神惩戒或剥夺某种权力或资格，或科以某种义务，进而防止违法行为的再次发生。补救性责任以补救行政违法后果为内容，惩罚性责任以惩罚违法行为主体为内容。

惩罚性责任与补救性责任主要有以下区别：首先，发生场合不同。惩罚性责任主要发生在内部行政关系中；而补救性责任主要发生在外部行政关系中。其次，主体不同。一般情况下，惩罚性责任由行政公务人员承担；而补救性责任主要由行政主体承担。再次，发生根据不同。惩罚性责任的发生根据主要是责任人的主观过错，即责任人的主观恶性程度；而补救性责任发生的根据主要是客观损害后果，即给相对人合法权益造成的实际损害。最后，载体不同。法律责任的载体主要有四种，即财产、行为、精神和人身。惩罚性责任的主要功能是给责任人的精神施加压力，从而防止行政违法、不当行为的再次发生，以受惩罚者的人身或者职务身份等作为行政责任的主要载体；而补救性责任的主要功能是恢复受到破坏的行政法律秩序，以财产或行为作为主要的载体。

（二）行政责任的表现形式

1. 行政主体承担行政责任的形式

（1）通报批评。通报批评是一种惩罚性行政责任。在行政主体或者行政公务人员的行政责任确定以后，由上级行政机关或者行政监察机关通过文件、报刊、会议等途径对下级行政主体或者行政公务人员的违法事实、影响以及处理结果予以公布，对作出违法行政行为的行政主体及其行政公务人员起到警戒作用。

（2）承认错误、赔礼道歉。承认错误、赔礼道歉是一种对轻微精神损害进行补救的行政责任形式，一般由行政主体的主要负责人向行政相对人作出。如《治安管理处罚法》第 117 条规定，公安机关及其人民警察违法行使职权，侵犯公民、法人和其他组织合法权益的，应当赔礼道歉；造成损害的，应当依法承担赔偿责任。赔礼道歉既可以是口头的，也可以是书面的。由于书面形式较正式、严肃，宜较多采用书面形式。

（3）恢复名誉，消除影响。恢复名誉，消除影响是一种精神上的补救性行政责任。消除影响是指通过相应途径和方式消除违法行政行为对行政相对人的人格造成的不良影响。恢复名誉是指恢复受害人被损害的名誉。恢复名誉可以采取在一定范围会议上宣布正确决定、在报刊上更正原处理决定或者向有关单位寄送书面更正材料等方法。方法的选择取决于行政相对人名誉受损的程度和范围。上述两种责任形式密不可分，消除影响是手段，恢复名誉是目的。

（4）返还权益。行政主体违法剥夺行政相对人的合法权益并造成损害，有权机关在撤销违法行政行为的同时，必须责令行政主体返还行政相对人的合法权益。合法权益不单指财产权益，还包括政治权益，如恢复职务。如公安机关违法作出没收的治安管理处罚，应当向被处罚人退回罚没款项和财物。

（5）恢复原状。恢复原状指通过对违法行政行为损害的物进行修复，使其恢复到原来的状态和特征。恢复原状既是民事责任形式，也是行政责任形式。如行政机关违法对相对人的财产实施查封、扣押，应当解除对其财产的查封、扣押。

（6）停止违法行为。对于已被确认为违法的行政行为，如果该行为仍在继续实施，由有权机关责令停止该违法行为。

（7）撤销违法行政行为。行政行为一经作出即具有确定力。但是，如果该行为属于违法行为，从行政法治的原则出发，有权机关应当予以撤销。撤销违法行政行为主要有两种情况，一是撤销已完成的行为，如宣布原行政决定违法而予以撤销；二是撤销正在进行中的行为，如宣布撤销禁止性命令等。《行政诉讼法》第 54 条规定，具体行政行为具有主要证据不足、适用法律法规错误、违反法定程序、超越职权或者滥用职权等情形之一的，人民法院应当判决撤销或者部分撤销。

（8）纠正不当。行政复议机关和人民法院作为有变更权的机关，对不当行政行为引起的法律责任应予以变更。如《行政诉讼法》第 54 条规定，对行政处罚显失公正的，人民法院可以判决变更。

（9）履行职责。行政主体及其行政公务人员不履行法定职责即构成行政失职。行政主体及其行政公务人员对于行政失职所要承担的法律责任是履行职责。如行政相对人不服行政机关的行政行为而申请行政复议，行政复议机关不予受理，申请人有权要求行政复议机关履行法定职责，受理行政复议申请并作出行政复议决定。

（10）行政赔偿。损害赔偿是一种由行政侵权引起的行政责任形式，是在返还权益和恢复原状已无法补救权益损害时使用的补救性行政责任形式。根据《国家赔偿法》第 25 条的规定，行政赔偿以支付赔偿金为主要方式。

2．公务员承担行政责任的形式

行政公务人员承担行政责任的方式主要包括通报批评、行政处分和行政追偿。

（1）通报批评。通报批评是一种惩罚性行政责任。由该行政公务人员所属的行政主体以书面形式作出，目的是批评教育违法行使职权的行政公务人员。

（2）行政处分。行政处分是行政主体基于行政隶属关系对有轻微违法、违纪行为的行政公务人员所作出的制裁性行为。作为行政责任，行政处分的实施必须遵循一定的原则。第一，处分法定原则。即必须由具有行政处分权的行政主体依据法定权限、条件和程序，对应当给予行政处分的行政公务人员实施；第二，处分与教育相结合原则。即行政处分是手段，通过行政处分达到促使行政公务人员自觉遵守法律、依法行政的目的；第三，过错与处分相适应原则。即实施的行政处分必须与公务人员违法行为的事实、性质、情节以及社会危害程度相当；第四，平等原则。即所有行政公务人员适用行政处分一律平等。《公务员法》第 53 条规定了公务员的各项纪律，第 56 条规定了对公务员的六种处分，即警告、记过、记大过、降级、撤职、开除。

（3）行政追偿。行政追偿是惩罚性和补救性兼有的行政责任。公务员的违法行为如果存在主观故意或者重大过失，给行政相对人合法权益造成损害的，先由行政赔偿义务机关履行行政赔偿义务，然后向符合条件的行政公务人员实施行政追偿，由其承担部分或全部赔偿费用。

四、行政责任的追究、免除、转继和消灭

（一）行政责任的追究

行政责任的追究是指有权机关根据行政责任的构成要件，依照法定程序认定和追究行政责任的过程。其中，认定行政责任是追究行政责任的前提。有权机关根据行政违法和行政不当行为的事实、性质、情节和程度，选择与之适应的行政责任形式。在我国，有权追究行政责任的机关有三类，即权力机关、行政机关和司法机关。

行政机关作为权力机关的执行机关，权力机关有权监督行政机关的活动，并通过一定的手段、方式追究行政机关的法律责任。对于行政机关制定的不合法或者不适当的决定、命令、规范性文件等抽象行政行为，权力机关一般采用撤销的方式追究责任、并有权对政府组成人员追究行政责任。

行政机关主要通过三种方式追究行政责任。第一，行政主体通过自我监督，发现职权行为的违法或者不当，并主动予以撤销、纠正；第二，上一级行政机关通过监督、检查，责令下一级行政机关撤销、纠正职权行为的违法或者不当，

并可对行政公务人员进行行政处分；第三，行政复议机关受理公民、法人或者其他组织的复议申请，通过行政争议的解决，追究行政违法或者行政不当的法律责任。

人民法院通过对具体行政行为合法性的审查，按照司法程序作出撤销、变更、限期履行职责等司法判决，以司法裁判的方式追究行政主体的行政责任，对行政相对人的合法权益进行补救。

（二）行政责任的免除

行政主体的行为不符合法律的规定，具有行政违法的特征，但是，如果该行为是出于保护社会公共利益，则行政主体可以免于承担行政责任。按照有关法律的规定，免除行政主体行政责任的情形主要有以下两种。

1. 正当防卫。正当防卫是行政公务人员为了使本人权益、他人权益或者公共利益免受正在进行的侵害而对侵害人实施侵害，以迫使其停止、放弃侵害的行为。正当防卫以侵害来制止不当侵害，其实施必须是针对违法侵害行为，并且是正在进行的侵害行为；而且不得超过必要的限度，超过必要限度，应当承担行政责任。

2. 紧急避险。紧急避险是行政公务人员为了使本人权益、他人权益或者公共利益免受正在发生的危险，出于不得已而侵害受法律保护的他人权益或者公共利益的行为。紧急避险的成立必须具备三个条件：一是为了使合法权益免受正在发生的危险；二是情况紧急，没有其他途径可供选择；三是侵害的合法权益不得超过保护的合法权益。

（三）行政责任的转继和消灭

行政责任的转继指行政责任为另一行政主体所继受。行政责任原则上不得转继，如果转继，必须符合两个要件：一是行政责任已经确定，但尚未履行或者未履行完毕；二是出现了导致责任转继的法律事实，如行政主体合并、撤销、分解等。

行政责任的消灭是指行政责任所确定的行政义务终止。引起行政责任消灭的法律事由包括：行政责任已经履行完毕；权利人放弃权利；履行行政责任失去意义；履行行政责任成为不可能；追究行政责任的决定被依法取消等。

行政主体行政责任与民事责任的竞合

行政机关或法律、法规授权的组织作为行政行为的法定实施主体，根据"违法与责任相对应"、"有权利必有救济"的原则，自当对其违法、不当行为承担行政法律责任。但其并非具有恒定的行政主体资格，只有在切实行使行政权力，作出影响相对人权利、义务行为的权力行政场域中，方可谓之。行政主体在非权力行政领域，其或以管理相对人身份出现，或以民事主体身份出现，此时，行政机关所承担的是民事责任或刑事责任，非行政责任。当权力行政与非权力行政在特定情形下交叉、相遇时，行政责任与民事责任产生了竞合。应当注意的是，主体资格的行政性乃行政责任与民事责任竞合产生的基本前提，只有在行政主体的同一行为（该行为既可是行政主体行使行政权力的职权行为，也可是行政主体以行政权力为背景的非权力行为，如行政合同行为、行政指导行为等）同时违反行政法律规范和民事法律规范的情况下，才可能成就行政责任与民事责任竞合之土壤。当行政责任与民事责任发生竞合时，如何承担责任，才能有效保护行政相对人的合法权益。

　　详细内容参见胡肖华、徐靖，《行政主体行政责任与民事责任竞合的数理分析》，《行政法学研究》，2007 年，第 2 期，第 19～24 页。

思考题

1. 名词解释

（1）行政违法　　（2）行政不当　　（3）行政责任

2. 任意项选择题

（1）A 因调戏妇女被带到派出所，有一警察从外面进来，看到 A 态度不好，便踢了 A 一脚，导致 A 脾脏破裂，为此（　　）。

A. A 自行承担责任

B. 该警察所在派出所对 A 承担赔偿责任

C. 该警察所在公安局对 A 承担赔偿责任

D. 对 A 实行赔偿后，对该警察实行追偿

（2）A 为工商局干部，B 为派出所民警，两人共同违法作出没收甲财产的决定，为此（　　）。

A. A 与 B 共同承担责任

B. A 与 B 分别承担责任

C. 工商局与派出所共同承担责任

D. 工商局与公安局共同承担责任

（3）追究行政主体行政责任的前提是（　　）。

A. 确认行政违法或行政失当

B. 认定行政失当
C. 认定行政责任
D. 确定行为主体

3．简答题

（1）简述行政违法的构成要件。

（2）简述行政责任的特征。

4．论述题

（1）试论行政违法与行政不当的异同。

（2）试论行政责任与民事责任、刑事责任的联系与区别。

第十六章　行政复议

本章重点

　　行政复议是不同于行政调解、行政仲裁、行政诉讼等救济手段的一项非常重要的制度。自行政复议法颁布后，我国每年约有 9 万起行政争议是通过行政复议途径解决的，这对保护行政相对人的合法权益免受行政主体的非法侵害具有非常重要的意义。本章重点内容有：理解行政复议的内涵、特征、基本原则和作用；认识行政复议的范围和管辖规则；掌握行政复议的申请人、被申请人及第三人的认定标准和法律地位；了解行政复议的基本程序及其准司法化倾向。

第一节　行政复议概述

一、行政复议的内涵与特征

　　行政复议是指行政相对人认为行政主体的具体行政行为侵犯其合法权益，按照法定程序向行政复议机关提出审查并纠正原具体行政行为的申请，行政复议机关据此对该具体行政行为进行审查并做出复议决定的法律制度。行政复议是行政救济程序中一项非常重要的制度，既是保护行政相对人的合法权益免受行政主体的非法侵害，也是行政机关内部自我监督的一种重要形式。行政复议是一种不同于行政调解、行政仲裁、行政诉讼等救济手段的独立的行政救济程序，有其自身的特征。

　　1. 行政复议权只能由行政机关来行使。行政复议是行政机关内部解决行政争议和自我监督的制度，行政复议权只能由法定的行政机关来行使。根据《中华人民共和国行政复议法》（以下简称《行政复议法》）第 1 章和第 3 章的规定，行政复议原则上由上一级行政业务主管机关为复议机关，在特殊情形下，可由原行政机关或者由设立的派出机关为复议机关。

2. 行政复议的对象原则上为行政争议。行政复议实际上是一种行政审查制度，复议机关不能对任何行政行为行使审查权。行政复议审查的对象原则上只能是行政机关做出的具体行政行为，处理因此而引起的行政争议。对抽象行政行为只能在对具体行政行为提起行政复议申请时一并提出，而不能单独对抽象行政行为提起行政复议，要求行政复议机关予以审查。对行政机关内部的行政行为引起的争议不能提起行政复议；对民事争议和其他争议只有在法律有明文规定的情况下才可以提起行政复议。

3. 行政复议程序的启动应尊重行政相对人的选择权。行政复议从性质上仍是一种具体的行政行为，但不是主动依职权的行政行为。行政相对人对自己的合法权益因具体行政行为受到侵害，应采取何种救济手段享有选择权，行政机关应尊重行政相对人的这一权利，坚持"不申请不受理"的原则。至于上级行政机关发现下级行政机关所做的具体行政行为违法或不当时，可主动予以撤销或变更，这属于上级对下级的行政监督，而不是行政复议行为。行政复议程序的申请人只限于行政相对人，被申请人一般是做出具体行政行为的行政主体，如果行政复议附带审查抽象行政行为，作出抽象行政行为的行政主体也应该作为被申请人。

4. 行政复议是一种行政司法行为。行政复议从行政机关的角度而言，是基于行政主体之间的层级隶属关系，复议机关行使内部监督权的程序，属于具体行政行为；从行政相对人的角度而言，是复议机关处理行政争议，对被侵害的合法权益进行救济的程序。从处理争议的公正性考虑，行政复议从申请的提出、受理、决定到执行都需要一套严格的程序，在某些方面借鉴了司法程序许多成功的做法，从而与一般的行政行为有明显的区别，具有了"准司法行为"的性质。

5. 行政复议以合法性和合理性为审查标准。行政复议主要是上级行政机关对下级行政机关的具体行政行为进行的监督性审查，其审查标准与行政诉讼不同。根据《行政复议法》第28条第1款第1项和第3项的规定，行政复议的审查标准是合法性标准和合理性标准，而行政诉讼的审查标准主要是合法性标准。

二、行政复议的作用

我国行政复议法明确规定："为了防止和纠正违法的或者不当的具体行政行为，保护公民、法人和其他组织的合法权益，保障和监督行政机关依法行使职权，根据宪法，制定本法"。从制定行政复议法的指导思想可以看出，行政复议既具有救济性，也具有内部监督性，由此决定了行政复议在依法行政进程中的作用范围与属性。

（一）保护行政相对人的合法权益，体现它的救济性。法治国家的核心是依法行政，依法行政即意味着每一个公民都相信，法律能够有效约束一切行政权力的行使，从而避免他们的合法权益遭受违法的或者不当的具体行政行为的侵害。而在现实的社会生活中，行政权力无所不在，呈现出不断扩张的趋势，成为影响行政相对人合法权益的主要因素，甚至连侵害公民、法人和其他组织合法权益的违法的或者不当的具体行政行为也难以避免。因此，大凡推行民主法治的国家，均对行政权力的行使时刻保留高度的警惕，通过完善行政法制，形成一套公正、高效的保障行政相对人合法权益的救济程序。这正体现了行政诉讼和行政复议制度存在的必要。与行政诉讼救济程序相比较，行政复议救济对行政相对人的合法权益的保护更能体现现代社会高效、快捷、方便的特点。它是利用行政机关内部的上下级的监督关系，来防止和纠正违法的或者不当的具体行政行为，以保护公民、法人和其他组织的合法权益。因此，对行政相对人而言，行政复议是一种行政救济程序。

（二）保障和监督行政机关依法行使职权，体现它的监督性。行政权的正当行使可以给行政相对人带来利益，相反则会侵害行政相对人的合法权益，从而引起行政争议，这不仅使正常的行政法律关系处于不稳定的状态，而且影响着行政管理目标的实现和政府的形象。因此，通过行政复议，由上级行政机关对有争议的具体行政行为进行审查和处理，一方面，对那些合法、适当的行政行为决定予以维持，向行政相对人表明下级行政机关的具体行政行为是正确的，从而保障原具体行政行为的实施，维持正常的社会秩序；另一方面，对那些违法、不当的具体行政行为进行撤销或变更，向做出具体行政行为的机关释明错误的原因，这样既能在行政系统内部纠正违法或不当的具体行政行为，也能预防今后类似问题的发生，以达到监督行政机关依法行使职权的目的。

三、行政复议的基本原则

行政复议的基本原则是反映各种复议活动和由此而引发的一切行政法律关系的一般规律，是行政复议发展的时代精神的集中体现，它隐含于具体的行政复议法律规范和制度之中，并决定着这些法律规范和制度的实践走向，具有内容的根本性和法律效力的贯彻始终性。它既可以用来解释行政复议法条文的含义，也可以补缺行政复议法条文的不足，是行政复议活动的基本准则。行政复议的基本原则主要有：

（一）合法原则。依法行政是一切行政权力行使应遵循的基本要求，行使行政复议权也应当遵循合法原则。行政复议既然是纠正违法和不当的具体行政行为，监督行政权力的正确行使，则必然要求复议机关按照法定的职权和程序从事复议活动，复议机关的管辖权限必须有法律依据，不能超越职权甚至滥用职权从事复议活动；从内容上，审理复议案件必须以事实为依据，符合实体法的规定；从形式上，审理复议案件的程序必须合法。

（二）公正原则。公正是一切执法、司法活动的本质要求，行政复议是一种准司法行为，公正性是其生命力之所在，包括程序公正和实体公正两方面的内容。就程序公正而言，裁决者的中立性是其核心要素，要求复议机关在处理行政争议时，应处在不偏不倚的立场上平等对待申请人和被申请人，不能夹杂任何个人利益或偏袒一方当事人。在必要的情况下，让当事人参与到复议的程序之中并影响复议结果的形成。除了程序公正以外，复议机关应查明案件事实，选择正确的法律依据，合理、适度地行使法律赋予的自由裁量权，做出正确的复议决定。

（三）公开原则。公开是指行政复议活动应当公开进行。公开原则要求行政复议的依据、行政复议的程序、行政咨讯及其行政复议的结果都要公开，使当事人和社会各界，包括媒体充分了解行政复议活动的具体情况，从而发挥社会监督的功能，避免暗箱操作导致腐败与不公正，增强公众对行政复议的信赖度。

（四）及时原则。及时是对行政复议期限上的要求：一是要求复议机关在复议案件时应当在法律许可的范围内，以效率为目标，及时完成复议案件的审理工作，如果法律没有明确规定期限，复议机关则应尽快完成复议行为，若是违反了法定的期限则应承担相应的法律责任；二是要求复议机关应当督促复议当事人遵守法定期限。及时原则的贯彻有利于为受到侵害的当事人提供及时的救济和保护，能使损害得到及时的控制。

（五）便民原则。便民原则一直都是行政复议的一条基本原则，要求复议机关在合法、公正的前提下，尽可能地保障相对人利用行政复议制度的便捷性和实效性。具体内容包括：（1）行政复议程序要简便，不能过于繁琐累赘，尽量避免增加当事人的复议成本；（2）提高行政复议制度的运行实效性，使行政复议制度成为相对人真正信赖的权利救济制度；（3）便民不是让相对人左右行政复议程序，也要考虑对行政主体的正当、合法利益的保护。

（六）司法最终原则。"司法最终原则"是法治社会民众权利保护的最后防线。行政复议程序为相对人提供了行政机关内部层级救济机制，但不是最终的救济方式。当事人对行政复议决定不服的，除法律规定的例外情况，均可以向人民法院提起行政诉讼，人民法院经审理后最终作出具有终局效力的裁决。

我国行政复议制度的司法化

我国现行行政复议制度对于保障公民合法权益、监督行政机关依法行政发挥了积极作用，但在实践中也暴露出诸多缺陷，例如行政复议机构缺乏独立性、复议程序缺乏公正性、行政复议范围过于狭窄、行政复议管辖体制不畅等。为应对我国加入 WTO 后的新形势、探索我国行政复议制度的改革之道，中国社会科学院法学所行政复议制度司法化研究课题组、《法学研究》编辑部和《经济观察报》2003 年 9 月在北京联合召开了"加入 WTO 的中国行政复议制度：挑战、机遇与改革研讨会"，理论与实务界七十多位专家参加了研讨。在研讨会上，专家们的发言从不同视角探讨了我国行政复议制度的司法化之路。专家们的发言主要包括：周汉华的《我国行政复议制度的司法化改革思路》、王学政的《建立统一的行政法律救济制度》、朱新力的《行政复议应向司法化逼近》、黄红星的《对我国现行行政复议体制的两点反思》、杜宝国、陈欢欢的《我国现行行政复议体制的缺陷分析》、周婉玲的《我国行政复议组织与程序的改革》、许安标的《行政复议程序应当多样化》、李洪雷的《行政复议制度改革应处理好四组关系》等。

详细内容请参见《我国行政复议制度的司法化》（笔谈），《法学研究》，2004 年，第 2 期，第 146～159 页。

第二节　行政复议的范围和管辖

一、行政复议的范围

行政复议的范围是指，行政相对人认为行政机关做出的行政行为侵犯其合法权益，依法可以向行政复议机关请求审查的界限。对相对人来说，是申请行政复议的范围；对复议机关来说，是受理行政复议案件的范围。从权利救济的理想状态而言，行政复议的范围与行政权行使的范围是一致的，但各国从本国法治的实际出发，采取不同的立法模式，适当限制了行政复议的范围。《行政复议法》采取列举和概括相结合的方式，明确了行政复议的范围。具体包括可申请的行政行为和禁止申请的事项两个方面。

（一）可申请的行政行为

行政行为包括具体行政行为和抽象行政行为。从理论上讲，凡是申请人对侵犯其合法权益的具体行政行为不服，均可申请行政复议，《行政复议法》第6条的规定基本上体现了这一精神。在我国目前的行政审查体制之下，原则上申请人对侵犯其合法权益的抽象行政行为不服，是不能申请行政复议的，除非立法有例外规定。《行政复议法》第7条第一次规定了可附带申请的抽象行政行为的范围。具体而言：

1. 可申请复议的具体行政行为

（1）对行政机关作出的行政处罚决定不服的；行政处罚是行政复议事项中最主要的具体行政行为，凡是行政机关作出的、影响行政相对人权益的行政处罚，相对人若不服，均可申请行政复议。主要包括警告、罚款、没收违法所得、没收非法财物、责令停产停业、暂扣或者吊销许可证、暂扣或者吊销执照、行政拘留等。

（2）对行政机关作出的行政强制措施决定不服的；行政强制措施是由行政主体依照法律规定的条件和程序，对行政相对人的人身或者财产实施临时性的控制措施。在国外有些国家法律规定在实施某些强制措施时必须经法院的许可。我国行政主体实施行政强制措施不需要法院的许可状。凡是行政相对人对行政机关作出的、影响相对人权益的限制人身自由或者查封、扣押、冻结财产等行政强制措施决定不服的，均可申请行政复议。

（3）对行政机关作出的有关许可证、执照、资质证、资格证等证书变更、中止、撤销的决定不服的；这些资格证书是相对人从事某种职业的前提条件，行政机关作出的任何不合法或不合理的变更、中止、撤销的决定，将直接影响相对人的既得利益，相对人可以申请行政复议。

（4）对行政机关作出的关于确认土地、矿藏、水流、森林、山岭、草原、荒地、滩涂、海域等自然资源的所有权或者使用权的决定不服的；

（5）认为行政机关侵犯合法的经营自主权的；合法的经营自主权是指相对人对其所有的或者经营、管理的财产依法享有占有、使用和处分的权利。公民、法人和其他组织的经营自主权受法律保护。如：经营决策权、产品劳务定价权、产品销售权、物资采购权、进出口权、投资决策权、留用资金支配权、资产处置权、联营或兼并权、劳动用工权、人事管理权、工资奖金分配权、内部机构设置权、拒绝摊派权等以及公民依法享有的对集体所有或集体使用的土地承包经营权均受到法律保护。行政机关对相对人的上述权利的非法干预、截留、限制或取消，将直接影响相对人的财产利益，相对人可以申请行政复议。

（6）认为行政机关变更或者废止农业承包合同，侵犯其合法权益的；

（7）认为行政机关违法集资、征收财物、摊派费用或者违法要求履行其他义务的；

（8）认为符合法定条件，申请行政机关颁发许可证、执照、资质证、资格证等证书，或者申请行政机关审批、登记有关事项，行政机关没有依法办理的；

（9）申请行政机关履行保护人身权利、财产权利、受教育权利的法定职责，行政机关没有依法履行的；

（10）申请行政机关依法发放抚恤金、社会保险金或者最低生活保障费，行政机关没有依法发放的；

（11）认为行政机关的其他具体行政行为侵犯其合法权益的。这是一弹性条款，凡不属于上述列举情形的具体行政行为，行政相对人若不服，也可以申请行政复议。

2. 可申请复议的抽象行政行为

抽象行政行为，是指行政机关以不特定的人或事为管理对象，制定具有普遍约束力并可反复适用的规范性文件的行为，包括制定行政法规、规章以及发布决定和命令。抽象行政行为一般不能申请行政复议，《行政复议法》第7条规定：公民、法人或者其他组织认为行政机关的具体行政行为所依据的下列规定不合法，在对具体行政行为申请行政复议时，可以一并向行政复议机关提出对该规定的审查申请：

（1）国务院部门的规定；

（2）县级以上地方各级人民政府及其工作部门的规定；

（3）乡、镇人民政府的规定。

前款所列规定不含国务院部、委员会规章和地方人民政府规章。规章的审查依照法律、行政法规办理。

（二）禁止申请行政复议的事项

《行政复议法》在概括列举了可以申请复议的行政行为后，在第8条列举了下列事项不在行政复议的范围内，相对人不得提出复议申请：

1. 内部行政行为：内部行政行为涉及的是行政机关的内部事务，与外部行政行为的救济途径有别。《行政复议法》第8条规定：不服行政机关作出的行政处分或者其他人事处理决定的，依照有关法律、行政法规的规定提出申诉。行政处分是行政机关对其工作人员做出的惩戒决定，依据《行政监察法》的规定国家公务员和国家行政机关任命的其他人员对主管行政机关做出的行政处分决定不服的，可以向监察机关提出申诉。人事处分决定是行政机关对其工作人员做出的录用、考核、奖励、辞职等的决定。国家公务员或其他国家工作人员对人事决定不服，可以向原机关申请复核，或者向同级政府人事部门申请，或者向人事争议仲裁委员会申请仲裁。

2．对民事纠纷处理的行为；《行政复议法》第 8 条第 2 款规定：有关当事人"不服行政机关对民事纠纷作出的调解或者其他处理，依法申请仲裁或者向人民法院提起诉讼"。按照我国有关法律的规定，行政机关可以处理民事纠纷。其处理方式可以是行政调解、行政裁决，也可以用其他方式来处理。但无论采用什么方式来处理，行政机关是针对平等主体之间的民事纠纷居中而做出的行为，当事人若不服，不能申请复议，最终可由仲裁机构或人民法院来解决。

3．对国防、外交等国家行为不服的，不能申请行政复议。

二、行政复议的管辖

（一）行政复议管辖的概念

行政复议的管辖，是指不同层级、不同职能的行政机关之间受理复议案件的权限分工。行政复议的管辖是相对人申请行政复议的前提，使相对人明确，当对具体行政行为不服时，应当向哪一具体的行政机关提出申请；行政复议的管辖也是复议机关行使复议权的合法根据。行政复议的范围是从整体上解决了哪些行政争议可以向行政机关申请复议，而行政复议的管辖是从具体上解决了相对人应到哪一具体行政机关申请复议。因此，行政复议的范围是确定行政复议管辖的前提，行政复议的管辖是对行政复议的范围的进一步落实。

（二）行政复议管辖的确定规则

《行政复议法》第 12 条至第 15 条对行政复议管辖作了规定，明确了确定行政复议管辖的一般规则。

1．对政府工作部门具体行政行为不服的管辖

对政府工作部门具体行政行为不服的管辖一般实行申请人选择原则，即申请人可以向该部门的本级人民政府申请行政复议，也可以向上一级主管部门申请行政复议。但也有例外：（1）对实行垂直领导的政府工作部门具体行政行为不服的，只能向上一级主管部门申请行政复议；《行政复议法》第 12 条第 2 款规定："对海关、金融、国税、外汇管理等实行垂直领导的行政机关和国家安全机关的具体行政行为不服的，向上一级主管部门申请行政复议。"（2）对国务院各部门的具体行政行为不服的，只能向作出该具体行政行为的国务院原部门申请行政复议。对国务院各部门做出的行政复议决定不服的，可以向人民法院提

起行政诉讼；也可以向国务院申请裁决，国务院做出的是最终裁决。

2. 对地方各级人民政府的具体行政行为不服的管辖

一般而言，政府做出的行政行为往往具有综合性、复杂性、难度较大等特点，因此，对地方各级人民政府的具体行政行为不服的管辖，采取的是"政府对政府"的层级管辖确定方式。《行政复议法》第13条规定："对地方各级人民政府的具体行政行为不服的，向上一级地方人民政府申请行政复议。"但对省、自治区、直辖市人民政府的具体行政行为不服申请复议的管辖，采取原机关管辖的办法，向作出该具体行政行为的省、自治区、直辖市人民政府申请行政复议。对行政复议决定不服的，可以向人民法院提起行政诉讼；也可以向国务院申请裁决，国务院作出的裁决是最终裁决。

3. 对特殊行政主体具体行政行为不服的管辖

所谓特殊行政主体的具体行政行为主要包括地方政府设立的派出机关、法律授权的组织、两个以上的行政机关等所为的具体行政行为，因其具有特殊性，《行政复议法》第15条规定了复议管辖的确定规则。

（1）对派出机关的具体行政行为的复议管辖。根据《行政复议法》第15条第1款第1项和第2项的规定，对县级以上地方人民政府依法设立的派出机关的具体行政行为不服的，向设立该派出机关的人民政府申请行政复议；对政府工作部门依法设立的派出机构依照法律、法规或者规章规定，以自己的名义作出的具体行政行为不服的，向设立该派出机构的部门或者该部门的本级地方人民政府申请行政复议。

（2）对法律、法规授权组织的具体行政行为的复议管辖。授权组织虽不是行政机关，但却行使着法律授予的行政管理权力，具有行政主体地位，对该组织做出的具体行政行为不服申请复议，应由直接管理该组织的行政机关受理。《行政复议法》第15条第1款第13项规定："对法律、法规授权的组织的具体行政行为不服的，分别向直接管理该组织的地方人民政府、地方人民政府工作部门或者国务院部门申请行政复议"。

（3）对共同行政行为的复议管辖。根据《行政复议法》第15条第1款第4项的规定，对两个或者两个以上行政机关以共同的名义作出的具体行政行为不服的，向其共同上一级行政机关申请行政复议。

（4）对被撤销行政机关行为的复议管辖。根据《行政复议法》第15条第1款第5项的规定，对被撤销的行政机关在撤销前所作出的具体行政行为不服的，向继续行使其职权的行政机关的上一级行政机关申请行政复议。

4. 移送管辖和指定管辖

移送管辖是指接受特殊行政主体的行政行为的复议案件的县级地方政府，对不属于自己受理范围的行政复议申请，应当在收到该复议申请之日起 7 日内移送有管辖权的复议机关，并告知申请人。对《行政复议法》第 15 条第 1 款规定的特殊主体的具体行政行为不服提起的行政复议，应当按照上述规则确定管辖，但考虑到实践中，相对人不清楚管辖机关和被申请人之间的特殊关系，从方便申请人的角度考虑，《行政复议法》第 15 条第 2 款和第 18 条做出了变通的规定，确立了移送管辖的规则。

指定管辖，是指由于特殊原因，某一复议案件的管辖发生争议，由上级行政机关或同级人民政府指定某一行政机关管辖。指定管辖往往是因为管辖权发生冲突，且协商不成时，由他们的共同上级行政机关指定管辖。

（三）复议管辖与诉讼管辖的关系

行政复议和行政诉讼是两种不同的保护行政相对人合法权益的救济手段，一般情况下，在管辖关系中二者并存且相互排斥，即两种救济手段相对人可以选择使用，但不能同时选择。也就是说，相对人可以选择先向行政机关复议，若对行政复议决定不服再向人民法院提起行政诉讼的途径；也可以选择不经过行政复议程序，直接向人民法院提起行政诉讼的救济途径。行政相对人提出复议申请，复议机关也受理了行政复议的申请，申请人不能再向人民法院提起行政诉讼，相反同理。相对人对法院做出的行政诉讼判决不服，不能再申请行政复议，只能向上一级人民法院提出上诉来解决。

上述一般原则也有两种例外：其一，法律、法规特别规定了行政复议是提起行政诉讼的前置程序的，相对人只能先申请行政复议，对复议决定不服，再启动诉讼程序。如《行政复议法》第 30 条第 1 款的规定。其二，法律排除相对人的诉讼救济手段，只能选择行政复议救济途径。如《行政复议法》第 30 条第 2 款规定："根据国务院或者省、自治区、直辖市人民政府对行政区划的勘定、调整或者征用土地的决定，省、自治区、直辖市人民政府确认土地、矿藏、水流、森林、山岭、草原、荒地、滩涂、海域等自然资源的所有权或者使用权的行政复议决定为最终裁决。"对该情况相对人即使对复议决定不服，或者超过了法定的复议期限的，也不能提起诉讼，而只能向作出该决定的行政机关的上级行政机关提出申诉。

杨一民诉成都市政府其他行政纠纷案

原告杨一民系成都列五中学职工，该校以 1992 年就已对原告作"除名处理"为由，拒绝给原告安排工作、发放工资等。原告认为其行为严重侵犯自己的人身权和财产权，于 2005 年向成都市教育局申诉。成都市教育局于 2005 年 5 月 20 日向原告作出信访回复。原告不服，向四川省教育厅申诉，四川省教育厅责令成都市教育局复查。成都市教育局又于 2005 年 8 月 18 日再次给予原告信访答复，内容与前一次一致。于是，原告向被告成都市政府提出行政复议申请，成都市政府认为复议申请不符合行政复议的受理条件，遂作出不予受理的决定。原告认为该决定与有关法律、法规的规定明显不符，适用法律、法规明显错误。故请求法院判决撤销成都市政府作出的不予受理决定。

　　本案的争议焦点是：原告杨一民因不服成都市教育局作出的信访答复，向被告成都市政府提出的行政复议申请，是否属于行政复议受理范围。

　　裁判摘要：行政机关驳回当事人申诉的信访答复，属于行政机关针对当事人不服行政行为的申诉作出的重复处理行为，并未对当事人的权利义务产生新的法律效果，不是行政复议法所规定的可以申请行政复议的行政行为。当事人不服行政机关作出的上述信访答复，申请行政复议，接受申请的行政复议机关作出不予受理决定，当事人不服该决定，诉请人民法院判决撤销该不予受理决定的，人民法院不予支持。

　　案件审理的详细内容参见，《中华人民共和国最高人民法院公报》，2007年，第 10 期，第 43～48 页。

第三节　行政复议机关和参加人

一、行政复议机关

（一）行政复议机关的概念

　　行政复议机关，是指依照法律规定的职权和程序，受理行政复议申请，依法对被申请的具体行政行为进行审查并作出决定的行政机关。要正确理解行政复议机关的概念应注意以下几点：（1）行政复议机关只能是行政机关，法律、法规授权的组织不能成为行政复议机关。我国采取复议机关与行政机关一致的原则，即具有行政管理职权的行政机关也是承担复议职能的机关。（2）只有《行政复议法》授予其行政复议权的行政机关，才能成为行政复议机关，乡、镇人民政府等行政机关不能行使行政复议权。（3）行政复议机关是以自己的名义从事复议活动，并独立承担法律责任的行政机关。

（二）行政复议机关与行政复议机构的关系

行政复议机构是行政复议机关内部设立的具体负责办理复议案件的机构。行政机关是一级独立的行政法人主体，在具体行使各项职能时，根据需要，一般在其内部设置不同的工作机构，由工作机构具体负责处理各项行政职能。这些工作机构对行政首长负责，不以自己名义独立行使行政职权，行政复议机构就是这样的工作机构。因此，行政复议机关与行政复议机构是承担复议职能，行使复议审查权的组织。复议机关是行政机关，对外行使行政管理职权，而复议机构只是复议机关的内部办事机构。复议机构复议案件时，只能以复议机关的名义而不能以自己的名义独立进行。复议机构做出的复议决定是一种初步的裁决，经复议机关首长个人或集体讨论认可、批准后，要以复议机关的名义做出并送达。

（三）行政复议机构的设立与职责

作为行政复议机关内设机构的复议机构，是在行政机关内部另设机构并配备相应的工作人员，还是由行政机关的其他工作机构履行复议职责，我国行政复议立法基于机构精简的精神以及行政机关内部负责法制工作的机构办理复议案件的经验的考虑，《行政复议法》第3条规定，履行行政复议职责的行政机关是行政复议机关。行政复议机关负责法制工作的机构具体办理行政复议事项，履行下列职责：

1. 受理行政复议申请；
2. 向有关组织和人员调查取证，查阅文件和资料；
3. 审查申请行政复议的具体行政行为是否合法与适当，拟定行政复议决定；
4. 处理对抽象行政行为的审查申请；
5. 对行政机关违反《行政复议法》规定的行为，依照规定的权限和程序提出处理建议；
6. 办理因不服行政复议决定提起行政诉讼的应诉事项；
7. 法律、法规规定的其他职责。

二、行政复议参加人

（一）行政复议参加人的概念

行政复议参加人，系指参与到行政复议程序中享有一定法律地位的人。分狭义和广义的参加人，狭义的行政复议参加人，是指与争议的具体行政行为有利害关系，以自己的名义参加到行政复议程序中来，并受复议结果拘束的当事人，包括申请人、被申请人和第三人。广义上的行政复议参加人，除申请人、被申请人和第三人外，还包括当事人的代理人。

（二）申请人

行政复议申请人，是指认为行政主体的具体行政行为侵害其合法权益，以自己的名义向行政复议机关提出申请，要求对该具体行政行为进行审查并依法作出裁决，并受该裁决拘束的人。行政复议机关受理行政复议案件，采取"不告不理"的原则，没有利害关系人的申请，复议机关是不能依据职权启动复议程序，因此，申请人是行政复议程序中非常重要的参加人，申请人范围的广泛程度表征着一个国家法治文明的程度。根据《行政复议法》第 2 条、第 41 条的规定，行政复议申请人的范围是相当广泛的，包括公民、法人和其他组织，申请人也可以是外国人、无国籍人或外国组织。我国行政复议申请人的范围虽然广泛，但并不是任何公民、法人和其他组织都可以成为行政复议的申请人，必须符合以下要求。

1. 申请人应当是行政法律关系中的相对人。在行政法律关系中，行政主体是管理方和服务方，相对人是被管理方和被服务方，行政主体在管理活动过程中对相对人的违法或不当行为有直接处罚或采取措施的权力，而没有必要申请行政复议或提起行政诉讼，因而，行政主体不能成为行政复议中的申请人。至于，行政法律关系中以外的相对人，除非法律明确规定可依自己的名义维护他人的合法利益的，因与具体行政行为不具有法律上的利害关系，不能作为行政复议的申请人。

2. 申请人只能以自己的名义申请复议。这一特点使申请人与代理人、法定代表人相区别。

3. 申请人与被申请复议的具体行为有法律上的利害关系。这是申请人资格的实质性要求。所谓法律上的利害关系，是申请人的权利义务受到具体行政行为的影响，申请人认为具体行政行为侵犯了其合法权益。正因为相对人的权利受损，才有申请行政复议救济的必要。

4. 申请人是受行政复议裁决拘束的人。在申请人资格问题上，存在以下几种特殊情况，申请人资格可以转移：（1）有权申请行政复议的公民死亡的，其近亲属可以申请行政复议。按照一般法理，公民的权利能力始于出生，终于死亡，没有权利能力，自然不发生自己申请复议或者请人代理申请复议的问题。在实践中，为保护死亡公民的合法权益，制止一切违法或不当行政行为，《行政复议法》第 10 条规定死亡公民的近亲属可以申请复议。这里的近亲属包括配偶、父母、子女、兄弟姐妹、祖父母、外祖父母、孙子女、外孙子女。（2）有权申请行政复议的法人或者其他组织终止的，承受其权利的法人或者其他组织可以申请行政复议。有权申请行政复议的法人或者其他组织在申请复议前发生合并或者分立的情形，合并或分立以后的法人或者其他组织不仅承受了实体权利，而且也承受了程序上的复议申请权。

（三）被申请人

行政复议被申请人，是复议申请人的对称，指申请人提起行政复议而由复议机关通知参加复议程序的行政机关。在行政复议中，被申请人一律是行政主体，但行政主体不一定都能成为适格的行政复议被申请人，被申请人应具备以下条件：1. 被申请人必须是行政主体；作出具体行政行为的行政主体，有可能与相对人产生行政争议，依法应承担相应的法律责任，从而成为行政复议的被申请人。在行政复议法律关系中，被申请人应当能够承担法律责任，只有行使行政职权，作出具体行政行为的行政主体才能承担这一责任。2. 被申请人必须是实施了具体行政行为的行政主体；3. 被申请人必须是申请人所指控并被复议机关通知参加复议程序的行政主体。

依据上述条件，在行政复议实践中，作出具体行政行为的主体一般是单一的行政机关，相对人对行政机关的具体行政行为不服申请复议的，该行政机关是被申请人；若作出具体行政行为的主体是两个或两个以上的行政机关并以共同的名义作出，该两个以上的行政机关为共同被申请人；对法律、法规授权的组织作出的具体行政行为不服的，该组织是被申请人；作出具体行政行为的行政机关被合并或分立的，合并或分立后相应的行政机关是被申请人；作出具体行政行为的行政机关被解散的，解散它的上级行政机关或者有权机关指定的其它行政机关是被申请人。

（四）第三人

第三人是指在已经开始还尚未终结的行政复议程序中，同申请行政复议的具体行政行为有利害关系，申请参加或者由复议机关通知参加复议的案外人。作为行政复议第三人必须具备以下条件：

1. 与所复议的具体行政行为有利害关系；所谓"利害关系"，是指所复议的具体行政行为涉及到第三人的切身利益，这是第三人申请或被通知参加复议程序的根据。正确理解"利害关系"需注意：（1）从性质上，"利害关系"属于行政性，即因行政主体行使行政职权而引起的行政法律关系上的利益关系；（2）从地位上，"利害关系"具有独立性，既不依附于申请人，也不依附于被申请人，是独立的，否则，就不是第三人，可能是共同复议人；（3）需是直接的还是间接的利害关系，学术界有争议，有人主张作为第三人参加复议程序根据的"利害关系"只限于直接的利害关系。[①]也有人主张既包括直接利害关系，也包括间接利害关系。[②]利害关系是第三人参加复议程序的根据，某一案外人虽与具体行政行为本身没有利害关系，但与本案处理结果有利害关系，从充分发挥行政复议制度的功能，尽量将纠纷一次性解决的理念考虑，与复议的具体行政行为有间接利害关系的案外人也可以作为第三人参加复议程序。

2. 复议程序已经开始但尚未终结；第三人参加复议程序是为了提高行政效率，尽量将纠纷一次性解决，节约执法成本。因此，第三人参加复议必须是在复议进行期间，才能达到这样的目的。

3. 参加复议活动必须经过复议机关的批准。第三人可以申请参加复议程序或者复议机关通知其参加复议程序。若是申请参加复议，复议机关应进行审查，认为符合条件的应予以批准，否则，予以驳回。

从行政复议实践来看，第三人主要有以下情形：

（1）在行政处罚案件中，被处罚人、共同被处罚人中的部分人或受害人一方申请行政复议，另一方可以作为第三人申请参加复议。

（2）在行政确权案件中，被驳回请求的人申请复议，被授予权利的人或者其他被驳回请求的人，可以作为第三人参加复议。

（3）行政机关因越权处罚被申请复议时，被越权的行政机关可以作为第三人参加复议。

（4）两个以上的行政机关基于同一事实，针对相同的相对人作出相互矛盾的具体行政行为，相对人对其中一个具体行政行为不服申请复议，其他行政机关可以作为第三人申请参加复议。

第四节　行政复议程序

行政复议程序是行政复议机关按照法定的职权审理行政复议案件的顺序和步骤。它在性质上不属于司法程序，与司法程序相比，具有简易、高效、集中等特点。但毕竟行政复议是行政机关处理行政争议的活动，为保障公平、正义，

---

① 胡锦光、莫于川著，《行政法与行政诉讼法概论》，中国人民大学出版社，2002年，第225页。

② 朱新力等著，《行政法学》，清华大学出版社，2005年，第351页。

复议程序有不断借鉴司法程序优点的趋势，呈现出复议程序司法化的特点。《行政复议法》对复议程序作出了较明确具体的规定。据此规定，行政复议大致经过申请、受理、审理、裁决、执行等几个阶段。

一、申请与受理

（一）申请

1. 复议申请条件

行政复议是依相对人的申请而为的行政行为，相对人的申请是行政复议程序开始的根据。只要相对人认为行政机关作出的具体行政行为侵害了其合法权益，均有权向行政复议机关提起行政复议，这是法律赋予公民、法人和其他组织的一项基本权利，不允许任何组织和个人非法剥夺或限制。相对人的申请是引起行政复议程序开始的根据，但并不是相对人的申请必然会启动行政复议程序。行政复议申请的提起，必须具备一定的条件。根据《行政复议法》的规定，申请复议应符合以下条件：

（1）申请人必须是与被审查的具体行政行为有利害关系的公民、法人或其他组织。

（2）有明确的被申请人，也就是被申请人的名称、性质、所在地、法定代表人等情况必须清楚、明确。

（3）有具体的复议请求和事实根据；复议请求是指申请人申请复议时向复议机关提出的要求复议机关裁决的对象。在行政复议中申请人的请求，通常有确认请求，即请求复议机关确认具体行政行为违法；履行请求，即请求复议机关责令被申请人履行法律、法规或章程规定的职责或责令被申请人赔偿损失；变更请求，即请求复议机关撤销违法的具体行政行为或变更明显不当的具体行政行为。对每一项复议请求，应提出相应的事实根据。

（4）属于复议申请的范围和复议机关的管辖。

（5）公民、法人或者其他组织向人民法院提起行政诉讼，人民法院已经依法受理的，不得申请行政复议。

（6）法律、法规规定的其他条件。

2. 复议申请期限

为了保障具体行政行为的安定性，《行政复议法》规定了申请行政复议的法定期限，这一期限应是不变期限，是对申请人提出复议申请时在时间上的约束。根据《行政复议法》第9条的规定，公民、法人或者其他组织认为具体行政行为侵犯其合法权益的，可以自知道该具体行政行为之日起60日内提出行政复议申请；但是法律规定的申请期限超过 60 日的除外。因不可抗力或者其他正当理由耽误法定申请期限的，申请期限自障碍消除之日起继续计算。

3. 复议申请形式

复议申请是申请人的一种法律行为，一旦相对人提出，使复议机关取得了受理复议申请的依据，使被申请人作出的具体行政行为处于一种暂时不能确定的状态。因此，在申请形式上应有严格的要求。根据《行政复议法》第 11 条的规定，申请人申请行政复议，可以书面申请，也可以口头申请；口头申请的，行政复议机关应当当场记录申请人的基本情况、行政复议请求、申请行政复议的主要事实、理由和时间；书面申请的，应当向行政机关递交复议申请书。申请书中应载明：

（1）申请人的具体情况；

（2）被申请人的具体情况；

（3）复议申请的请求和理由；

（4）申请的时间。

（二）受理

行政复议的受理是指复议申请人提出复议申请以后，行政复议机关经审查认为符合条件而决定收案和处理。仅有申请人的申请，没有复议机关的受理，行政复议程序无法开始。只有申请行为和受理行为相结合，标志着复议申请的成立和复议程序的开始。而行政复议机关决定受理复议案件，必须经过严格的审查，这是受理案件的前提。根据《行政复议法》第 17 条、第 20 条的规定，复议机关在收到复议申请之日起 5 日内进行审查，并作出如下处理：

（1）对于符合申请复议条件的，依法应当决定受理。除依法不予受理或者告知了相应的处理方式的外，行政复议申请自行政复议机关负责法制工作的机构收到之日起即为受理。

（2）对于不符合申请复议条件的，依法决定不予受理，并书面告知申请人。

（3）对于有瑕疵的复议申请，应告知申请人并限期补正，补正符合条件的，应决定受理，若申请人拒绝补正的，决定不予受理，并书面告知申请人。

（4）对于符合条件的申请，但不属于受理机关管辖的，应当告知申请人向有管辖权的机关提出。

（5）对不予受理的决定，申请人若不服，可以有两种选择：一是将情况向复议机关的上级行政机关反映，上级行政机关认为复议机关无正当理由拒绝受理的应当责令其受理或必要时，上级行政机关也可以直接受理；二是根据《行政复议法》第 19 条的规定，法律、法规规定应当先向行政复议机关申请行政复议、对行政复议决定不服再向人民法院提起行政诉讼的，行政复议机关决定不予受理或者受理后超过行政复议期限不作答复的，公民、法人或者其他组织可以自收到不予受理决定书之日起或者行政复议期满之日起十五日内，依法向人民法院提起行政诉讼。

另外，根据《行政复议法》第39条的规定，行政复议机关受理行政复议申请，不得向申请人收取任何费用。行政复议活动所需经费，应当列入本机关的行政经费，由本级财政予以保障。

二、审理与决定

（一）审理

复议机关受理复议申请后，应以事实为依据、法律为准绳，对具体行政行为进行全面审查，并最终做出复议决定。

1．审理前的准备

为保证审理过程的顺利进行，提高复议程序的效率，复议机关在受理复议申请后，应做好审理前的准备工作。根据《行政复议法》的规定和复议实践，复议审理前应着重做好以下工作：

（1）送达相关复议文书。行政复议机关负责法制工作的机构应当自行政复议申请受理之日起7日内，将行政复议申请书副本或者行政复议申请笔录复印件发送被申请人。被申请人应当自收到申请书副本或者申请笔录复印件之日起10日内，提出书面答复，并提交当初作出具体行政行为的证据、依据和其他有关材料。被申请人不按前述要求提出书面答复，提交相关证据和其他有关材料的，视为该具体行政行为没有证据，复议机关应决定撤销该具体行政行为。申请人、第三人可以查阅被申请人提出的书面答复、作出具体行政行为的证据、依据和其他有关材料，除涉及国家秘密、商业秘密或者个人隐私外，行政复议机关不得拒绝。

（2）调查收集证据。复议机关可依职权直接调取有关证据，也可责令当事人提供或补充相关证据。

（3）更换或追加当事人。申请人不适格可以用符合条件的相对人替换，有必要参加复议程序的第三人没有参加的应通知其参加。

2．审理的内容

行政复议不仅是解决行政争议的程序，也是监督行政的一种形式。复议机关审理复议案件主要是对具体行政行为的合法性和适当性进行审查。根据一般法理，行政权力法律没有赋予即不能行使，所以，对具体行政行为的合法性进行审查，主要是审查行政主体资格的合法性、作出具体行政行为内容的合法性以及行政权力边界的合法性。具体行政行为的适当性是基于行政自由裁量权发生的，只要不超过法定的幅度和范围，应当是合法和适当的。否则，复议机关对明显不当的具体行政行为，可以决定变更。

3．审理的形式

《行政复议法》第22条规定："行政复议原则上采取书面审查的办法，但是申请人提出要求或者行政复议机关负责法制工作的机构认为有必要时，可以向有关组织和人员调查情况，听取申请人、被申请人和第三人的意见。"据此，我国行政复议原则上以书面审查为基本形式，这是由书面审查的优点和行政复议案件本身的特点所决定的。但并不排除行政复议采取其他形式，尤其是吸收司法审理程序的精华，如听证的方式，可能对于某些疑难案件的最终裁决更为有效。

4．审理期限

行政复议的行政性决定了行政复议程序对效率价值的偏爱，这就要求复议裁决必须在较短的时间内做出。根据《行政复议法》第31条第1款的规定，行政复议机关应当自受理申请之日起60日内作出行政复议决定；但是法律规定的行政复议期限少于60日的除外。情况复杂，不能在规定期限内作出行政复议决定的，经行政复议机关的负责人批准，可以适当延长，并告知申请人和被申请人；但是延长期限最多不超过30日。

5．复议审理中特殊问题的处理

（1）审理中具体行政行为的效力

申请人提出申请并经复议机关受理，就意味着被申请的具体行政行为的效力处于暂时的不稳定状态，成为被审查对象的具体行政行为对行政机关和相对人还是否具有效力？是否停止执行？《行政复议法》基于行政权力的权威性和效率性，并防止申请人滥用申请权对行政执法秩序的破坏，明确规定行政复议期间具体行政行为不停止执行。但从保护相对人的合法权益的角度，《行政复议法》第21条规定了以下例外情形：

1）被申请人认为需要停止执行的；

2）行政复议机关认为需要停止执行的；

3）申请人申请停止执行，行政复议机关认为其要求合理，决定停止执行的；

4）法律规定停止执行的。

（2）复议申请的撤回

申请复议是相对人的一项权利，是否行使应尊重当事人的选择。相对人提出申请以后，复议机关没有作出复议决定之前，申请人可以撤回申请。实践中，申请人撤回申请主要有两种情况：一是申请人自认为提出的申请不妥当或因其他原因主动撤回申请；一是在复议决定作出之前，被申请人改变了具体行政行为，申请人同意撤回申请。无论何种情形，申请人撤回申请必须出于自愿，且目的必须正当。申请人撤回复议申请后，不得以同一事实和理由再申请复议。

（3）行政复议不适用调解

因《行政复议法》扩大了行政复议的范围，将某些民事纠纷纳入行政复议的范围，行政复议不适用调解作为统一的要求没有在《行政复议法》中规定，但除民事争议外，复议机关将对行政争议的合法性和适当性进行审查，涉及对行政权力的监督问题，则不能适用调解。

（二）决定

复议决定是复议机关对行政行为进行审查后，对其合法性和适当性所作出的书面裁决，是复议活动的最终结果的表现形式，是复议机关对具体行政行为的最终结论性决定。根据《行政复议法》的规定，复议决定有以下种类：

1．维持决定

维持决定是复议机关经过审查，认为具体行政行为认定事实清楚、证据确凿，适用法律正确，程序合法，内容适当的，从而做出否定申请人的指控，肯定被审查的具体行政行为合法、有效的决定。

2．履行决定

履行决定是被申请人没有履行法律、法规规定的职责，基于申请人的请求，复议机关做出责令被申请人在一定期限内履行法定职责的决定。它主要适用于行政机关应作为而不作为的案件。也就是说被申请人有权做出具体行政行为而没有做出，且无正当理由，复议申请人依据法律、法规和明确的事实根据，请求复议机关决定相关行政机关履行职责。

3．撤销、变更和确认违法决定

撤销、变更和确认违法决定是指复议机关经过审查，认为具体行政行为存在违法或不当的情形，从而做出撤销、变更和确认具体行政行为违法的决定。根据《行政复议法》的规定，具体行政行为有下列情形之一的，决定撤销、变更或者确认该具体行政行为违法：

（1）主要事实不清、证据不足的；

（2）适用依据错误的；

（3）违反法定程序的；

（4）超越或者滥用职权的；

（5）具体行政行为明显不当的。

复议机关决定撤销或者确认该具体行政行为违法的，可以责令被申请人在一定期限内重新作出具体行政行为。被申请人不得基于相同的事实和理由做出与原具体行政行为相同或基本相同的具体行政行为。

4．赔偿决定

赔偿决定是复议机关做出的责令被申请人赔偿申请人损失的决定。被申请人做出的具体行政行为若侵犯了公民的合法权益造成损害，申请人有权依据《国家赔偿法》请求赔偿，复议机关在做出撤销、变更和确认具体行政行为违法决定的同时，可以作出被申请人给予赔偿的决定。赔偿决定可以单独作出，也可以同其他决定一并作出。就赔偿问题作出决定时可以进行调解。申请人在申请行政复议时没有提出行政赔偿请求的，行政复议机关在依法决定撤销或者变更罚款，撤销违法集资、没收财物、征收财物、摊派费用以及对财产的查封、扣押、冻结等具体行政行为时，应当同时责令被申请人返还财产，解除对财产的查封、扣押、冻结措施，或者赔偿相应的价款。

复议决定是确定具体行政行为最终效力的权威形式，应严肃对待。根据《行政复议法》的规定，行政复议机关作出行政复议决定，应当制作行政复议决定书，并加盖印章。

三、送达与执行

（一）送达

行政复议决定书一经送达，即发生法律效力。关于送达方式及期限的计算，依据我国《民事诉讼法》的有关规定执行。

（二）执行

行政复议决定生效后，对双方当事人均产生约束力，当事人应自觉履行。但在实践中总会发生当事人拒绝履行或拖延履行的现象，为保障国家行政复议的实效性和权威性，就有必要采取强制执行措施。《行政复议法》对被申请人和申请人不履行或拖延履行的强制措施分别作了规定。

被申请人不履行或者无正当理由拖延履行行政复议决定的，行政复议机关或者有关上级行政机关应当责令其限期履行。对直接负责的主管人员和其他直接责任人员依法给予警告、记过、记大过的行政处分；经责令履行仍拒不履行的，依法给予降级、撤职、开除的行政处分。

申请人逾期不起诉又不履行行政复议决定的，或者不履行最终裁决的行政复议决定的，按照下列规定分别处理：（1）维持具体行政行为的行政复议决定，由作出具体行政行为的行政机关依法强制执行，或者申请人民法院强制执行；
（2）变更具体行政行为的行政复议决定，由行政复议机关依法强制执行，或者申请人民法院强制执行。

一起治安行政处罚案件处理的始末

2000年10月12日，×市×区×乡×村一村村长韩××为收土地租赁费，带人用煤渣阻塞×铁厂大门，与看门人岳××发生厮打，经法医鉴定，韩××为轻微伤，×区公安局以岳××殴打他人致人轻微伤害为由，于10月27日作出罚款200元的治安行政处罚裁决。韩××以处罚偏轻为由，于11月2日向×区人民政府申请复议。11月5日，×区人民政府以公安机关处罚显失公正为由变200元罚款为拘留5日，岳××不服于12月21日向×市中级人民法院提起行政诉讼。法院受理后于2001年5月24日（已报延长审限）作出撤销×区人民政府复议决定的判决。

在韩××提起行政复议的同时，岳××于2000年12月9日以其没有殴打他人不应受到200元罚款为由向×市公安局申请复议，2001年1月3日市公安局维持了原裁决。韩××不服，于2001年4月11日向市中级人民法院提起行政诉讼，请求确认复议决定无效。同日，法院受理了此案，韩××未按规定的期限预交案件受理费，又没有提出缓交、减交、免交申请，故法院裁定按撤诉处理。

请思考我国现有法律规定在行政复议和诉讼程序上存在的问题。

转引自尤春媛等，《一起治安行政处罚案件的启示》，《行政法学研究》（京），2002年，第2期，第82～85页。

思考题

1．任意项选择题

（1）相对人对某县国家税务局的处罚决定不服，可以向（　　）提出复议申请。

A．县政府　　　　　　　　　B．上级国家税务局
C．县监察局　　　　　　　　D．县法院

（2）中外合资企业被吊销营业执照，若提出行政复议申请，下列哪些主体有资格（　　）。

A. 中方股东   B. 外方股东

C. 合资企业   D. 合资企业的债权人

（3）审理复议案件，复议机关可以采取下列哪些方式进行（   ）。

A. 书面审理   B. 公开审理

C. 调解   D. 开庭审理

（4）与行政诉讼相比较，下列哪些属性是行政复议的突出特点（   ）。

A. 实行一级复议原则   B. 以书面复议制度为主

C. 适用调解的审理方式   D. 行政规章可以作为审理的依据

（5）行政复议机关履行行政复议职责时，应遵循下列哪些原则（   ）。

A. 效率原则   B. 公正原则

C. 公开原则   D. 合法原则

2. 简答题

（1）行政复议与行政诉讼有何关系？

（2）如何确定行政复议的范围和管辖机关？

（3）如何确定行政复议的申请人和被申请人？

（4）审理行政复议案件的难点有哪些？

3. 案例分析题

1996年5月，某区地方税务分局稽查所根据举报，获知退休工程师张某为某公司从事了一项设计工作后，从介绍人手中取得设计劳务费9000元，这些收入均未纳税。稽查所认定：张某的行为属于偷税。依据省地税（94）001号文件规定，向张某追缴个人所得税450元和营业税等相关税款。

张某缴纳了相应的税款后，并不服稽查所作出的税务处理决定。1996年7月20日，张某向该分局申请行政复议，理由是"省地税（94）001号文件规定的征税对象为个体业主，而其本人所从事的设计劳务不适用此文件，且该税款应由支付单位某公司代扣代缴，作为纳税人无需自行申报纳税"，要求退还缴纳的各项税款。

该分局受理了张某的复议申请后，作出复议决定：稽查所调查的证据确凿，但其税务处理决定适用的依据不当，依据相关法律的规定，依法撤销了稽查所的处理决定，责令其限期重新作出税务处理决定。

不久，稽查所根据《个人所得税法》等相关规定，重新作出税务处理决定，要求张某补缴个人所得税990元，并开出缴款书，连同税务处理决定一同送交张某。张某对稽查所作出的税务处理决定仍然不服，并且没有缴纳税款。随后，张某向区人民法院提起了行政诉讼，诉称税务局将纳税人搞错，纳税人应为代扣代缴单位某公司，不是其本人，要求法院撤销稽查所的税务处理决定，退回所缴税款。区法院受理了该案，经审理查明该分局稽查所提供的证据确实，适用法律正确，符合法定程序。法院判决维持稽查所的税务处理决定。张某不服区法院的一审判决，又向市中级人民法院上诉，市中院则认定一审适用程序错误，退回区法院重审。区法院以张某在稽查所重新审理、作出处理决定后，未纳税先申请复议，违反了法定程序为由，驳回张某起诉。此时，离纳税人自收到缴款书之日起已超过 60 天，而纳税人因未按规定时限缴纳税款，按国税发（1997）125 号文的规定，已失去行政复议的权利。至此，本案以纳税人败诉告终。结合本案的审理，请分析以下问题：

（1）分析扣缴义务人的未扣缴责任和对纳税人的追缴责任。

（2）行政复议期限起始、中止的问题如何把握？

（3）法院在本案的审理过程中是否有过错？

第十七章　行政诉讼

本章重点

行政诉讼是行政相对人保障合法权利免受行政权力侵害的基本形式，体现了国家司法权对行政权的有效制约。新中国第一部行政诉讼法是 1989 年出台的，对人民法院依法审理行政案件发挥了非常重要的作用。但随着社会的发展，司法改革的不断推进，也暴露出一些缺陷。目前行政诉讼法的修改已成为我国法制建设的热点话题，本章内容依据现行行政诉讼法，并反映行政诉讼法修改的前沿理论。本章重点内容主要有：理解行政诉讼的概念、特征、基本原则和作用；掌握行政诉讼的受案范围和管辖规则，行政诉讼的原告、被告及第三人的认定标准和法律地位；了解行政诉讼的审理程序和执行程序。

第一节　行政诉讼概述

一、行政诉讼的内涵与特征

（一）行政诉讼的概念与特征

行政诉讼是人民法院在双方当事人和其他诉讼参与人的参加下，按照法定的职权和程序，对相对人提起的行政争议进行受理、审理、裁判以及执行等司法活动的总称。日常生活中称之为"民告官"。它对保障一个国家依法行政，建立法治政府，确保公民、法人或其他组织合法权利免受行政权力的侵害，具有十分重要的意义。哈耶克曰："没有司法审查，宪政就根本不可能实行。"不承认司法权对行政权的制约，良好的法治秩序就难以形成。在我国三大诉讼法中，行政诉讼法出台最晚，直到 1989 年新中国第一部《中华人民共和国行政诉讼法》（以下简称《行政诉讼法》）才出台，但这在中国法制建设史上具有里程碑的意义。

在《行政诉讼法》出台以前，我国法院审理行政案件适用民事诉讼程序，但行政诉讼作为一种独立的诉讼形式，它不同于民事诉讼和刑事诉讼，有其自身的特点。

1．当事人诉讼地位的恒定性。行政诉讼是公民、法人或其他组织认为行政主体作出的具体行政行为违法，侵犯了自己的合法权益而向法院提起的，请求法院对行政主体作出的具体行政行为进行审查。因而在诉讼中当事人的地位是固定的，原告只能是相对人或相关人，被告只能是行政主体，不允许行政主体起诉相对人，也不允许行政主体反诉，这与民事诉讼和刑事诉讼不同。

2．以具体行政行为作为法院审查、裁判的对象。行政诉讼是解决行政争议的诉讼活动，但不是行政主体作出的所有行政行为而引起的争议，人民法院都能审理、裁判。从大多数国家的行政诉讼法的规定来看，行政诉讼只以具体行政行为而不以抽象行政行为为审查、裁判的对象。尽管随着我国法治文明的不断提升，要求扩大行政诉讼受案范围的呼声日益高涨，但我国现行《行政诉讼法》只允许相对人对具体行政行为不服向法院提起诉讼，法院也只能针对具体行政行为作出裁判。并且《行政诉讼法》采取列举的方式对具体行政行为的可诉范围进行了限制，相对于民事诉讼和刑事诉讼而言，行政诉讼的受案范围具有较严格的"限制性"。

3．行政诉讼体现了一国司法权与行政权之间的关系。行政诉讼以保护公民、法人或者其他组织的合法权益免受违法行政行为的侵害为目的，这一目的的实现是通过法院对具体行政行为的合法性审查而达到的，隐含着司法权对行政权的制约，体现着一个国家司法权与行政权之间的关系，正是从这种意义上，一些国家将行政诉讼称为司法审查。

4．行政诉讼以合法性为审查标准。行政诉讼和行政复议是国家机关对行政主体的具体行政行为进行监督和救济的两种制度，二者在审查标准上，行政复议是对具体行政行为的适当性和合法性进行审查，根据《行政诉讼法》第5条的规定，行政诉讼只对具体行政行为的合法性进行审查。[①]

二、行政诉讼法的概念

行政诉讼法是由国家机关制定的规范各种行政诉讼行为，调整各种行政诉讼关系的法律规范的总称。具体而言，行政诉讼法规范法院、当事人和其他诉讼参加人的各项诉讼行为，调整由此而引起的诉讼法律关系。在理论界，对行

---

① 甘文著，《WTO 与司法审查》，《法学研究》，2001 年，第 4 期。

政诉讼法的概念从广义和狭义两个角度上来理解。狭义的行政诉讼法，也称为形式意义上的行政诉讼法，是指于 1989 年 4 月 4 日由第七届全国人民代表大会第二次会议通过，并于 1990 年 10 月 1 日起实施的《行政诉讼法》。广义的行政诉讼法也称为实质意义上的行政诉讼法，是指无论以何种形式表现出来的，只要在内容上属于规范行政诉讼活动的均属于行政诉讼法的范围。这里所称的行政诉讼法是从广义上而言的，即宪法、法院组织法、检察院组织法、行政诉讼法典、单行法律、法规、正式有效的法律解释、民事诉讼法等法律、法规中有关规定行政诉讼活动的所有法律规范，均属于行政诉讼法的范围。

从性质上讲，行政诉讼法是一门独立的部门法，不从属于行政法。按照大陆法系国家的观念，行政法与行政诉讼法是实体法与程序法的关系，行政法以行政关系为调整对象，行政诉讼法以行政诉讼关系为调整对象。在行政关系中行政主体与相对人之间是管理与被管理的不平等主体之间的关系；在行政诉讼关系中行政主体与相对人之间的诉讼地位是平等的，即在法官面前是平等的两方当事人。然而，行政诉讼法作为程序法，是规范诉讼权利、义务的程序法，有别于规范行政行为的步骤、方法和手段的行政程序法。

三、行政诉讼的基本原则

行政诉讼的基本原则是反映各种诉讼活动和由此而引发的一切诉讼关系的一般规律，是社会发展的时代精神的集中体现，是长期司法经验的总结和提炼，是法律论证的权威性出发点，它隐含于具体的法律规范和制度之中，并决定着这些法律规范和制度的实践走向，具有内容的根本性和法律效力的贯彻始终性。行政诉讼基本原则应成为行政诉讼制度及其方方面面的程序环节维护其合理性、保证其连续性的理论内核。行政诉讼基本原则是否完备已成为衡量行政诉讼立法是否理性、司法是否公正、行政诉讼理论是否成熟的重要标志。行政诉讼的基本原则可包括与民事诉讼、刑事诉讼所共有的一般原则和为行政诉讼仅有的特有原则。

（一）一般原则

我国《行政诉讼法》总则部分共有 10 个条文，其中第 3 条、第 4 条、第 6 条至第 10 条规定了三大诉讼应统一坚持的基本原则和制度：

1. 司法独立原则，即人民法院独立行使审判权原则；
2. 以事实为根据，以法律为准绳原则；
3. 合议、回避、公开审判和两审终审制度；
4. 当事人诉讼地位平等原则；

5．使用本民族语言文字进行诉讼原则；

6．辩论原则；

7．人民检察院实施法律监督原则。

对以上诉讼共有原则和制度的展开解释可参照专门的诉讼法教材或专著，这里不再展开。

（二）特有原则

特有原则是根据行政诉讼的特殊要求制定的基本原则，反映了行政诉讼的特殊规律性，是不同于民事诉讼和刑事诉讼的个性化原则。

1．相对人享有行政起诉权原则。《行政诉讼法》第2条规定："公民、法人或者其他组织认为行政机关和行政机关工作人员的具体行政行为侵犯其合法权益，有权依照本法向人民法院提起诉讼。"这一专门的规定，使行政起诉权与民事起诉权和刑事起诉权相区别，有了自己独特的含义，成为行政诉讼法的基本原则。根据该原则的要求，只有相对人有权向人民法院提起行政诉讼，行政主体无此项权利。

2．具体行政行为合法性审查原则。《行政诉讼法》第5条规定："人民法院审理行政案件，对具体行政行为是否合法进行审查。"该条规定确立了人民法院司法审查的对象和标准，即人民法院在行政诉讼中的直接审查对象是被诉的具体行政行为，其审查标准是"合法性"而不是"合理性"。在理论界也有人提出行政诉讼应对具体行政行为的合理性进行审查。

3．不适用调解原则。在民事诉讼中调解是一种最基本的结案方式，长期以来作为优良传统被发扬光大，被西方人称之为"东方经验"。由于行政诉讼是对行政行为的合法性进行司法审查，因而调解既不能作为诉讼的必经阶段，也不能作为法院的结案方式。《行政诉讼法》第50条规定："人民法院审理行政案件，不适用调解。"

第二节　行政诉讼的范围

一、行政诉讼范围的概念

行政诉讼的范围，也称行政诉讼的受案范围，是相对人提起行政诉讼的范围和人民法院受理行政案件范围的统一。只有明确了行政诉讼的受案范围，相对人才能确定哪些行政争议可以向法院提起诉讼，法院也才能确定是否归属自己主管。因此，确定行政诉讼的范围，是相对人提起行政诉讼和法院受理案件的前提。

行政诉讼是一个国家的政治晴雨表，行政诉讼的范围决定了维护相对人的合法权益和监督行政机关依法行使行政职权的程度。一般来说，一个国家法治文明程度越高，行政诉讼涉及的面就越宽。在我国，随着市场经济的全面发展，民主政治进程的不断推进，公民权利意识的不断提高，行政诉讼在建设社会主义法治国家的进程中发挥着越来越重要的作用，我国现行行政诉讼的受案范围应适当扩大。在《行政诉讼法》生效以前，人民法院受理的行政案件适用 1982年的试行民事诉讼法，由于当时没有关于行政诉讼受案范围的一般性规定，其范围非常狭窄。《行政诉讼法》颁布时，立法精神是根据宪法和党的十三大的精神，从保障公民、法人和其他组织的合法权益出发，应适当扩大行政诉讼的受案范围，但考虑到正确处理审判权与行政权的关系，以及当时我国法制建设的实际情况，如行政法还不完备，人民法院行政审判庭还不够健全，行政诉讼规定"民可以告官"，有观念更新问题，有不习惯、不适应等问题，因此对受案范围还不宜规定过宽，而应逐步扩大，以利于行政诉讼的推行。在此立法原则的指导下，最高人民法院于 1991 年 5 月 29 日通过了《最高人民法院关于贯彻执行<中华人民共和国行政诉讼法>若干问题的意见》（试行），该意见对行政诉讼的受案范围作了一定程度的限制。行政诉讼法实行十多年来，随着我国法治文明程度的逐渐提高，最高人民法院于 1999 年 11 月 24 日通过了《最高人民法院关于贯彻执行<中华人民共和国行政诉讼法>若干问题的解释》（以下简称《若干问题的解释》），该司法解释取消了过去一些不适当的限制，恢复了《行政诉讼法》所确定的受案范围，在某些方面还作了适当的扩张。

二、确定行政诉讼范围的方式

行政诉讼受案范围需要通过一定的方式和技术表达出来，以便使人们明确知悉。世界各国表达行政诉讼受案范围的方式不尽一致。英美法国家主要通过判例法来表达，大陆法国家主要通过成文法来确定。成文法国家在实践中又有概括式、列举式和混合式等几种方式。概括式是指行政诉讼法用统一的标准概括性地规定了行政诉讼的受案范围，如《联邦德国行政法院法》第 40 条的规定。列举式是指行政诉讼立法逐一列举了行政诉讼的受案范围，有肯定式的列举、否定式的列举或两者同时使用。混合式是将前两种混合使用，以发挥各种方式的长处，避免各自的缺点，相互补充。

我国行政诉讼立法采用混合式方法来划定行政诉讼的受案范围。具体来说：

《行政诉讼法》第 2 条以概括的方式确立了行政诉讼受案的基本标准；第 11 条第 1 款以肯定列举的方式列出属于行政诉讼受理的各种具体行政案件，第 1 款第 8 项以概括的方式作了兜底补充；第 12 条以排除列举的方式规定了人民法院不予受理的四种行政案件。

三、行政诉讼的肯定范围

根据《行政诉讼法》第 2 条的规定，公民、法人或者其他组织认为行政机关和行政机关工作人员的具体行政行为侵犯其合法权益，有权向人民法院提起诉讼。除这一概括性的规定外，该法第 11 条列举了下列具体行政行为具有可诉性，属于人民法院应当受理案件的范围。

（一）行政处罚行为。行政处罚是具有行政处罚权的机关依法对构成行政违法的相对人实施的法律惩处。作为具有可诉性的行政行为，应正确把握行政处罚的范围。《行政诉讼法》第 11 条第 1 款第 1 项列举了拘留、罚款、吊销许可证和执照、责令停产停业、没收财物等行政处罚种类，这里的"等"就意味着还包括其它法律规定的行政处罚种类，如《行政处罚法》还规定了警告、没收违法所得、没收非法财物。理论界有人认为劳动教养也属于行政处罚。

（二）行政强制措施。行政强制措施，又称行政即时强制，是指行政主体在实施行政职权的过程中，为制止违法行为或在紧急、危险情况下，对行政相对人的人身或者财产实施暂时性控制的措施。行政强制措施与行政强制执行同属于行政强制，行政主体在进行行政强制执行时，也可能采取一定的行政强制措施，该行政强制措施是否具有可诉性呢？《行政诉讼法》第 11 条第 1 款第 2 项规定，对限制人身自由或者对财产的查封、扣押、冻结等行政强制措施不服的，相对人可提起行政诉讼。这里用"等"表明行政主体在行政管理过程中采取的所有行政强制措施，相对人不服均可提起行政诉讼。

（三）侵犯法定经营自主权的行为。《行政诉讼法》第 11 条第 1 款第 3 项规定，相对人认为行政机关侵犯法律规定的经营自主权的，可以提起行政诉讼。这里的"法律规定的经营自主权"应从广义上来理解，只要经营自主权不违法，即没有违反法律、法规、规章的明文禁止就属于合法的经营自主权。凡是相对人认为行政主体侵犯了法律、法规、规章没有明文禁止的经营自主权，即可提起行政诉讼。

（四）拒绝颁发证照的行为。《行政诉讼法》第 11 条第 1 款第 4 项规定，相对人认为符合法定条件申请行政机关颁发许可证和执照，行政机关拒绝颁发或者不予答复的，可以提起行政诉讼。对拒绝颁发证照的行为提起诉讼，应符合三个条件：1．相对人已经向行政机关提出了颁发证照的申请；2．相对人认为申请符合颁发证照的法定条件；3．行政机关拒绝颁发或者不予答复。"拒绝颁发"是行政机关以作为的方式不给相对人颁发。"不予答复" 是行政机关以不作为的方式不给相对人颁发。

（五）不履行保护人身权、财产权法定职责的行为。《行政诉讼法》第 11条第 1 款第 5 项规定，相对人申请行政机关履行保护人身权、财产权的法定职责，行政机关拒绝履行或者不予答复的，可向法院提起行政诉讼。行政主体若依法负有保护公民、法人或其他组织的人身权、财产权的法定职责时，当公民、法人或其他组织的人身权、财产权正受到或已经受到侵害，或侵害迫在眉睫，并向行政主体提出了消除侵害的请求，行政主体拒绝履行或不予答复，属于行政失职行为，相对人可以提起行政诉讼以获取救济。

（六）发放抚恤金的行为。《行政诉讼法》第 11 条第 1 款第 6 项规定，相对人认为行政机关没有依法发给抚恤金的，可向法院提起行政诉讼。抚恤金是指行政主体对因公伤残或者死亡的伤残者本人或者死亡者家属按照法定的标准和程序发给的相应费用。相对人若具有领取抚恤金的法定条件，行政主体也具有相应发放的法定职责，而没有按照法定的条件、标准和程序发放，就侵害了相对人的合法权益，可向法院提起行政诉讼。

（七）违法要求履行义务的行为。行政主体要求公民、法人或其他组织履行义务，必须有合法的依据，且符合正当程序的要求，否则，就是违法要求履行义务的行为，无论是行为上的义务还是财产上的义务，无论是作为或不作为的义务，也无论是实体义务还是程序义务，只要相对人认为是属于违法的要求即可向法院提起行政诉讼。

（八）其他行为。相对人认为行政机关侵犯其他人身权、财产权的。除前款规定外，人民法院受理法律、法规规定可以提起诉讼的其他行政案件。

四、行政诉讼的否定范围

行政诉讼立法将不适宜通过法院进行审查的行政行为，用列举的方式予以排除，不允许相对人起诉，法院也不能受理，理论上将这些不可诉的行政行为称之为行政诉讼的否定范围。《行政诉讼法》第 12 条列举了四种不可诉行为，《若干问题的解释》除对这四种行为解释以外，又补充了五种不可诉行为，形成了司法实践中法院不受理行政案件的依据。

（一）国家行为

根据《行政诉讼法》第 12 条的规定，人民法院不受理相对人对国防、外交等国家行为提起的行政诉讼。何为国家行为，理论界争议较大，《若干问题的解释》第 2 条界定为："行政诉讼法第十二条第（一）项规定的国家行为，是指国务院、中央军事委员会、国防部、外交部等根据宪法和法律的授权，以国家的名义实施的有关国防和外交事务的行为，以及经宪法和法律授权的国家机关宣布紧急状态、实施戒严和总动员等行为。"行政诉讼法排除的是行政机关的国家行为，列举了国防行为和外交行为两种，《若干问题的解释》又增加了"经宪法和法律授权的国家机关宣布紧急状态、实施戒严和总动员等行为"。中央军事委员会在宪法上属于军事指挥机关，它以国家名义实施的涉及国家主权运用或重大国家利益的行为，容易与行政机关实施的国家行为混淆，最高人民法院的司法解释也予以排除。需注意的是，行政机关的国防、外交行为并非都是国家行为，如军事设施的保护行为、退伍军人的安置行为等就不能纳入国家行为的范畴。

（二）抽象行政行为

根据《行政诉讼法》第 12 条的规定，人民法院不受理相对人对"行政法规、规章或者行政机关制定、发布的具有普遍约束力的决定、命令"提起的诉讼。理论界将该"决定、命令"称为抽象行政行为。《若干问题的解释》第 3 条对此解释为："行政诉讼法第十二条第（二）项规定的'具有普遍约束力的决定、命令'，是指行政机关针对不特定对象发布的能反复适用的行政规范性文件。"根据宪法以及有关组织法的规定，对行政机关抽象行政行为进行审查的权力属于国家权力机关和上级机关，人民法院无此权力。再加之，抽象行政行为一般不直接侵犯公民的合法权利，需通过具体行政行为的转化才与公民的利益相联系，因此，《行政诉讼法》排除了法院对抽象行政行为的司法审查。需注意的问题是，司法实践中如何把握抽象行政行为与具体行政行为的区别。一般情况下可综合考虑以下三个标准：普遍约束力标准，即规范性文件其效力范围有普遍约束力和强制性；对象不特定标准，即规范性文件调整的事项和相对人范围是不特定的、抽象的；反复适用性标准，即规范性文件在其生效时间内，对其适用对象是多次、反复适用，而不是仅适用一次就失效。

（三）内部行政行为

内部行政行为是相对于外部行政行为而言，是行政机关处分该行政机关公务员权利义务的行为，不涉及行政机关对外行使行政职权、实施行政管理的问题。内部行政行为所针对的对象必须是公务员，且与行政机关之间具有行政隶属关系，决定行为所影响的公务员的权利应限于公务员基于公务员的身份而享有的权利。对此，《若干问题的解释》第 4 条规定，行政诉讼法第十二条第（三）项规定的"对行政机关工作人员的奖惩、任免等决定"，是指行政机关作出的涉及该行政机关公务员权利义务的决定，与公务员作为公民的权利义务无关。内部行政行为无论是因工作关系而产生命令、指示、决定、计划，还是因身份关系而发生的奖惩、任免、调动、考核等决定，都属于行政机关的内部管理事务，由此导致的行政争议由行政机关自己处理解决，人民法院不应干预。因此，《行政诉讼法》第 12 条第 1 款第 3 项规定：人民法院不受理相对人提起的行政机关对行政机关工作人员的奖惩、任免等决定的行政案件。

（四）行政终局裁决行为

"司法最终裁决"应是法治国家坚持的基本原则，行政机关不应享有广泛的终局裁决权。在目前的法治状况下，考虑到我国的司法传统、行政管理的技术性、专业性以及司法审查的复杂性等因素，适当赋予行政机关对具体行政行为的终局裁判权，具有一定的合理性。但毕竟行政机关终局裁决事实上剥夺了当事人的起诉权，因此，行政诉讼法规定只有全国人大及其常委会制定的法律才可以规定行政机关的终局裁决权。对于国家最高权力机关通过法律授予行政机关最终裁决权的行政案件，人民法院不再受理。目前，授予行政机关终局裁决权的法律主要有：《行政复议法》第 14 条规定，"对国务院部门或者省、自治区、直辖市人民政府的具体行政行为不服的，向作出该具体行政行为的国务院部门或者省、自治区、直辖市人民政府申请行政复议。对行政复议决定不服的，可以向人民法院提起行政诉讼；也可以向国务院申请裁决，国务院依照本法的规定作出最终裁决。"同法第 30 条第 2 款规定，"根据国务院或者省、自治区、直辖市人民政府对行政区划的勘定、调整或者征用土地的决定，省、自治区、直辖市人民政府确认土地、矿藏、水流、森林、山岭、草原、荒地、滩涂、海域等自然资源的所有权或者使用权的行政复议决定为最终裁决。"《中华人民共和国公民出境入境管理法》第 15 条规定，"受公安机关拘留处罚的公民对处罚不服的，在接到通知之日起 15 日内，可以向上一级公安机关提出申诉，由上一级公安机关作出最后的裁决，也可以直接向当地人民法院提起诉讼。"《中华人民共和国外国人出境入境管理法》第 29 条第 2 款规定，"受公安机关罚款或者拘留处罚的外国人，对处罚不服的，在接到通知之日起 15 日内，可以向上一级公安机关提出申诉，由上一级公安机关作出最后的裁决，也可以直接向当地人民法院提起诉讼。"

（五）依照《刑事诉讼法》明确授权实施的行为

《若干问题的解释》第 1 条第 2 款第 2 项规定，人民法院不受理行政相对人对"公安、国家安全等机关依照刑事诉讼法的明确授权实施的行为"提起的诉讼。之所以将此类行为排除在行政诉讼的受案范围之外，是因为公安、国家安全等机关在实践中既行使刑事侦查职权，又行使行政管理职权，前者属于刑事司法行为，后者属于行政行为。实施刑事司法行为的目的是为防止犯罪嫌疑人逃避追查、起诉和审判，保障刑事诉讼活动的顺利进行，而不是进行行政管理。根据我国相关法律的规定，刑事司法行为受检察机关的监督，刑事司法行为违法造成相对人合法权益受损由国家赔偿法来调整，将刑事司法行为排除在行政诉讼的受案范围之外并不会损害相对人的利益。至于在实践中应如何区分刑事司法行为与行政行为，理论界提出了行为目的、行为程序、行为主体、行为依据等多种判断标准。但一般认为，区分刑事司法行为与行政行为应考虑两个标准：一是该行为必须是刑事诉讼法明确授权公安机关、国家安全机关、海关缉私部门在追查过程中实施的行为；二是该行为必须是依据刑事诉讼法明确授权的目的来实施的行为。①

（六）行政调解行为和行政仲裁行为

《若干问题的解释》第 1 条第 2 款第 3 项规定，人民法院不受理行政相对人对"调解行为以及法律规定的仲裁行为"提起的诉讼。行政机关对民事纠纷进行调解，消解当事人之间的矛盾，是行政机关进行行政管理的有效手段。行政调解行为之所以不具有可诉性，是因为行政机关的调解行为不与行政职权必然联系，双方当事人能否达成调解协议并不取决于行政机关的意志，而应尊重双方当事人的意愿，完全是双方当事人意思表示一致的结果。如果行政机关违背自愿原则强制调解并强迫当事人履行调解协议，则行为性质已具有行政行为的属性，该行为即具有可诉性了。

行政机关对民事纠纷进行仲裁与调解不同，行政机关在仲裁活动中具有独立处理权，不需要按照当事人的意志进行裁决，具有一定的强制性，对双方当事人均具有约束力。之所以将行政仲裁行为排除在行政诉讼受案范围之外，是因为当事人对行政仲裁不服可以向人民法院提起民事诉讼，而没有必要提起行政诉讼。

（七）行政指导行为

《若干问题的解释》第 1 条第 2 款第 4 项规定，人民法院不受理行政相对人对"不具有强制力的行政指导行为"提起的诉讼。行政指导行为采取建议、劝说等非强制性手段，希望建立期望的高效率的行政秩序。行政指导行为不具有相对人必须履行的法律效力，相对人对行政指导的建议是否接受完全取决于其自愿，若相对人选择不接受也不应承担不利的法律后果。正因行政指导行为

---

① 李国光主编，《行政执法与行政审判参考》（总第二辑），法律出版社，2001 年，第 81 页。

的非强制性和相对人的可选择性，当事人不能对行政指导行为提起行政诉讼。需注意的是，最高人民法院的司法解释中，排除的是"不具有强制力的行政指导行为"的可诉性，强调了行政指导行为的非强制性，并不是说行政指导行为分为强制性和非强制性两种，从本质上，行政指导行为是非强制性的，实践中若行政主体提出的行政指导建议强制相对人履行，相对人不服可以提起行政诉讼。

（八）对相对人权利义务不产生实际影响的行为

《若干问题的解释》第1条第2款第6项规定，人民法院不受理行政相对人"对公民、法人或者其他组织权利义务不产生实际影响的行为"提起的诉讼。凡是具体行政行为都是针对相对人的权利义务而产生，对公民、法人或者其他组织权利义务不产生实际影响的行为，在实践中包括以下几种情况：一是尚未成熟的行为或程序性的准备行为，这类行为实质上还没有构成一个完整的具体行政行为，不可能对相对人的权利产生实际的影响，理所当然不应具有可诉性；二是仅涉及公共利益不涉及个人特定利益的行政行为，特定个人不能提起行政诉讼。

（九）重复处理行为

《若干问题的解释》第1条第2款第5项规定，人民法院不受理行政相对人对"驳回当事人对行政行为提起申诉的重复处理行为"提起的诉讼。该司法解释之所以否定重复处理行为的可诉性，主要是考虑到重复处理行为救济的必要性和行政行为的效力性等因素。重复处理行为是行政机关作出的没有改变原有的法律关系，没有对当事人的权利义务产生新的影响，没有继续救济的必要性，并且，允许相对人提起行政诉讼，就会增加行政法律关系的不稳定，减损行政行为的公信力和执行力。

我国在司法实践中扩大了行政诉讼的受案范围

就行政诉讼法的受案范围而言，《行政诉讼法》第11条规定了法院可以受理的行政案件的范围，第12条又规定了法院不予受理的起诉。通过列举加概括以及排除的方式来确定法院行政诉讼的受案范围，但是《行政诉讼法》的实施仍然检验出上述规定的缺陷或不足。通过十六年来的解释，我国行政诉讼受案范围条款进一步具体化、明确化、可操作化，行政诉讼的受案范围得到了扩大，公民、法人或其他组织的诉权得到了更好的保障。法院在个案中的法律解释是在当事人的深入、专业、有效参与下进行的，因而，能够最大限度地保证这种法律解释体现正确的价值观和立法意图。

详细内容参见叶必丰,《法院在行政诉讼个案中对法律的解释》,《华东政法学院学报》,2007年,第2期,第3～9页。

第三节 行政审判组织及诉讼管辖

一、行政审判组织

(一)行政审判组织的概念

行政审判组织是指在行政诉讼中享有审判权,并依法对行政案件进行受理、审理并作出裁判的组织。行政审判组织的确立是一项十分重要也十分复杂的工作,它涉及到一个国家法院内部业务审判庭具体审理行政案件的分工,以及普通法院与专门法院就行政审判职权上的划分,并受到一个国家政治、文化因素以及司法传统的深刻影响,因而,各国法院的行政审判组织体系呈现出许多差异。理论界有学者主张我国建立像德国一样的行政法院,以确保行政案件得到及时、正确的裁决;也有学者主张我国应当建立跨行政管理区域的巡回法院,以期摆脱行政机关的干预,确保行政审判组织的中立性。我国《行政诉讼法》第3条规定:"人民法院依法对行政案件独立行使审判权,不受行政机关、社会团体和个人的干涉";"人民法院设行政审判庭,审理行政案件。"《若干问题的解释》第6条规定:"各级人民法院行政审判庭审理行政案件和审查行政机关申请执行其具体行政行为的案件";"专门人民法院、人民法庭不审理行政案件,也不审查和执行行政机关申请执行其具体行政行为的案件"。据此规定,可以认定我国行政审判组织为人民法院的行政审判庭。

(二)行政审判组织的构成

根据我国宪法和人民法院组织法的规定,人民法院行使国家审判权,行政审判权也只能由人民法院来行使。我国法院体系由普通法院(地方各级人民法院和最高人民法院)和专门法院构成,依据《行政诉讼法》和《若干问题的解释》各级普通法院成立行政审判庭审理行政案件,而且行政审判庭审理案件应采用合议制而不能实行独任制。

所谓合议制是指人民法院的行政审判庭审理行政案件,应依法组成合议庭,通过合议庭完成对案件的审理、裁决等各项诉讼活动的审判组织制度。合议庭由审判员或审判员和陪审员组成,人数必须是三人以上的单数。在对案件进行评议或作出决定时，合议庭的组成人员享有同等的权利和履行同等的义务，实行少数服从多数的原则，并对少数人的意见如实记入笔录，由全体成员签名即具有法律效力。在我国，行政案件实行两审终审制，不同审级合议庭的组成形式也不一样，具体而言，有如下形式：

（1）第一审合议庭的组成。根据《行政诉讼法》第 46 条的规定，第一审合议庭的组成有两种情况：一是由审判员组成的合议庭；二是由审判员和陪审员组成的合议庭，不能全由陪审员组成合议庭。

（2）第二审合议庭的组成。陪审员不参与二审案件的审理，第二审合议庭全部由审判员构成。

（3）重审和再审案件合议庭的组成。发回重审的案件，原审人民法院应当按照第一审程序另行组成合议庭进行审理。对于再审案件进行审理，合议庭的组成按照原生效裁判作出时的程序的合议庭来组成，但原参加过该案件审判的成员，不得成为再审合议庭的成员。

（三）合议庭与审判委员会的关系

审判委员会是行政审判组织内部对审判工作实行集体领导的一种组织形式。中国的审判委员会制度来源于新民主主义革命根据地的审判制度。"新中国成立以后，1950 年第一届全国司法会议上，司法主管机关提出了一个初步的法院组织草案，其中也提到了建立审判委员会。"[①]随后在 1954 年制定的《人民法院组织法》规定在人民法院内部设立审判委员会。现行《人民法院组织法》第 11 条规定："各级人民法院设立审判委员会，实行民主集中制。审判委员会的任务是总结审判经验，讨论重大的或者疑难的案件和其他有关审判工作的问题。"可见，审判委员会的主要职责就是领导审判工作，是法院内部最高的审判组织，拥有着对重大案件的裁判权，审判委员会的决定合议庭必须遵照执行。审判委员会与合议庭是业务上的领导与被领导的关系。

在我国，审判委员会的存在在一定程度上弥补了法院审判力量不足、法官素质低下等缺陷，具有一定的合理性。但审判委员会的设立违反了程序正义原则，与法官独立审判、直接审判、公开审判精神相悖。随着我国司法改革的深入发展，法官队伍素质的不断提高，法院行政化体制的不断弱化，我国行政诉讼中的审判委员会制度应当予以废除。

---

① 李晓辉，《关于审判委员会制度的几个问题》，《当代法学》，2000 年，第 1 期。

二、行政诉讼管辖

（一）行政诉讼管辖的概念

行政诉讼的管辖，是指各级法院之间和同级法院之间受理第一审行政案件的分工和权限。它是法院内部具体落实行政审判权的一项制度。行政诉讼的管辖，对相对人而言，是明确应向哪一个具体法院提起诉讼的问题；对人民法院而言，是解决具体行政案件应由哪一级的哪一个法院受理审理的问题。

行政诉讼的受案范围，只是划定了行政审判权的作用范围，解决了哪些行政行为可由法院审查，而未解决应由哪个法院具体受理审查。我国有四级人民法院，除最高人民法院外，每一级都有许多个法院。因此，在解决了行政诉讼的受案范围问题后，接着就需要将某一具体行政纠纷落实到某一级某个具体的法院，行政审判权才由抽象转变为具体。因此，科学、合理地解决管辖问题，不仅可以使行政审判权得到落实，使诉讼顺利开始，也有利于相对人正确地行使行政诉讼权利，使各人民法院明确自己受理第一审行政案件的分工和权限，防止因管辖权不明确造成的矛盾。

行政诉讼管辖的问题既包括上下级法院之间受理第一审行政案件的分工和权限，即级别管辖，也包括同一级法院之间受理第一审行政案件的分工和权限，即地域管辖。同时，也明确了法院在确定管辖方面的权限范围。

（二）行政诉讼级别管辖

行政诉讼级别管辖，是指按照一定的标准，划分上下级法院之间受理第一审行政案件的分工和权限。我国各级人民法院都受理第一审行政案件，因此，需要运用级别管辖对各级人民法院受理第一审行政案件的权限进行分工。一般情况下，确定行政案件的级别管辖，需考虑案件的性质、繁简程度、影响范围等因素。

1. 基层人民法院管辖的第一审行政案件

《行政诉讼法》第 13 条规定："基层人民法院管辖第一审行政案件。"这一规定实际上表明在我国除中级、高级、最高人民法院管辖的第一审行政案件以外，其余所有的行政案件全部由基层人民法院管辖。这是由于，基层人民法院是我国法院系统中数量最多的一级，而且遍布各个基层行政区域，最接近案件发生地，也是大多数的当事人的所在地，由基层人民法院管辖第一审行政案件，既便于当事人参与诉讼，又便于人民法院审理案件。

2. 中级人民法院管辖的第一审行政案件

依据《行政诉讼法》第 14 条的规定，中级人民法院管辖的第一审行政案件有三类：（1）确认发明专利权的案件、海关处理的案件；确认发明专利权的案件主要有授予发明专利权纠纷的案件、宣告授予发明专利权无效或者维持发明专利权纠纷的案件、实施强制许可纠纷的案件。除海事行政案件和海事行政赔偿案件可以由海事法院管辖以外，海关行政处罚的案件和其他海关处理的行政案件应由中级人民法院管辖。（2）对国务院各部门或者省、自治区、直辖市人民政府所作的具体行政行为提起诉讼的案件；（3）本辖区内重大、复杂的案件。这是赋予中级人民法院根据实际情况灵活掌握行政案件管辖权的原则性规定，意味着只要中级人民法院认为行政案件具有重大、复杂的情况，就可以对此行使管辖权。如重大涉外或者涉及港、澳、台地区的行政案件、社会影响重大的共同诉讼案件、被告为县级以上人民政府，且基层人民法院不适宜审理的案件等。

3．高级人民法院管辖的第一审行政案件

《行政诉讼法》第 15 条规定："高级人民法院管辖本辖区内重大、复杂的第一审行政案件。"高级人民法院的主要任务是对本辖区内中级人民法院和基层人民法院的审判活动进行指导和监督，审理不服中级人民法院判决、裁定的上诉案件。高级人民法院管辖第一审行政案件的数量相对较少，仅管辖在本辖区内有重大影响的第一审行政案件。

4．最高人民法院管辖的第一审行政案件

《行政诉讼法》第 16 条规定："最高人民法院管辖全国范围内重大、复杂的第一审行政案件。"在全国的四级法院中，由最高人民法院管辖的第一审行政案件的数量最少，这是由最高人民法院的特殊性质决定的。最高人民法院是国家最高审判机关，其重要任务是对地方各级人民法院和专门法院的审判工作进行指导、监督，对审判中适用法律问题进行解释，对下级人民法院的请示作出批复，并审理因不服高级人民法院一审裁判而提出的上诉案件。

（三）行政诉讼地域管辖

行政诉讼的地域管辖，是指同级人民法院之间受理第一审行政案件的分工和权限。确定行政诉讼的管辖应当先确定级别管辖，除最高人民法院外，在同一级中仍然有许多个法院，还需要进一步进行管辖权的划分，这就是地域管辖。根据我国《行政诉讼法》确定地域管辖应坚持人民法院辖区与行政管辖区相一致、法院辖区与当事人所在地有联系、诉讼标的与法院辖区有联系的标准，行政诉讼的地域管辖可分为一般地域管辖、特殊地域管辖和共同管辖。

1．一般地域管辖。行政诉讼的一般地域管辖是指按照最初作出具体行政行为的行政机关所在地为标准来确定人民法院对行政案件的管辖。《行政诉讼法》

第 17 条规定："行政案件由最初作出具体行政行为的行政机关所在地人民法院管辖。经复议的案件，复议机关改变原具体行政行为的，也可以由复议机关所在地人民法院管辖。"据此，凡是原告直接起诉或是申请复议而复议机关维持原决定的案件，原告不服复议机关的决定而向法院起诉的案件，均由最初作出具体行政行为的机关所在地的人民法院管辖。对于这一原则规定的特殊补充是，经过复议而复议机关改变原具体行政行为的案件，也可以由复议机关所在地人民法院管辖。这实质上已赋予了当事人的选择管辖权。何为"改变原具体行政行为"，《若干问题的解释》第 7 条解释为："（一）改变原具体行政行为所认定的主要事实和证据的；（二）改变原具体行政行为所适用的规范依据且对定性产生影响的；（三）撤销、部分撤销或者变更原具体行政行为处理结果的。"

2. 特殊地域管辖。根据《行政诉讼法》第 18 条、第 19 条的规定，特殊地域管辖有以下情况：（1）对限制人身自由的行政强制措施不服提起的诉讼，由被告所在地或者原告所在地人民法院管辖。被告所在地是指被诉行政机关主要办事机关所在地。原告所在地依据《若干问题的解释》第 9 条第 1 款的解释是指原告的户籍所在地、经常居住地和被限制人身自由地。同时，在实践中为了贯彻两便原则，提高办案效率，防止行政机关在同一问题上作出相互矛盾的判决，《若干问题的解释》第 9 条第 2 款规定："行政机关基于同一事实既对人身又对财产实施行政处罚或者采取行政强制措施的，被限制人身自由的公民、被扣押或者没收财产的公民、法人或者其他组织对上述行为均不服的，既可以向被告所在地人民法院提起诉讼，也可以向原告所在地人民法院提起诉讼，受诉人民法院可一并管辖。"（2）因不动产提起的行政诉讼，由不动产所在地人民法院管辖。这样规定，是为了方便人民法院实地勘察、调查取证以及有利于法院裁判的执行。在实践中，对国有资产产权界定而提起的行政诉讼也会涉及到不动产的问题，对此，最高人民法院《关于国有资产产权管理行政案件管辖问题的解释》规定，相对人因国有资产产权界定行为提起行政诉讼的，若产权界定行为直接针对不动产作出的，由不动产所在地人民法院管辖；产权界定行为针对包含不动产在内的整个产权作出的，由最初作出产权界定的行政机关所在地的法院管辖；经过复议的案件，复议机关改变原产权界定行为的，也可以由复议机关所在地法院管辖。

3. 共同管辖。共同管辖是指两个以上的人民法院对同一个案件都有管辖权。之所以会出现共同管辖的现象，是由于特殊管辖规则对一个行政诉讼案件规定了两个以上的确定管辖法院的联结点导致的。如对限制人身自由的行政强制措施不服提起的诉讼，由被告所在地或者原告所在地人民法院共同管辖；经过复议的，复议机关改变了原具体行政行为的行政案件，由最初作出具体行政行为的行政机关所在地的人民法院或者复议机关所在地的人民法院共同管辖；因不动产而提起的行政案件，如该不动产涉及两个以上的人民法院的辖区的，由该两个以上的人民法院共同管辖。共同管辖的出现即意味着一个案件两个以上的法院都有管辖权，但究竟最终由哪个法院管辖？《行政诉讼法》第 20 条规定："两个以上人民法院都有管辖权的案件，原告可以选择其中一个人民法院提起诉讼。原告向两个以上有管辖权的人民法院提起诉讼的，由最先收到起诉状的人民法院管辖。"这条规定将共同地域管辖和原告的选择管辖权联系起来。

（四）人民法院在确定管辖方面的权力

行政案件的管辖主要是依据法定管辖，但司法实践中确定管辖的问题是十分复杂的，出现一些法定管辖不能解决的问题，可依据法院的裁定来确定管辖。根据《行政诉讼法》的规定，法院在确定管辖方面有下列权力。

1. 移送管辖权

移送管辖是指人民法院在受理行政案件后，发现自己对案件并无管辖权，依法将案件移送给有管辖权的法院审理。移送管辖只是案件的移送，而不是管辖权的移送。移送管辖通常发生在同级人民法院之间，用来纠正地域管辖的错误。《行政诉讼》第 21 条规定："人民法院发现受理的案件不属于自己管辖时，应当移送有管辖权的人民法院。受移送的人民法院不得自行移送。"据此，移送管辖必须符合下列条件：（1）移送案件的法院已经受理了案件；（2）移送案件的人民法院对该案件没有管辖权；（3）受送法院对该案件有管辖权。

为防止法院对行政案件在受理问题上相互推诿，避免出现行政案件没有法院管辖的情形，对符合上述条件的移送管辖，受移送的人民法院必须接受移送，且不得自行移送。受移送的法院若认为自己也没有管辖权，只能报请上级法院指定管辖。

2. 指定管辖权

指定管辖是指上级人民法院以裁定方式指定其下级人民法院对某一案件行使管辖权。《行政诉讼法》第 22 条规定："有管辖权的人民法院由于特殊原因不能行使管辖权的，由上级人民法院指定管辖。""人民法院对管辖权发生争议，由争议双方协商解决。协商不成的，报它们的共同上级人民法院指定管辖。"据此，实践中指定管辖适用于以下情况：（1）受移送的人民法院认为自己对移送来的案件没有管辖权，报请上级法院指定管辖。（2）有管辖权的法院由于特殊原因，不能行使管辖权。特殊原因从理论上可能包括两种情况：一是事实上的原因，如因地震、水灾、火灾等自然灾害，使有管辖权的人民法院无法对行政案件行使管辖权；一是法律上的原因，如有管辖权的人民法院的审判人员因回避而导致无法组成合议庭进行审理。（3）人民法院之间对管辖权发生不能协商解决的争议的，报他们的共同上级人民法院指定管辖。

3．移转管辖权

移转管辖权即管辖权的移转，是指依据上级人民法院的同意或决定，将案件的管辖权从原来有管辖权的人民法院转移至无管辖权的人民法院，使无管辖权的人民法院因此而取得管辖权。《行政诉讼法》第 23 条规定："上级人民法院有权审判下级人民法院管辖的第一审行政案件，也可以把自己管辖的第一审行政案件移交下级人民法院审判。""下级人民法院对其管辖的第一审行政案件，认为需要由上级人民法院审判的，可以报请上级人民法院决定。"由此可见，移转管辖权的情形有两种：（1）向上转移。指管辖权从下级人民法院转至上级人民法院。一是上级人民法院认为下级人民法院管辖的第一审案件应当由自己审理时，有权决定把案件调上来自己审理；二是下级法院认为自己管辖的第一审案件需要由上级法院审理时，报请上级法院审理。（2）向下转移。指上级法院将自己管辖的第一审案件交给下级法院审理。

移送管辖权与移转管辖权虽都属于人民法院在确定管辖方面的权力，但在本质上是有区别的。首先是性质不同。前者移送的是案件而非管辖权，后者是案件的管辖权发生了移位。其次是作用不同。前者是为了纠正移送人民法院受理案件的错误，尤其在地域管辖上的错误，使行政诉讼法关于管辖的规定得到正确执行，后者是对级别管辖的调整，是为了使级别管辖有一定的柔性，以便更好地适应复杂的案件情况。

浙江省行政案件管辖制度的探索与实践

由于我国行政审判管辖制度设计存在先天的不足，法院在行政审判工作中的独立性遭受质疑，无论理论界还是实务界，要求改革行政审判管辖制度的呼声不断。在此背景下，浙江省法院进行了行政案件管辖制度的探索与实践，包括提级管辖和异地交叉管辖，特别是台州市中级人民法院首创异地审判，受到媒体的广泛关注，也得到最高法院的肯定，"台州经验"在全国范围内产生了较大的影响。

关于浙江省法院提高级别管辖和异地管辖改革的尝试的详细内容参见浙江省高级人民法院课题组，《行政案件管辖问题研究》，《法治研究》，2007年，第 2 期，第 44～58 页。

第四节　行政诉讼参加人

行政诉讼参加人是指因起诉或者应诉而参加到诉讼活动中的人，包括参加诉讼的当事人以及当事人的诉讼代理人。诉讼参加人的范围比诉讼参与人的范围小，诉讼参与人除了诉讼参加人以外，还包括证人、鉴定人、翻译人、勘验人等。《行政诉讼法》第 29 条所称的"当事人"是指以自己的名义，就特定的行政争议请求人民法院行使行政裁判权的人及相对人。狭义上的当事人仅指原告和被告，广义上的当事人还包括第三人。

一、原告

（一）原告的概念与特征

行政诉讼中的原告，是指对具体行政行为不服，以自己的名义向人民法院提起诉讼，请求保护其合法权益，从而引起行政诉讼程序发生的公民、法人或其他组织。具有以下特征：第一，原告只能是行政主体作出的具体行政行为的相对人，行政主体不能成为行政诉讼的原告；第二，以自己的名义进行诉讼，这一点使原告与原告的诉讼代理人相区别；第三，原告必须与被诉的具体行政行为有法律上的利害关系；所谓法律上的利害关系，是指行政主体的具体行政行为对作为原告的公民、法人和其他组织的权利义务产生影响或将要产生影响；第四，原告要受人民法院裁判拘束，即法院的裁决一旦生效，即对原告发生约束力，应自觉履行相关的义务。

（二）原告资格的认定

原告资格问题，回答了具备什么样条件的相对人才可以对一个行政行为提起行政诉讼，才可以成为一个正当的原告。关于行政诉讼原告资格的含义，学术界有不同的表述和看法。①一般认为，原告资格是指行政相对人就特定行政行为提起行政诉讼所应当具备的能力或资格。在司法实践中，应把原告资格与行政诉讼法规定的原告的起诉条件相区别，也要把原告资格与原告的诉讼地位相区分。原告资格只是原告起诉的条件之一，而不是全部。原告的诉讼地位是原告的起诉引起诉讼程序开始后所获得的各项诉讼权利，原告资格是相对人获得相应诉讼地位的前提。因此，原告资格实际上是对相对人提起诉讼的限制，

---

① 胡建淼主编，《行政诉讼法学》，高等教育出版社，2003 年，第 81 页。

其目的是为了防止不当或无效的诉讼，尽可能地节约司法资源。

司法实践中对原告资格认定的依据主要是《行政诉讼法》第 2 条和第 41 条的规定。《若干问题的解释》第 12 条对《行政诉讼法》第 2 条较原则性的规定解释为："与具体行政行为有法律上利害关系的公民、法人或者其他组织对该行为不服的，可以依法提起行政诉讼。"由此可见，"法律上的利害关系"是实践中认定原告资格的本质所在。理论界有人认为，"为了给行政诉讼制度的发展留有余地，为行政管理相对人提供更充分的救济机会，至少在理论上对'利害关系'不宜作过于严格的限制，既不要将其限定在法定权利的范围，也不要将其限定在直接利害关系的范围，只要起诉人在该案件中具有一定的诉讼利益就应当认定为有利害关系。"①《若干问题的解释》第 1 条将"对公民、法人或者其他组织权利义务不产生实际影响的行为"排除在可诉的具体行政行为之外，这就意味着司法实践中对"法律上利害关系"理解为对相对人的权利义务产生积极的或消极的实际影响。该解释的第 13 条列举了司法实践中原告可以提起行政诉讼的几种特殊情形：（1）被诉的具体行政行为涉及其相邻权或者公平竞争权的；（2）与被诉的行政复议决定有法律上利害关系或者在复议程序中被追加为第三人的；（3）要求主管行政机关依法追究加害人法律责任的；（4）与撤销或者变更具体行政行为有法律上利害关系的。

另外，《若干问题的解释》第 15 条规定："联营企业、中外合资或者合作企业的联营、合资、合作各方，认为联营、合资、合作企业权益或者自己一方合法权益受具体行政行为侵害的，均可以自己的名义提起诉讼。"第 16 条规定："农村土地承包人等土地使用权人对行政机关处分其使用的农村集体所有土地的行为不服，可以自己的名义提起诉讼。"第 17 条规定："非国有企业被行政机关注销、撤销、合并、强令兼并、出售、分立或者改变企业隶属关系的，该企业或者其法定代表人可以提起诉讼。"第 18 条规定："股份制企业的股东大会、股东代表大会、董事会等认为行政机关作出的具体行政行为侵犯企业经营自主权的，可以企业名义提起诉讼。"

（三）原告资格的转移

原告资格的转移，是指享有原告资格的权利人不复存在，而起诉权却有效存在，为了保护相对人的合法权益，由法定权利承受人承受原告资格的制度。

根据我国有关法律和司法解释的规定，原告的资格在以下情况下发生转移：一是有权提起诉讼的公民死亡，其近亲属可以提起诉讼；《若干问题的解释》对

---

① 胡建淼主编，《行政诉讼法学》，高等教育出版社，2003 年，第 82 页。

何为"近亲属"解释为包括配偶、父母、子女、兄弟姐妹、祖父母、外祖父母、孙子女、外孙子女和其他具有扶养、赡养关系的亲属。二是有权提起诉讼的法人或者其他组织终止，承受其权利的法人或其他组织可以提起行政诉讼。

（四）原告在行政诉讼中的权利

原告在行政诉讼中享有的权利，是原告在行政诉讼中法律地位的集中表现，是当事人能够参与到行政诉讼程序之中，并以自己的实际行为影响裁判结果作出的重要武器，是行政之诉制约法院审判行为在法律上的表现形式。因此，在司法实践中应重视并保障原告各项诉讼权利的正确行使。根据行政诉讼法并参照民事诉讼法的有关规定，原告在行政诉讼中除享有同其他当事人一样的权利如平等对待权、使用本民族语言文字进行诉讼权、委托代理权、申请回避权、查阅庭审材料权、上诉权、申请执行权、申诉权等外，还享有以下权利：

1. 起诉权以及起诉权与申请复议的选择权。在行政诉讼中，行政主体不享有起诉权，只有应诉、上诉等权利，这一点与民事诉讼不同。同时，原告享有对起诉和申请复议两种救济方式的程序选择权。《行政诉讼法》第 37 条规定："对属于人民法院受案范围的行政案件，公民、法人或者其他组织可以先向上一级行政机关或者法律、法规规定的行政机关申请复议，对复议不服的，再向人民法院提起诉讼；也可以直接向人民法院提起诉讼。法律、法规规定应当先向行政机关申请复议，对复议不服再向人民法院提起诉讼的，依照法律、法规的规定。"

2. 申请延长起诉期限的权利。《行政诉讼法》第 40 条规定："公民、法人或者其他组织因不可抗力或者其他特殊情况耽误法定期限的，在障碍消除后的十日内，可以申请延长期限，由人民法院决定。"

3. 补充变更诉讼请求的权利。与行政诉讼的被告不同，在人民法院宣告判决之前原告享有申请增加诉讼请求或变更诉讼请求的权利。

4. 申请撤诉的权利。《行政诉讼法》第 51 条规定："人民法院对行政案件宣告判决或者裁定前，原告申请撤诉的，或者被告改变其所作的具体行政行为，原告同意并申请撤诉的，是否准许，由人民法院裁定。"

5. 申请停止被诉行政行为执行的权利。一般情况下，诉讼期间不停止被诉具体行政行为的执行。但根据《行政诉讼法》第 44 条的规定，原告享有申请法院停止执行被诉行政行为的权利。

6. 申请财产保全和申请先予执行的权利。为了能使原告在获取胜诉判决后能实际执行判决或保障原告的现实困难，行政诉讼法赋予了原告在符合法定条件时可以申请财产保全和申请先予执行。

7．附带请求国家赔偿的权利。《行政诉讼法》第 67 条规定："公民、法人或者其他组织的合法权益受到行政机关或者行政机关工作人员作出的具体行政行为侵犯造成损害的，有权请求赔偿。""公民、法人或者其他组织单独就损害赔偿提出请求，应当先由行政机关解决。对行政机关的处理不服，可以向人民法院提起诉讼。"

二、被告

（一）行政诉讼被告的概念与特征

行政诉讼是因行政主体与相对人之间的争议而引起的，相对人作为原告起诉，必然有被指控和应诉的一方当事人即被告，否则，就无法构成诉讼。行政诉讼的被告，是指由原告起诉其具体行政行为侵犯原告的合法权利，并经人民法院通知应诉的行使国家行政职权的组织。具有以下特征：

1．行政诉讼的被告是被诉并应诉的一方当事人。被告是原告的对称，是行政诉讼中不可缺少的一方当事人。

2．行政诉讼的被告是具有国家行政职权的组织。行政诉讼的被告只能是行政主体，而不应是个人。

3．行政诉讼的被告是被人民法院通知并以自己的名义应诉的行政主体。

（二）行政诉讼被告资格的认定

因行政机关、授权组织及其相应的内设机构的设立，使行政诉讼被告资格的认定远比原告资格的认定要复杂得多，在司法实践中除遵循"谁行为，谁被告"和"谁主体，谁被告"的一般原则外，《行政诉讼法》及相应的司法解释还针对不同情况，设定了不同的被告资格认定规则。

1．原告直接起诉时被告的确定。原告直接起诉，是相对于对复议结果不服提起诉讼而言的，是指行政主体作出具体行政行为后，原告对此不服，不经过行政复议直接向人民法院起诉。在这类案件中，按照"谁行为，谁被告"的原则，作出该具体行政行为的行政主体是诉讼中的被告。对此，《行政诉讼法》第 25 条第 1 款规定："公民、法人或者其他组织直接向人民法院提起诉讼的，作出具体行政行为的行政机关是被告。"两个以上的行政主体作出同一行政行为的，他们对作出的具体行政行为负有连带责任，原告起诉时，应列为共同被告。《行政诉讼法》第 25 条第 3 款规定："两个以上行政机关作出同一具体行政行为的，共同作出具体行政行为的行政机关是共同被告。"

2．原告对复议结果不服起诉时被告的确定。对具体行政行为不服，经过复议以后，①其结果无非是要么行政机关维持了原具体行政行为，要么变更或撤销了原具体行政行为。这两种情况下，原告提起行政诉讼时，被告的承担者是不同的。对此，《行政诉讼法》第 25 条第 2 款规定："经复议的案件，复议机关决定维持原具体行政行为的，作出原具体行政行为的行政机关是被告；复议机关改变原具体行政行为的，复议机关是被告。"

3．授权关系中被告的确定。授权关系是法律、法规与规章将某一国家行政职权授给某一组织实施的行为，从而使被授权方成为独立的行政主体，可以自己的名义实施行政行为。在这一关系中，授权方是法律、法规与规章的制定机关，他从事的是立法行为；被授权方是被法律、法规与规章赋予国家行政职权的组织，他从事的是具体行政行为。因此，相对人对授权组织实施的具体行政行为不服提起行政诉讼时，按照"谁行为，谁被告"的原则，被授权的组织是被告。《行政诉讼法》第 25 条第 4 款规定："由法律、法规授权的组织所作的具体行政行为，该组织是被告。"从《若干问题的解释》第 20 条、第 21 条的规定看，最高人民法院把授权法的范围已扩大到"规章"。

4．委托关系中被告的确定。《行政诉讼法》第 25 条第 4 款规定："由行政机关委托的组织所作的具体行政行为，委托的行政机关是被告。"行政委托是指行政机关委托其他组织代行其行政职权的行为。在委托关系中，委托方是拥有行政职权的行政机关，被委托方可以是包括行政机关在内的一切合法的组织。委托关系在性质上是行政合同行为，该关系成立后被委托的组织只能以委托方的名义代行委托方的职权，其法律后果归委托方，从而决定具体行政行为责任也应由委托方承担,这也是行政诉讼中委托方为被告的理由。《若干问题的解释》第 21 条对《行政诉讼法》第 25 条第 4 款的规定又补充规定："行政机关在没有法律、法规或者规章规定的情况下，授权其内设机构、派出机构或者其他组织行使行政职权的，应当视为委托。当事人不服提起诉讼的，应当以该行政机关为被告。"

5．行政机关被撤销后被告的确定。行政机关作出具体行政行为后，该机关即被撤销，相对人对具体行政行为不服，向法院提起行政诉讼，被告应如何确定,《行政诉讼法》第 25 条第 5 款规定："行政机关被撤销的，继续行使其职权的行政机关是被告。"

6．行政审批关系中被告的确定。在执法实践中，有时一个行政机关作出具

---

① 行政复议有两种情况：一是按照法律、法规的规定必须先经过行政复议，对复议结果不服才可以提起行政诉讼的，即复议是诉讼的前置程序；二是法律、法规没有规定必须先经过行政复议以后才能向法院提起行政诉讼的，即复议诉讼程序任意选择。

体行政行为须经上级行政机关的批准。这种情况下，相对人不服经上级行政机关批准的具体行政行为，向法院提起行政诉讼，被告应如何确定呢？《若干问题的解释》第 19 条作出了规定："当事人不服经上级行政机关批准的具体行政行为，向人民法院提起诉讼的，应当以在对外发生法律效力的文书上署名的机关为被告。"报上级机关批准的具体行政行为，上级机关可以对外正式署名，也可以无须正式对外署名，若正式对外署名时，应由上级行政审批机关为被告，否则，应由原行政机关为被告。

7. 行政组建关系中被告的确定。行政组建关系，是行政机关组建了一种机构，并赋予了它一定的行政管理职能，但这种机构不具有行政主体资格，却以自己的名义作出具体行政行为。实践中，相对人对行政机关组建的不具有行政主体资格的组织以自己的名义作出的具体行政行为不服，向法院提起行政诉讼时，如何确定被告呢？《若干问题的解释》第 20 条第 1 款作出了规定："行政机关组建并赋予行政管理职能但不具有独立承担法律责任能力的机构，以自己的名义作出具体行政行为，当事人不服提起诉讼的，应当以组建该机构的行政机关为被告。"之所以如此规定，是因为"一个行政机关不适当地组建一种机构，而且又不适当地赋予它行政管理的职能，这种机构又没有承担责任的能力，行政机关理应对此负责。"[①]需注意的是，若组建机构以他人的名义作出具体行政行为时应当按照"行政委托关系原理"来确定被告。

8. 行政机关的内设机构或派出机构作出行为时被告的确定。行政机关的内设机构或派出机构在实践中作出具体行政行为时的情况较为复杂，大体上可分为在无授权条件下和在有授权条件下实施行为两种情形。第一种情形下，按照行政主体理论，行政机关的内设机构或派出机构，均不具有行政主体资格，不能以自己的名义对外行为。因此，按照"谁主体，谁被告"的原则，在行政诉讼中该行政机关应为被告。《若干问题的解释》第 20 条第 2 款规定："行政机关的内设机构或者派出机构在没有法律、法规或者规章授权的情况下，以自己的名义作出具体行政行为，当事人不服提起诉讼的，应当以该行政机关为被告。"第二种情形下，行政机关的内设机构、派出机构或其他组织，在法律授权的情况下以自己的名义实施行为时应按照"授权关系中被告的认定规则"确定被告。但若这些内设机构或派出机构在作出具体行政行为时超出了法定授权范围时，应如何确定被告呢？《若干问题的解释》第 20 条第 2 款作出了规定："法律、法规或者规章授权行使行政职权的行政机关内设机构、派出机构或者其他组织，

① 胡建淼主编，《行政诉讼法学》，高等教育出版社，2003 年，第 114 页。

超出法定授权范围实施行政行为，当事人不服提起诉讼的，应当以实施该行为的机构或者组织为被告。"

9. 复议机关在法定期限内不作为时被告的确定。为了实效性地保护相对人的合法利益，行政诉讼法赋予了相对人在复议的法定期限内不作出复议决定时的起诉权，但在行政诉讼中如何确定被告呢？《若干问题的解释》第 22 条作出了规定："复议机关在法定期间内不作复议决定，当事人对原具体行政行为不服提起诉讼的，应当以作出原具体行政行为的行政机关为被告；当事人对复议机关不作为不服提起诉讼的，应当以复议机关为被告。"

在行政诉讼中，被告首先是通过原告的起诉状确定的，由于原告对行政法律关系认识上的偏差，原告所确定的被告会有遗漏或不适当的情形。在第一审程序中，人民法院应当告知原告变更被告；原告不同意变更的，裁定驳回起诉。应当追加被告而原告不同意追加的，人民法院应当通知其以第三人的身份参加诉讼。

（三）被告在行政诉讼中的权利

在行政诉讼中，与原告一样，被告应当享有作为当事人的一般权利。除此之外，被告还享有以下特有的权利。

1. 在诉讼中变更原具体行政行为权。原告在诉讼中享有补充、变更诉讼请求的权利，而被告在一审法院宣告判决或裁定之前，有权改变原作出的具体行政行为。此种改变若原告同意，原告可申请撤诉。

2. 诉讼不停止具体行政行为执行的权利。与民事诉讼不同，在行政诉讼中原则上被告不因行政相对人提起行政诉讼而停止原具体行政行为的执行。在诉讼期间，被告继续执行自己作出的已经争讼的具体行政行为的权力，在我国《行政诉讼法》第 44 条得到了确认。

3. 强制执行法院裁判权。在民事诉讼中，任何一方当事人都无权执行法院作出的生效裁判，在行政诉讼中被告是国家行政机关，法律、法规设定了行政机关拥有行政强制执行权，在这一前提条件下，当原告拒不履行人民法院作出的生效裁判时，该行政机关可以自行实施强制执行。《行政诉讼法》第 65 条第 2 款规定："公民、法人或者其他组织拒绝履行判决、裁定的，行政机关可以向第一审人民法院申请强制执行，或者依法强制执行。"

三、第三人

（一）行政诉讼第三人的概念与特征

在行政诉讼实践中，人民法院审理的案件一般是原告与被告之间的行政争议，法院的判决也只对原告、被告发生法律效力。但在特定情形下，原告、被告之外还会存在着利害关系人，他们对人民法院正在审理的案件十分关注，认为进行中的诉讼可能直接影响到他们的切身利益。因此，为了有效保护案外利害关系人的利益，避免新的诉讼发生，节约诉讼成本，《行政诉讼法》确立了第三人制度。

行政诉讼中的第三人是指行政诉讼程序发生后，认为与被诉具体行政行为有利害关系，为了维护自身的合法利益，而参加到诉讼中来的公民、法人或其他组织。第三人不同于证人、诉讼代理人等具有自身的特征。

（1）第三人参加诉讼的时间是在本诉开始之后且尚未审理终结之前。如果本诉尚未开始，则不存在第三人问题；如果本诉已经审理结束，则第三人只有另行起诉。

（2）第三人参加诉讼的目的是维护自身的利益，在诉讼中具有独立的法律地位。在第三人看来，如果不参加到已经开始的诉讼中来，诉讼结果极有可能侵犯他的利益，为了主动地维护自身的合法利益，在诉讼尚未结束时就加入到诉讼中来，从而使自己获得及时的司法救济。保护利益的独立性决定了第三人在诉讼中既不必然依附于原告，也不必然依附于被告，具有独立的法律地位，第三人在诉讼中有提出与本案有关的诉讼主张的权利。

（3）第三人参加诉讼的理由是参加之诉与本诉有某种法律上的利害关系。所谓"法律上的利害关系"是指被诉的具体行政行为已涉及到第三人的权利、义务，法院对具体行政行为合法性的判断将影响他的法律地位，或者被诉的具体行政行为并没有涉及到第三人的权利、义务，但法院对具体行政行为合法性的判断将对他的法律地位或他所为的其他具体行政行为的合法性产生预决性的影响。这里的法律上的利害关系，不仅包括直接利害关系，也包括间接利害关系。

（4）第三人参加之诉成立后，实质上是两个诉的合并。一个是原已进行的本诉，一个是第三人进入诉讼后与原当事人双方或一方之诉。

（二）行政诉讼第三人的种类

从行政诉讼的实践来看，行政诉讼的第三人主要有以下情形：

1. 行政处罚案件中的被处罚人或者受害人。针对行政处罚行为，被处罚人和受害人均有权提起行政诉讼。若被处罚人对行政处罚不服起诉的，受害人可作为第三人参加诉讼；若受害人对行政处罚不服起诉的，被处罚人可作为第三人参加诉讼。在同一行政处罚案件中，行政主体处罚了两个以上的相对人，其中一部分被处罚人向人民法院起诉，而另一部分被处罚人没有起诉的，可作为第三人参加诉讼。

2. 行政许可案件中的被许可人或许可争议人。排他性的行政许可行为一旦被诉，人民法院对其合法性进行判断将直接影响到被许可权人的利益，因此可以作为第三人参加诉讼。被许可权人以外的公民、法人或其他组织对许可行为有争议却未起诉的也可以第三人的身份参加诉讼。

3. 在行政确权案件中的被确权人或其他主张权利的人。行政确权行为一旦被诉，人民法院对其合法性进行判断将直接影响到被确权人的利益，因此可以作为第三人参加诉讼。被确权人以外的公民、法人或其他组织对确权行为有争议却未起诉的也可以第三人的身份参加诉讼。

4. 行政裁决的一方当事人。在行政裁决案件中一方不服裁决向法院起诉的，未起诉的一方可以作为第三人参加诉讼。

5. 具体行政行为的利害相关人。除以上几种情形以外，实践中行政机关作出具体行政行为会涉及两个以上利害关系人，如既涉及直接相对人的权益，也涉及到直接相对人以外的其他利害关系人的利益，或两个以上直接相对人或两个以上直接相对人以外的其他利害关系人的利益，其中一部分利害关系人提起诉讼，人民法院应当通知没有起诉的其他利害关系人作为第三人参加诉讼。

6. 与行政机关共同作出具体行政行为且不具有行政主体资格的组织。行政机关与非行政机关共同署名作出某种具体行政行为，相对人不服向法院提起行政诉讼，被告只能是行政机关，在这种情况下，若非行政主体的组织对相对人的损失负有责任或可能负有责任，人民法院可通知或由自己申请作为第三人参加诉讼。

7. 作出相互矛盾的具体行政行为的行政主体。当两个以上行政主体作出相互矛盾的具体行政行为时，其中一部分行政主体为被告，另外的行政主体可以第三人身份参加诉讼。

（三）第三人参加诉讼的程序

第三人参加诉讼的时间应该是在本诉已经开始但人民法院尚未作出终审判决之前的任何阶段。参加诉讼的方式有两种：1. 申请参加。公民、法人或其他组织认为自己与被诉的行政行为有利害关系，可以向人民法院提出申请，是否同意由法院决定。2. 法院通知参加。公民、法人或其他组织与被诉的行政行为有利害关系，在没有向法院提出参加诉讼申请的情况下，法院可以通知其参加，至于是否参加由第三人决定，若属于必须参加的而不参加法院可以缺席判决。

四、诉讼代理人

（一）诉讼代理人的概念与特征

行政诉讼当事人可以自己进行诉讼活动，也可以由他人代为进行诉讼行为，尤其是当事人无诉讼行为能力，或者虽有诉讼行为能力但缺乏必要的法律知识和诉讼技能而不能或不愿亲自参加诉讼时，需要由具有诉讼经验或诉讼知识的人代为进行相应的诉讼活动，以维护自己的合法权利。诉讼代理人是指根据法律规定或者当事人、法定代理人的委托和授权，以当事人的名义并为其利益进行行政诉讼活动的人。这里的当事人包括原告、被告和第三人，是代理关系中的被代理人。在行政诉讼中，诉讼代理人代理当事人进行行政诉讼活动的权限，称为诉讼代理权；代理当事人实施的诉讼行为，称为诉讼代理行为。行政诉讼代理人具有以下特征：

1. 行政诉讼代理人必须具有诉讼行为能力。这是担任诉讼代理人的最基本的条件。当事人之所以聘请代理人就是补强诉讼行为能力，更好地维护自己的合法权益，这就要求诉讼代理人必须具有诉讼行为能力。在诉讼中，代理人丧失了诉讼行为能力，也就丧失了诉讼代理的资格。

2. 以被代理人的名义，并且为了维护被代理人的利益进行诉讼活动。代理人不是案件的当事人，与案件无直接利害关系，其参加诉讼是为当事人提供法律服务，目的是为了维护当事人的合法利益。因此，诉讼代理人只能以被代理人的名义而不能以自己的名义进行诉讼活动。

3. 诉讼代理人必须在代理权限范围内活动。为了有效地维护被代理人的权益，诉讼代理人应在代理权限范围内实施诉讼行为，超越代理权限实施的诉讼行为实质上是无代理权行为，对被代理人不产生约束力。但实践中未必代理人超越代理权的诉讼行为都对被代理人不利，是否有必要在行政诉讼法上确立类似民法上的表见代理制度应值得探讨。

4. 诉讼代理的法律后果由被代理人承担。这里的法律后果包括程序性的后果和实体性的后果。

（二）诉讼代理人的分类

在诉讼法理论中，对诉讼代理人的分类有三分法和二分法两种。三分法将诉讼代理人分为法定诉讼代理人、委托诉讼代理人、指定诉讼代理人三种。二分法将诉讼代理人分为法定诉讼代理人和委托诉讼代理人。两种不同分法的分歧在于行政诉讼代理人是否存在指定代理人。坚持存在指定诉讼代理人的观点是基于《行政诉讼法》第 28 条后半句的规定："法定代理人互相推委代理责任的，由人民法院指定其中一人代为诉讼。"据此认为，指定代理制度是一种不同于法定诉讼代理人制度，是与法定诉讼代理人制度相并列的一项行政诉讼代理制度。①持反对观点的认为，在行政诉讼中不存在指定诉讼代理制度，《行政诉讼法》第 28 条后半句只是建立了对法定诉讼代理人的指定制度。②事实上，行政诉讼法并未建立指定诉讼代理人制度，我国 1982 年的试行民事诉讼法有关于指定诉讼代理人的规定，现行民事诉讼法已取消。因此，也有学者根据《若干问题的解释》第 97 条的规定："人民法院审理行政案件，除依照行政诉讼法和本解释外，可以参照民事诉讼的有关规定。"认为行政诉讼中存在着指定代理人制度也难以成立。而且，民事诉讼理论界对民事诉讼代理人的分类通说观点也是二分法。③我们赞成二分法的观点。

　　1．法定诉讼代理人

　　法定诉讼代理人，是根据法律的规定，代理无诉讼行为能力人进行行政诉讼活动的人。《行政诉讼法》第 28 条规定，没有诉讼行为能力的公民，由其法定代理人代为诉讼。由此可见，法定诉讼代理人制度是行政诉讼法为无诉讼行为能力的自然人设立的一种诉讼代理制度，仅适用于被代理人无诉讼行为能力的情形。

　　行政诉讼法对无诉讼行为能力的范围没有专门规定，根据《民法通则》未成年人和精神病患者即为无诉讼行为能力人，需法律设定监护人，监护人就是他们的法定诉讼代理人。法定代理是一种全权代理，在参加行政诉讼的过程中，法定诉讼代理人有权处分实体权利和程序权利，同时也应履行当事人所应承担的一切诉讼义务，其诉讼地位类似于被代理的当事人。法定代理之所以产生，既不是基于当事人本人的意志，也不是基于代理人的意志，而是基于法律的规定。法定诉讼代理权以民事实体法规定的亲权和监护权为基础。

　　根据《行政诉讼法》第 28 条的规定，当存在数位法定代理人，而这些法定代理人之间对行使代理权所应承担的责任存在争议，相互推诿时，相应被代理人的合法权益就难以得到保障。为此，《行政诉讼法》设立了对法定诉讼代理人的指定制度。《行政诉讼法》第 28 条后半句的规定："法定代理人互相推诿代理责任的，由人民法院指定其中一人代为诉讼。"

　　2．委托代理人

---

　　① 方世荣主编，《行政法与行政诉讼法》，中国政法大学出版社，1999 年，第 380 页。
　　② 姜明安主编，《行政法与行政诉讼法》，北京大学出版社，1999 年，第 342 页。
　　③ 田平安主编，《民事诉讼法》，清华大学出版社，2005 年，第 116 页；江伟主编，《民事诉讼法》（第二版），高等教育出版社，2004 年，第 101 页以下。

委托诉讼代理人，是指受当事人、法定代理人委托并以他们的名义在授权范围内进行行政诉讼活动的人。

委托诉讼代理人的代理权基于委托人的授权而发生。代理的事项和代理权限的范围取决于委托人的授权，只有在特殊情况下法律才予以限制。《行政诉讼法》中并没有对委托诉讼代理人代理权限的具体规定，参照民事诉讼法的有关规定，委托诉讼代理人的代理权限有一般授权和特别授权两种。一般授权委托人只赋予诉讼代理人享有程序性诉讼权利的授权；特别授权是委托人赋予委托诉讼代理人不仅享有程序性诉讼权利，还可以处分实体性权利的授权。因此，行政诉讼中的委托人必须具有授权的意思表示能力，才能正确地进行授权；委托诉讼代理人必须具有诉讼行为能力，才能在代理权限范围内从事诉讼活动。

诉讼当事人、法定代理人中的每一位诉讼参加人都有权委托他人进行诉讼活动。《行政诉讼法》第 29 条第 1 款规定："当事人、法定代理人，可以委托一至二人代为诉讼。"关于委托诉讼代理人的范围，《行政诉讼法》第 29 条第 2 款作了规定："律师、社会团体、提起诉讼的公民的近亲属或者所在单位推荐的人，以及经人民法院许可的其他公民，可以受委托为诉讼代理人。"代理诉讼的律师，可以依照规定查阅本案有关材料，可以向有关组织和公民调查、收集证据。对涉及国家秘密和个人隐私的材料，应当依照法律规定保密。经人民法院许可，当事人和其他诉讼代理人可以查阅本案庭审材料，但涉及国家秘密和个人隐私的除外。

当事人委托诉讼代理人，应当向人民法院提交由委托人签名或者盖章的授权委托书。委托书应当载明委托事项和具体权限。公民在特殊情况下无法书面委托的，也可以口头委托。口头委托的，人民法院应当核实并记录在卷；被诉机关或者其他有义务协助的机关拒绝人民法院向被限制人身自由的公民核实的，视为委托成立。当事人解除或者变更委托的，应当书面报告人民法院，由人民法院通知其他当事人。

我国行政诉讼被告资格认定标准的讨论

如何认定被告资格，是行政诉讼的重点问题。根据我国行政法学界的通说，我国在认定行政诉讼被告的资格时采用的是三主体合一的标准：（1）行政诉讼的主体必须是行政主体，即行为人必须具备行政主体的身份和地位才能成为行政诉讼的被告；否则，即便它作出了一个行为，也不能成为行政诉讼的被告。（2）行政诉讼的主体必须是行为主体，即行为人必须有作为或者怠于履行职责的不作为行为；否则，它也不能成为被告。（3）行政诉讼的主体必须是责任主体，即行为人必须有责任能力，能够以自己的名义对外承担责任；否则，它也不能成为合格的被告。按照上述标准，实施行为的主体，未必就是一个合格的被告；而没有实施行为的主体，未必就不是一个被告。为此，理论界对行政诉讼被告资格认定的通说标准进行了讨论，有学者提出，应以行为主体为标准来认定我国行政诉讼被告的资格。

详细内容参见杨小君，《我国行政诉讼被告资格认定标准之检讨》，《法商研究》，2007年，第1期，第48～53页。

案例思考

甲市人民政府在召集有关职能部门、城市公共交通运营公司（以下简称城市公交公司）召开协调会，会后下发了甲市人民政府《会议纪要》，明确：城市公交公司的运营范围，界定在经批准的城市规划区内；城市公交公司在城市规划区内开通的线路要保证正常运营，免缴交通规费；在规划区范围内，原由交通部门负责的对城市公交公司违法运营的查处，交由建设部门负责。《会议纪要》下发后，甲市城区交通局按照《会议纪要》的要求，中止了对城市公交公司违法运营的查处。

田某、孙某和王某是经交通部门批准的三家运输经营户，他们运营的线路与《会议纪要》规定免缴交通规费的城市公交公司的两条运营线路重叠，但依《会议纪要》，不能享受免缴交通规费的优惠。三人不服，向法院提起诉讼，要求撤销《会议纪要》中关于城市公交公司免缴交通规费的规定，并请求确认市政府《会议纪要》关于中止城区交通局对城市公交公司违法运营查处的内容违法。

问题：1. 甲市人民政府《会议纪要》所作出的城市公交公司免缴交通规费的内容是否属于行政诉讼受案范围？为什么？2. 田某、孙某和王某三人是否具有原告资格？为什么？3. 田某、孙某和王某三人提出的确认甲市人民政府中止城区交通局对城市公交公司违法运营查处的内容违法的请求，是否属于法院的审理范围？为什么？

见2005年全国司法资格全真考试题。

第五节　行政诉讼程序

行政诉讼程序包括正常审理程序、审判监督程序和执行程序。我国审级制度实行两审终审制，因此，正常审理程序包括一审程序和二审程序。

一、行政诉讼一审程序

行政诉讼一审程序是指人民法院对行政案件最初审理的程序，在行政诉讼审理的程序体系中具有重要地位，是行政诉讼的基本程序，其质量的高低直接影响到行政诉讼的实效性和功能的发挥程度。它包括起诉、受理、审理和裁判等内容。

（一）起诉

起诉是指公民、法人或其他组织认为行政主体的具体行政行为侵犯其合法权益，以自己的名义向人民法院提起诉讼，请求人民法院通过依法审判，给予司法救济的诉讼行为。

起诉是当事人请求法院行使行政审判权的一项重要的诉讼行为，起诉权是行政诉讼法赋予当事人一项重要的诉讼权利。当事人提起诉讼就意味着诉讼程序的启动，在我国，行政诉讼法实行"不告不理"原则，当事人不提起诉讼，人民法院就不得启动诉讼程序。但当事人起诉并不意味着诉讼的必然开始，只有符合起诉条件时，人民法院才予以受理，不符合起诉条件的，则裁定不予受理。依我国《行政诉讼法》第41条的规定，提起诉讼应当符合下列条件：（1）原告是认为具体行政行为侵犯其合法权益的公民、法人或者其他组织；（2）有明确的被告；（3）有具体的诉讼请求和事实根据；（4）属于人民法院受案范围和受诉人民法院管辖。以上四个条件，起诉时必须同时具备，缺一不可。

（二）受理

行政诉讼中的受理是指人民法院对原告的起诉，经审查认为符合法定起诉条件，决定立案予以审理的诉讼行为。法院受理案件是对起诉的回应，建立在对起诉审查的基础之上。因此，法院在接到原告的起诉状后，应组成合议庭对起诉进行审查。主要内容包括：（1）起诉是否符合法定条件；（2）是否必须经过行政复议；（3）是否为重复诉讼；（4）起诉是否超过法定期限；（5）起诉状内容是否明确、完整并符合法律的要求。人民法院经过审查认为符合受理条件的应当在7日内立案，否则应作出裁定不予受理。原告对裁定不服的，可以在接到裁定书之日起 10 日内提起上诉。受诉人民法院在 7 日内既不立案，又不作出裁定的，起诉人可以向上一级人民法院申诉或起诉。

受理对当事人来说，意味着发生争议的具体行政行为已系属于人民法院，排除其他国家机关以及其他人民法院对此案件的管辖权；对法院来说，意味着法院有义务对该案件作出公正的裁判。

（三）审理

行政案件一旦被受理，即进入到实质审理阶段。具体审理程序包括审理前的准备和开庭审理两个环节。

人民法院从案件受理到开庭审理前，应作好以下准备工作：（1）组成合议庭；（2）送达诉讼文书；《行政诉讼法》第 43 条规定："人民法院应当在立案之日起五日内，将起诉状副本发送被告。被告应当在收到起诉状副本之日起十日内向人民法院提交作出具体行政行为的有关材料，并提出答辩状。人民法院应当在收到答辩状之日起五日内，将答辩状副本发送原告。""被告不提出答辩状的，不影响人民法院审理。"（3）审阅诉讼材料和调查收集证据；（4）必要时，应更换当事人或增加诉讼参与人；（5）确定开庭日期后，提前 3 日通知当事人及其诉讼代理人和其他参与人。

审理前的准备工作结束后，便进入开庭审理阶段。对开庭审理的具体步骤，《行政诉讼法》没有明确规定，实践中参照《民事诉讼法》的规定执行。具体包括开庭准备、宣布开庭、法庭调查、法庭辩论、合议庭评议和宣布判决等环节。在开庭审理阶段，人民法院应以法律、法规为依据，参照规章对被诉具体行政行为是否合法进行实质性审查。

行政诉讼的开庭审理分为公开的开庭审理和不公开的开庭审理两种形式。《行政诉讼法》第 45 条规定："人民法院公开审理行政案件，但涉及国家秘密、个人隐私和法律另有规定的除外。"

根据《行政诉讼法》第 57 条的规定，人民法院应当在立案之日起 3 个月内作出第一审判决。有特殊情况需要延长的，由高级人民法院批准，高级人民法院审理第一审案件需要延长的，由最高人民法院批准。

在第一审审理过程中，人民法院遇到下列特殊情况，应作出处理。

1．延期审理。人民法院在行政诉讼审理过程中，由于特殊情况的发生，以致将原定的开庭审理的时间推迟，即延期审理。实践中需要延期审理的特殊情形有：因必须到庭的当事人或其他诉讼参与人没有到庭；因当事人申请回避而影响正常审理；因行政机关改变被诉具体行政行为；需要调取新的证据或补充证据；其他需要延期审理的特殊情况等。

2．诉讼回避。《行政诉讼法》第 47 条规定："当事人认为审判人员与本案有利害关系或者有其他关系可能影响公正审判，有权申请审判人员回避。""审判人员认为自己与本案有利害关系或者有其他关系，应当申请回避。"回避的人员除了审判人员外，还包括书记员、翻译人员、鉴定人、勘验人。当事人申请回避，应当说明理由，在案件开始审理时提出；回避事由在案件开始审理后知道的，应当在法庭辩论终结前提出。被申请回避的人员，在人民法院作出是否回避的决定前，应当暂停参与本案的工作，但案件需要采取紧急措施的除外。对当事人提出的回避申请，人民法院应当在 3 日内以口头或者书面形式作出决定。申请人对驳回回避申请决定不服的，可以向作出决定的人民法院申请复议一次。复议期间，被申请回避的人员不停止参与本案的工作。对申请人的复议申请，人民法院应当在 3 日内作出复议决定，并通知复议申请人。院长担任审判长时的回避，由审判委员会决定；审判人员的回避，由院长决定；其他人员的回避，由审判长决定。

3．撤诉。是指人民法院受理案件后至宣告判决前，原告将已成立的行政之诉撤回的一种诉讼行为。诉一经撤销，法院便不能对该案继续行使审判权，有关当事人和其他诉讼参与人也就退出诉讼。《行政诉讼法》规定的撤诉有两种：申请撤诉，即人民法院对行政案件宣告判决或者裁定前，原告自愿申请撤诉，或者被告改变其所作的具体行政行为，原告同意并申请撤诉。申请撤诉是否准许，由人民法院裁定。视为申请撤诉，即在诉讼过程中，出现法定的情形人民法院按撤诉来终结诉讼程序。按撤诉处理的法定情形有：一是经人民法院两次合法传唤，原告无正当理由拒不到庭的；二是在开庭审理期间，原告未经法庭许可中途退庭，拒不返回的；三是原告在法定期间内未预交诉讼费用，又没有提出缓交诉讼费用申请的。

4．缺席判决。是对席判决的对称，是指在开庭审理时，一方当事人未到庭情况下，法院依法对案件作出判决的一种制度。适用于缺席判决的情形有：一是经人民法院两次合法传唤，被告无正当理由拒不到庭的；二是在开庭审理期间，被告未经法庭许可中途退庭，拒不返回的；三是原告申请撤诉，人民法院裁定不予准许的，原告经合法传唤，无正当理由拒不到庭或者未经法庭许可而中途退庭的。

5．诉讼中止。是指在诉讼进行中，由于发生某种特定原因，使诉讼程序暂时停止的制度。一般情况下，诉讼程序开始以后，应连续进行且应及时终结，但在某些法定的事由出现后，为了保障当事人充分地行使诉讼权利，人民法院应裁定中止诉讼程序，待中止情形消除以后，再恢复诉讼程序。在诉讼过程中，有下列情形之一的，中止诉讼：（1）原告死亡，须等待其近亲属表明是否参加诉讼的；（2）原告丧失诉讼行为能力，尚未确定法定代理人的；（3）作为一方当事人的行政机关、法人或者其他组织终止，尚未确定权利义务承受人的；（4）一方当事人因不可抗力的事由不能参加诉讼的；（5）案件涉及法律适用问题，需要送请有权机关作出解释或者确认的；（6）案件的审判须以相关民事、刑事或者其他行政案件的审理结果为依据，而相关案件尚未审结的；（7）其他应当中止诉讼的情形。

6. 诉讼终结。是指在诉讼进行中，由于发生某种特定原因，使诉讼程序不能继续进行下去，或者失去了继续进行的意义，不得已结束诉讼程序的一种制度。在诉讼过程中，有下列情形之一的，终结诉讼：（1）原告死亡，没有近亲属或者近亲属放弃诉讼权利的；（2）作为原告的法人或者其他组织终止后，其权利义务的承受人放弃诉讼权利的；（3）上述导致诉讼中止原因中的前三条，在中止诉讼满 90 日仍无人继续诉讼的，裁定终结诉讼，但有特殊情况的除外。诉讼终结的裁定一经送达即发生法律效力。诉讼终结后，当事人不得以同一事实和理由再行起诉。

7. 财产保全和先予执行。财产保全是指人民法院根据诉讼当事人的申请，或者人民法院依职权对当事人的财产采取强制保护措施，以保证法院的生效判决得以执行的制度。设立财产保全制度的意义是为了保护诉讼当事人的合法权益。《若干问题的解释》第 48 条第 1 款规定："人民法院对于因一方当事人的行为或者其他原因，可能使具体行政行为或者人民法院生效裁判不能或者难以执行的案件，可以根据对方当事人的申请作出财产保全的裁定；当事人没有提出申请的，人民法院在必要时也可以依法采取财产保全措施。"

先予执行，是指在法院受理案件后、生效判决作出前，因当事人一方的紧迫需要，裁定对方当事人预先向其给付一定数额的金钱或其他财物的法律制度。先予执行是诉讼中一种应急保障措施，其着眼点在于满足权利人的迫切的现实需要。《若干问题的解释》第 48 条第 2 款规定："人民法院审理起诉行政机关没有依法发给抚恤金、社会保险金、最低生活保障费等案件，可以根据原告的申请，依法书面裁定先予执行。"

当事人对财产保全或者先予执行的裁定不服的，可以申请复议。复议期间不停止裁定的执行。

8. 被告改变被诉具体行政行为。是否允许被告在诉讼期间改变被诉具体行政行为，理论界存在争议，我国行政诉讼法为了保护相对人的合法权益，经济有效地解决行政争议，肯定了被告改变被诉具体行政行为的权力，但也作出了一定的限制。《若干问题的解释》第 50 条规定："被告在一审期间改变被诉具体行政行为的，应当书面告知人民法院。""原告或者第三人对改变后的行为不服提起诉讼的，人民法院应当就改变后的具体行政行为进行审理。""被告改变原具体行政行为，原告不撤诉，人民法院经审查认为原具体行政行为违法的，应当作出确认其违法的判决；认为原具体行政行为合法的，应当判决驳回原告的诉讼请求。""原告起诉被告不作为，在诉讼中被告作出具体行政行为，原告不撤诉的，参照上述规定处理。"

（四）裁判

行政诉讼的裁判，是指人民法院通过对行政案件的审理，对所涉及的实体问题和程序问题所作出的处理。分为判决、裁定和决定三种，它们各有自己的适用范围和适用条件，法律效力也有所区别。

行政判决，是相对于刑事判决和民事判决而言，是指法院在行政案件审理终结时，根据事实和法律，就案件涉及的实体问题所作出的具有法律约束力的结论性判定。根据《行政诉讼法》第 54 条、第 55 条和《若干问题的解释》第 53 条至第 60 条和第 62 条的规定，行政诉讼的一审判决包括以下情形：（1）维持判决。指法院经过审查，认为具体行政行为证据确凿，适用法律、法规正确，符合法定程序时的判决形式。（2）撤销判决。指法院经过审查，认为具体行政行为有主要证据不足、适用法律、法规错误、违反法定程序、超越职权、滥用职权等情形之一的，判决撤销或者部分撤销，并可以判决被告重新作出具体行政行为的判决形式。（3）履行判决。指法院经过审查，确认被告不履行或者拖延履行法定职责的行为存在，从而责令其在一定期限内履行法定职责的判决形式。（4）变更判决。指法院经过审查，认为被诉行政处罚显失公正，从而改变处罚结果的判决形式。（5）驳回诉讼请求判决。指法院经过审查，认为原告的诉讼请求不成立，从而对诉讼请求予以驳回的判决形式。《若干问题的解释》第 56 条规定："有下列情形之一的，人民法院应当判决驳回原告的诉讼请求：（一）起诉被告不作为理由不能成立的；（二）被诉具体行政行为合法但存在合理性问题的；（三）被诉具体行政行为合法，但因法律、政策变化需要变更或者废止的；（四）其他应当判决驳回诉讼请求的情形。"（6）确认判决。指法院经过审查，确认被诉行政行为是否违法或是否有效的判决形式。《若干问题的解释》第 57 条规定："人民法院认为被诉具体行政行为合法，但不适宜判决维持或者驳回诉讼请求的，可以作出确认其合法或者有效的判决。""有下列情形之一的，人民法院应当作出确认被诉具体行政行为违法或者无效的判决：（一）被告不履行法定职责，但判决责令其履行法定职责已无实际意义的；（二）被诉具体行政行为违法,但不具有可撤销内容的;(三)被诉具体行政行为依法不成立或者无效的。"

(7)赔偿判决。指被诉行政主体违法行使职权侵犯了相对人的合法权益并造成损害的,人民法院应作出行政赔偿的判决。(8)补救判决。指法院经过审查,认为被诉具体行政行为违法,本应予以撤销,但考虑到公共利益的需要而不撤销,责令行政主体作出其他补救措施的判决形式。《若干问题的解释》第58条规定:"被诉具体行政行为违法,但撤销该具体行政行为将会给国家利益或者公共利益造成重大损失的,人民法院应当作出确认被诉具体行政行为违法的判决,并责令被诉行政机关采取相应的补救措施;造成损害的,依法判决承担赔偿责任。"

行政裁定,指法院在审理或执行行政案件的过程中,为处理各种程序性事项和部分实体问题所作出的具有法律约束力的结论性判定。主要适用于不予受理、驳回起诉、管辖异议、终结诉讼、中止诉讼、移送或者指定管辖、诉讼期间停止具体行政行为的执行或者驳回停止执行的申请、财产保全、先予执行、准许或者不准许撤诉、补正裁判文书中的笔误、中止或者终结执行、提审、指令再审或者发回重审、准许或者不准许执行行政机关的具体行政行为、其他需要裁定的事项。对不予受理、驳回起诉、管辖异议的裁定,当事人不服可以上诉。

行政决定,是指法院为了保证行政诉讼的顺利进行,对诉讼过程中发生的特殊程序事项进行处理时所作出的具有法律约束力的结论性判定。主要适用于回避、罚款或拘留等强制措施、诉讼期限的延长、诉讼费用的减免等情形。

二、行政诉讼二审程序

第二审程序,是指当事人不服尚未生效的第一审判决或裁定而依法向上一级人民法院提起上诉引起的诉讼程序,是上一级人民法院审理上诉案件所适用的程序。我国行政诉讼实行两审终审制,第二程序也称为终审程序、上诉审程序。它是以当事人的上诉权为基础而建立的审判程序,是我国行政诉讼程序的重要组成部分。其目的是为了纠正未生效裁判的错误,保证裁判的公正性,保护当事人的合法权益;实现法律解释与适用上的统一,以便有效地监督和检查下级人民法院的审判工作。

(一)上诉

上诉是指当事人不服尚未生效的第一审裁判,在法定期限内请求上一级法院对上诉请求的有关事实和法律适用进行审理的诉讼行为。上诉是法律赋予当事人的一项诉讼权利,第一审法院作出裁判后,当事人决定上诉,必须符合一定的条件：（1）提起上诉的主体必须合格。第一审案件中的原告、被告、第三人、共同诉讼人都有权提起上诉。（2）提起上诉的客体必须是法律允许上诉的裁判。地方各级人民法院作出的一审判决，对第二审法院发回重审的案件进行审理后所作的判决，以及按照第一审程序对案件再审所作的判决和不予受理、管辖权异议、驳回起诉的裁定当事人均可提起上诉。（3）上诉的理由必须是上诉人认为一审裁判在认定事实或适用法律上有错误，或者违反了正当法律程序。（4）上诉必须在法定期间内提出。《行政诉讼法》第58条规定："当事人不服人民法院第一审判决的，有权在判决书送达之日起十五日内向上一级人民法院提起上诉。当事人不服人民法院第一审裁定的，有权在裁定书送达之日起十日内向上一级人民法院提起上诉。逾期不提起上诉的，人民法院的第一审判决或者裁定发生法律效力。"（5）上诉必须递交上诉状。

（二）上诉案件的受理

当事人不服一审法院的裁判，提起上诉的，原则上应向原审法院提交上诉状，同时也允许当事人直接向原审法院的上一级法院提起上诉，不得越级上诉。当事人直接向二审法院提出上诉状的，二审法院应在5日内将上诉状移交原审法院。原审人民法院或第二审人民法院收到上诉状后，应当立即通知对方当事人。上诉人上诉超过法定期限的，应由第一审法院裁定驳回上诉。

当事人提起上诉，符合上诉条件的，法院均应受理，并做好诉讼文书的接收和送达工作。当事人提出上诉，按照其他当事人或者诉讼代表人的人数提供上诉状副本。原审人民法院收到当事人的上诉状及其副本后，应当在5日内将上诉状的副本送达对方当事人。对方当事人收到上诉状的副本后，应在10日内提交答辩状，原审人民法院应在收到答辩状之日起5日内将副本送达对方当事人。原审人民法院收到上诉状和答辩状后，应当在5日内连同全部案卷和证据，报送二审法院。已经预收诉讼费用的，一并报送。至此，案件全部脱离一审法院，并由二审法院对案件进行审理。

（三）上诉案件的审裁

二审人民法院审理行政上诉案件，一律由审判员组成合议庭，若是第二审人民法院裁定发回原审人民法院重新审理的行政案件，原审人民法院应当另行组成合议庭进行审理。其审理方式以开庭审理为原则，书面审理是例外。原审人民法院认为事实清楚的，可以实行书面审理。当事人对原审人民法院认定的事实有争议的，或者第二审人民法院认为原审人民法院认定事实不清楚的，第二审人民法院应当开庭审理。开庭审理的地点可以在二审法院进行，也可以到案发地或者原审人民法院所在地进行。第二审人民法院审理上诉案件，应当对原审人民法院的裁判和被诉具体行政行为是否合法进行全面审查。第二审人民法院经审理认为原审人民法院不予受理或者驳回起诉的裁定确有错误，且起诉符合法定条件的，应当裁定撤销原审人民法院的裁定，指令原审人民法院依法立案受理或者继续审理。

人民法院审理上诉案件，应当在收到上诉状之日起 2 个月内作出终审判决。有特殊情况需要延长的，由高级人民法院批准，高级人民法院审理上诉案件需要延长的，由最高人民法院批准。

根据《行政诉讼法》第 61 条的规定，人民法院审理上诉案件，按照下列情形，分别处理：

（1）维持原判。二审人民法院经过对上诉案件的审理，认为一审裁判是正确的，只能作出驳回上诉人的上诉，维持一审判决的判决。判断一审裁判正确的标准有两个：一是原判决认定事实没有疑点，有可靠的事实基础和确凿的证据支撑，即事实是清楚的；一是一审法院审查具体行政行为所依据的法律、法规是正确的，作出判决所依据的法律、法规也是正确的。

（2）依法改判。《行政诉讼法》第 61 条第 1 款第 2 项规定："原判决认定事实清楚，但适用法律、法规错误的，依法改判"。据此，一审判决认定事实清楚，仅适用法律、法规有错误是二审法院依法改判的前提条件。行政诉讼法之所以如此规定，是考虑到二审法院查清案件事实的不便以及二审法院人、财力的有限等实际情况。但在司法实践中，这也不是绝对的，二审法院也可以在查清案件事实后直接改判。第二审人民法院审理上诉案件，需要改变原审判决的，应当同时对被诉具体行政行为作出判决。

（3）撤销原判、发回重审。是指在二审案件审结后，不直接对案件作出判决，而是将案卷退回原审法院，由第一审法院重新审理。《行政诉讼法》第 61 条第 1 款第 3 项规定了适用发回重审的三种情形：一审判决认定事实不清；一审判决证据不足；一审违反法定程序，可能影响案件正确判决。《若干问题的解释》第 71 条补充规定，原审判决遗漏了必须参加诉讼的当事人或者诉讼请求的，第二审人民法院应当裁定撤销原审判决，发回重审。原审判决遗漏行政赔偿请求，第二审人民法院经审理认为依法应当予以赔偿的，在确认被诉具体行政行为违法的同时，可以就行政赔偿问题进行调解；调解不成的，应当就行政赔偿部分发回重审。当事人在第二审期间提出行政赔偿请求的，第二审人民法院可以进行调解；调解不成的，应当告知当事人另行起诉。

三、行政诉讼再审程序

（一）行政诉讼再审程序的概念

行政诉讼再审程序，是指人民法院对已经发生法律效力的判决和裁定，依照法律规定由法定主体提起，对案件进行再审的程序。它又称审判监督程序。也有学者认为，审判监督程序是开启再审程序的前置程序，只能由人民法院和人民检察院提出。当事人只能申请再审，经人民法院审查符合再审条件的，由人民法院发动再审程序。

根据行政诉讼法的规定，依提起再审程序主体的不同，行政诉讼再审程序可分为：人民法院的监督再审、人民检察院的抗诉再审和当事人的申请再审。

再审程序的设立，对于保障司法公正，保证案件裁判的质量，保护当事人的合法权利，完善行政诉讼程序体系都具有重要意义。

（二）再审程序的提起理由与方式

一般而言，受既判力的约束和程序正当性的要求，生效裁判不应当轻易被变更或撤销，但基于实事求是、有错必纠的原则，《行政诉讼法》确立了再审程序制度，明确了提起再审程序的理由：生效裁判确有错误，即提起再审的裁判违反法律、法规。《若干问题的解释》第72条规定："有下列情形之一的，属于行政诉讼法第六十三条规定的违反法律、法规规定：（一）原判决、裁定认定的事实主要证据不足；（二）原判决、裁定适用法律、法规确有错误；（三）违反法定程序，可能影响案件正确裁判；（四）其他违反法律、法规的情形。"

再审程序的启动方式，因提起的主体不同而不同。当事人对已经发生法律效力的判决、裁定，认为确有错误的，可以向原审人民法院或者上一级人民法院提出申诉。当事人申请再审，应当在判决、裁定发生法律效力后2年内提出。当事人对已经发生法律效力的行政赔偿调解书，提出证据证明调解违反自愿原则或者调解协议的内容违反法律规定的，可以在2年内申请再审。人民法院院长对本院已经发生法律效力的判决、裁定，发现违反法律、法规规定认为需要再审的，应当提交审判委员会决定是否再审。上级人民法院对下级人民法院已经发生法律效力的判决、裁定，发现违反法律、法规规定的，有权提审或者指令下级人民法院再审。人民检察院对人民法院已经发生法律效力的判决、裁定，发现违反法律、法规规定的，有权按照审判监督程序提出抗诉。对人民检察院按照审判监督程序提起抗诉的案件，人民法院应当再审。人民法院开庭审理抗诉案件时，应当通知人民检察院派员出庭。

（三）再审案件的审判

人民法院按照审判监督程序决定再审的案件,应当裁定中止原判决的执行;裁定书由院长署名,加盖人民法院印章。上级人民法院决定提审或者指令下级人民法院再审的,应当作出裁定,裁定应当写明中止原判决的执行;情况紧急的,可以将中止执行的裁定口头通知负责执行的人民法院或者作出生效判决、裁定的人民法院,但应当在口头通知后 10 日内发出裁定书。人民法院审理再审案件,应当另行组成合议庭,原合议庭的成员不再参与该案件的审理。凡发生法律效力的判决、裁定是由第一审人民法院作出的,按照第一审程序审理,所作的判决、裁定,当事人可以上诉;发生法律效力的判决、裁定是由第二审人民法院作出的,按照第二审程序审理,所作的判决、裁定是发生法律效力的判决、裁定;上级人民法院按照审判监督程序提审的,按照第二审程序审理,所作的判决、裁定是发生法律效力的判决、裁定。人民法院对再审案件经过审理,认为原生效判决、裁定确有错误,在撤销原生效判决或者裁定的同时,可以对生效判决、裁定的内容作出相应裁判,也可以裁定撤销生效判决或者裁定,发回作出生效判决、裁定的人民法院重新审判。人民法院审理再审案件,发现生效裁判有下列情形之一的,应当裁定发回作出生效判决、裁定的人民法院重新审理:(1)审理本案的审判人员、书记员应当回避而未回避的;(2)依法应当开庭审理而未经开庭即作出判决的;(3)未经合法传唤当事人而缺席判决的;(4)遗漏必须参加诉讼的当事人的;(5)对与本案有关的诉讼请求未予裁判的;(6)其他违反法定程序可能影响案件正确裁判的。

四、行政诉讼执行程序

（一）行政诉讼执行的概念与特征

行政诉讼的执行,是指国家执行机构依照法定程序,将已经发生法律效力并具有执行内容的法律文书强制付诸实现的活动。行政诉讼的执行是对法院作出的诉讼裁判的执行,而不包括对未经审理的具体行政行为的执行。诉讼执行程序是实现生效裁判执行力的有效保障,但不是行政诉讼的必经程序,只在存在执行必要并符合执行条件的情形下,法院才启动诉讼执行程序。

行政诉讼执行具有以下特征:(1)执行主体包括人民法院和行政主体;《行政诉讼法》第 65 条第 2 款规定:"公民、法人或者其他组织拒绝履行判决、裁定的,行政机关可以向第一审人民法院申请强制执行,或者依法强制执行。"(2)强制执行的根据是人民法院已经生效的裁判文书;(3)申请人或被申请人一方为行政主体;(4)对行政相对人和行政主体采取的执行措施是不同的。

（二）行政诉讼执行的提起与管辖

行政诉讼执行的提起，包括申请执行和移交执行两种情形。申请执行是指对人民法院的生效裁判义务人拒不履行，行政裁判文书的权利人向人民法院申请强制执行，是提起执行程序的主要形式。移交执行是指不经权利人的申请，由人民法院依职权主动引起执行程序，采取执行措施，是申请执行的补充形式。

执行管辖是执行程序的重要环节，是明确人民法院之间对发生法律效力的裁判文书强制执行时的权限分工。对发生法律效力的裁判文书包括行政判决书、行政裁定书、行政赔偿判决书或调解书，原则上由第一审人民法院执行，无论该裁判文书是否由第一审人民法院作出。在特殊情况下，尤其对上诉审案件的执行，如果一审人民法院认为执行涉及面广、影响大，可以报请二审人民法院执行。上级人民法院可以决定由其执行，也可以决定由下级人民法院执行。

（三）对行政相对人的执行

对人民法院作出生效裁判，任何一方当事人都负有履行的义务，否则当事人的合法利益和法院的裁判权威均受到威胁。由于相对人拒不履行法院作出的生效裁判，人民法院或者行政机关可以采取执行措施。根据《行政诉讼法》第65条的规定，对相对人的执行包括人民法院实施执行和行政机关强制执行两种。行政机关的强制执行须有法律的明确授权，是属于行政执行，这里指的是诉讼执行。《若干问题的解释》第83条规定："对发生法律效力的行政判决书、行政裁定书、行政赔偿判决书和行政赔偿调解书，负有义务的一方当事人拒绝履行的，对方当事人可以依法申请人民法院强制执行。"人民法院可以采取冻结、划拨被执行人的存款；扣留、提取被执行人的劳动收入；查封、冻结、扣押、拍卖、变卖被执行人的财产；强制被执行人迁出房屋、拆除违法建筑、退出土地等强制措施。

（四）对行政机关的执行

被告行政主体拒不履行人民法院已经生效的裁判文书，原告可以申请人民法院对行政主体采取强制措施，以保证法院裁判得以实现。《行政诉讼法》第65条第3款规定："行政机关拒绝履行判决、裁定的，第一审人民法院可以采取以下措施：（一）对应当归还的罚款或者应当给付的赔偿金，通知银行从该行政机关的账户内划拨；（二）在规定期限内不履行的，从期满之日起，对该行政机关按日处五十元至一百元的罚款；（三）向该行政机关的上一级行政机关或者监察、人事机关提出司法建议。接受司法建议的机关，根据有关规定进行处理，并将处理情况告知人民法院；（四）拒不履行判决、裁定，情节严重构成犯罪的，依法追究主管人员和直接责任人员的刑事责任。"另外，根据《民事诉讼法》和

《若干问题的解释》的有关规定，对拒不执行人民法院已经发生法律效力的裁判的，对主要负责人或者直接责任人员根据情节轻重予以罚款或拘留。

当事人申请执行法院生效裁判，申请人是公民的，申请执行期间为 1 年；申请人是行政机关、法人或其他组织的，申请执行期间为 180 日。

域外修法借鉴

日本《行政事件诉讼法》自 1962 年实施以来，已历经 40 年。近年来，特别是从 1999 年 5 月以来，日本内阁设置了司法改革制度审议会，着手《行政事件诉讼法》的修改工作。日本律师联合会设立了司法改革推进中心和行政事件诉讼法改正等推进协议会议。为《行政事件诉讼法》的修改，除了组织专家学者进行研讨外，还派人赴德国、法国等国家进行实地考察，制定了《行政事件诉讼法》修正试行办法纲要。《行政事件诉讼法》草案文本，也已出台。（草案文本参见木村弘之亮，《2001 年行政事件诉讼法的草案和概说》（一），《法学研究》2001 年，第 1 期；《2001 年行政事件诉讼法的草案和概说》（二），《法学研究》2001 年，第 2 期。）

关于日本行政诉讼法修订的思路和主要内容参见王彦，《日本〈行政事件诉讼法〉修改的动向》，《行政法学研究》，2003 年，第 2 期，第 89～96 页。

王某诉公安局行政赔偿案

王某不服公安局约束醉酒行政强制措施并同时提起行政赔偿，请求法院依法确认被告行政强制违法，并判决被告赔偿损失。一审经审理查明：王某当日饮酒过量，谩骂、威胁案外人陈某。公安局派人对王某劝阻时，王某不但不听，还对劝阻民警进行辱骂。为防止意外事件发生，公安局对王某采取了强制措施，将其约束，王某酒醒后即被释放。基于上述事实，一审判决确认被告对原告采取强制措施的行为合法，同时驳回原告要求被告赔偿的诉讼请求。宣判后，王某提起上诉，认为一审法院在一审判决书的法院查明及法院认定两部分的文字表述中有不符合事实的地方，认为自己的行为是事出有因的，如果不是陈某嘲讽他，他是不会谩骂、威胁陈某的，而一审判决书的表述易使人误以为完全是因原告素质差，无中生有，故意寻衅滋事，从而导致原告的名誉受到损害，社会认同度降低，对其工作和生活都产生了不利影响，因此请求二审法院依法变更一审判决书中失实的措辞，且二审上诉费由公安局承担。二审法院受理后，仍以不服行政强制措施、行政赔偿立案，依照一审标准收取上诉费。经过开庭审理及调查，合议庭一致认为王某所述事实属实，其上诉请求应当予以支持，但由于该上诉请求并不影响判决结果，遂在二审判决书中对一审判决书的事实认定部分作了修改，同时判决驳回上诉，维持原判，二审诉讼费用由王某承担。王某仍不服，认为既然二审支持了他的上诉请求，他就是胜诉者，作为胜诉者，他不应承担二审诉讼费用，遂以二审判决不当为由，提出再审申请，请求改判。法院经审查认为，王某的上诉理由并不足以改变实体判决结果，因此，王某在本案的实体处理上仍属败诉者，故驳回了王某的再审申请。王某息诉。透过本案的审理程序，反思我国行政诉讼费用征收标准及负担原则上的悖论以及由此而凸现出的现行行政上诉制度之不足。

详细内容参见张坤世，《我国行政上诉制度之检讨与完善》，《行政法学研究》，2006 年，第 4 期，第 88～93 页。

思考题

1. 名词解释

（1）管辖恒定　　（2）行政诉讼第三人　　（3）诉讼中止　　（4）诉讼终结

2. 任意项选择题

（1）在行政诉讼中，人民法院需征得原告同意才能实施的行为有（　　）。

A. 通知第三人参加诉讼　　　　　B. 裁定终结诉讼

C. 追加或变更被告　　　　　　　D. 决定合并审理

（2）甲向人民法院提起行政诉讼，法院以向上级请示为由一直未予答复，甲可以采取的救济途径有（　　）。

A. 可以向上一级法院提起上诉　　B. 可以向上一级法院提出申诉

C. 可以向上一级人民检察院申诉　D. 可以向上一级人民检察院抗诉

（3）甲向工商局申请办理营业执照，工商局以种种理由一直未予办理。甲遂向法院提起行政诉讼，法院认为工商局应予办理，判决工商局在 1 个月内为其办理营业执照。该项判决属于（　　）。

A. 撤销判决　　　　　　　　　　B. 变更判决

C. 履行判决　　　　　　　　　　D. 确认判决

（4）行政诉讼公开审判是一项原则，下列哪些情形不宜公开审理（　　）

A. 国家秘密　　　　　　　　　　B. 未成年人的行政违法行为

C. 个人隐私　　　　　　　　　　D. 法律另有规定

（5）在行政案件执行中发生下列哪些情形，人民法院可以裁定终结执行
（　　）

A. 追索罚款案件的权利人死亡　　B. 据以执行的法律文件被撤销

C. 申请人撤销申请　　　　　　　D. 申请人死亡

3. 简述题

（1）简述确定行政诉讼受案范围的因素。

（2）简述行政诉讼对依法行政的意义。

（3）确定行政诉讼被告地位的规则有哪些？

（4）分析行政诉讼一审、二审和再审程序之间的相互关系。

4. 案例分析题（2003 年国家司法资格考试试题）

案情：甲公司于 1995 年获得国家专利局颁发的 9518 号实用新型专利权证
书，后因未及时缴纳年费被国家专利局公告终止其专利权。1999 年 3 月甲公司
提出恢复其专利权的申请，国家知识产权局专利局于同年 4 月作出恢复其专利
的决定。2000 年 3 月，甲公司以专利侵权为由对乙公司提起民事诉讼。诉讼过
程中，乙公司向专利复审委员会提出请求，要求宣告 9518 号专利权无效。2001
年 3 月 1 日，专利复审委员会作出维持该专利有效的审查决定并通知乙公司。问：

（1）如乙公司对恢复甲公司专利权的决定提起行政诉讼，其是否具有原告
资格？为什么？

（2）如乙公司于 2002 年 4 月对恢复甲公司专利权的决定提起行政诉讼，
是否超过行政诉讼的起诉期限？为什么？

（3）1992 年 9 月 4 日修正的《专利法》对专利权的恢复未作出任何规定，
假设被告在诉讼中提出"恢复专利权的行为属于合法的自由裁量行为"，你认为
是否成立？为什么？

第十八章　行政赔偿

本章重点

行政赔偿是行政主体违法行使行政职权侵犯行政相对人的合法权益造成损害时，由行政主体依法予以赔偿的法律救济制度。行政赔偿制度在世界范围内的产生与发展大致经历了否定阶段、相对肯定阶段与肯定阶段。作为保障公民合法权益，促进社会、经济发展，提高行政效率的法律制度，目前在大多数国家已经确立。本章重点内容有：理解行政赔偿的概念与特征；认识行政赔偿的归责原则与构成要件；掌握行政赔偿的范围与赔偿义务机关；了解行政赔偿的方式与计算标准。

第一节　行政赔偿概述

一、行政赔偿的概念

行政赔偿，是指行政主体违法行使行政职权侵犯行政相对人的合法权益造成损害的，由该行政主体依法予以赔偿的法律救济制度。行政赔偿是国家赔偿的重要组成部分，与其他法律赔偿形式相比较，行政赔偿具有以下特点：

1. 行政赔偿以行政侵权为前提和基础。在国家行政管理活动中，行政主体代表国家行使行政职权。行政主体正当合法地行使行政职权不会引起行政赔偿的发生，只有行政主体的行政行为具有违法性，即违反了法律、法规或规章规定的侵权行为才承担行政赔偿责任。根据《国家赔偿法》第 2 条第 1 款的规定，实行违法责任原则是我国行政赔偿制度的重要特点。

2. 行政赔偿是因违法的行政行为使相对人的合法权益受到了实际损害。行政赔偿只有在相对人的合法权益受到实际损害时才会发生。所谓合法权益，是指相对人根据法律规定已经获得的或可能获得的权利和利益，包括财产利益和精神利益。所谓实际损害，是指合法权益的损害必须是实际确定已发生或将要发生，不能是假想臆造的。对于财产权的损失，应是直接损失，间接损失国家不予赔偿；对于公民人身权的损害，按照国家法定标准予以确定。

3. 行政赔偿的赔偿义务主体是行政主体。行政主体的违法行政行为造成的损害，无论是由集体决定产生的，还是由行政机关工作人员个人过错产生的，都由该行政机关予以赔偿。在实际行政管理活动中，行政机关可能会委托其他组织或者个人行使行政权力，这时，如果受委托的行政权力侵犯相对人的合法权益并造成损害的，委托的行政机关则为赔偿义务主体。此外，在由法律、法规授权的组织行使被授予的行政权力时侵犯了相对人的合法权益造成损害的，则被授权的组织为赔偿义务主体。在实践中，授权组织为赔偿义务主体的情形较少，一般情况下，赔偿义务主体则是行政机关。

4. 行政赔偿应严格依法进行。与民事赔偿不同，严格依照法定的原则、标准、范围、方式进行赔偿，是行政赔偿的显著特点。《国家赔偿法》第2条、第5条、第17条的规定均体现了这一精神。

二、行政赔偿与其他法律赔偿的区别

（一）行政赔偿与刑事赔偿

刑事赔偿，是指因行使国家侦查、检察、审判、监狱管理职权的机关及其工作人员违法行使职权，侵犯公民、法人和其他组织的合法权益造成实际损害的，由该司法机关依法予以赔偿的法律救济制度。刑事赔偿是基于行使国家侦查、检察、审判、监狱管理职权的机关及其工作人员的违法行使职权行为引起的，这类违法职权行为对公民、法人和其他组织的合法权益造成损害时，由相应的司法机关承担赔偿责任。

从宏观上看，刑事赔偿与行政赔偿并无差异，都是指因国家机关及其工作人员违法行使国家权力而侵犯公民、法人和其他组织的合法权益并造成损害时，由国家承担赔偿责任的法律救济制度。并且刑事赔偿与行政赔偿共同构成了国家赔偿法律救济制度。但从微观上看，行政赔偿与刑事赔偿在赔偿范围、赔偿义务主体、引起赔偿的原因行为以及赔偿程序等方面均有差异，因此在理论与实践中应予以明确区分。

（二）行政赔偿与民事赔偿

民事赔偿，是指公民、法人和其他组织在民事活动中，由于一方侵害了另一方的合法权益，由侵权方对被侵害方赔偿损失的一种法律制度。民事赔偿作为一种承担法律责任的形式，它以弥补他人的损失为目的，以一定的财产给付为内容，是侵权人承担的一项强制性的法律义务。

行政赔偿与民事赔偿具有密切的关系，行政赔偿具有民事赔偿的一般性，它是从民事赔偿中独立，分化和演变而来的。作为已独立出来的行政赔偿，与民事赔偿的区别主要有以下几点：

1. 损害产生的前提不同。行政赔偿中产生的损害是行政机关及其工作人员在行使行政职权的行政活动中产生的，是行政机关及其工作人员对公民、法人和其他组织的合法权益造成了损害；民事赔偿中产生的损害则是作为平等民事主体在进行民事活动中发生的。

2. 引起赔偿的原因行为不同。行政赔偿是基于行政机关及其工作人员的违法行政行为引起；民事赔偿则是基于买卖、借贷、租赁等民事活动中的民事侵权行为引起。

3. 赔偿费用的来源不同。行政赔偿的经费主要来源于国家财政的预算，作专项开支。民事赔偿中，公民个人作为赔偿义务主体的，从个人合法收入中支出；法人单位作为赔偿义务主体的，赔偿费用从法人单位的自有资金或者预算外资金中支出。

（三）行政赔偿与行政补偿

行政补偿是行政机关及其工作人员在行使职权的过程中，因其合法行为使无特定义务的公民、法人或其他组织的合法权益受到损失，依法由国家给予补偿的制度。如国家对征用土地的补偿等。行政补偿的前提是行政机关为了公共利益的需要，依法行使公共权力造成相对人合法权益的损失，而进行的一般为事前补偿的制度。行政补偿是由合法行为引起的，这与由违法行为引起的行政赔偿具有本质的区别。

三、行政赔偿的归责原则

行政赔偿的归责原则，是指确定和判断行政机关及其工作人员行政侵权责任的根据和标准。它是确定和判断行政侵权有无承担法律责任的理论基础。

从理论和国外的立法实践来看，行政赔偿责任制度的归责原则体系主要有三种：

（一）过错责任原则

过错责任原则，是指行政机关在行使行政职权时因过错给受害人的合法权益造成损害才承担赔偿责任的一种归责原则。过错责任原则，是民事责任的主要归责原则，世界各国行政赔偿责任理论深受民事责任理论的影响，基本上都确立了过错责任原则。过错是行为人的一种心理状态，分为故意和过失两种，过错责任原则属于主观归责原则，行为人必须具有主观上的过错存在，才对其行为造成的损害承担赔偿责任。过错责任从理论上合理的解决了共同侵权行为和混合过错的责任承担问题，明确了救济范围，有助于减轻国家财政负担。但是，采用过错责任原则追究行政主体的侵权责任，需要受害人举证证明行政主体在从事行政行为时主观上有过错，这在实践中困难较大，不利于保护相对人的合法权益。因此，采用过错责任原则的国家，比较注重引入其他一些措施修正该原则，如减轻受害人的举证责任、引入危险责任原则等。

（二）无过错责任原则

无过错责任原则也称"危险责任原则"，是指只要行政机关及其工作人员行使行政职权侵犯了受害人的合法权益，该行政机关就应承担赔偿责任，而不评判侵权行为引起的原因、性质与内容，不考虑行政机关及其工作人员是否违法或有无过错。无过错责任原则是一种基于结果的国家责任，它加重了国家的责任，因此，西方国家在适用该原则时都尽量避免将其一般化，而仅作为过错原则的补充。过错责任原则在整个归责体系中一直处于辅助和从属的地位。

（三）违法责任原则

违法责任原则，是指行政机关及其工作人员违法行使职权侵犯了受害人的合法权益并造成损害的，由该行政机关承担赔偿责任的一种归责原则。采用违法责任原则的国家首推瑞士，《瑞士联邦责任法》（1959 年）第 3 条规定："联邦对于公务员执行职务时，不法侵害他人权利者，不问该公务员有无过错，应负赔偿责任。"违法责任原则在审判实践中，标准客观，易于把握。我国行政赔偿制度也采用违法责任原则。

我国《国家赔偿法》第 2 条规定，"国家机关和国家机关工作人员违法行使职权侵犯了公民、法人和其他组织的合法权益造成损害的，受害人有依法取得国家赔偿的权利。"这里的"违法"，理论界认识不太统一，从行政诉讼法等相关法律的规定来看，应从广义上理解。

四、行政赔偿责任的构成要件

行政机关及其工作人员侵犯公民、法人和其他组织的合法权益，依照法律规定应该承担行政赔偿责任，但这并不表示只要行政相对人受到损害，行政机关就必须给予赔偿。根据《国家赔偿法》第 2 条的规定，承担行政赔偿责任应同时具备以下条件：

（一）责任主体

责任主体，是指因侵权行为而承担法律责任的义务主体。我国行政赔偿责任制度的侵权主体是国家行政机关及其工作人员。确定行政赔偿的责任主体，就是要明确国家行政机关对于哪些组织或个人的侵权行为所造成的损害承担赔偿责任。请求行政赔偿，必须肯定侵权行为主体是国家行政机关及其工作人员，不是行政机关及其工作人员的侵权行为，行政机关不承担赔偿责任。

（二）侵权行为

侵权行为是行政机关及其工作人员违法侵害公民、法人和其他组织合法权益造成损害的行为。侵权行为是违法行为，它是行政赔偿责任中的一种重要构成要件。违法既包括实体上的违法，也包括程序上的违法。违法行为有两种表现形式，作为的违法行为和不作为的违法行为。

（三）要有损害结果的发生

确立行政赔偿责任的目的在于对受害人进行赔偿，因此，损害存在是行政赔偿责任产生的前提条件。我国《行政赔偿法》将损害结果确定为人身权的损害与财产权的损害两个方面。损害必须具备两个条件：1．必须是已经发生的或将来一定要发生的。2．损害只能发生于受法律保护的权益，即合法权益。

（四）行为与损害之间有因果关系

行政侵权行为与损害结果之间必须存在着法律上的因果关系。因果关系是指各个客观现象之间的一种内在的、必然的联系。行政侵权行为与损害之间的因果关系，是指行政侵权行为的发生是损害发生的直接原因，损害的发生是行政侵权行为发生的必然结果。在行政赔偿责任的构成要件中，因果关系是较为稳定的要件。

五、行政赔偿的范围

行政赔偿范围的概念应解决两个问题，一是哪些行政侵权行为应当承担行政赔偿责任，一是哪些损失应获得行政赔偿。行政赔偿范围决定了国家承担的赔偿责任的大小，行政赔偿范围的确定受到一国政治体制以及经济条件的影响，在一定层面上反映了一个国家对公民、法人及其他组织合法权益的保护水平。我国《国家赔偿法》第2章规定的行政赔偿范围只解决了行政赔偿范围概念应解决的第一个问题，即只解决了行政主体的哪些行为导致相对人的合法权益受到损害应承担行政赔偿责任，哪些行为不承担行政赔偿责任的问题。《国家赔偿法》用概括和列举相结合的方法，针对我国行政管理的实际情况，规定了应当承担行政赔偿责任的行为限于侵犯人身权和财产权的行为。这里的"行为"不仅包括职务行为，也包括与职务相关的行为。所谓"与职务相关的行为"最高人民法院 1997 年 4 月 29 日发布的《关于审理行政赔偿案件若干问题的规定》第 1 条规定："与行政机关及其工作人员行使职权有关的，给公民、法人或者其他组织造成损害的，违反行政职责的行为。"行政机关工作人员行使与职权无关的个人行为，国家不承担赔偿责任。具体而言，我国行政赔偿的范围包括肯定范围与否定范围。

（一）法律规定的应予行政赔偿的范围

《国家赔偿法》规定的应予行政赔偿的情形包括侵犯人身权和侵犯财产权两大类。

根据《国家赔偿法》第 3 条的规定，行政机关及其工作人员在行使职权时有下列侵犯人身权情形之一的，受害人有取得赔偿的权利：（1）违法拘留或者违法采取限制公民人身自由的；（2）非法拘禁或者以其他方法非法剥夺公民人身自由的；（3）以殴打等暴力行为或者唆使他人以殴打等暴力行为造成公民身体伤害或者死亡的；（4）违法使用武器、警械造成公民身体伤害或者死亡的；（5）造成公民身体伤害或者死亡的其他违法行为。

根据《国家赔偿法》第 4 条的规定，行政机关及其工作人员在行使职权时有下列侵犯财产权情形之一的，受害人有取得赔偿的权利：（1）违法实施罚款、吊销许可证和执照、责令停产停业、没收财物等行政处罚的；（2）违法对财产采取查封、扣押、冻结等行政强制措施的；（3）违反国家规定征收财物、摊派费用的；（4）造成损害的其他违法行为。

（二）法律规定的不予行政赔偿的范围

行政赔偿的范围具有一定的限定性，即行政机关的赔偿责任不是无限的。各国立法在确定行政赔偿范围的同时，一般也都规定了免除行政赔偿责任的情形。根据我国《国家赔偿法》第 5 条的规定，属于下列情形之一的，国家不承担赔偿责任：（1）行政机关工作人员行使与职权无关的个人行为；（2）因公民、法人和其他组织自己的行为致使损害的；（3）法律规定的其他情形。

另外，最高人民法院《关于审理行政赔偿案件若干问题的规定》第 6 条规定："公民、法人或者其他组织以国防、外交等国家行为或者行政机关制定发布行政法规、规章或者具有普遍约束力的决定、命令侵犯其合法权益造成损害为由，向人民法院提起行政赔偿诉讼的，人民法院不予受理。"据此，国家行为和抽象行政行为也排除在行政赔偿范围之外。

六、行政赔偿请求人

行政赔偿请求人，是指因国家行政机关及其工作人员违法行使行政职权而遭受损害，依法请求国家予以赔偿的公民、法人和其他组织。

（一）公民

公民作为行政赔偿请求人包括以下两种情况。

1. 受害的公民本人。受害的公民本人因其合法权益受到行政机关及其工作人员违法行政行为的侵害，有权依法请求行政机关予以赔偿。当受害的公民是未成年人或者精神病人，无法有效适当的行使赔偿请求权时，其监护人可以作为赔偿请求人。监护人的范围依据我国《民法通则》第 16 条、第 17 条的规定确定。

2. 受害公民的继承人和其他有抚养关系的亲属。如果受害的公民死亡，他的继承人和其他有抚养关系的亲属有权要求赔偿。有关继承人的范围和顺序，根据我国《继承法》规定确定。其他有抚养关系的亲属，包括两种情形：一种是指继承人以外的由受害人抚养的无劳动能力的亲属，另一种则是指继承人以外的抚养受害人的亲属。

（二）法人和其他组织

法人和其他组织作为行政赔偿请求人包括以下两种情况。

1. 受害的法人和其他组织。受害的法人和其他组织因其合法权益受到行政机关及其工作人员违法行政行为的侵害，有权依法请求行政机关予以赔偿。

2. 受害的法人或者其他组织终止后，承受其权利的法人或者其他组织有权要求赔偿。法人或者其他组织终止后，法人或者其他组织就无法以自己的名义要求赔偿，这种情况下，由承受其权利的法人或者其他组织作为赔偿请求人。最高人民法院《关于审理行政赔偿案件若干问题的规定》第 16 条规定："企业法人或者其他组织被行政机关撤销、变更、兼并、注销，认为经营自主权受到侵害，依法提起行政赔偿诉讼，原企业法人或者其他组织，或者对其享有权利的法人或者其他组织均具有原告资格。"

七、行政赔偿义务机关

行政赔偿义务机关，是指对行政赔偿请求负有赔偿责任，需参加行政赔偿诉讼，支付赔偿费用，代表国家具体履行行政赔偿义务的机关。我国的行政赔偿义务机关包括以下几类：

（一）实施侵害的行政机关

1. 行政机关违法行使行政职权侵犯公民、法人和其他组织的合法权益造成损害的，该行政机关为行政赔偿义务机关。

2. 行政机关的工作人员违法行使行政职权侵犯公民、法人和其他组织的合法权益造成损害的，该工作人员所在的行政机关为行政赔偿义务机关。

（二）法律、法规授予行政权的组织

法律、法规授予行政权的组织在行使被授予的行政权时，侵犯公民、法人和其他组织的合法权益造成损害的，被授权的组织为行政赔偿义务机关。需要明确的是，当该组织在行使其固有职权或所授予的非行政权时侵犯公民、法人和其他组织的合法权益造成损害的，该组织并不能成为行政赔偿义务机关，因为此时并没有产生行政赔偿关系。

（三）委托的行政机关

受行政机关委托的组织或个人在行使受委托的权力时，侵犯公民、法人和其他组织的合法权益造成损害的，委托的行政机关为赔偿义务机关。

（四）行政复议机关

行政复议机关只有在被复议的行政行为侵害了公民、法人和其他组织的合法权益造成损害，并因行政复议机关的复议决定加重了损害的情况下，行政复议机关才能成为行政赔偿义务机关，且仅对加重的损害部分承担赔偿责任；对于由最初作出具体行政行为的行政机关所造成的损害，该行政机关为赔偿义务机关。

（五）上述四类赔偿义务机关被撤销后的赔偿义务机关

上述行政赔偿义务机关被撤销的，继续行使其职权的行政机关为赔偿义务机关；没有继续行使其职权的行政机关的，撤销该赔偿义务机关的行政机关为行政赔偿义务机关。

八、行政赔偿的时效

（一）行政赔偿时效的计算

根据《国家赔偿法》第 32 条的规定，"赔偿请求人请求国家赔偿的时效为两年，自国家机关及其工作人员行使职权时的行为被依法确认为违法之日起算起，但被羁押期间不计算在内。"这里需要明确的是，国家赔偿时效期间不是从受害人受损害之日起开始计算，也不是从受害人知道或者应当知道其合法权益受到损害之日起计算，而是从国家机关及其工作人员行使职权的行为被依法确认为违法之日起计算。

（二）时效的中止

时效中止是指在请求时效期间的最后 6 个月内，因法定事由或者不可抗力等原因，使赔偿请求人无法行使请求权，从而暂时停止时效的计算。时效的中止必须具备以下条件：

1. 在赔偿请求时效的最后六个月内，出现法定有时效中止事由。
2. 请求人因不可抗力或者其他障碍不能行使行政赔偿请求权。

授权组织的致害行为造成损失的、该授权组织为赔偿义务机关

1998 年 11 月 28 日，某日报社农村专版读者服务部（以下简称服务部）从外地向某县运送苹果树苗 69000 株，同年 12 月 3 日，该服务部向其本市植保植检站取得这批树苗的植物检疫证书，该证书的有效期为 12 月 1 日至 12 月 6 日。同年 12 月 4 日，某县林业局植保植检站以"经实情检疫发现检疫对象"为由，要求服务部缴纳 1000 元罚款，由于服务部拒绝缴纳，该县植保植检站就对这批树苗采取行政强制措施，予以扣押，并于 12 月 10 日作出处罚决定书，决定没收这批树苗。该服务部对这一行政决定不服。于是，服务部向法院起诉，要求撤销某县植保植检站的违法行为，并赔偿其损失。

法院认为，根据《植物检疫法》之有关规定，苹果苗木的检疫监督应属于植保植检部门行使，但某县植保植检站不以事实为基础，为了增加"罚没收入"而不惜违法行政，对这种行为应依法撤销，并应赔偿服务部因此而造成的损失。本案中，某县植保植检站属于《植物检疫条例》授权的组织，具有行政主体地位。根据《国家赔偿法》第 7 条第 3 款"法律、法规授权的组织在行使授予的行政权利时侵犯公民、法人和其他组织的合法权益造成损害的，被授权的组织为赔偿义务机关"之规定，某县植保植检站为本案的赔偿义务主体。

转引自吴鹏编著，《行政救济法典型案例》，中国人民大学出版社，2003 年，第 129 页。

第二节　行政赔偿的实施

一、行政赔偿实施的意义

所谓行政赔偿的实施，是指把行政赔偿法律规范的要求转化为人们的行为的过程，使行政赔偿法律规范的抽象规定具体化，使可能或应该的行为变成现实的行为，即由可能性转变为现实性的过程。行政赔偿的实施体现了法律作用

于社会关系的特殊性。这种特殊性在于通过确认社会关系参加者得到国家确认和保证的权利和义务关系获得实现。

行政赔偿的实施对于我国的行政法制建设的完善，保护公民的合法权益以及提高行政效率具有重要意义。

（一）行政赔偿的实施反映了我国行政法制建设的重大突破。"民不与官斗"是中国旧时代民间对待民众与官府关系的准则。新中国的官民关系有了质的变化。根据法律的规定，行政机关及其工作人员违法行使行政职权并对相对人造成损害的，该行政机关就要承担相应的法律责任。行政赔偿制度不仅确立了以保护公民、法人和其他组织的合法权益为核心的基本原则，而且也确立了对"官"的制约的具体制度，把行政机关及其工作人员的公务行为限制在了法律的范围之内。

（二）行政赔偿的实施，保护了公民的合法权益。我国宪法确认了公民在社会政治生活、经济生活和文化生活中享有的广泛的权利和自由，并且，国家还创立了各种具体法律制度来对被侵犯的权益进行救济。行政赔偿制度通过确立行政赔偿的范围、方法、赔偿程序、赔偿条件，使公民被侵犯的合法权益得到恢复、补偿。

（三）行政赔偿的实施，是提高行政效率的需要。行政赔偿确立了行政机关及其工作人员对违法行政行为的赔偿责任，行政赔偿的实施有助于加强行政机关工作人员的责任感，有助于鼓励行政机关工作人员大胆放手工作，提高工作效率。

二、行政赔偿实施的基本形式

《国家赔偿法》第9条第2款规定："赔偿请求人要求赔偿应当先向赔偿义务机关提出，也可以在申请行政复议和提起行政诉讼时一并提出。"据此，行政赔偿实施的基本形式主要有两种：一是在行政复议和提起行政诉讼时附带请求赔偿的形式。此类形式所适用的程序完全适用行政复议法和行政诉讼法的有关规定。二是单独请求行政赔偿，包括请求人向行政赔偿义务机关请求行政赔偿和通过人民法院解决行政赔偿纠纷。

（一）行政处理程序

根据《行政诉讼法》和《国家赔偿法》的规定，行政赔偿案件必须先经行政机关处理，才能提请人民法院司法解决。也就是说，我国实行行政先行处理原则。实行行政先行处理原则，不但有利于受害者的权益得到及时解决，也可以减轻法院处理行政案件的负担。

1．行政赔偿请求的提起

行政赔偿请求人向赔偿义务机关提出赔偿，应当先提交赔偿申请书。根据我国《国家赔偿法》第 12 条的规定，赔偿申请书应当载明下列事项：（1）受害人的姓名、性别、年龄、工作单位和住所，法人或者其他组织的名称、住所和法定代表人或者主要负责人的姓名、职务；（2）具体的要求、事实根据和理由；（3）申请的年、月、日。

赔偿请求人书写确有困难的，可以委托他人代书；也可以口头申请，由赔偿义务机关记入笔录。

2．行政赔偿请求的受理

行政赔偿义务机关收到请求赔偿的申请后，要对之进行审查。如果审查结果认为该申请符合赔偿条件，应立案受理，并应在收到申请之日起 2 个月内，对赔偿请求人按照国家规定的方式和标准进行赔偿。如果赔偿义务机关认为本机关并未给赔偿请求人造成损害，或者认为赔偿请求人主体不适格，以及被请求赔偿之损害事实不在《国家赔偿法》所规定赔偿范围内的，可以拒绝赔偿。赔偿义务机关自收到申请后，超过 2 个月仍不予赔偿，这种情况可以被认为是默示的拒绝。

（二）行政赔偿诉讼

根据《国家赔偿法》第 13 条的规定，行政赔偿义务机关自收到申请之日起 2 个月内给予赔偿；逾期不予赔偿或者赔偿请求人对赔偿数额有异议的，赔偿请求人可以自期间届满之日起 3 个月内向人民法院提起诉讼。行政赔偿诉讼作为一种特殊的行政诉讼形式，与一般的行政诉讼相比，具有其自身的特殊性。

1．行政赔偿诉讼的提起与受理

根据最高人民法院《关于审理行政赔偿案件若干问题的规定》的规定，赔偿请求人单独提起赔偿诉讼，应当符合下列条件：（1）原告具有请求资格；（2）有明确的被告；（3）有具体的赔偿请求和受损害的事实根据；（4）加害行为为具体行政行为的，该行为已被确认为违法；（5）赔偿义务机关已先行处理或超过法定期限不予处理；（6）属于人民法院行政赔偿诉讼的受案范围和受诉人民法院管辖；（7）符合法律规定的起诉期限。

人民法院接到行政赔偿起诉状后，在 7 日内不能确定可否受理的，应当先予受理。审理中发现不符合受理条件的，裁定驳回起诉。当事人对不予受理或者驳回起诉的裁定不服的，可以在裁定书送达之日起 10 日内向上一级人民法院提起上诉。

2．行政赔偿诉讼的审理与判决

　　根据最高人民法院《关于审理行政赔偿案件若干问题的规定》，原告在行政赔偿诉讼中对自己的主张承担举证责任。被告有权提供不予赔偿或者减少赔偿数额方面的证据。被告的具体行政行为违法但尚未对原告合法权益造成损害的，或者原告的请求没有事实根据或法律根据的，人民法院应当判决驳回原告的赔偿请求。人民法院对赔偿请求人未经确认程序而直接提起行政诉讼的案件，在判决时应当对赔偿义务机关的致害行为是否违法予以确认。

　　人民法院对单独提起的行政赔偿诉讼经过审理后，依法作出以下判决：（1）维持赔偿义务机关作出的赔偿处理决定；（2）改变赔偿义务机关作出的赔偿处理决定；（3）驳回赔偿请求人提出的赔偿请求。

国家对行政机关及其工作人员行使与职权无关的行为造成的损失不负赔偿责任

　　1999 年 8 月 12 日，被告某县税务工作人员刘某等人在某市场执行税务征收工作时，看见与自己有过节的王某在经营小商品，就过去对王某指点商品价格过高，然后又说王某的经营摊位不符合规定，还说王某的商品质量有问题，对此，王某很不高兴地让刘某滚出去，刘某对王某的行为很不满，与王某发生口角，进而相互扭打，各自身体都受到一定的伤害。事后，王某认为，刘某身为国家工作人员，为报私仇，在执行公务之际，对原告滋事生非，并侵犯其人身权，因此要求行政赔偿。

　　《国家赔偿法》第 5 条明确规定了行政工作人员的个人行为，即与职权无关的行为，不在行政赔偿范围之内。本案中，刘某对王某商品的价格、质量以及经营摊点的指点，发生在刘某执行公务之时，由此引起的相互扭打虽与执行公务有事实上的牵连关系，但却无法律上的因果关系，因此不能认为刘某的行为为行使职权行为，根据上述法律规定，本案属于一般的民事纠纷，而非行政赔偿的范围，从而判决不予赔偿。

　　转引自吴鹏编著，《行政救济法典型案例》，中国人民大学出版社，2003年，第 119 页。

第三节 行政赔偿方式和计算标准

一、行政赔偿的方式

行政赔偿的方式，是指国家承担行政赔偿责任的形式。从各国立法看，国家赔偿方式均以金钱赔偿为原则。①我国《国家赔偿法》第 25 条规定："国家赔偿以支付赔偿金为主要方式。能够返还财产或者恢复原状的，予以返还财产或者恢复原状。"这一规定表明，我国行政赔偿采取的是以支付赔偿金为主，恢复原状和返还财产为辅助的方式。

（一）支付赔偿金

支付赔偿金也称为"金钱赔偿"，即以货币支付的形式，在计算或估算损失程度后，给予受害者适当的赔偿。之所以将支付金钱作为行政赔偿的主要方式，是因为其具有以下两个特点：

1．金钱赔偿具有很强的适应性。无论是对于人身自由、健康生命的损害，还是财产的毁灭损失，一般都可以通过计算或估价进行适当的赔偿。

2．金钱赔偿在具体执行上比较简便易行。无论损害情况是简单还是复杂，损害结果较轻还是严重，采用金钱赔偿都可以根据实际损失的价值，按照法定的计算标准给予受害人一定额度的赔偿。

（二）恢复原状

恢复原状是指负有赔偿义务的机关根据被害人的愿望和要求恢复毁损发生之前的本来状态。《国家赔偿法》第 28 条规定："应当返还的财产损坏的，能够恢复原状的，恢复原状"。一般来说恢复原状可以给予受害人公正和充分的救济。无论受害人受到何种程度的损害，赔偿义务方都将尽可能恢复到原有水平的状态，这说明恢复原状是比较合理和公平的。但是，恢复原状在具体操作上比较复杂且需要具备一定的条件。恢复原状需要具备的前提条件是：

1．需要有受害人的请求。当某一侵权损害案件已被国家有关部门确认为应予赔偿时，受害人应先行明确提出恢复原状的请求。

2．侵权后客观上能恢复到原来的状态。恢复原状在具体操作上是比较复杂的，并非任何侵权损害都可以恢复到原来状态。因此，必须首先要了解需恢复

---

① 皮纯协等，《比较国家赔偿法》，中国法制出版社，1998 年，第 132 页。

标的原本状态及其详细情况，确定可以最终恢复到原来的状态时才能采用恢复原状作为赔偿方式。

3．采用恢复原状方式给予赔偿，是符合法律规定条件的，不会造成违法结果。如果恢复原状的行为过程违反了法律的规定，并有可能造成违法结果时，不宜采用恢复原状的赔偿方式。

（三）返还财产

返还财产是指赔偿义务机关将违法占有或控制的受害人的财产返还给受害人的一种赔偿方式。《国家赔偿法》明确规定，"处罚款、罚金、追缴、没收财产或者违反国家规定征收财物、摊派费用的，返还财产"。返还财产的优点是比较便捷易行，并可以使损害得到直接赔偿。但是，返还财产的赔偿方式，也需在一定的条件下才可适用：

1．原物存在。原物如果已经毁损或者丢失，则无法实现返还。

2．比金钱赔偿更便捷。如果返还原物的操作过程复杂，费时、费力、费钱，则不宜采用此种方式，而应考虑用金钱直接支付。

3．不影响公务。如果返还原物在一定情况下会影响公务，就不能采用返还财产这一赔偿方式，而宜用金钱赔偿。

在上述三种赔偿方式中，赔偿义务机关一般都以其中某一种具体方式实施赔偿，或者是支付赔偿金，或者是恢复原状，或者是返还财产。但在某些情况下，如果单独采用某一种赔偿方式不足以弥补受害者的损失时，赔偿义务机关则可能合并使用上述行政赔偿方式。

二、行政赔偿的计算标准

（一）确定行政赔偿标准的原则

行政赔偿标准的确定是一个比较复杂的问题。世界上大多数国家一般都根据本国的实际情况加以确定。总体看来，各国奉行的确定赔偿标准的原则一般有以下三种。[①]

1．惩罚性原则。指侵权方的赔偿除弥补受害人所蒙受损害的费用外，还要付出对自己违法行政行为应负责任的惩罚费用，即赔偿费用等于损失费用加上惩罚费用。也就是说，国家赔偿额对侵权人具有惩罚性。这一原则下的赔偿费用较高，大多是发达国家国家赔偿法所采取的原则。

2．补偿性原则。指赔偿费用能够弥补受害人所受的实际损害，即赔偿费用

---

① 皮纯协等，《比较国家赔偿法》，中国法制出版社，1998 年，第 172～173 页。

等于实际损失费用。按照这一原则，国家赔偿额对侵权人不具有惩罚性，其赔偿范围基本上与民法上的赔偿范围一致。

3. 慰抚性原则。这一原则认为行政赔偿不可能对受害人的实际损失实行充分救济，行政机关本身的性质决定了行政赔偿额以慰抚受害人为目的而不足以弥补受害人的全部损失。这原则之下的赔偿费用的最高限额限制在实际所受损失额，且一般低于实际所受损失额。

我国确定行政赔偿标准的原则是，既要使受害者所受到的损失能够得到适当弥补，也要考虑国家的经济和财力能够负担的状况。从《国家赔偿法》的规定来看，我国行政赔偿标准所依据的原则基本上是抚慰性的，这就排除了适用损益相抵原则的可能性，因为损益相抵是与全部赔偿原则联系在一起的。但根据《国家赔偿法》第5条的规定，我国行政赔偿标准确定的慰抚性原则与过错相抵原则在实践中应结合适用。

（二）行政赔偿的计算标准

1. 侵犯人身自由的赔偿标准

根据《国家赔偿法》第26条的规定，侵犯公民人身自由的，每日的赔偿金按照国家上年度职工日平均工资计算。

2. 侵犯公民生命健康权的赔偿标准

根据《国家赔偿法》第27条的规定，侵犯公民生命健康权的赔偿，赔偿金按照下列规定计算：

（1）造成身体伤害的，应当支付医疗费，以及赔偿因误工减少的收入。减少的收入每日的赔偿金额按照国家上年度职工日平均工资计算，最高额为国家上年度职工年平均工资的5倍。

（2）造成部分或者全部丧失劳动能力的，应当支付医疗费，以及残疾赔偿金。残疾赔偿金根据丧失劳动能力的程度确定，部分丧失劳动能力的最高额为国家上年度职工年平均工资10倍；全部丧失劳动能力的为国家上年度职工年平均工资的20倍。造成全部丧失劳动能力的，对其扶养的无劳动能力的人，还应当支付生活费。

（3）造成死亡的，应当支付死亡赔偿金、丧葬费，总额为国家上年度职工年平均工资的20倍。对死者生前抚养的无劳动能力的人，还应当支付生活费。

3. 侵犯公民、法人和其他组织财产权的赔偿标准

根据《国家赔偿法》第28条的规定，侵犯公民、法人和其他组织的财产权造成损害的，按照下列规定处理：

（1）处罚款、罚金、追缴、没收财产或者违反国家规定征收财产、摊派费

用的，返还财产。

（2）查封、扣押、冻结财产的，解除对财产的查封、扣押、冻结。造成财产损害或者灭失的，能够恢复原状的恢复原状，不能恢复原状的，按照损害程度给付相应的赔偿金；应当返还的财产灭失的，给付相应的赔偿金。

（3）应当返还的财产受到损害的，能够恢复原状的恢复原状，不能恢复原状的，按照损害程度给付相应的赔偿金。

（4）应当返还的财产灭失的，给付相应的赔偿金。

（5）财产已经拍卖的，给付拍卖所得的价款。

（6）吊销许可证和执照、责令停产停业的，赔偿停产停业期间必要的经常性费用开支。

（7）对财产权造成其他损害的，按照直接损失给予补偿。

三、行政赔偿费用

行政赔偿费用，是行政赔偿义务机关依照国家赔偿法的规定向赔偿请求人支付的各种费用。行政赔偿属于国家赔偿，赔偿费用应由国家承担。《行政诉讼法》第 69 条规定："赔偿费用从各级财政列支。"《国家赔偿法》第 29 条规定："赔偿费用，列入各级财政预算，具体办法由国务院规定。"

国务院于 1995 年制定的《国家赔偿费用管理办法》第 6 条规定："国家赔偿费用，列入各级财政预算，由各级财政按照财政管理体制分级负担。各级政府应根据本地区的实际情况，确定一定数额的国家赔偿费用，列入本级财政预算。国家赔偿费用由各级财政机关负责管理。当年实际支付的国家赔偿费用超过年度预算的部分，在本级预算预备费中解决。"

有关赔偿费用的申请、核拨程序及违反赔偿费用管理的法律责任按照该办法的规定处理。

国家对违法的行政行为所造成的损害应予赔偿

1997 年 5 月，被告某市建设委员会根据某市总体规划，对原告张某居住地的烈士街实施拓宽改造，1997 年 5 月 24 日，烈士街拓宽改造建设指挥部（属于被告和下属机构）给原告张某下达一个住房安置通知，要求原告张某限期携带有关证件到该指挥部办理安置手续，如逾期，指挥部将强行拆除原告的房屋。原告张某逾期未办理安置手续，没有拆迁。1997 年 8 月 19 日，被告在没有办理拆迁许可证的情况下，将原告张某的住房强行拆除。对此，原告张某认为，被告在无任何有效依据的情况下，拆除其房屋的行为属于违法行为，对因此而造成的损失，被告应予赔偿。

我国《国家赔偿法》第 2 条规定：国家机关和国家机关工作人员违法行使职权侵犯公民、法人和其他组织的合法权益造成损害的，受害人有依照本法取得赔偿的权利。《行政诉讼法》第 67 条规定：公民、法人和其他组织的合法权益受到行政机关或者行政机关工作人员作出的具体行政行为侵犯造成损害的，有权请求赔偿。本案中，法院认为，根据《某市城市建设拆迁管理办法》之有关规定，被告需要拆迁房屋，必须持有国家规定的批准文件、拆迁计划和拆迁方案，应向房屋主管部门提出拆迁申请，经批准并持房屋拆迁许可证后，方可拆迁。被告未办理有关拆迁手续就强行将原告的房屋拆除，不符合法律规定，其强制性具体行政行为侵犯了原告张某的合法权益，由此给原告造成的经济损失，被告应承担责任。因此判决被告某市建设委员会赔偿原告损失 30000 元人民币。

转引自吴鹏编著，《行政救济法典型案例》，中国人民大学出版社，2003年，第 97 页。

思考题

1．名词解释

（1）行政赔偿　　（2）行政赔偿范围　　（3）行政赔偿请求时效

2．简答题

（1）简述行政赔偿的概念与特征。

（2）简述行政赔偿的归责原则。

（3）简述行政赔偿责任的构成要件。

（4）简述目前我国行政赔偿的范围

（5）简述行政赔偿中不予赔偿的情形。

（6）简述我国行政赔偿的主要方式。

3．论述题

（1）论述行政赔偿与其他法律赔偿的区别。

（2）论述我国行政赔偿实施的基本形式。

4．案例分析题

某市税务局局长张某于 1999 年 3 月 7 日（星期日）驾驶单位的一辆桑塔纳2000 型轿车回乡下探母，途中不慎将在公路边正常行走的王某撞成重伤。同年

5月14日，王某以肇事人员系某市税务局负责人，且肇事车辆系税务局的公务用车为由，以某市税务局为被告，向人民法院提起国家行政赔偿诉讼，要求被告赔偿人民币10万元。

问：原告提起的行政赔偿之诉能否成立？

主要参考书目

1．张文显主编，《法理学》，高等教育出版社，2003 年。

2．应松年、薛刚凌著，《行政组织法研究》，法律出版社，2002 年。

3．姜明安主编，《行政法与行政诉讼法》，北京大学出版社、高等教育出版社，2006 年。

4．林来梵著，《从规范宪法到宪法规范——规范宪法学的一种》，法律出版社，2001 年。

5．王名扬著，《法国行政法》，中国政法大学出版社，1988 年。

6．王名扬著，《美国行政法》，中国法制出版社，1995 年。

7．章剑生著，《行政程序法基本理论》，法律出版社，2003 年。

8．胡锦光、莫于川编著，《行政法与行政诉讼法概论》，中国人民大学出版社，2002 年。

9．吴鹏编著，《行政救济法典型案例》，中国人民大学出版社，2003 年。

10．胡锦光编著，《行政法案例分析》，中国人民大学出版社，2000 年。

11．朱新力等著，《行政法学》，清华大学出版社，2005 年版。

12．罗干、宇清编著，《国家赔偿法实用全书》，中国商业出版社，1995 年。

13．皮纯协、冯军编著，《国家赔偿法释论》，中国法制出版社，1994 年。

14．张正钊、李元起编著，《行政法与行政诉讼法》，中国人民大学出版社，1999 年。

15．罗豪才主编，《行政法学》，北京大学出版社，1996 年。

16．罗豪才著，《现代行政法的平衡理论》，北京大学出版社，1997 年。

17．刘军宁著，《共和·民主·宪政》，上海三联书店，1998 年。

18．龚祥瑞著，《比较宪法与行政法》，法律出版社，1985 年。

19．杨解君著，《秩序·权力与法律控制》（增补本），四川大学出版社，1999 年。

20．陈端洪主编，《中国行政法》，法律出版社，1998 年。

21. 杨立新著，《人身权论》，中国检察出版社，1996 年。

22. 王涌著，《私权的分析与建构——民法的分析法学基础》，中国政法大学出版社，1999 年。

23. 关保英著，《行政地的价值定位》，中国政法大学出版社，1999 年。

24. 杨建顺著，《日本行政法通论》，中国法制出版社，1998 年。

25. 管欧主编，《中国行政法总论》（自刊），1981 年。

26. 刘莘主编，《中国行政法学新理念》，中国方正出版社，1997 年。

27. 王军旺，《对"行政法律行为"概念探讨》，《行政法学研究》，1997 年第 2 期。

28. 熊文钊，《行政法理论基础的中心点与基石——保障公益、授权与控权》，《中外法学》，1996 年，第 5 期。

29. 王锡锌、陈端洪，《行政法性质的反思与概念重构——访罗豪才教授》，《中外法学》，1995 年，第 3 期。

30. ［德］哈特穆特·毛雷尔著，《行政法学总论》，高家伟译，法律出版社，2000 年。

31. ［日］盐野宏著，《行政法》，杨建顺译，法律出版社，1999 年。

32. ［英］威廉·韦德著，《行政法》徐炳等译，中国大百科全书出版社，1997 年。

33. ［法］莫里斯·奥里乌著，《行政法与公法精要》，龚觅译，辽海出版社、春风出版社，1999 年。

34. ［美］罗伯特·诺齐克著，《无政府、国家与乌托邦》，何怀宏等译，中国社会科学出版社，1999 年。

35. ［德］哈特穆特·毛雷尔著，《行政法学总论》，高家伟译，法律出版社。

36. ［美］E. 盖尔霍恩、罗纳德·M. 利文著，《行政法和行政程序概要》，黄列译，中国社会科学出版社，1996 年。

37. ［英］麦考密克、［奥］魏因贝格尔著，《制度法论》，周叶谦译，中国政法大学出版社，1994 年。

38. ［英］韦恩·莫里森著，《法理学——从古希腊到后现代》，李桂林等译，武汉大学出版社，2003 年。

39. ［德］卡尔·拉伦茨著，《法学方法论》，陈爱娥译，商务印书馆，2003 年。

40. ［德］平特纳著，《德国普通行政法》，朱林译，中国政法大学出版社，1999 年。

41．［美］博登海默著，《法理学：法哲学与法律方法》，邓正来译，中国政法大学出版社，1999 年。

42．［美］弗里德曼著，《法律制度》，李琼英、林欣译，中国政法大学出版社，1994 年。

43．［英］P. S. 阿蒂亚著，《法律与现代社会》，范悦等译，辽宁教育出版社、牛津大学出版社，1998 年。

44．翁岳生著，《行政法与现代法治国家》，台湾祥新印刷有限公司，1990 年。

45．张金鉴著，《行政学新论》，台湾三民书局，1984 年。

46．Roscoe Pound, Jurisprudence, Volume III, West Publishing Co. , 1959.

47．H. W. R. Wade, Administrative Law, Oxford: Clarendon Press, 1989.

后 记

　　编写一部好的法学教材并不容易。与学术专著不同，教材是"体系化"的书，即要保证内容的规范、严谨和准确，也要兼顾立法文本、学术研究和执法实践的有效结合，还应保障教学的实效性。本书的编写即体现了这一要求。全书以教育部审定的本科核心课教材大纲为准，尽量参照最新司法解释，结合行政执法、审判实践经验和教学体会，力争突出一个"新"字。为提高学习效果和复习的便利，每章配有学习提示、思考题和案例讨论。

　　本书初稿完成后由杜睿哲、齐建辉、张芸修改、定稿。撰写分工如下（按撰写章次为序）：

　　齐建辉：第 1、2、3、4、5、6、7、8 章；

　　张芸：第 9、10、11、12、13、14、15、18 章；

　　杜睿哲：第 16、17 章。

　　在本书编写过程中，我们参考了一些国内外学者的著作，特附书名于后，谨此表示我们的谢意。西北师大政法学院的研究生王以、张嫣红、周芳红、朱琳、贺小军等同学承担了部分资料收集和文字校对工作。本书的出版得到了南开大学出版社各位领导的大力支持，莫建来老师、尹建国老师、史素清老师为本书的编辑出版倾注了大量心血。在本书将要付梓出版之际，谨向这些善良而又热情的人们表示真诚地感谢。

　　由于编写者水平有限，书中错误之处难免，恳望学界同仁和广大读者批评指正！

作　者

2008 年 3 月 1 日于兰州